2025

파생상품투자권유자문인력

빈출 1000제

김일영 · 이진

2025
파생상품투자권유자문인력
빈출 1000제

인쇄일 2025년 2월 1일 초판 1쇄 인쇄
발행일 2025년 2월 5일 초판 1쇄 발행
등 록 제17-269호
판 권 시스컴2025

발행처 시스컴 출판사
발행인 송인식
지은이 김일영, 이진

ISBN 979-11-6941-622-1 13320
정 가 23,000원

주소 서울시 금천구 가산디지털1로 225, 514호(가산포휴) | **홈페이지** www.nadoogong.com
E-mail siscombooks@naver.com | **전화** 02)866-9311 | **Fax** 02)866-9312

파생상품투자권유자문인력은 사전교육 + 인증시험으로 이루어져 있습니다. 따라서 투자자 보호 관련 집합교육을 의무 이수한 후 인증시험 합격자에게만 파생상품투자권유(판매) · 투자자문자격을 부여합니다.

파생상품의 경우 권유대행인이 없고 투자권유자문인력 적격성 인증시험만 시행되어 (겸영)금융투자회사 재직자만 응시 가능하다는 점도 기억해야 합니다. 또한 증권투자권유대행인, 펀드투자권유대행인 시험에 합격하였더라도 금융투자회사에 입사 후 판매관련 업무에 종사할 경우에는 동일하게 판매적격성 인증을 받아야 하오니 시험 준비 전에 직무에 적합한 지 꼭 확인하셔야 합니다.

시대에 발맞추어 보다 전문적이고 합리적인 파생상품투자권유자문인력의 역할이 그 어느 때보다 필요합니다. 이 책에는 각 과목 장별로 해당 부분의 학습에 필요한 출제 가능성이 높은 빈출 문제들을 수록하여 문제풀이와 관련 이론학습으로 정리할 수 있도록 구성하였습니다. 또한 최신 기출유형을 반영한 FINAL 실전모의고사를 전격 수록하였고, 각 과목별 출제범위 변동 등을 고려하여 수험생으로 하여금 시행착오를 겪지 않도록 보다 충실히 내용을 담고자 노력했습니다.

이 책이 파생상품투자권유자문인력 적격성 인증시험을 준비하는 수험생 여러분의 많은 도움이 되기를 바라며 건투를 빕니다.

① **시험 주관**

- 금융투자협회(http://www.kofia.or.kr)

② **응시 접수**

- 금융투자협회 자격시험접수센터
  홈페이지 (http://license.kofia.or.kr)에서 작성 및 접수
  ※ 인터넷(온라인) 접수만 가능함
  ※ 접수 후 시험의 연기 및 고사장 변경은 불가능함
  ※ 기타 접수에 관한 공지사항이 있을 시 홈페이지에 공지함

③ **응시서 교부**

- 접수 시 응시자가 PC에서 직접 출력함

④ **문제 형식**

- 객관식 4지선다형

⑤ **시험시간**

- 120분

⑥ **합격 기준**

- 응시과목별 정답비율이 50% 이상인 자 중에서, 응시 과목의 전체 정답 비율이 70%(70문항)
  이상인 자

⑦ 시험과목 및 문항 수

시험과목		세부과목	문항 수	문항 수	
				총	과락
1과목	파생상품 I	선물	13	25	13
		옵션	12		
2과목	파생상품 II	스왑	8	25	13
		기타 파생상품 · 파생결합증권	17		
3과목	리스크 관리 및 직무윤리	리스크관리	8	25	13
		영업실무	5		
		직무윤리 · 투자자분쟁예방	12		
4과목	파생상품법규	자본시장과 금융투자업에 관한 법률	9	25	13
		금융위원회규정	8		
		한국금융투자협회규정	4		
		한국거래소규정	4		

합계	100문항
시험시간	120분

⑧ 합격자 발표

- 금융투자협회 자격시험접수센터(http://license.kofia.or.kr)에 로그인 후 「합격확인」에서 확인

⑨ 응시 제한 대상(응시 부적격자)

- 동일시험 기합격자
- 「금융투자전문인력과 자격시험에 관한 규정」 제3-13조 및 제3-15조의 자격제재에 따라 응시가 제한된 자
- 「금융투자전문인력과 자격시험에 관한 규정」 제4-21조 제3항 및 제4항에 따라 부정행위 등으로 시험응시가 제한된 자
- 투자권유자문인력 적격성 인증 시험의 경우 「금융투자전문인력과 자격시험에 관한규정」 제5-2조에 따라 투자자 보호 교육의 수강 대상이 아니거나, 해당 교육을 수료하시 못한 자

※ 상기 응시 부적격자는 응시할 수 없으며, 합격하더라도 추후 응시 부적격자로 판명되는 경우 합격 무효 처리함. 또한 5년의 범위 내에서 본회 주관 시험응시를 제한함

※ 상기 시험은 시험 접수 시 해당 시험 관련 투자자 보호 교육 이수 여부를 확인하며, 이에 부적합할 시 시험접수가 제한됨

⑩ 유의사항

- 답안 마킹용 펜이 지급되지 않으므로 검정색 필기구(연필제외)를 꼭 지참해야 함
- 시험당일에 응시표, 신분증(규정신분증 참고) 및 계산기를 반드시 지참해야 함[단, 전자수첩 및 휴대전화(PDA 포함)는 사용 불가하며, 재무용·공학용 계산기는 감독관의 초기화 후 사용가능]

※ 규정신분증

구분	규정신분증	대체 가능 신분증
일반인 또는 대학생	주민등록증, 운전면허증, 여권	주민등록증 발급신청 확인서
주민등록증 미발급자 (초·중·고등학생)		신분확인증명서, 재학증명서, 학생증, 청소년증
공무원		공무원증
군 인		장교/부사관 신분증, 군복무확인서, 신분확인증명서
외국인	외국인등록증 또는 여권	재외국민국내거소신고증

※ 모든 신분증, 증명서에는 사진이 부착되어 있으며, 발급기관장의 직인이 찍혀있어야 신분증으로 인정 가능

- 시험시작 20분 전까지 입실 완료하여야 하며 시험 종료 40분 전까지 퇴실 금지
  ※ 시험시작 이후 고사장 입실 및 응시 불가
- 대리응시, 메모(답안 등) 작성 및 전달, 메모(답안 등) 수령 및 기재, 문제지와 답안지 유출행위 등 시험부정행위, 감독관의 정당한 지시에 불응하는 행위, 시험 진행 방해 등으로 인해 시험응시 무효 또는 0점 처리될 수 있음
- 자격시험 신청서의 허위기재 및 기타 부정한 방법으로 시험에 합격한 경우 합격을 취소하며, 응시무효 및 합격취소자의 경우 상기 사유가 발생한 날로부터 3년 이내의 범위에서 금융투자협회 주관 시험 응시가 제한됨
- 본인의 응시번호를 답안지에 정확히 마킹하지 않은 경우 0점 처리됨

구성 및 특징

과목별 빈출 문제

각 과목별로 빈출 문제의 유형을 분석하여 가장 대표적인 유형의 문제를 엄선하였습니다.

파생상품투자권유자문인력 빈출 1000제

1장 선물

001

파생상품에 대한 설명으로 다음 중 거리가 먼 것은?

① 기초자산의 가격에 의해 그 가치가 결정되는 계약이다.
② 선도, 스왑 등은 장내파생상품에 해당한다.
③ 상품가격의 변동리스크와 신용리스크를 관리할 수 있는 수단을 제공한다.

음 중 거리가 먼 것은?

그 가치가 결정되는 계약이다.

상품에 해당한다.

신용리스크를 관리할 수 있는 수단을 제공

선도형, 옵션형, 합성형으로 구분할 수 있다.

 문제해설

선도, 스왑, 장외옵션 등 그 외의 파생상품은 장외파생상품이라 한다. 거래소와 같이 조직되고 규격에서 거래되며 계약조건이 표준화, 정형화되어 있는 파생상품을 장내파생상품이라 한다.

문제 해설

유사문제에서 오답을 확실히 피할 수 있도록 문제의 요지에 초점을 맞추어, 해당 선택지가 문제의 정답이 되는 이유를 논리적이고 명확하게 설명하였습니다.

설명으로 옳은 것은?

두 지정된 장소에서 이루어진다.

대부분 만기에 실물이 인수도된다.

문제해설

① 선물거래는 지정된 거래소에서 이루어지지만, 선도거래는 특정 장소가 없다.

더 알아보기

문세와 관련된 내용을 정리하고 심화 학습을 할 수 있도록 보충설명이나 알아두면 좋은 참고사항을 수록하였습니다.

알아보기 선물거래와 선도 거래의 차이

구분	선물거래	선도거래
거래장소	거래소는 물리적 장소(공개적 거래)	특정 장소 없이도 거래 가능
거래방법	공개호가방식, 전가거래시스템(경쟁매매)	거래당사자 간 계약(상대매매)
거래금액	표준단위	제한 없음(협의로 결정)
신용위험	없음(청산소가 계약이행 보증)	계약불이행 위험 존재
증거금제도	당사자가 증거금 납부	없음(대고객의 경우 필요에 따라 요구 가능)
결제일	특정일(거래소에 의해 미리 결정)	협의(거래당사자 간 협의로 결정)
일일정산	가격변동에 따라 거래일별로 청산소가 수행	계약종료일에 정산됨
인수도	대부분의 거래는 만기일 이전에 반대거래로 종료	대부분의 거래가 종료 시 실물 인수도가 이루어짐

실전모의고사

실전모의고사

실제 시험과 같은 문항수와 동형의 형태로 모의고사 1회분을 수록하여 최신 출제 경향을 파악하고 실전에 대비할 수 있도록 하였습니다.

1과목 파생상품Ⅰ(25문제, 001~0

001 다음 중 선물과 선도의 차이점에 대한 설명으로 가장 거리가 먼 것은

① 선물거래는 전자거래시스템 또는 공개호가방식이고, 선도거래는
② 선물거래는 청산소에서 거래이행을 보증하나 선도거래는 계약

빠른 정답 찾기

빠른 정답 찾기로 문제를 빠르게 채점할 수 있도록 한 눈에 정리하였습니다.

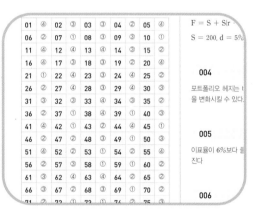

01	④	02	③	03	③	04	②	05	④
06	②	07	①	08	③	09	③	10	①
11	④	12	④	13	④	14	④	15	③
16	④	17	③	18	③	19	②	20	④
21	①	22	④	23	②	24	②	25	④
26	②	27	③	28	③	29	③	30	②
31	③	32	③	33	④	34	③	35	②
36	②	37	③	38	①	39	①	40	③
41	④	42	①	43	②	44	④	45	①
46	②	47	②	48	④	49	①	50	③
51	④	52	③	53	①	54	②	55	④
56	②	57	③	58	①	59	①	60	③
61	③	62	④	63	②	64	②	65	②
66	③	67	②	68	③	69	①	70	②
71	②	72	①	73		74		75	

$F = S + S(r$

$S = 200, d = 5\%$

004

포트폴리오 헤지는 ㄷ
을 변화시킬 수 있다.

005

이표율이 6%보다 들
진다

006

정답 및 해설

실전모의고사에 대한 각 문제의 해설을 상세하게 풀어내어 문제와 관련된 개념을 이해하기 쉽도록 하였습니다.

001 정답 ④

선도거래는 필요에 따라 증거금이 요구될 수 있다.

002 정답 ③

$$선물계약수 = \frac{헤지비율 \times 주식포트폴리의가치}{선물가격 \times 거래단위승수}$$

$$= \frac{0.7667 \times 10,000,000,000}{200 \times 500,000}$$

$$= 76.67$$

003 정답 ③

$F = S + S(r - d) \times \dfrac{1}{}$

목 차

1과목
파생상품 I

1장 선물 ………………………………………… 20

2장 옵션 ………………………………………… 80

2과목
파생상품 II

1장 스왑 ………………………………………… 136

2장 기타 파생상품 · 파생결합증권 …………… 182

1장 리스크 관리 …………………………… 222

2장 영업실무 …………………………… 248

3장 직무윤리 · 투자자분쟁예방 ………………… 274

3과목
리스크 관리
및 직무윤리

1장 자본시장 관련 법규 …………………… 296

2장 한국금융투자협회규정 ………………… 350

3장 한국거래소규정 ………………………… 366

4과목
파생상품법규

실전모의고사 [문제] ……………………… 390

실전모의고사 [정답 및 해설] ……………… 424

FINAL
실전모의고사

Study Plan

과목		학습예상일	학습일	학습시간
1과목 파생상품 I	선물			
	옵션			
2과목 파생상품 II	스왑			
	기타 파생상품 · 파생결합증권			
3과목 리스크 관리 및 직무윤리	리스크 관리			
	영업실무			
	직무윤리 · 투자자분쟁예방			
4과목 파생상품법규	자본시장 관련 법규			
	한국금융투자협회규정			
	한국거래소규정			
FINAL 실전모의고사	4과목[100문항]			

동영상 강의 커리큘럼

1과목
파생상품 I

1강	선물 (1)
2강	선물 (2)
3강	선물 (3)
4강	선물 (4)
5강	선물 (5)
6강	옵션 (1)
7강	옵션 (2)
8강	옵션 (3)
9강	옵션 (4)

2과목
파생상품 II

10강	스왑 (1)
11강	스왑 (2)
12강	스왑 (3)
13강	기타 파생상품 · 파생결합증권 (1)
14강	기타 파생상품 · 파생결합증권 (2)
15강	기타 파생상품 · 파생결합증권 (3)

▓ 파생상품투자권유자문인력 빈출 1000제는 문제풀이집으로, 별도의 강의가 준비되어 있지 않습니다.

3과목
리스크관리 및 직무윤리

16강	리스크관리 (1)
17강	리스크관리 (2)
18강	영업실무 (1)
19강	영업실무 (2)
20강	직무윤리 · 투자자분쟁예방 (1)
21강	직무윤리 · 투자자분쟁예방 (2)

4과목
파생상품법규

22강	자본시장과 금융투자업에 관한 법률 / 금융위원회규정(1)
23강	자본시장과 금융투자업에 관한 법률 / 금융위원회규정(2)
24강	자본시장과 금융투자업에 관한 법률 / 금융위원회규정(3)
25강	자본시장과 금융투자업에 관한 법률 / 금융위원회규정(4)
26강	한국금융투자협회규정
27강	한국거래소규정 (1)
28강	한국거래소규정 (2)

CERTIFIED DERIVATIVES INVESTMENT ADVISOR

파생상품투자권유자문인력 빈출 1000제

1과목

파생상품 I

1장 선물

2장 옵션

1장 선물

001

파생상품에 대한 설명으로 다음 중 거리가 먼 것은?

① 기초자산의 가격에 의해 그 가치가 결정되는 계약이다.
② 선도, 스왑 등은 장내파생상품에 해당한다.
③ 상품가격의 변동리스크와 신용리스크를 관리할 수 있는 수단을 제공한다.
④ 손익구조의 형태에 따라 선도형, 옵션형, 합성형으로 구분할 수 있다.

문제해설

선도, 스왑, 장외옵션 등 그 외의 파생상품은 장외파생상품이라 한다. 거래소와 같이 조직화된 시장에서 거래되며 계약조건이 표준화, 정형화되어 있는 파생상품을 장내파생상품이라 한다.

002

선물거래와 선도거래에 대한 설명으로 옳은 것은?

① 선물거래와 선도거래는 모두 지정된 장소에서 이루어진다.
② 선물거래는 선도거래와 달리 대부분 만기에 실물이 인수도된다.
③ 선도거래는 선물거래와 달리 거래상대방을 알 수 없다.
④ 선물거래는 선도거래와 달리 당사자 간 협의가 아닌 장래 특정월의 특정일을 결제일로 지정한다.

문제해설

① 선물거래는 지정된 거래소에서 이루어지지만, 선도거래는 특정 장소가 없다.
② 선도거래는 대부분 만기에 실물 인수도 되지만 선물거래는 결제일 이전에 반대매매에 의해 포지션 청산이 가능하다.
③ 거래상대방이 알려져 있는 것이 선도거래이고 선물거래의 경우 거래상대방을 알 수 없다.

더알아보기 선물거래와 선도거래의 차이

구분	선물거래	선도거래
거래장소	거래소는 물리적 장소(공개적 거래)	특정한 장소 없이도 거래 가능
거래방법	공개호가방식, 전가거래시스템(경쟁매매)	거래당사자 간 계약(상대매매)
거래금액	표준단위	제한 없음(협의로 결정)
신용위험	없음(청산소가 계약이행 보증)	계약불이행 위험 존재
증거금제도	당사자가 증거금 납부	없음(대고객의 경우 필요에 따라 요구 가능)
결제일	특정일(거래소에 의해 미리 결정)	협의(거래당사자 간 협의로 결정)
일일정산	각격변동에 따라 거래일별로 청산소가 수행	계약종료일에 정산됨
인수도	대부분의 거래는 만기일 이전에 반대거래로 종료	대부분의 거래가 종료 시 실물 인수도가 이루어짐

003

선물거래에 대한 설명으로 옳은 것은?

① 선물거래에서는 청산소가 계약이행을 책임지지만 선도거래에서는 계약불이행의 위험이 존재한다.
② 선물거래를 현물거래에 비해 기대수익률이 매우 낮다.
③ 선물거래는 선도거래에 비해 유동성이 다소 낮다.
④ 선물거래는 선도거래와 달리 증거금이 필요 없다.

② 선물거래는 적은 증거금으로 많은 수익을 얻을 수 있으므로 기대수익률이 높다(레버리지 효과).
③ 만기일 이전 반대매매가 가능하므로 선도거래에 비해 유동성이 높다.
④ 선물거래는 의무적으로 계약이행의 성격을 갖는 증거금을 납부해야 한다.

004

선도거래와 선물거래의 차이에 대한 설명으로 거리가 먼 것은?

① 선도거래보다 선물거래의 유동성이 높다.
② 선물거래는 선도거래보다 신용위험이 높다.
③ 선물거래는 만기일 전에 현금흐름이 발생할 수 있다.
④ 선물거래는 선물거래소에서 거래되는 표준화된 상품이고, 선도거래는 당사자 간의 협의에 의한 거래이다.

선도거래는 두 당사자 간의 거래로 거래의 이행 여부는 두 당사자의 신용도에 달려 있다. 선물거래는 이러한 신용위험을 줄이고 거래의 유동성을 높이기 위해 선물거래소가 거래의 상대방 역할을 해준다.

005

선물거래의 경제적 기능으로 옳은 것은?

① 헤지거래를 통해 가격변동위험을 소멸시킨다.
② 거래위험이 매우 크기 때문에 금융상품거래를 위축시킬 가능성이 있다.
③ 투기자는 투기적 거래로 선물시장을 혼란시킬 뿐 긍정적 역할은 없다.
④ 선물시장은 독점력을 감소시켜 자원배분이 효율적으로 이루어지게 한다.

① 가격변동위험은 헤저로부터 투기자로 전가될 뿐 소멸되는 것은 아니다.
② 레버리지 효과가 크고 차익거래 기회를 제공하기 때문에 유동성을 높이게 된다.
③ 투기자는 헤저로부터 위험을 인수하여 선물시장을 활성화시킨다.

006

선물가격의 특성에 대한 설명으로 거리가 먼 것은?

① 선물가격은 보유비용과 순보유비용의 합이다.

② 선물가격은 인도시점에서는 현물가격과 일치한다.

③ 보유비용모형이 성립하기 위해서는 기초자산인 현물이 무한정 보관이 가능해야 한다.

④ 보유비용모형이 성립하기 위해서는 선물과 현물가격 간에 불균형이 발생해서는 안 된다.

문제해설

현물과 선물가격이 언제나 균형 상태를 유지할 수는 없지만, 불균형이 발생하면 충분한 차익거래가 일어나 균형으로 회귀될 수 있어야 한다.

007

선물거래전략에 해당하지 않는 것은?

① 헤지거래전략

② 상황대응적 면역전략

③ 투기거래전략

④ 차익거래전략

문제해설

상황대응적 면역전략은 유리한 상황에서는 적극적 전략을 취하다가 불리한 상황이 되면 면역전략을 취하는 것으로 채권투자전략에 해당한다.

008

다음 (   )에 들어갈 알맞은 용어는?

> 향후 주식이 상승할 것으로 기대하여 미리 주가지수선물을 매수한 후, 향후 자금이 들어오면 주가지수선물을 매도하고 주식을 매수하는 것이 (   )이다.

① 투기거래

② 스프레드거래

③ 매도헤지

④ 매수헤지

문제해설

매수헤지는 미래에 현물을 불확실한 가격으로 사야할 상황에 있는 경우에 가격상승에 따른 기회손실을 회피하기 위해 해당 선물을 미리 매수하는 것이다.

009

선물의 이론가격과 실제가격 사이에 일시적인 가격불균형 상태를 이용하여 수익을 얻고자 하는 거래전략은?

① 차익거래
② 종목 간 스프레드
③ 시장 간 스프레드
④ 헤지거래

문제해설

차익거래는 선물의 이론가격과 실제가격 사이에 일시적인 괴리가 발생했을 경우 선물과 현물을 동시에 이용하여 한 시장에서는 매수하고 다른 시장에서는 매도를 하여 무위험 수익을 얻는 거래를 말한다.

010

다음 밑줄 친 부분 중 매도차익거래와 거리가 먼 것은?

매도차익거래는 ㉠ 실제선물가격이 이론선물가격보다 높은 경우(선물 저평가 상태), ㉡ 선물에서는 매수포지션을 취하고 ㉢ 현물은 매도한다. 이러한 거래는 ㉣ 주로 프로그램매매에 의해 진행된다.

① ㉠
② ㉣
③ ㉡, ㉢
④ ㉠, ㉣

문제해설

매도차익거래는 선물 저평가 상태, 즉 실제선물가격이 이론선물가격보다 낮은 경우에 발생한다.

011

주가지수선물거래의 경제적 기능이 아닌 것은?

① 현물시장의 유동성 향상
② 미리 가격발견 가능
③ 위험의 완벽한 제거
④ 거래비용의 절감

문제해설

주가지수선물거래는 위험의 제거가 아니라 위험을 관리하여 줄이는 기능을 담당한다.

012

스프레드거래에 대한 설명으로 거리가 먼 것은?

> ㉠ 스프레드란 선물들 간의 가격 차이를 말한다.
> ㉡ 스프레드거래란 두 종류의 선물계약포지션에서 모두 이익을 발생 시키려는 거래이다.
> ㉢ 스프레드거래는 단순투기거래에 비해 위험이 축소된다.
> ㉣ 일반적으로 단순투기거래에 비해 거래증거금이 높게 책정된다.

① ㉠, ㉡

② ㉡, ㉣

③ ㉡, ㉢, ㉣

④ ㉠, ㉢, ㉣

문제해설

㉡ 스프레드거래란 두 종류의 선물 계약포지션에서 한 쪽은 이익이 발생하고 다른 쪽은 손실이 발생하게 될 때, 그 크기를 다르게 하여 이익을 얻으려는 거래이다.
㉣ 스프레드거래에서는 두 선물 가격 차이, 즉 스프레드 변동액만큼의 손실에 대한 위험으로 축소되기 때문에 일반적으로 투기거래에 비해 거래증거금 수준이 낮게 책정된다.

013

세계 각국의 주요 주가지수와 분류방법이 바르게 연결된 것은?

① KOSPI200 – 가격가중지수

② Dow Jones – 시가총액가중지수

③ NIKKEI225 – 가격가중지수

④ S&P500 – 가격가중지수

문제해설

주요 주가지수 중 DJIA(Dow Jones Industrial Average)와 NIKKEI225 만 가격가중지수를 사용한다. KOSPI200, S&P500, KOSTAR(스타지수)는 모두 시가총액가중지수이다.

014

KOSPI200선물과 스타지수선물의 공통점이 아닌 것은?

① 기본예탁금

② 결제월

③ 만기일

④ 거래단위승수

문제해설

KOSPI200선물은 거래단위승수가 50만 원이지만 스타지수선물은 1만 원이다.

015

시가총액가중지수를 이용하여 주가지수를 산출하는 식으로 옳은 것은?

① (기준시점의 시가총액 ÷ 비교시점의 시가총액) × 기준지수
② (비교시점의 시가총액 ÷ 기준시점의 시가총액) × 기준지수
③ 구성종목의 주가 합계 ÷ 제수
④ 제수 ÷ 구성종목의 주가합계

문제해설

시가총액가중지수는 기준시점의 시가총액과 현재시점의 시가총액을 비교하여 산출한다.

016

정상시장에서 스프레드가 확대될 것으로 예측될 때 투자자가 취할 수 있는 전략으로 알맞은 것은?

① 38계약 매도
② 38계약 매수
③ 77계약 매도
④ 77계약 매수

문제해설

결제월 간 스프레드거래
스프레드 확대 시 근월물 매도 + 원월물 매수, 스프레드 축소 시 근월물 매수 + 원월물 매도전략을 택한다.

017

시가총액가중지수에 대한 설명으로 가장 거리가 먼 것은?

① 시가총액이 큰 기업의 주가가 시가총액이 작은 기업의 주가에 비해 지수에 미치는 영향력이 크다.
② 한국의 KOSPI는 다우식, KSOPI200지수는 시가총액식을 사용한다.
③ 시가총액식은 라스파이레스식, 파쉐식, 피셔식으로 나누어진다.
④ 최근에는 실제 유통되는 유통주식비율만을 반영한 시가총액방식으로 발전하고 있다.

문제해설

한국의 KOSPI, KOSPI200지수, 모두 시가총액식을 사용한다.

018

다음 각 거래단위승수가 바르게 연결된 것은?

	KOSPI200선물	KOSPI200옵션	스타지수선물
①	10만 원	2만 5천 원	1만 원
②	10만 원	5만 원	10만 원
③	25만 원	25만 원	1만 원
④	25만 원	10만 원	10만 원

KOSPI200선물은 25만 원, KOSPI 200옵션은 25만 원, 스타지수선물은 1만 원이다.

019

주가지수선물을 결정변수와 시수신물에 대한 설면으로 거리가 먼 것은?

① 현물가격이 상승하면 선물이론가격도 상승한다.
② 배당수익률이 상승하면 선물이론가격도 상승한다.
③ 잔존일수가 증가하면 선물이론가격도 상승한다.
④ 이자율이 상승하면 선물이론가격도 상승한다.

배당수익률과 선물이론가격은 반내 방향으로 움직인다.

020

베이시스에 대한 설명으로 가장 거리가 먼 것은?

① 일반적으로 베이시스는 '현물가격 – 선물가격'으로 정의된다.
② 베이시스는 보유비용과 크기가 같고 부호는 반대이다.
③ 베이시스의 불규칙한 변동을 베이시스위험이라 한다.
④ 베이시스위험이 존재하기 때문에 완전헤징이 가능해진다.

현물가격과 선물가격 간의 변동이 다르게 나타나면 그 차이만큼 완전헤징이 불가능해진다.

021

KOSPI200선물의 이론가격을 결정하는 산식에서 금리는 다음 중 무엇을 기준으로 사용하는가?

① 91일물 RP금리
② 91물 CD금리
③ 7일물 콜금리
④ 국채금리

선물이론가격의 금리는 91일물 CD 금리를 사용한다.

022

KOSPI200지수가 210.00pt이며 91일물 CD금리가 3%이다. 배상수익률이 연 0.5%이고, 만기까지의 잔존일수가 180일이라면 KOSPI200지수선물의 이론가격은 얼마인가?

① 212.59pt
② 211.74pt
③ 210.91pt
④ 210.58pt

$$F = S \times \left\{ 1 + (r-d) \times \frac{t}{35} \right\}$$

- F : 선물이론가격
- S : 현재시점의 주가지수
- r : 이자율
- d : 배당수익률
- t : 만기까지 잔존기간

$$F = 210 \times \left\{ 1 + (0.03 - 0.005) \times \frac{185}{365} \right\}$$
$$= 212.589$$

023

선물시장의 베이시스에 관한 설명으로 거리가 먼 것은?

① 베이시스는 측정시점에 관계없이 항상 일정하다.
② 시장 간에 균형이 성립되는 경우 동일한 자산에 대한 베이시스는 모든 시장에서 일정한 값을 갖는다.
③ 선물가격과 현물가격 간에 완전 정(+)의 상관관계에 있을 때 베이시스는 일정한 값이 된다.
④ 선물가격과 현물가격의 완전 정(+)의 상관관계가 완전헤지의 요건이 된다.

베이시스는 선물가격과 현물가격의 차이를 말하며, 경제상황의 변동에 따라 계속 변화하여 만기에 가까워질수록 보유비용의 감소 때문에 0으로 수렴하게 된다.

024

현재 지수선물이 210pt, 현물지수는 205pt이다. 향후 베이시스가 증가할 것으로 예상될 때 가장 적절한 헤지전략은?

① 선물매도, 현물매수 후 베이시스가 확대되면 반대매매로 청산
② 선물매수, 현물매도 후 베이시스가 확대되면 반대매매로 청산
③ 선물매도, 현물매도 후 베이시스가 확대되면 만기에 청산
④ 선물매수, 현물 매수 후 베이시스가 확대되면 만기에 청산

문제해설

베이시스가 증가한다는 것은 선물과 현물의 가격 차이가 더 벌어진다는 것이므로 증가할 것으로 예상되는 시점에 선물매수와 현물매도의 매수헤지를 취하는 것이 적절하다.

025

다음 (   ) 안에 들어갈 용어를 바르게 연결한 것은?

- (㉠)는 주식의 분산투자로도 제거할 수 없는 시장의 (㉡) 위험을 주가지수선물을 이용하여 관리하는 거래이다.
- (㉢)는 현물 보유와는 상관없이 주가지수선물의 미래가격 방향을 사전적으로 예측하여 시세차익을 목적으로 하는 거래이다.

	㉠	㉡	㉢
①	헤지거래	비체계적	투기거래
②	헤지거래	체계적	투기거래
③	스프레드거래	비체계적	헤지거래
④	스프레드거래	체계적	헤지거래

문제해설

헤지거래는 시장의 체계적 위험을 줄이고자 하는 것이고, 투기거래는 시세차익만을 목적으로 하는 거래이다.

1과목

파생상품 I

	선물투자	현물투자	베이시스
매매진입	210pt ㉠	204pt ㉡	6pt
매매청산	211pt ㉢	206pt ㉣	5pt
결과	㉤	㉥	
손익	㉦		

026

위 표와 같이 베이시스 축소가 예상되는 상황에서 적절한 매매전략은?

	㉠	㉡	㉢	㉣
①	매도	매수	매수	매도
②	매수	매도	매도	매수
③	매수	매수	매도	매도
④	매도	매도	매수	매수

  문제 해설

베이시스가 축소될 것으로 예상되는 시점에서는 선물매도와 현물매수의 매도헤지를 취해야 이익을 얻을 수 있다.

027

올바른 해지전략을 구사했을 경우 예상되는 결과와 손익은?

	㉠	㉡	㉢
①	−1.00pt	+2.00pt	+2.00pt
②	+1.00pt	−2.00pt	−1.00pt
③	−1.00pt	+2.00pt	+1.00pt
④	+1.6	−2.00pt	+1.00pt

  문제 해설

	선물투자	현물투자	베이시스
매매진입	210pt 매도	204pt 매수	6pt
매매청산	211pt 매수	206pt 매도	5pt
결과	−1.00pt	+2.00pt	
손익	+1.00pt		

028

거래비용 중 암묵적 비용에 해당하지 <u>않는</u> 것은?

① 호가스프레드
② 시장충격비용
③ 제도적 마찰요인에 따른 비용
④ 거래수수료

④ 거래수수료는 명시적 비용이다.
③ 제도적 마찰요인으로는 차압과 공매에 대한 제도적 제약, 조달 비용과 운용수익의 불일치 등이 해당한다.

029

다음 (   ) 안에 들어갈 용어를 바르게 연결한 것은?

(㉠)는 선물상품 간 가격 차이를 이용하여 두 선물상품 간의 시세차 이을 목적으로 하는 거래이고, (㉡)는 현물과 선물 간의 가격불균형 을 이용하여 무위험수익을 얻는 거래이다.

	㉠	㉡
①	스프레드거래	차익거래
②	차익거래	스프레드거래
③	헤지거래	스프레드거래
④	헤지거래	차익거래

선물 간 가격 차이를 이용하는 것이 스프레드거래이고, 현물과 선물 간 의 가격 차이를 이용하는 것이 차익 거래이다.

030

헤지거래의 종류에 해당하지 <u>않는</u> 것은?

① 교차헤지
② 매도헤지
③ 직접헤지
④ 인덱스헤지

헤지거래에는 선물의 매매방향에 따라 매도헤지와 매수헤지가 있고, 헤지대상의 현물에 대응하는 선물 의 존재 여부에 따라 직접헤지와 간 접헤지(교차헤지)가 있다. 또한 헤지 범위에 따라 완전헤지와 부분헤지 로 분류되기도 한다.

031

다음에서 설명하는 용어는 무엇인가?

> 헤지하고자 하는 현물과 동일한 상품이 선물시장에서 거래되고 있는 경우, 이를 헤지의 대상상품으로 하는 헤지거래이다.

① 교차헤지
② 직접헤지
③ 완전헤지
④ 부분헤지

 알아보기 헤지거래
- **교차헤지** : 헤지하고자 하는 현물상품을 대상으로 하는 선물이 존재하지 않을 경우 헤지하고자 하는 현물상품과 유사한 가격변동 패턴이나 상관관계가 높은 선물을 이용하여 헤지하는 거래
- **부분헤지** : 주식선물을 보유함으로서 발생 가능한 손실 중 일부분을 주식선물을 매도하여 주식선물의 이익으로 상쇄하고자 하는 거래
- **완전헤지** : 주식을 보유함으로써 발생 가능한 모든 손실을 그에 해당하는 금액만큼의 주식선물을 매도하여 주식선물의 이익으로 상쇄하고자 하는 거래

직접헤지에 대한 설명이다.

032

헤지비율을 구하는 산식으로 옳은 것은?

① $\dfrac{선물계약수}{선물가격} + \dfrac{선물가격}{거래단위승수}$

② $\dfrac{선물계약수 \times 선물가격 \times 거래단위승수}{헤지대상\ 주식\ 포트폴리오의\ 가치}$

③ $\dfrac{헤지대상\ 주식\ 포트폴리오의\ 가치}{선물계약수 \times 선물가격 \times 거래단위승수}$

④ $\dfrac{선물가격 \times 거래단위승수}{선물계약수 \times 선물가격}$

헤지비율을 헤지하려는 선물계약의 가치를 헤지대상 주식 포트폴리오의 가치로 나눈 값이다.

033

다음 헤지전략의 단계를 순서대로 바르게 나열한 것은?

> ㉠ 헤지수단 결정
> ㉡ 헤지비율 결정
> ㉢ 위험회피의 필요성 평가
> ㉣ 헤지거래에 따른 효과분석

① ㉢-㉠-㉡-㉣　　　　② ㉠-㉡-㉢-㉣
③ ㉢-㉣-㉠-㉡　　　　④ ㉠-㉢-㉡-㉣

 문제해설

우선 위험회피의 필요성을 평가해야 하고, 헤지수단을 결정해야 한다. 가장 핵심적인 것이 헤지비율을 결정하는 것이며, 마지막으로 헤지거래에 따른 효과분석을 한다.

034

주식 포트폴리오의 가치가 20억 원, 베타는 1.1이며, 선물가격은 200pt이다. 거래단위승수가 50만 원일 때 기존 베타 1.1을 0.5 수준으로 조정하고자 한다. 이를 위해 조정된 선물계약수는?

① 11계약 매도　　　　② 11계약 매수
③ 12계약 매도　　　　④ 12계약 매수

 문제해설

선물계약수

$$= \frac{(0.5 - 1.1) \times 2,000,000,000}{200 \times 500,000}$$

$$= -12$$

035

위 34번 문제의 조건에서 주가상승을 예상하여 베타 1.1을 1.8로 조정하고자 할 때 소요되는 선물계약수는?

① 13계약 매도　　　　② 13계약 매수
③ 14계약 매도　　　　④ 14계약 매수

 문제해설

선물계약수

$$= \frac{(1.8 - 1.1) \times 2,000,000,000}{200 \times 500,000}$$

$$= 14$$

036

헤지비율의 결정에 대한 설명으로 가장 거리가 먼 것은?

① 헤지비율을 사전적으로 결정하면 헤지를 위해 필요한 선물계약수를 산출할 수 있다.
② 주가지수선물의 수익률이 시장수익률과 동일하다고 가정하면 베타는 주가지수선물의 수익률과 주식 포트폴리오의 수익률 간의 관계가 된다.
③ 주식 포트폴리오의 비체계적 위험을 헤지할 때는 일반적으로 주식 포트폴리오의 베타값을 헤지비율로 사용한다.
④ 결국 헤지비율은 베타와 동일한 의미로 사용될 수 있다.

문제해설

헤지비율을 베타와 동일한 의미로 사용하려면 체계적 위험을 헤지할 때 사용하여야 한다.

037

다음 ( ) 안에 들어갈 말이 바르게 연결된 것은?

> 결제월 간 스프레드에서 향후 스프레드가 확대될 것이 예상되는 경우 근월물을 (㉠)하고 원월물을 (㉡)하며, 스프레드 축소가 예상되는 경우 근월물을 (㉢)하고 원월물을 (㉣)하면 된다.

	㉠	㉡	㉢	㉣
①	매도	매수	매수	매도
②	매도	매도	매수	매수
③	매수	매도	매도	매수
④	매도	매수	매도	매도

문제해설

결제월 간 스프레드는 상품 내 스프레드를 말하는데 스프레드의 확대는 원월물이 근월물보다 더 큰 폭으로 변동된다는 의미이므로 원월물을 매수하고 근월물을 매도해야 한다. 청산 시 반대포지션을 취함으로서 스프레드만큼의 시세차익을 얻을 수 있다.

038

주식 포트폴리오의 가치가 30억 원이며, 베타가 1.00이고 KOSPI200 선물가격이 210pt일 때 헤지를 위해 매도해야 할 선물계약수를 구하면?

① 29계약　　　　　② 14계약
③ 28계약　　　　　④ 15계약

- 선물계약수 =

$$\frac{헤지비율 \times 주식\ 포트폴리오의\ 가치}{선물가격 \times 거래단위승수}$$

- 선물계약수

$$= \frac{1.0 \times 3,000,000,000}{210 \times 500,000}$$

- 선물계약수 = 28.57
- 선물계약은 정수단위로 실행해야 하므로 소수점 한자리 단위에서 반올림한다.

039

스프레드거래에 대한 설명으로 가장 거리가 먼 것은?

① 스프레드는 2개의 상이한 선물계약 간의 가격 차이를 말한다.
② 스프레드거래는 하나의 선물을 사고 동시에 다른 선물을 매도하는 거래이다.
③ 상대적으로 저가인 선물을 매수하고 고가인 선물을 매도한다.
④ 스프레드거래가 성립되려면 가격 움직임이 상반된 2개의 선물을 선택해야 한다.

스프레드거래는 가격 움직임이 비슷한 2개의 선물을 대상으로 한다. 가격 움직임은 비슷하면서 상대적으로 저가인 선물을 매수하고 상대적으로 고가인 선물을 매도하는 것이다.

040

향후 미국시장에서 대형주보다 소형주의 변동이 클 것으로 예상되어진다고 가정할 때 우량주 중심의 미국 S&P500지수선물과 소형주를 포괄하는 Value Line지수선물을 이용하여 시세차익을 얻고자 한다. 가장 적절한 거래방법은?

① 상품 내 스프레드　　　② 상품 간 스프레드
③ 헤지거래　　　　　　④ 차익거래

상품 간 스프레드는 시장 간 스프레드라고 불리는데 각기 상이한 선물계약을 대상으로 하는 거래이다.

041

주식관련 선물의 베이시스에 관한 설명으로 가장 거리가 먼 것은?

① 선물 시장가격과 현물가격의 차이를 시장 베이시스라고 한다.
② 선물가격이 저평가되어 있으면 시장 베이시스가 이론 베이시스보다 크다.
③ 선물 이론가격과 현물가격의 차이를 이론 베이시스라고 한다.
④ 이론 베이시스가 0보다 크다는 것은 순보유비용이 양(+)이라는 것을 의미한다.

선물가격이 저평가되어 있으면 시장 베이시스가 이론 베이시스보다 작다.

042

주가지수, 주가지수선물의 시장가격, 주가지수선물의 이론가격 간의 관계에 관한 설명으로 가장 거리가 먼 것은(단, 단기이자율이 배당수익률보다 크다고 가정한다)?

① 주가지수선물이 콘탱고이면 고평가상태이다.
② 주가지수선물이 백워데이션이면 저평가된 상태이다.
③ 주가지수선물의 이론가격은 기초자산인 주식가격보다 높다.
④ 주가지수선물이 저평가 상태라고 할지라도 반드시 백워데이션 상태는 아니다.

주가지수선물이 콘탱고 상태(선물가격 > 주가지수)라 하더라도 저평가 상태(선물가격 < 이론가격)가 될 수도 있다.

더알아보기 선물가격에 따른 베이시스 형태

선물가격	시장	베이시스 형태
선물가격 > 현물가격	정상시장 → 콘탱고	B > 0 베이시스(+)
선물가격 < 현물가격	역조시장 → 백워데이션	B < 0 베이시스(−)

043

다음 (   ) 안에 들어갈 용어로 옳은 것은?

> • (㉠)은 업종 및 종목별 특성치 등의 기준에 의해 종목을 선정한 뒤에 일정한 제약조건하의 목적함수를 만족시키는 편입비중을 산출하는 방식이다.
> • (㉡)은 전 구성종목 중에서 시가총액 비중을 고려하여 일정비율 이상의 종목군을 선택하고, 업종별 시가총액비중을 고려하여 업종 및 종목별로 편입비중을 정하는 방식이다.

	㉠	㉡
①	완전복제법	최적화법
②	층화추출법	최적화법
③	최적화법	층화추출법
④	복합법	층화추출법

문제해설

최적화법과 층화추출법에 대한 설명이다. 복합법은 위 두 가지 방식을 통계적으로 결합하여 인덱스펀드를 구성한다.

044

프로그램매매에 대한 설명으로 가장 거리가 먼 것은?

① 복수종목으로 구성된 바스켓을 컴퓨터에 프로그래밍화하여 여러 종목의 주문을 동시에 처리하는 매매기법이다.
② 동일인이 일시에 KOSPI200 구성종목 중 15개 이상의 종목을 동시에 주문하는 거래와 모든 차익거래를 포함한다.
③ 광의의 프로그램매매는 컴퓨터에 현물 바스켓의 매수·매도에 관한 구체적인 의사결정규칙을 입력하여 프로그래밍시킨 후 자동적으로 매수·매도시점을 판단하여 집행하는 시스템 매매이다.
④ 프로그램매매를 가장 많이 적용하는 거래는 주가지수옵션거래이다.

문제해설

프로그램매매를 가장 많이 적용하는 거래는 주가지수차익거래이다.

045

인덱스펀드 중 KOSPI200의 구성 방법에 해당하는 것은?

① 완전복제법　　　　　② 최적화법

③ 복합법　　　　　　　④ 층화추출법

문제해설

KOSPI200은 시가총액을 고려하여 편입비중을 정하는 층화추출법을 사용한다.

046

전술적 차익거래에 대한 설명으로 가장 거리가 먼 것은?

① 주가지수선물의 고평가수준이 크게 축소되거나 아니면 저평가로 반전되는 것을 기대할 경우 그때까지 차익거래 포지션을 유지하다가 청산하는 거래방식이다.

② 차익거래 실행과 청산의 기준은 괴리율이다.

③ 일반적 차익거래에 비해 투기성이 있는 거래이다.

④ 당초 예상한 시장베이시스의 방향이 어긋날 경우 손실을 입을 수 있다.

문제해설

전술적 차익거래는 차익거래 실행과 청산의 기준을 괴리율이나 차익거래 불가능가격대가 아닌 시장베이시스의 등락을 이용한다.

047

래깅차익거래에 대한 설명으로 가장 거리가 먼 것은?

① 현물과 선물에 대한 주문을 시차를 두고 실행하는 것이다.

② 시장베이시스의 등락을 이용한 차익거래이다.

③ 시장베이시스가 축소될 것으로 예상되는 경우 매수래깅 차익거래가 유효하다.

④ 시장베이시스가 확대될 것으로 예상되는 경우 주식을 먼저 매수하고 베이시스가 확대되면 그때 주가지수선물을 매도한다.

문제해설

시장베이시스가 확대될 것으로 예상되는 경우 매도래깅 차익거래가 가능하다. 주식을 먼저 매도하고 주식가격의 하락으로 인한 선물의 저평가가 심화될 때 선물을 매수한 후 향후 시장베이시스가 확대되는 경우나 만기일에 청산한다.

048

A국의 종합주가지수는 시가총액가중지수를 사용하고 있다. A국의 주가지수는 2025년 1월 4일을 기준으로 200.00으로 표시하고 있다. 2025년 1월 4일의 시가총액이 1조 원이고 현재 시가총액이 3조 5,000억 원이라 할 때 현재 주가지수는 얼마인가?

① 350

② 700

③ 3,500

④ 7,000

문제해설

주가지수 =

$\dfrac{비교시점의 시가총액}{기준시점의 시가총액} \times$ 기준지수

주가지수

= (3조 5,000 / 1조) × 200 = 700

049

주가지수 차익거래의 리스크 중 추적오차에 대한 설명으로 가장 거리가 먼 것은?

① 주가지수 차익거래의 리스크는 추적오차와 유동성위험, 시장충격으로 분류된다.

② 추적오차가 확대되면 차익거래를 실행하고도 원하는 수익을 얻지 못할 수 있다.

③ 주가지수 차익거래를 실행하는 과정에서 현물바스켓의 일부 종목이 유동성 부족으로 체결이 안되는 경우를 추적오차라 한다.

④ 추적오차가 발생하는 이유는 현물바스켓이 대상지수를 제대로 추적하지 못하기 때문이다.

문제해설

③ 유동성위험에 대한 설명이다

더 알아보기 주가지수선물 이용 차익거래의 리스크

- **추적오차** : 주가지수 차익거래를 실행하는 과정에서 대상 주가지수를 제대로 추적하지 못하는 경우
- **유동성 위험** : 주가지수 차익거래를 실행하는 과정에서 현물바스켓의 일부 종목이 유동성 부족으로 미체결되거나 매우 불리한 가격에 체결되는 경우(미청산위험)
- **시장충격** : 현물바스켓을 주문집행할 때 순간적으로 대규모 금액을 체결하기 때문에 개별종목이나 선물의 가격변동이 불리하게 되는 경우

050

현물바스켓을 프로그램매매로 주문을 실행하는 경우 순간적으로 대규모 금액을 체결하기 때문에 개별종목이나 선물의 가격변동이 불리하게 되는 경우를 무엇이라 하는가?

① 추적오차 ② 시장충격
③ 유동성위험 ④ 비차익매매

주가지수차익거래의 리스크 중 시장충격에 대한 설명이다.

051

B국의 종합주가지수는 가격가중지수를 사용하고 있다. B국의 유가증권시장은 200개의 종목으로 구성되어 있으며, 구성종목의 주가 합계는 420만 원이고, 시가총액은 150억 원이다. 구성종목수를 제수로 사용하여 주가지수를 계산하면?

① 21,000 ② 42,000
③ 1,500 ④ 750

가격가중지수 =

$$\frac{구성종목의\ 주가\ 합계}{제수}$$

가격가중지수
= 4,200,000/200 = 21,000

052

다음 중 주가지수 산출방법이 <u>다른</u> 하나는?

① S&P500 ② KOSPI200
③ NIKKEI225 ④ KOSTAR

DJIA(Dow Jones Industrial Average)와 NIKKEI225는 가격가중지수를 사용하고 나머지는 대부분 시가총액가중지수를 사용한다.

| 053~054 | 투기거래자가 지수선물을 통해 시세차익을 얻고자 한다. 거래단위승수는 50만 원이며, 위탁증거금은 15%를 적용한다. 현재 보유자금은 10억 원이다.

053

위 투기거래자가 211.40pt에 선물을 매수하려고 한다면 현재 자금으로 가능한 최대 선물계약수는 얼마인가?

① 63계약 ② 64계약

③ 9계약 ④ 10계약

선물계약수

$$= \frac{1,000,000,000}{211.40 \times 500,000 \times 0.15}$$

$$= 63.07계약$$

054

211.40pt에 매수한 선물계약을 3일 후 204.70pt에 매도하였다. 손익은 얼마인가?

① 211,050,000원 이익 ② 211,050,000원 손실

③ 214,400,000원 이익 ④ 214,400,000원 손실

$(204.70 - 211.40) \times 500,000 \times 63$
$= -211,050,000$

055

차익거래를 위한 인덱스펀드를 구성할 때 제약사항이 <u>아닌</u> 것은?

① 유동성위험 ② 자산의 크기

③ 추격오차 ④ 베이시스위험

인덱스펀드란 투자성과가 주가지수의 움직임을 비교적 정확히 추적하는 펀드이다. 따라서 베이시스 위험과는 무관하다. 인덱스펀드의 제약사항에는 유동성, 추적의 한계, 관리비용, 자산의 크기, 계량적 요소 등이 있다.

056

다음 ( ) 안에 들어갈 용어로 옳은 것은?

> 주가지수선물 이론가격에 일정한 (㉠)을 감안한 범위 이내에서는 차
> 익거래에 따른 실익이 존재하지 않는 (㉡)이(가) 존재하게 된다.

문제해설

차익거래 불가영역에 대한 설명이
다. 이때 거래비용에는 주식매매 수
수료, 선물매매 수수료, 선물증거금
등이 포함된다.

	㉠	㉡
①	금융비용	래깅차익거래
②	금융비용	차익거래 불가영역
③	거래비용	래깅차익거래
④	거래비용	차익거래 불가영역

057

주가지수선물의 헤지거래에 대한 설명으로 옳은 것은?

① 헤지거래는 선물시장에서 현물과 같은 포지션을 취하는 것이다.
② 헤지거래는 현물에 대응하는 선물의 존재 여부에 다라 완전헤지와 부
분헤지로 분류된다.
③ 헤지거래는 선물의 매매방향에 따라 직접헤지와 교차헤지로 분류
된다.
④ 헤지거래는 가격변동에 따른 위험을 축소 또는 회피하기 위한 거래
이다.

문제해설

① 선물시장에서 현물과는 반대되
는 포지션을 취한다.
② 현물에 대응하는 선물의 존재 여
부는 직접헤지와 교차헤지의 분
류이다.
③ 선물의 매매방향에 따른 분류는
매도헤지와 매수헤지이다.

더 알아보기

주가지수선물을 이용한 주식 포트폴리오의 헤지
주가지수선물을 이용한 주식 포트폴리오의 헤지 효율성은 다음과 같은 요
인에 의해 결정된다.
• 주식 포트폴리오와 선물거래의 대상이 되는 주가지수의 관계(추적오차)
• 헤지가 설정될 때와 해제될 때의 지수와 지수선물 가격의 관계(베이시스
리스크)

058

다음 (   ) 안에 들어갈 용어를 바르게 연결한 것은?

> 베타조정헤지는 베타를 이용하여 전체 포트폴리오의 시장위험을 조절하는 헤지거래이다. 보유주식 포트폴리오의 가치가 하락할 것으로 예상될 경우 주가지수선물의 매도포지션을 (㉠)하여 전체 포트폴리오의 베타를 (㉡)줌으로써 손실을 상대적으로 축소시킬 수 있다.

	㉠	㉡
①	증가	낮추어
②	증가	높여
③	감소	낮추어
④	감소	높여

문제해설

보유주식 포트폴리오의 가치가 하락할 것으로 예상될 경우 주가지수선물의 매도포지션을 증가하여 전체 포트폴리오의 베타를 낮추어 줌으로써 손실을 상대적으로 축소시킬 수 있다. 반면 주가가 상승할 것으로 예상될 때에는 주가지수선물의 매도계약수를 줄이는 방법으로 전체 포트폴리오의 베타를 높여 주가상승의 이익을 얻을 수 있다.

059

주식 포트폴리오 30억 원을 보유하고 있다. 향후 주가상승을 예상하고 현재의 베타 0.7을 1.1 이상으로 올리려고 한다. 이에 필요한 선물계약수를 계산하면(단, KOSPI200현물 212.00pt, KOSPI200선물 213.50pt, 거래단위승수 50만 원이다)?

① 11계약 매도

② 11계약 매수

③ 12계약 매도

④ 12계약 매수

문제해설

- (목표베타 − 기존베타) × $\dfrac{\text{투자금액}}{\text{선물가격} \times \text{거래단위승}}$
- 선물계약수
  $= \dfrac{(1.1-0.7) \times 3,000,000,000}{213.50 \times 500,000}$
- 선물계약수 = 11.2

060

차익거래를 위한 인덱스펀드의 구성방법에 대한 설명으로 옳은 것은?

① 업종대표주들로 업종비중만큼 매수하는 것이 최적화법이다.
② 시장의 유동성이 부족하고 제약사항이 많을 경우 완전복제가 적합하다.
③ 지수의 구성종목 전체를 시가총액 비중대로 편입하는 것이 층화추출법이다.
④ 복합법은 층화추출법과 최적화법을 통계적으로 결합한 것이다.

 문제해설

① 업종대표주들로 업종비중만큼 매수하는 것은 층화추출법이다.
② 완전복제는 시장 유동성이 풍부하고 자산의 크기 충분할 경우 사용한다.
③ 지수의 구성종목은 전체를 시가총액 비중대로 편입하는 것은 완전복제이다.

061

주가지수선물거래에 대한 설명으로 옳은 것은?

① 주가지수선물거래에서는 결제일에 대상상품을 인도 또는 인수하여 청산한다.
② 주가지수선물의 핵심적 기능은 주식시장의 비체계적 위험을 관리하는 것이다.
③ 주가지수선물의 거래비용은 주식현물의 거래비용보다 높은 것이 한계가 된다.
④ 활발한 차익거래로 주식시장의 유동성이 증대될 수 있다.

 문제해설

① 주가지수선물거래의 결제일에는 차액을 현금으로 결제하여 거래를 종결한다.
② 시장전체에 영향을 미치는 것이 체계적 위험이고, 특정기업에 대한 위험이 비체계적 위험이다. 주가지수선물의 핵심적 기능은 체계적 위험을 관리하는 것이다.
③ 주가지수선물의 거래비용은 주식현물의 거래비용보다 매우 낮다.

더 알아보기 주가지수선물의 경제적 기능

- **위험관리** : 선물거래의 핵심적인 기능으로 해당 기초자산의 가격변동위험을 관리하는 기능이다.
- **현물시장의 유동성 향상** : 주가지수선물과 같은 위험관리수단이 존재할 경우 시장에의 진출입을 용이하게 하며, 이를 통해 해당시장의 유동성을 보강하고 시장발전에 기여한다.
- **미래가격발견 기능** : 선물은 현시점에서 미래 특정시점의 가격을 거래하는 것으로 주식관련 선물시장에서 참여하는 투자자들이 많아질수록 보다 합리적으로 주가를 예측할 수 있다.
- **거래비용의 절감** : 선물거래는 증거금을 활용하기 때문에 직접 주식현물을 투자하는 것에 비하여 초기 투자비용이 적게 든다.
- **새로운 투자수단의 제공** : 안정적 수익추구를 위해 포트폴리오 보험전략이나 신종 파생상품을 이용한다.

062

베이시스가 양(+)인 상태가 ㉠이고, 음(−)인 상태를 ㉡이라 한다. ㉠, ㉡에 들어갈 알맞은 용어는?

	㉠	㉡
①	디스카운트 상태	콘탱고 상태
②	콘탱고 상태	백워데이션 상태
③	백워데이션 상태	콘탱고 상태
④	백워데이션 상태	디스카운트 상태

문제해설

- 콘탱고 : 선물시장가격이 현물가격보다 높은 상태
- 백워데이션 : 현물가격이 선물시장가격보다 높은 상태
- 디스카운트 : 선물시장가격이 선물이론가격보다 낮은 상태

063

콘탱고시장에서 K주식을 보유하고 있는 투자자가 K주식선물을 통한 완전 매도헤지거래를 하였다. 헤지거래 당시 베이시스가 7,000원이었으며, 현재는 4,000원이다. 현재까지의 헤지 포트폴리오의 손익은?

① 이익 4,000원 ② 손해 4,000원
③ 이익 3,000원 ④ 손해 3,000원

문제해설

선물매도의 헤지거래에서 베이시스의 감소는 베이시스의 차이만큼 헤지 포트폴리오의 이익이 발생한다.

064

지수선물의 차익거래를 실행하기 위한 과정 중 가장 먼저 해야할 일은?

① 차익거래기회 포착
② 실시간 손익평가
③ 현물바스켓의 구성과 관리
④ 차익거래 청산시점 포착

문제해설

주가지수차익거래의 실행과정
현물바스켓 구성 → 차익거래기회 포착 → 거래실행 → 차익거래 청산시점 포착 → 포지션해소

065

수익률곡선이 우하향할 때 수익률곡선의 형태로 옳은 것은?

① 선도금리수익률곡선 < 무이표채수익률곡선 > 이표채수익률곡선
② 이표채수익률곡선 > 무이표체수익률곡선 > 선도금리수익률곡선
③ 선도금리수익률곡선 < 이표채수익률곡선 > 무이표채수익률곡선
④ 무이표채수익률곡선 > 이표체수익률곡선 > 선도금리수익률곡선

더 알아보기 수익률곡선이 우하향하는 경우
- 무이표체수익률곡선은 이표체수익률곡선보다 항상 아래쪽에 위치한다.
- 선도금리는 무이표체보다 아래쪽에 위치한다.
- 이표체수익률곡선 > 무이표체수익률곡선 > 선도금리수익률곡선

문제해설

① 수익률곡선이 우상향하는 경우의 수익률곡선의 형태이다.

066

수익률곡선의 형태를 설명하는 이론이 아닌 것은?

① 기대가설 ② 유동성선호가설
③ 시장분할가설 ④ 선도금리설

더 알아보기 수익률곡선의 형태에 관한 이론
- **기대가설** : 수익률곡선은 미래 시장금리의 움직임에 대한 투자자들의 예상에 의해 결정된다.
- **유동성선호가설** : 장기투자에 따른 프리미엄으로 인해 장기채 수익률은 단기채 수익률보다 높아야 한다.
- **시장분할가설** : 투자자들은 채권 만기에 대해 서로 다른 선호도를 가지고 있어 채권시장은 몇 개의 시장으로 분할되어 있다.

문제해설

수익률곡선의 형태를 설명하는 이론에는 기대가설, 유동성선호가설, 시장분할가설이 있다.

067

기대가설에서 금리하락이 예상될 때 수익률곡선의 변화는?

① 수익률곡선의 기울기는 완만해진다.
② 수익률곡선의 기울기는 급해진다.
③ 수익률곡선은 수평이다.
④ 수익률곡선은 변화가 없다.

문제해설

금리하락이 예상될 때는 단기채 수요가 줄고 장기채 수요가 늘어 수익률곡선의 기울기는 완만해진다. 반대로 금리상승이 예상될 때는 장기채 가격의 하락이 더 크게 되므로 수익률곡선의 기울기는 급해진다.

068

다음 그림과 같이 수익률곡선이 우상향할 경우 ㉠, ㉡, ㉢의 순서에 해당하는 것은?

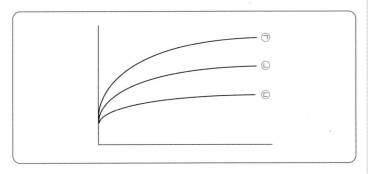

	㉠	㉡	㉢
①	선도금리	이표채	무이표채
②	이표채	선도금리	무이표채
③	무이표채	이표채	선도금리
④	선도금리	무이표채	이표채

문제해설

• 수익률곡선이 우상향하는 상황에서 무이표채수익률곡선은 이표채 수익률곡선보다 항상 위쪽에 위치한다. 이는 이표체에 투자한 투자자는 만기 이전에도 이자를 지급받게 되며 이러한 이자지급액에 해당되는 할인 정도가 만기일에 적용되는 할인 정도보다 낮기 때문이다.
• 만기가 주어졌을 때 선도금리는 무이표채수익률보다 높고, 무이표채수익률은 이표채수익률보다 높은 관계에 있다.

069

채권수익률의 기간구조에 대한 설명으로 가장 거리가 먼 것은?

① 시장분할이론에 의하면 수익률곡선은 불연속적이다.
② 시장분할이론은 시장의 효율성을 전제로 한 불편기대이론과 유사하다.
③ 유동성선호이론에 의하면 단기채권은 장기채권보다 위험이 낮고 유동성이 크므로 장기채권보다 가격이 높고 수익률이 낮게 된다.
④ 불편기대이론에 의하면 투자자가 수익률이 상승될 것으로 예상될 때 수익률곡선은 만기가 길어짐에 따라 상승하는 모양을 보인다.

문제해설

불편기대이론은 시장의 효율성을 전제로 한 이론이고, 시장분할이론은 시장의 비효율성을 전제로 한 이론이다.

070

금리위험에 대한 설명으로 가장 거리가 먼 것은?

① 금리가 변함에 따라 자산이나 부채의 가치가 변하는 위험을 말한다.
② 발행자와 투자자 모두에게 영향을 미친다.
③ 투자위험과 수익위험으로 대별할 수 있다.
④ 금리의 변화가 채권의 가치를 증가시키는 위험을 의미한다.

문제해설

투자위험은 금리의 변화가 채권의 가치를 감소시키는 위험으로 가격위험이라고도 한다.
② 금리리스크는 채권을 발행하여 자금을 조달하는 발행자입장에서는 금리변화가 자금조달비용에 영향을 미치고, 채권을 자산으로 보유하는 투자자의 입장에서는 투자자산의 수익률에 영향을 미친다.

1과목

파생상품 I

071

금리선물에 대한 설명으로 가장 거리가 먼 것은?

① 금리선물에는 만기가 있지만 대상 현물상품에는 만기가 없다.
② 금리선물거래는 이자율 변동에 따라 가치가 변동되는 각종 금리상품을 대상으로 한 선물계약을 말한다.
③ 금리선물은 금리변동위험을 관리할 수 있는 도구를 제공한다.
④ 금리선물은 새로운 투자수단을 제공해준다.

문제해설

금리선물에는 선물뿐만 아니라 대상 현물상품에도 만기가 있다. 금리선물의 대상 현물상품이 채권이기 때문이다.

072

단기금리선물에 대한 설명으로 가장 거리가 먼 것은?

① 기초자산의 만기가 1년 이하인 선물을 말한다.
② 기초자산으로 가장 많이 거래되는 것은 유로달러선물이다.
③ 대부분 채권의 가격으로 선물의 가격을 표시하여 거래한다.
④ 현재 각국의 선물거래소에서 활발히 거래되는 상품 중 하나이다.

문제해설

단기금리선물은 대부분 금리 자체를 연율방식으로 표시하여 지수로 산출하여 거래하는 경우가 대부분으로 IMM 지수방식이 대표적이다. IMM 지수방식은 이자율을 연율로 표시한 후 100에서 차감한 값을 가격으로 거래하는 방식이다.

073
단기금리선물 중 유로달러선물에 대한 설명으로 거리가 먼 것은?

① 3개월물 LIBOR를 기초상품으로 하고 있다.
② 만기에 현금결제방식을 취한다.
③ LIBOR란 미국에서 은행 간에 거래되는 3개월 정기예금의 이자율을 말한다.
④ LIBOR는 많은 채권이나 금리관련상품의 기준금리로 이용된다.

074
유로달러선물의 상품명세로 가장 거리가 먼 것은?

① 거래단위는 $10,000,000이다.
② 가격표시방법은 100-3개월 LIBOR이다.
③ 최종결제방법은 현금결제이다.
④ 가격제한폭이 없다.

075
국채선물의 기능과 역할로 가장 거리가 먼 것은?

① 위험관리수단 제공
② 채권시장 대체효과로 채권현물시장 위축
③ 미래 금리의 예측
④ 새로운 투자기회 제공

076

3년국채선물의 상품명세서에 대한 설명이 옳은 것은?

① 거래단위 – 액면가 5억 원
② 거래대상 – 표면금리 5%, 6개월 이표지급방식의 3년 만기 국고채
③ 최소가격변동폭 – 0.05, 1틱의 가치 50,000원
④ 최종결제일 – 결제월의 세 번째 화요일

- **거래단위** : 액면 1억 원
- **최소가격변동폭** : 0.01, 1틱의 가치 = 1억 원 × 0.01 × 1/100 = 10,000원
- **최종거래일** : 결제월의 세 번째 화요일
- **최종결제일** : 최종거래일의 다음 거래일
- **최종결제방법** : 현금결제
- **결제월** : 3, 6, 9, 12월

077

T-Bond선물에 대한 설명으로 가장 거리가 먼 것은?

① 거래단위는 $100,000이다.
② 잔존만기 기간 30년, 표면금리 6%인 T-Bond를 거래대상으로 한다.
③ 호가단위는 1/16로 1틱의 가치는 $62.5이다.
④ 인도 가능 채권은 잔존 만기 15년 이상인 T-Bond이다.

호가단위는 1/64이며 1틱의 가치는 $15.625이다.

078

T-Bond선물의 호가가 94-10일 경우 가격으로 환산한 값은 얼마인가?

① $94,312.5
② $94,578.6
③ $94,652.5
④ $94,852.6

$(94 + 10/32) × (1/100) × 100,000 = \$94,312.5$

079

T-Bond선물의 전환계수의 특성으로 거리가 먼 것은?

① 특정 채권의 전환계수는 특정 결제월 주기 동안 일정하다.
② 전환계수는 헤지계약수를 구할 때도 사용된다.
③ 채권의 이표율이 6%보다 작을 경우 전환계수는 1보다 크다.
④ 채권의 이표율이 6%보다 클 경우 만기가 길수록 전환계수도 커진다.

채권의 이표율이 6%이면 전환계수는 1이며, 이표율이 6%보다 작을 경우 전환계수는 1보다 작다.

080

T-Bond선물가격이 92-00으로 호가되고 있을 때 인노하려고 하는 채권의 전환계수가 1.2450이다. 인도시점까지 경과이자가 $100당 $2.670이라면 선물매도자가 선물매수자에게 채권을 인도하고 받은 금액은 $100당 얼마인가?

① $116.35
② $117.21
③ $118.90
④ $119.67

청구금액
= (선물정산가격 × 전환계수) + 경과이자
= (92.00 × 1.2450) + 2.67
= 117.21

 청구금액

T-Bond선물시장에서의 호가는 6%의 표면금리를 가진 T-Bond를 표준물로 하여 행해지므로 표준물이 아닌 T-Bond로 인수도가 이루어질 경우 T-Bond의 선물매도자가 매수자로부터 받게 되는 청구금액은 표준물 기준으로 호가되는 T-Bond선물의 정산가격에 전환계수를 곱하여 얻을 수 있다.

청구금액 = 선물매도자의 수령금액(선물매수자의 지급금액)
　　　　　정산가격(EDSP) × 인도채권의 전환계수(CF) + 경과이자(AI)
　　　　　조정선물가격 + 경과이자

081

T-Bond선물 매도포지션을 가지고 있는 투자자가 채권을 인도하기로 결정함에 따라 다음 4가지 채권 중에서 인도채권을 결정해야 한다. 현재 선물의 호가가 95-35라고 할 때 어떤 채권을 인도하는 것이 매도자에게 가장 유리한가?

	채권호가	전환계수
①	101-30	1.0245
②	109-60	1.1205
③	156-45	1.6250
④	122-50	1.2465

최저가인도채권을 인도하는 것이 유리하다.
- 최저가인도채권
  = 채권의 호가 - (선물가격×전환계수)

① 101.30-(95.35×1.0245) = 3.61
② 109.60-(95.35×1.1205) = 2.76
③ 156.45-(95.35×1.6250) = 1.50
④ 122.50-(95.35×1.2465) = 3.65

082

현재 90일 만기 이자율이 8%, 270일 만기 이자율은 8.50%이다. 90일 후에 시작하여 270일째 되는 날까지의 내재선도금리는 얼마인가(단, 1년은 360으로 계산한다)?

① 8.28%
② 8.38%
③ 8.58%
④ 8.68%

$(1 + 0.085 \times 270/360) = (1 + 0.08 \times 90/360)(1 + F(90,270) \times 180/360)$

$F(90,270) =$

$$\frac{(1 + 0.085 \times 270/360)}{(1 + 0.08 \times 90/360) \times (180/360)} - \frac{1}{(180/360)} = 0.08578$$

083

액면가 \$5,000,000인 T-Bond를 보유하고 있는 투자자가 T-Bond선물(1계약 \$100,000)을 이용하여 헤지하려고 할 경우 최조가인도채권의 전환계수가 1.3일 경우 투자자가 매도해야 할 T-Bond 계약수는?

① 26계약
② 38계약
③ 50계약
④ 65계약

$$\frac{5,000,000}{100,000} \times 1.3 = 65$$

 헤지계약수 = $\dfrac{\text{현물액면가}}{\text{선물 1계약 금액}} \times$ 전환계수

084

향후 금리상승에 따른 채권가격하락 위험을 회피하기 위해 듀레이션 모형을 이용하여 헤지계약수를 구하고자 한다. 현재 국고채 5년물 100억원(액면기준)을 보유하고 있다고 할 때 헤지계약수는 얼마인가?

구분	보유채권	5년 국채선물
가격	103.61	116.84
듀레이션	4.1269	4.2677

① 76계약
② 82계약
③ 86계약
④ 92계약

 헤지계약수 = $\dfrac{\text{현물채권가치} \times \text{현물채권의 듀레이션}}{\text{선물가치} \times \text{선물 듀레이션}}$

금리상승에 따른 위험을 관리하기 위해서는 국채선물을 매도해야 하며 매도해야 할 계약수는 듀레이션을 이용하여 계산하면 86계약을 매도하여 보유채권을 헤지하면 된다.

$$\frac{10{,}361\text{백만 원} \times 4.1269\}}{116.84\text{백만 원} \times 4.2677} = 85.75$$

085

국채유통시장에 대한 설명으로 가장 거리가 먼 것은?

① 대부분의 거래가 장외에서 이루어진다.
② 기관 간의 대량매매로 거래가 이루어진다.
③ 우리나라 채권시장에서 국채의 거래비중은 감소 중이다.
④ 개별경쟁매매보다는 상대매매로 거래가 많이 이루어진다.

국채발행 규모가 증가하고 국고채가 채권시장의 지표물로 자리잡으면서 거래비중이 지속적으로 증가하고 있다. 특히, 우리나라 채권시장은 국채 중심으로 재편되어 채권시장 내 거래비중이 큰 폭으로 증가하였다.

086

T-Bond 선물 매도포지션을 가지고 있는 투자자가 채권을 인도하기로 결정함에 따라 다음 채권 중 최저가인도채권을 결정해야 한다. 현재 선물호가가 95-100이라고 할 때 매도자에게 가장 유리한 채권은?

채권	채권호가	전환계수
A	100-50	1.0260
B	146-00	1.5200
C	120-50	1.2500

① 채권 A
② 채권 B
③ 채권 C
④ 모두 같음

문제해설

최저인도채권 = 채권의 호가 − (선물가격 × 전환계수)
- 채권 A = 100.50 − (95.10 × 1.0260) = 2.93
- 채권 B = 146.00 − (95.10 × 1.5200) = 1.45
- 채권 C = 120.50 − (95.10 × 1.2500) = 1.63

087

상품선물을 이용한 헤지거래의 고려사항으로 가장 거리가 먼 것은?

① 헤저는 과도헤지 또는 과소헤지에 관한 의사결정이 필요하다.
② 헤저는 현물가격과 선물가격 간의 회귀방정식을 이용하여 위험최소화 헤지비율을 구한다.
③ 헤저는 현물가격변동위험이 가격상승에 따른 것이면 선물계약을 매도하는 매도헤지를 한다.
④ 가능한 한 실제 현물거래가 발생하는 시점과 가장 근접한 결제월을 택하고, 그 결제월이 현물거래시점보다 후행하여야 한다.

문제해설

헤저는 현물가격변동위험이 가격상승에 따른 것이면 선물계약을 매수하는 매수헤지를 하고, 반대로 현물가격변동위험이 가격하락에 따른 것이라면 선물계약을 매도하는 매도헤지를 한다.

088

다음 (   ) 안에 알맞은 용어는 무엇인가?

> 국고채 5년물을 5년국채선물로 헤지하는 것을 (㉠)이라 하고, 보유하고 있는 회사채를 국채선물로 헤지하는 것을 (㉡)이라 한다.

	㉠	㉡
①	간접헤지	교차헤지
②	직접헤지	교차헤지
③	간접헤지	직접헤지
④	직접헤지	스택헤지

직접헤지란 해당 현물을 기초자산으로 하는 선물계약으로 현물을 헤지하는 방법이고, 헤지하려고 하는 현물과 유사한 가격변동을 보이는 자산을 기초자산으로 하는 선물을 이용하여 헤지하는 것을 교차헤지라고 한다.

089

헤지해야 할 대상의 금리포지션이 장기간에 걸쳐 존재할 때 동 기간에 걸쳐 각 결제월의 단기금리선물을 동일 수량만큼 매수 또는 매도하여 전체적으로 균형화하는 헤지기법을 무엇이라 하는가?

① 스택헤지   ② 스트립헤지
③ 직접헤지   ④ 교차헤지

스트립헤지에 대한 설명이다. 스트립헤지는 2개 이상의 연속적 결제월물을 사고파는 기법으로 해당 기간 동안의 수익률을 고정시킬 수 있다.

090

헤지 대상물량 전체에 해당하는 최근월물 모두를 매수 또는 매도한 후 선물 만기가 될 때마다 해당 기간 경과분만큼을 제외한 나머지를 그 다음 최근월물로 이월하는 방법을 무엇이라 하는가?

① 스택헤지   ② 스트립헤지
③ 직접헤지   ④ 교차헤지

스택헤지에 대한 설명이다. 스택헤지는 원월물 선물에 유동성이 낮은 경우 유동성이 높은 근월물에 포지션을 취하고 만기가 되면 다시 차기 최근월물에 포지션을 취하는 형식으로 원월물의 유동성 문제를 해결하기 위한 방법으로 고안되었다.

091

국채선물을 이용한 헤지거래에서 완벽한 헤지가 불가능한 이유로 가장 거리가 먼 것은?

① 헤지대상 채권의 금리민감도와 선물의 기초자산의 금리민감도가 다르기 때문이다.
② 헤지대상 채권의 수익률과 최종결제가격 산정의 기준이 되는 바스켓의 수익률이 헤지기간 동안 동일하게 움직이지 않기 때문이다.
③ 바스켓 편입 채권이 복수일 경우 수익률곡선의 움직임이 선물가격에 반영됨에 따라 헤지가 불안정하게 된다.
④ 국채선물이 현재 국내 금리선물시장에서 거래가 가장 많이 되고 있기 때문이다.

국채선물이 현재 국내 금리선물시장에서 거래가 가장 많이 되고 있는 이유는 국채선물을 이용하면 보유 채권에 대한 금리변동을 대부분 제거할 수 있기 때문이다. 이것이 완벽한 헤지가 불가능한 이유는 될 수 없다.

092

수익률곡선이 급해질 것으로 예상된다. 수익률곡선거래를 위해 3년국채선물 100계약에 대한 5년국채선물의 매도계약수는 얼마인가(현재 3년국채선물의 듀레이션은 2.92이고, 5년국채선물의 듀레이션은 4.35으로 가정한다)?

① 63계약　　② 65계약
③ 67계약　　④ 69계약

5년국채선물계약수

$= \dfrac{3년국채선물 \ 듀레이션}{5년국채선물 \ 듀레이션} \times 100$

$= \dfrac{2.92}{4.35} \times 100 = 67$

 수익률곡선 거래전략

• **수익률곡선 스티프닝전략** : 장기물의 수익률 상승폭이 단기물의 수익률 상승폭보다 커서 수익률곡선이 급해질 것으로 예상하는 경우 장기물을 매도하고 단기물을 매수함
• **수익률곡선 플래트닝전략** : 단기물의 수익률 상승폭이 장기물의 수익률 상승폭보다 커서 수익률곡선이 완만해질 것으로 예상하는 경우 장기물을 매수하고 단기물을 매도함

093

원-달러 환율이 $1=₩1,000이고, 엔-달러 환율이 $1=¥100이라면 원-엔 환율은 ¥100=₩1,000으로 계산된다. 이와 같이 제3의 통화 간의 환율을 달러화를 이용하여 계산하는 방식을 무엇이라 하는가?

① 스프레드환율
② 미국식환율
③ 교차환율
④ 상대환율

문제해설

교차환율(Cross Rate)에 대한 설명이다.

094

환율의 표시방법에 대한 설명으로 가장 거리가 먼 것은?

① 우리나라에서 $1＝₩1,000으로 환율을 표시하면 직접표시법이다.
② 우리나라에서 ₩1＝$1/1,000로 환율을 표시하면 간접표시법이다.
③ 원-달러 환율의 상승은 원화의 평가절하를 의미한다.
④ 미국 달러화 한 단위를 기준으로 다른 통화의 가치를 표시하는 방법을 미국식이라 한다.

문제해설

미국 달러화 한 단위를 기준으로 다른 통화의 가치를 표시하는 방법을 유럽식, 다른 통화 한 단위를 기준으로 미 달러화의 가치를 표시하는 방법을 미국식이라 한다.

095

다음 두 시기의 환율을 보고 그 변화를 바르게 설명한 것은?

구분	2024년 4월	2025년 4월
₩/$	1,060.50	1,120.00
₩/¥100	990.70	1,110.80

① 원-달러, 원-엔 환율이 모두 하락하였다.
② 원화가 달러화에 비해 평가절상되었다.
③ 엔화의 환율상승률이 달러의 환율상승률보다 높다.
④ 원화가 엔화에 비해 평가절상되었다.

문제해설

① 원-달러, 원-엔 환율이 모두 상승하였다.
② 환율의 상승은 원화가치의 하락, 즉 평가절하를 의미한다.
④ 원-달러는 1,060 → 1,120, 원-엔은 990 → 1,110으로 상승하였으므로 상승률은 원-엔이 높다.

096

외환시장의 구조와 기능에 대한 설명으로 옳은 것은?

① 외환시장은 런던, 뉴욕, 동경시장만 인정된다.
② 외환시장은 일종의 장외시장이다.
③ 외환거래는 상대적으로 딜러의 역할이 중요하지 않은 시장이다.
④ 외환거래의 소매시장은 주로 은행 간 외환거래가 이루어진다.

 문제해설

① 외환시장은 런던, 뉴욕, 동경이 60%를 차지하는 주요시장이기는 하지만 전 세계에서 각 시장의 개장과 폐장이 겹쳐져 거의 24시간 이루어진다.
③ 외환거래는 주로 달러를 통해 이루어지므로 외환시장은 딜러 시장이다.
④ 도매시장이 은행 간 거래이고, 소매시장이 은행과 일반고객 간 거래이다.

097

외환시장에서 딜러의 기능에 대한 설명으로 가장 거리가 먼 것은?

① 시장조성자로서 시장에 유동성을 제공한다.
② 매수율과 매도율의 차이를 스프레드라 하며, 매수율은 매도율보다 항상 낮아 스프레드가 딜러의 이익이 된다.
③ 일반적으로 소매거래보다 도매거래의 스프레드가 높다.
④ 스프레드는 딜러의 위험부담에 대한 프리미엄이다.

 문제해설

소매거래보다 도매거래가, 거래 규모가 크고 유동성위험이 낮기 때문에 스프레드가 낮다.

098

국제통화제도의 역할로 가장 거리가 먼 것은?

① 환율의 안정성 충족
② 국제수지 불균형 시정
③ 국제거래의 원활한 결제수단 제공
④ 환율을 일정 수준에서 고정

 문제해설

환율을 일정 수준에서 고정시키는 것은 고정환율제도로 현재 세계 각국은 변동환율제도를 채택하고 있다.

099

변동환율제도의 특징으로 가장 거리가 먼 것은?

① 국제수지의 불균형이 정부 개입 없이 시장원리에 따라 해결된다.
② 환율의 불확실성이 작아 국제무역이 촉진된다.
③ 관리변동환율제도와 자유변동환율제도로 구분할 수 있다.
④ 1972년 이후 세계 대부분의 국가가 채택하고 있다.

변동환율제도는 환율의 불확실성이 커서 국제무역 및 투자가 위축될 수 있다는 것이 단점이다.
• **관리변동환율제도** : 일정한 범위 내에서 정부가 시장에 개입
• **자유변동환율제도** : 정부 개입 최소화

100

외환시장이 제공하는 기능이 아닌 것은?

① 구매력의 이전기능
② 신용기능
③ 헤징기능
④ 시장금리의 형성기능

외환시장은 구매력의 이전기능, 신용기능, 헤징기능을 제공한다.

 알아보기 외환시장의 기능
• **구매력의 이전기능** : 외환시장이 내국통화와 외국통화의 교환을 통하여 구매력의 국제적 이전을 가능하게 하여 국제거래를 성립시키는 기능
• **신용기능** : 외국환 은행이 신용장이나 수출어음 등을 통하여 국제거래에 신용제공
• **헤징기능** : 환율변동의 위험을 파생상품을 이용하여 헤징할 수 있는 기능을 제공

101

외환시장에서 거래된느 파생상품으로 거리가 먼 것은?

① 유로달러선물
② 선물환
③ 통화옵션
④ 통화스왑

외환시장에서 거래되는 파생상품은 크게 선물환, 통화선물, 통화옵션, 통화스왑 등으로 구분된다. 유로달러선물은 3개월 LIBOR를 기초상품으로 하는 금리선물이다.

102

외환표지션에 대한 설명으로 가장 거리가 먼 것은?

① 외환표지션은 환위험에 노출된 금액을 나타낸다.
② 외환자산이 외환부채보다 큰 경우를 외환 초과 매도포지션이라고 한다.
③ 외환자산과 부채가 같은 경우 스퀘어 포지션이라 한다.
④ 현물환 자산과 부채만으로 포지션을 작성하는 것을 현물환포지션이라 한다.

문제해설

• **외환 초과 매도포지션** : 외환자산이 외환부채보다 작을 경우
• **외환 초과 매수포지션** : 외환자산이 외환부채보다 클 경우

103

현재 원-달러 현물환율이 $1=₩1,020이고, 만기가 3개월인 원-달러 선물환율이 $1=₩998이라면 어떤 상태로 표현되는가?

① 달러화는 선물환 할증상태에 있다.
② 달러화는 선물환 할인상태에 있다.
③ 원화는 스왑률 할증상태에 있다.
④ 원화는 스왑률 할인상태에 있다.

문제해설

선물환율이 현물환율에 비해 높으면 선물환 할증이라 하고, 선물환율이 현물환율에 비해 낮으면 선물환 할인이라 표시한다.

104

선물환율의 고시방법 중 선물환율을 현물환율과의 차이로 표시하는 방법을 무엇이라 하는가?

① 스프레드   ② 아웃라이트율
③ 선물환 포인트   ④ 할증률

문제해설

선물환율의 고시방법
• **아웃라이트율** : 현물환율처럼 매수율과 매도율로 표시
• **선물환 포인트 표시법** : 선물환율을 현물환율과의 차이로 표시

105

현재 원-달러 현물환율이 $1=₩980이다. 3개월 선물환율이 $1=1,000이라면 선물환율의 할증률(할인율)은 얼마인가?

① 8.16% 할증
② 8.16% 할인
③ 8.00% 할증
④ 8.00% 할인

문제해설

선물환율의 할증률(할인율)

$$= \frac{1,000 - 980}{980} \times \frac{12}{3} = 0.0816$$

더 알아보기 **선물환율의 할증률(할인률)**
- 선물환율의 할증률 또는 할인율은 현물환율과 비교하여 연율로 표현하는 것이 일반적이며 선물환 만기는 개월수로 계산한다. 만약 일수로 계산된다면 식에서 '12/선물환 만기'를 '360/선물환 만기'로 수정하여 적용하면 된다.
- 선물환율의 할증률(할인율) $= \dfrac{\text{선물환율} - \text{현물환율}}{\text{현물환율}} \times \dfrac{12}{\text{선물환 만기}}$

106

현재 원-달러 현물환율이 $1=₩1,050이다. 6개월 선물환율이 $1=₩1,000이라면 선물환율의 할증률(할인율)은 얼마인가?

① 10.00% 할증
② 10.00% 할인
③ 9.52% 할증
④ 9.52% 할인

문제해설

선물환율의 할증률(할인율)

$$= \frac{1,000 - 1,050}{1,050} \times \frac{12}{6}$$
$$= -0.09521.0$$

107

원-달러 차액결제선물환제도(NDF)에 대한 설명으로 가장 거리가 먼 것은?

① 계약 당시의 선물환율과 만기시점의 현물환율의 차이만큼을 특정통화로 정산하는 계약을 말한다.
② 결제위험이 선물환에 비해 적다.
③ 결제통화는 해당국의 통화를 사용한다.
④ 3개월 이내의 단기물이 전체 거래량의 90% 이상이다.

문제해설

결제통화는 주로 미 달러화로 사용되므로, 해당국의 통화가 국제적으로 통용되지 않더라도 역외시장에서 거래가 형성될 수 있다.

108

국내 한 은행이 1개월 만기 원–달러 NDF를 500만 달러에 매수했다. 매입 시 선물환율은 $1=₩1,000이었다. 한 달 후 결제일 전일의 기준가격이 1$=₩1,020이라면 결제금액은 얼마인가?

① $98,039

② $100,000

③ $102,000

④ $101,462

문제해설

$$\frac{(1,020 - 1,000) \times 5,000,000}{1,020}$$

= 98,039

지정환율이 계약환율보다 높으므로 매수자인 은행은 결제일에 $98,039를 수취하게 된다.

더 알아보기 NDF거래 결제금액

- 매수자의 경우 지정환율이 계약환율보다 높으면 결제금액을 수취하게 되고, 지정환율이 계약환율보다 낮으면 결제금액을 지급하게 됨(매도자의 경우는 반대)

- 결제금액 = $\dfrac{(지정환율 - 계약 시 선물환율) \times 계약금액}{지정환율}$

109

통화선물에서 이자율평형이론(IRPT)을 설명한 것으로 옳은 것은?

① 만기와 위험은 같고 표시통화만 다른 두 금융상품의 수익률은 서로 다르다.

② 선물환율과 현물환율의 차이가 두 통화 간의 이자율 차이에 의해 결정된다.

③ 환위험을 감수하면 차익거래가 가능하다.

④ 자국통화로 표시된 수익률과 외국통화로 표시된 수익률은 같다.

문제해설

이자율평형이론은 선물환율과 현물환율의 차이가 두 통화 간의 이자율 차이에 의해 결정된다는 원리를 말한다.

더 알아보기 이자율평형이론(Interest Rate Parity Theory)

- 선물환율 F, 현물환율 S, 자국의 이자율 r_1, 외국의 이자율 r_2라고 하면 다음과 같은 균형식을 얻을 수 있다.

$F = S \times \dfrac{1 + r_1}{1 + r_2}$

- 이 식에서 자국통화의 이자율이 외국통화율의 이자율보다 높으면 자국통화로 표시한 외국통화의 선물환율이 현물환율보다 높은 할증 상태가 되고, 반대의 경우는 할인 상태가 된다.

110

다음과 같은 조건에서 이자율평형이론에 의한 이론선물환율은 얼마인가?

> - 현물환율 $1 = ₩1,000
> - 6개월 선물환율 $1 = ₩1,010
> - 6개월 달러화 이자율 8%(연율)
> - 6개월 원화 이자율   10%(연율)

① 1,019.71
② 1,018.65
③ 1,007.42
④ 1,009.62

이론선물환율

$$F = S \times \frac{1 + r_1}{1 + r_2}$$

(선물환율 F, 현물환율 S, 자국의 이자율 r_1, 외국의 이자율 r_2)

$$= 1,000 \times \frac{\{1 + 0.10 \times 1/2\}}{\{1 + 0.08 \times 1/2\}}$$

$$= 1,009.62$$

111

래깅차익거래에 대한 설명으로 가장 거리가 먼 것은?

① 래깅차익거래가 전형적 차익거래와 다른 점은 가격 차이를 두고 차익거래 포지션을 설정한다는 점이다.
② 현물과 선물시장을 동시에 이용하지 않고 시차를 두고 실행하는 전략으로 매도 래깅차익거래와 매수 래깅차익거래의 두 가지가 있다.
③ 매도 래깅차익거래는 베이시스 확대가 예상되면 먼저 주식을 매도한 후 선물의 저평가로 반전되어 베이시스가 확대되는 경우나 최종거래일에 반대매매한다.
④ 매구 래깅차익거래는 베이시스 축소가 예상되는 경우 먼저 주식을 매수한 후 선물 고평가로 베이시스가 확대되면 선물을 매도하고 향후 시장상황이 선물 저평가로 베이시스가 축소되는 경우나 최종거래일에 반대매매한다.

래깅차익거래가 전형적 차익거래와 다른 점은 시차를 두고 차익거래 포지션을 설정한다는 점이다.

112

외환스왑에 대한 설명으로 가장 거리가 먼 것은?

① 주로 이자와 원리금을 모두 교환하는 장기간의 스왑거래이다.
② 현물환과 선물환을 동시에 매수–매도하는 외환거래이다.
③ 거래상대방에게 자국통화에 대한 금융을 제공한 결과와 동일하다.
④ 양국 간 이자율이 클수록 스왑률도 크다.

이종통화로 표시된 원리금을 모두 교환하는 것은 장기자금의 통화스왑이고, 외환스왑은 주로 이자교환이 없는 단기간의 스왑거래이다.

113

상품선물의 대상상품과 대표거래소가 바르게 연결된 것은?

① 농산물 – 뉴욕상업거래소
② 축산물 – 시카고상품거래소
③ 에너지 – 뉴욕상업거래소
④ 귀금속 – 런던금속거래소

• 축산물 : 시카고상업거래소(CME)
• 농산물 : 시카고상품거래소(CBOT)
• 에너지 : 뉴욕상업거래소(NYMEX)
• 귀금속 : 뉴욕상업거래소(NYMEX)
• 비철금속 : 런던금속거래소(LME)

114

국내 상품선물인 금선물에 대한 설명으로 가장 거리가 먼 것은?

① 상품선물로서 국내 선물거래소에 최초 상장되었다.
② 현물시장보다 훨씬 적은 비용으로 금매매가 가능하다.
③ 선물가격보다 현물가격이 높은 비정상시장이 일반적이다.
④ 증거금을 제외한 나머지에 대해 재투자수익을 올릴 수 있다.

상품선물의 경우 현물가격이 선물가격보다 오히려 높은 비정상시장을 형성하기도 하지만, 귀금속시장은 선물가격이 높은 정상시장이 일반적이며 금은 완전한 정상시장을 형성한다.

| 115~116 | 현재 시장의 정보가 아래와 같을 때 다음 물음에 답하
시오.

- 원-달러 현물환율 $1 = ₩1,045.50
- 한국의 3개월 이자율 5.00%(연율)
- 미국의 3개월 이자율 2.000%(연율)

115

만기가 3개월 남은 원-달러 통화선물의 가격은 얼마인가?

① 1,050.50

② 1,053.30

③ 1,055.62

④ 1,057.90

통화선물의 가격

$$= 1,045.50 \times \frac{(1+0.05 \times 1/4)}{(1+0.02 \times 1/4)}$$

$$= 1,053.30$$

 통화선물의 가격결정

$$F = S \times \frac{1+r_1}{1+r_2}$$

116

조건에서 원-달러의 실제 선물가격이 $1=₩1,060이라면 어떤 전략이
가장 적절한가?

① 선물을 매도하고 원화를 차입하여 달러로 바꾼 후 달러표시 채권에 투
자한다.

② 선물을 매수하고 달러를 차입하여 원화로 바꾼 후 원화표시 채권에 투
자한다.

③ 선물을 매도하고 달러를 차입하여 원화로 바꾼 후 원화표시 채권에 투
자한다.

④ 선물을 매수하고 원화를 차입하여 달러로 바꾼 후 달러표시 채권에 투
자한다.

시장 선물가격이 이자율평가이론을
이용한 선물가격보다 높다면 고평
가된 선물을 매도하고 원화를 차입
하여 달러로 바꾼 후 달러표시 채권
에 투자를 하면 차익거래 이익을 얻
을 수 있다.

117

조건에서 원–달러의 실제 선물가격이 $1=₩1,046이라면 어떤 전략이 적절한가?

① 선물을 매도하고 원화를 차입하여 달러로 바꾼 후 달러표시 채권에 투자한다.

② 선물을 매수하고 달러를 차입하여 원화로 바꾼 후 원화표시 채권에 투자한다.

③ 선물을 매도하고 달러를 차입하여 원화로 바꾼 후 원화표시 채권에 투자한다.

④ 선물을 매수하고 원화를 차입하여 달러로 바꾼 후 채권에 투자한다.

문제해설

시장 선물가격이 이자율평가이론을 이용한 선물가격보다 낮다면 저평가된 선물을 매입하고 달러를 차입하여 원화로 바꾼 후 원화표시 채권에 투자를 하면 차익거래 이익을 얻을 수 있다.

118

선물환과 통화선물의 비교표이다. 틀린 것은 무엇인가?

	구분	선물환	통화선물
①	거래장소	장외	거래소
②	거래조건	거래상자의 필요에 맞춤	표준화
③	거래비용	매수/매도 스프레드	브로커 수수료
④	결제	대부분 만기 전 반대매매	대부분 만기 시 실물인수도

문제해설

선물환은 대부분 만기 시 실물인수도에 의해 결제되며, 통화선물은 만기 전 반대매매에 의해 포지션이 청산되는 것이 일반적이다.

119

우리나라에서 거래되는 미국달러선물에 대한 설명으로 거리가 먼 것은?

① 거래단위는 50,000달러이다.

② 가격표시방법은 원–달러 환율을 표시하는 방법을 그대로 사용한다.

③ 원–달러 환율이 상승하면 선물 매도포지션이 이익이 된다.

④ 1999년부터 거래소에 상장되어 거래되고 있다.

문제해설

원–달러 환율이 상승하면 미국달러선물의 가격도 같은 방향으로 상승하므로 매수포지션이 이익이 되고 매도포지션은 손실이 된다.

120
금선물의 계약명세로 옳은 것은?

① 거래대상 : 순도 90.00% 이상의 금괴
② 거래단위 : 1kg
③ 가격표시방법 : 달러(gram당)
④ 호가단위 : 10달러/gram

더 알아보기 금선물의 계약명세

거래대상	순도 99.99% 이상의 금괴
거래단위	1kg(1,000g)
가격표시방법	원(gram당)
호가단위	10원/gram, 1tick의 가치 = 10,000원
최종결제방법	실물인수도
가격제한폭	기준가격 대비 상하 ±9%

문제해설

① 금선물은 순도 99.99% 이상의 금괴를 대상으로 한다.
③ 가격표시는 원(gram당)이다.
④ 호가단위는 10원/gram이다.

121
상품선물의 보유비용모형에 대한 설명으로 가장 거리가 먼 것은?

① 현물가격과 선물가격 간의 관계 또는 선물가격 내에서 근월물 가격과 원월물 가격의 관계는 보유비용에 의해 설명된다.
② 보유비용이란 선물계약이 기초자산이 되는 상품의 재고를 미래의 일정 시점까지 유지해 나가는 데 드는 비용을 말한다.
③ 보유비용에는 창고비용, 수송비용, 보험료 등이 포함된다.
④ 보유비용은 실물저장비용과 편의수익의 합으로 계산된다.

문제해설

보유비용에는 상품의 저장에 따른 실물저장비용과 그 상품을 구매하는 데 소요되는 자금에 대한 이자비용 또는 기회비용이 합산되고, 그 상품을 보유함으로써 발생하는 수익이 차감된다. 즉, 편의수익은 차감해야 한다.

122

선물가격 F, 현물가격 S, 보유비용 C, 선물계약 만기까지의 기간 t, 이자율 r, 저장비용 u, 편의수익 y라고 할 때 선물가격 F를 구하는 식으로 옳은 것은?

① $F = S \times [(r + u - y) \times t]$
② $F = S \times [(r - u + y) \times t]$
③ $F = S \times [1 + (r + u - y) \times t/365]$
④ $F = S \times [1 + (r - u + y) \times t/365]$

문제해설

선물가격은 현물가격과 보유비용의 합으로 표시되며, 보유비용은 이자비용과 저장비용을 합하고 편의수익을 차감하여 계산한다.

123

듀레이션에 대한 설명으로 가장 거리가 <u>먼</u> 것은?

① 채권수익률이 올라가면 듀레이션이 증가한다.
② 액면이자율이 상승하면 듀레이션은 하락한다.
③ 이자지급 횟수가 증가하면 듀레이션은 하락한다.
④ 순수할인채인 경우 듀레이션과 만기까지의 기간이 동일하다.

문제해설

듀레이션과 다른 요인과의 관계
• 잔존기간이 긴 채권일수록 보다 긴 듀레이션을 가진다.
• 액면이자율이 낮을수록 보다 긴 듀레이션을 가진다.
• 시장이자율(채권수익률)이 낮을수록 보다 긴 듀레이션을 가진다.

124

금 현물가격이 102,000원/g이고, 만기가 6개월 남은 6월물 금 선물가격이 102,600원이다. 베이시스는 얼마인가?

① +600
② -600
③ +300
④ -300

문제해설

상품선물의 베이시스
= 현물가격 − 선물가격
= 102,000 − 102,600 = −600

125

다음은 일자별 가격변동표이다. 이를 가장 잘 설명하고 있는 것은?

날짜	금 현물가격	6월물 금 선물가격
4월 1일	102,000원	102,600원
5월 1일	102,500원	103,000원
6월 1일	102,400원	102,800원

① 베이시스가 약화되었다가 강화되었다.

② 베이시스가 강화되었다가 약화되었다.

③ 베이시스가 지속적으로 강화되었다.

④ 베이시스가 지속적으로 약화되었다.

더 알아보기　베이시스의 강화와 축소

베이시스의 강화와 축소는 베이시스가 정(+)의 방향으로 변동함으로써 양의 베이시스의 경우 절댓값이 더 커지는 것을 말하고, 음의 베이시스의 경우는 절댓값이 더 작아지는 것을 의미한다.

날짜	금 현물가격	6월물 금 선물가격	베이시스
4월 1일	102,000원	102,600원	−600원
5월 1일	102,500원	103,000원	−500원
6월 1일	102,400원	102,800원	−400원

 문제해설

6월 1일의 현물과 선물의 가격이 전월에 비하여 하락했지만, 음의 베이시스가 계속 감소하였으므로 베이시스는 지속적으로 강화된 것이다.

126

이미 상품을 보유하여 미래의 일정시점에 판매하고자 하는 상인이 상품의 가격하락에 대비하여 현물 판매가격을 현재 수준의 가격으로 고정시키고자 한다면 가장 적절한 방법은?

① 매도헤지

② 매수헤지

③ 스프레드거래

④ 차익거래

 문제해설

• 현물을 보유하고 있는 상태이므로 선물을 매도하면 현물판매가격을 현재 수준의 가격으로 고정시킬 수 있다.

• 매도헤지 = 현물매수 + 선물매도

127

다음은 일자별 가격변동표이다. 이를 가장 잘 설명하고 있는 것은?

날짜	금 현물가격	9월물 금 선물가격
7월 1일	102,700원	102,250원
8월 1일	102,300원	102,000원
9월 1일	102,450원	102,350원

① 베이시스가 약화되었다가 강화되었다.

② 베이시스가 강화되었다가 약화되었다.

③ 베이시스가 지속적으로 강화되었다.

④ 베이시스가 지속적으로 약화되었다.

더 알아보기 베이시스의 약화와 확대

베이시스의 약화와 확대는 베이시스가 부(-)의 방향으로 변동함으로써 양의 베이시스의 경우 절댓값이 더 작아지는 것을 말하고, 음의 베이시스의 경우는 절댓값이 더 커지는 것을 의미한다.

날짜	금 현물가격	9월물 금 선물가격	베이시스
7월 1일	102,700원	102,250원	+450원
8월 1일	102,300원	102,000원	+300원
9월 1일	102,450원	102,350원	+100원

문제해설

9월 1일의 현물과 선물의 가격이 전월에 비하여 상승했지만, 양의 베이시스가 계속 감소하였으므로 베이시스는 지속적으로 약화된 것이다.

128

브라질의 헤알화에 대한 환위험을 헤징하려고 하는데 헤알화에 대한 선물거래가 거의 없어 헤알화의 가격변동과 유사한 커피선물을 사용하여 헤징하였다. 이런 헤지방법을 무엇이라 하는가?

① 과도헤지　　　　② 과소헤지

③ 직접헤지　　　　④ 교차헤지

문제해설

간접헤지 또는 교차헤지라 한다. 멕시코 페소화의 환위험을 회피하기 위해 원유선물을 사용하는 것도 교차헤지에 속한다.

정답 125 ③ | 126 ① | 127 ④ | 128 ④

129

다음과 같이 매도헤지가 이루어졌다고 가정할 때 순매도가격은 얼마인가?

날짜	금 현물가격	9월물 금 선물가격
7월 1일	102,700원	102,900원
8월 1일	102,300원	102,400원

① 102,200원/g
② 102,400원/g
③ 102,600원/g
④ 102,800원/g

문제해설

순매도가격 $= S_2 + (F_1 - F_2)$
$= 102,300 + (102,900 - 102,400)$
$= 102,800$

 더 알아보기

날짜	금 현물가격	금 선물가격	베이시스
7월 1일	102,700원	102,900원	−200원
8월 1일	102,300원	102,400원	−100원
거래손익	−400원	+500원	

• 매도헤지이므로 현물을 매수하여 400원이 손식을 입고 선물을 매도하여 500원의 이익을 얻게 되었다.

130

향후 구매할 금 200kg에 대한 매수헤지를 하고자 한다. 회귀계수가 0.90이고, 금 선물 1계약이 1,000g이라면 최적선물계약수는 얼마인가?

① 18계약
② 180계약
③ 1,800계약
④ 18,000계약

문제해설

최적선물계약수
$= 0.9 \times \dfrac{200,000}{1,000}g = 180$

 더 알아보기

최적선물계약수의 계산
최적선물계약수 $= h \times \dfrac{\text{현물포지션의 크기}}{\text{선물 1계약의 크기}}$

1과목

파생상품 I

131

주가지수선물의 실제가격과 이론가격의 차이가 발생하는 이유로 가장 거리가 먼 것은?

① 거래비용이 존재하므로

② 신용증거금이 존재하므로

③ 주가지수는 개념상의 자산이므로

④ 배당수익률과 이자율을 잘못 추정하므로

 주가지수선물의 실제가격과 이론가격의 괴리 이유

- 거래비용의 존재
- 배당수익률이 일정하지 않음
- 배당수익률과 이자율을 잘못 추정함에 따른 이론가격 산정시의 오류
- 발표되는 주가지수 자체가 잘못된 호가로 인해 왜곡되는 경향을 보임
- 공매로부터의 모든 수입이 차익거래자, 특히 개인투자자에게 이용 가능하지는 못함
- 주가지수선물을 대상으로 하는 자산인 주가지수는 개념상의 자산일 뿐 실제자산이 아님
- 전체 주가지수 포트폴리오를 매도하기 위하여 필요한 주식을 모두 빌리는 것이 사실상 어려움

주가지수선물의 실제가격과 이론가격은 매우 비슷하게 움직이지만 두 가격 사이에는 약간의 차이가 존재하는데 이를 괴리율이라 하며 실제 시장에 있어 여러 가지 수급과 제요인들로 인해 선물의 적정가가 다르게 반영되기 때문이다.

132

상품선물시장에서 헤지거래의 적정성을 검증하는 원칙으로 가장 거리가 먼 것은?

① 헤저는 헤지거래를 시작하는 시점에서 최초의 현물포지션과 선물포지션에 반대되는 포지션을 취해야 한다.

② 헤지를 시작하는 시점의 선물포지션과 헤지를 종결하는 시점의 현물포지션이 동일해야 한다.

③ 현물가격 변동위험이 가격상승에 따른 것이면 매수헤지를 해야 한다.

④ 현물가격 변동위험이 가격하락에 따른 것이면 선물계약을 매수하는 매수헤지를 해야 한다.

①, ②, ③이 적정성 여부를 검증하는 주요 원칙이다.

④ 현물가격 변동위험이 가격하락에 따른 것이라면 선물가격을 매도하는 매도헤지를 해야 한다.

133

다음과 같은 조건하에서 매수헤지를 했을 때의 순매수가격은 얼마인가?

날짜	현물시장	선물시장
3월 3일	102,500원	102,550원
4월 14일	102,800원	102,900원

① 102,450원

② 102,550원

③ 102,750원

④ 102,850원

 [순매입가격 계산]
- 옵션행사 시 : 순매수가격 = 매수가격 − 옵션행사이익 + 프리미엄
- 옵션포기 시 : 순매수가격 = 매수가격 + 프리미엄

[순매도가격 계산]
- 옵션행사 시 : 매도가격 + 옵션행사이익 − 프리미엄
- 옵션포기 시 : 매도가격 − 프리미엄

문제해설

순매수가격
$= S_2 - (F_2 - F_1)$
$= 102,800 - (102,900 - 102,550)$
$= 102,450$

134

베이시스에 대한 설명으로 가장 거리가 먼 것은?

① 선물 만기일이 가까워질수록 베이시스는 0에 수렴한다.

② 베이시스가 음(−)의 값을 갖는 현상을 백워데이션(Backwardation)이라 한다.

③ 정상시장에서 베이시스는 현물을 선물만기일까지 보유하는 데 드는 보유비용이다.

④ 금융선물의 베이시스는 선물가격 × (단기금리 − 수익률)의 식으로 나타낼 수 있다.

문제해설

선물가격과 현물가격의 차이를 베이시스라고 하는데 일반적으로 선물가격과 현물가격이 상이한 변화를 보이는 것이 보통이며, 그 결과 계약청산시점의 베이시스와 계약체결시점의 베이시스가 다르게 된다. 따라서 가격변동위험을 감소시키기 위해 선물거래를 하게 되는 거래자는 새로운 유형의 위험인 베이시스 변화위험에 직면하게 되는 것이다. 베이시스는 '현물가격 × (단기금리 − 수익률)'이다.

135

현물을 매수하고 선물을 매도하였다. 헤지거래와 차익거래자의 입장에서 옳게 표현된 것은?

① 매도헤지, 매수차익거래

② 매수헤지, 매도차익거래

③ 매도헤지, 매도차익거래

④ 매수헤지, 매수차익거래

헤지거래의 명칭은 선물을 기준으로 하고, 차익거래는 현물을 기준으로 붙여진다.

136

T-Bond 선물가격이 90-100으로 호가되고 있는 상태에서 인도하려고 하는 채권의 전환계수가 1.3310이다. 인도시점까지의 경과이자가 $100당 $3.75라면 선물매도자가 선물매수자에게 채권을 인도하고 받는 금액은 $100당 얼마인가?

① $123.00

② $123.54

③ $124.25

④ $124.75

청구가격

= (선물정산가격 × 전환계수) + 경과이자

= (90.00 × 1.3310) + 3.75

= 123.54이므로 $100당 $123.54이다.

※ 액면 $100,000인 채권을 인도하므로 $123,540을 수취한다.

137

장세가 약세장세로 근월물의 가격하락폭이 원월물의 가격하락폭보다 작을 것으로 예상될 때 취한느 전략으로 근월물을 매수하고 원월물을 매도하는 전략을 무엇이라 하는가?

① 래깅차익거래

② 약세스프레드

③ 강세스프레드

④ 시장 간 스프레드

강세스프레드전략에 대한 설명이다. 강세스프레드는 장세가 강세장일 경우에는 근월물의 가격상승폭이 원월물의 가격상승폭보다 클 것으로 예상하여 근월물을 매수하고 원월물을 매도한다.

138

시장조작을 의도하는 투기자가 특정 선물가격을 본원적 내재가치로부터 벗어나도록 왜곡하기 위해 선물계약을 대량으로 매수하는 경우에 발생하는 것은?

① 스퀴즈
② 코너
③ 스캘퍼
④ 손익확대효과

문제 해설

스퀴즈에 대한 설명이다. 선물계약의 매수자가 최종결제에 즈음하여 현물을 매수하여 인도하거나 또는 선물포지션을 환매함으로써 계약이행 의무에서 벗어나고자 할 때 현물 및 선물가격의 상승으로 곤란을 겪게 되는 상황을 숏 스퀴즈라고 한다.

139

순매도가격을 계산한느 방법에는 여러 가지가 있다. 다음 중 계산식으로 틀린 것은(단, 개시베이시스 b1, 종결, 청산베이시스 b2)?

① $F_1 + b_2$
② $S_1 + (b_2 - b_1)$
③ $S_1 + [(S_2 - S_1) + (F_1 - F_2)]$
④ $S_1 + (F_1 - F_2)$

문제 해설

④ $S_2 + (F_1 - F_2)$가 맞는 식이다.

140

선물거래전략에 대한 설명으로 가장 거리가 <u>먼</u> 것은?

① 매도헤지는 현물가격의 하락위험에 대비한 것이다.
② 단순투기거래자는 초단기거래자, 일일거래자, 포지션거래자 등으로 구분된다.
③ 매수헤지는 미래에 현물을 불확실한 가격으로 사야 할 상황에 있는 경우 가격상승에 대비해 해당선물을 사는 계약을 체결하는 것이다.
④ 종목 간 차익거래는 만기는 같으면서 대체상품이거나 수급패턴이 비슷한 종목 간의 가격관계를 이용하여 거래하는 것을 말한다.

문제 해설

④ 종목 간 스프레드거래에 대한 설명이다.

141

KOSPI200지수는 200이며, 주가지수선물지수는 204이고 이자율은 6%, 선물 만기가 2개월인 경우, 현 시장 상태에 대한 옳은 설명은(단, 배당금은 고려하지 않는다)?

① 선물이 고평가된 상태이다.　② 선물이 저평가된 상태이다.
③ 백워데이션 상태이다.　④ 콘탱고 상태이다.

이론선물가격 = 200 + 200 × 0.06 × 2/12 = 202
이론F < 선물F이므로 선물가격이 고평가되어 있는 상태이다.

142

다음 설명 중 <u>틀린</u> 것은?

① 수익률곡선의 기울기가 급해질 것으로 전망되면, 3년국채선물을 매수하고, 5년국채선물을 매도한다.
② 스트립헤지는 헤지해야 할 대상의 금리포지션이 장기간에 걸쳐 존재하는 경우 각 결제월의 단기금리선물을 동일 수량만큼 매수 또는 매도하여 전체적으로 균형화하는 헤지기법이다.
③ 금리변동위험관리 모형 중 시장가치모형은 시장가 1원을 선물계약 시장가 1원으로 헤지하는데, 현물과 선물의 시장가 차이를 고려한 것이다.
④ 전환계수모형은 10년국채선물이나 T-Bill선물계약에 적용된다.

전환계수모형은 인수도가격을 결정할 때 전환계수를 사용하는 10년국체선물이나 T-Bond선물계약에 적용된다.

143

수익률곡선에 대한 이론으로 가장 거리가 먼 것은?

① 불편기대가설은 채권투자자의 기대로 금리가 결정된다는 것으로, 수익률곡선은 금리상승 예상 시 우상향, 금리하락 예상 시 우하향한다.
② 유동성선호가설은 투자자들은 장기채를 선호한다는 전제에 바탕을 두고 있다.
③ 시장분할가설은 채권의 만기별로 서로 다른 선호도를 가지고 있어서 채권시장이 몇 개의 하부시장으로 분할되어 있다고 본다.
④ 만기와 수익률 간의 관계를 도표로 작성한 것이다.

문제해설

유동성선호가설은 투자자들은 장기채보다는 단기채를 선호한다는 전제에 바탕을 두고 있다.

더 알아보기 수익률곡선의 의미

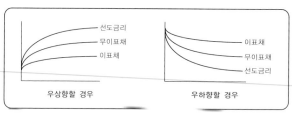

우상향할 경우 / 우하향할 경우

144

듀레이션에 대한 설명으로 가장 거리가 먼 것은?

① 채권투자자로부터 회수될 현금흐름의 총현재가치에서 각 기간별 현금흐름의 현재가치가 채권가격에서 차지하는 비중치로 하여 산출된 가중평균만기를 말한다.
② 맥컬레이듀레이션은 만기가 길어질수록 길어진다.
③ 수익률이 높을수록 듀레이션은 짧아진다.
④ 이표율이 높을수록 듀레이션은 길어진다.

문제해설

듀레이션은 회수시간이란 점에서 착안한다면, 이표율이 높을수록 듀레이션을 짧아진다.

더 알아보기 듀레이션 구하는 공식

$$듀레이션 = \frac{1 \times 현금흐름}{1 + 만기 수익률}$$

145

주가지수선물거래에 관한 설명으로 가장 거리가 먼 것은?

① 투기거래와 헤지거래는 위험을 회피한다는 측면에서는 같다.

② 매도헤지에서 베이시스가 확대된다면 손실이 커진다.

③ 매수차익거래는 고평가된 선물을 매도하고, 저평가된 현물을 매수하는 것이다.

④ 베이시스는 만기에 가까워질수록 0으로 수렴한다.

문제해설

투기거래의 경우만 위험을 감수한다.

146

외환과 관련된 설명으로 옳은 것은?

① 환율은 두 통화의 교환비율로, 직접표시법과 간접표시법이 있는데, 가령 1$＝1,000원으로 표시하면 간접표시법이 된다.

② 1$＝1,000원에서 1,200원으로 변동이 된 경우, 환율은 상승되었다.

③ 1$＝1,000원, 1파운드는 2$인 경우에, 1파운드는 1,000원이다.

④ 우리나라 환율제도는 자율변동환율제도를 시행하고 있다.

문제해설

① 직접표시법의 예이다. 직접표시법은 유럽식이며 달러를 기준으로 한다.

③ 1파운드 = 2$($=1,000) = 2 × 1,000원이므로 1파운드는 2,000원이다.

④ 우리나라는 1998년 이후 IMF의 권고에 따라 자유변동환율제도를 시행하고 있다. 자유변동환율제도는 정부의 관여가 배제되어 외환시장에서 형성된 환율이 자율적으로 적용되고 있다.

147

외환시장에서의 파생상품거래와 관련된 내용으로 가장 거리가 먼 것은?

① 외환스왑은 현물환매수와 선물환매 또는 현물환매도와 선물환매수가 동시에 일어나는 거래로, 실제로는 두 통화 간의 대차거래의 성격을 가진다.

② 통화선물거래도 장내시장에서 거래된다.

③ 장내통화옵션을 외환옵션이라고 하며, 장외옵션을 통화옵션이라고 한다.

④ 통화스왑은 장외시장에서만 거래되고 있다.

문제해설

장내통화옵션을 통화옵션이라고 하며, 장외옵션을 외환옵션이라고 한다.

148

선물환율의 가격결정에 대한 설명으로 가장 거리가 먼 것은?

① 선물환율의 결정식으로 이자율평형이론이 쓰인다.

② 선물환율은 현물환율 상승 시, 원화금리 하락 시 올라간다.

③ 자국통화의 이자율이 외국통화의 이자율보다 높으면 선물환율이 할증상태가 된다.

④ 만약 실제 선물환율이 이론선물환율보다 고평가된 경우, 선물환을 매도하고 현물환을 매수하면 되는데, 이 경우 원화를 차입하여 달러를 매수하여 예금하면 된다.

문제해설

선물환율은 외화금리 하락 시 올라간다. 따라서 현물환율 상승 시, 자국환율 상승 시 올라간다.

더 알아보기 선물환율 가격결정

• 자국통화의 이자율이 외국통화의 이자율보다 높으면 자국통화로 표시한 외국통화의 선물환율이 현물환율보다 높은 할증상태가 된다.

• 자국통화의 이자율이 외국통화의 이자율보다 낮으면 선물환율이 현물환율보다 낮은 할인상태가 된다.

149
상품선물의 투기거래에 대한 설명으로 가장 거리가 먼 것은?

① 투기거래자에는 스캘퍼, 데이트레이더, 포지션트레이더 등이 있다.

② 최소가격의 변동을 이용하여 매매차익을 실현하고자 하는 투기거래자를 데이트레이더라고 한다.

③ 투기거래의 형태는 코너와 스퀴즈가 있으며, 코너는 현물·선물 모두를 조작하는 것이며, 스퀴즈는 선물만 조작하는 것이다.

④ 숏스퀴즈는 선물계약의 매도자를 압박하는 형태이다.

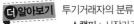 투기거래자의 분류
- **스캘퍼** : 시장가격의 미세한 변동, 최소가격의 변동을 이용하여 매매차익을 실현하고자 하는 투기거래자
- **데이트레이더** : 일중 가격 차이를 이용하여 매매차익을 실현하고자 하는 투기거래자
- **포지션트레이더** : 몇 주간, 몇 개월 동안의 장기적인 가격 차이를 이용하여 하루 이상 포지션을 유지하는 투기거래자

문제해설
② 스캘퍼에 대한 설명이다.

150
외환표지션에 대한 설명으로 가장 거리가 먼 것은?

① 외화자산과 외화부채와의 차이를 의미하며, 외환매수액과 외환매도액의 차이와 같다.

② 스퀘어포지션은 외화자산과 외화부채가 동일한 경우를 의미한다.

③ 외화자산이 외화부채보다 작은 경우를 매도포지션이라고 한다.

④ 환율상승 시 매수포지션에서 손실이 난다.

문제해설
환율상승 시 매도포지션은 손실이 발생하고, 매수포지션은 이익이 발생한다.

2장 옵션

001

옵션의 종류에 대한 설명으로 가장 거리가 먼 것은?

① 매수할 권리를 부여하느냐, 매도할 권리를 부여하느냐에 따라 콜옵션 과 풋옵션으로 구분된다.

② 옵션의 기준물이 무엇이냐에 따라 현물옵션과 선물옵션 등으로 구분 된다.

③ 옵션의 행사기간이 어떻게 정해져 있느냐에 따라 거래소옵션과 딜러 옵션으로 구분된다.

④ 거래담보금을 어떤 식으로 청산소에 적립하느냐에 따라 증권식 옵션 과 선물식 옵션으로 구분된다.

문제해설

옵션의 행사기간이 어떻게 정해져 있느냐에 따라 미국식 옵션과 유럽 식 옵션으로 구분된다. 거래소옵션 과 딜러옵션은 옵션이 매매되었을 때 누가 보증을 서느냐에 따른 구분 이다.

002

옵션거래에 대한 설명으로 가장 거리가 먼 것은?

① 콜옵션 매수자는 현물시세가 행사가격보다 강세를 보일 경우 옵션을 행사한다.

② 풋옵션 매수자는 현물시세가 행사가격보다 강세를 보일 경우 무한정 의 손실이 발생할 수 있다.

③ 옵션매도자는 불리한 조건을 감수하는 조건으로 옵션 프리미엄을 받 는다.

④ 콜옵션 매도자는 콜옵션 매수자가 콜옵션을 행사할 경우 옵션 기준물 을 옵션 행사가격에 의하여 매도할 의무가 있다.

문제해설

풋옵션 매수자는 현물시세가 행사 가격보다 강세를 보일 경우 옵션을 행사하지 않기 때문에 프리미엄 지 급액만큼의 손실을 입게 된다. 옵션 매수자의 손실은 항상 지급한 프리 미엄으로 한정된다.

더 알아보기 옵션거래자의 권리와 의무

구분	매수자	매도자
콜옵션	매수 권리	매도 의무
풋옵션	매도 권리	매수 의무

003

옵션에 대한 설명으로 가장 거리가 먼 것은?

① 유럽형 옵션의 시간가치는 옵션가격과 내재가치의 차이이다.
② 옵션의 내재가치는 옵션이 내가격 상태에서 거래될 때만 존재한다.
③ 선물거래와 동일하게 옵션거래자는 증거금을 납부해야 일일정산이 이루어진다.
④ 내가격 풋옵션의 내재가치는 행사가격에서 기초자산가격을 차감하여 결정된다.

옵션거래에서는 매도자만 증거금을 납부한다.

004

다음 설명 중 옳지 않은 것은?

> ㉠ 당장 행사했을 때 이익이 생기는 옵션이 외가격옵션이다.
> ㉡ 풋옵션의 경우 대상물의 현재가격이 행사가격보다 낮을 때 외가격옵션이 된다.
> ㉢ 행사가격과 현재가격이 동일한 경우를 등가격옵션이라고 한다.

① ㉠   ② ㉡
③ ㉠, ㉡   ④ ㉡, ㉢

㉠ 당장 행사했을 때 이익이 생기는 옵션은 내가격옵션이다.
㉡ 풋옵션의 경우 대상물의 현재가격이 행사가격보다 낮을 때 내가격옵션이 된다.

더 알아보기 옵션의 내가격, 등가격, 외가격

	콜옵션	풋옵션
내가격옵션	대상물의 현재가격 > 행사가격	대상물의 현재가격 < 행사가격
등가격옵션	대상물의 현재가격 = 행사가격	대상물의 현재가격 = 행사가격
외가격옵션	대상물의 현재가격 < 행사가격	대상물의 현재가격 > 행사가격

005
다음과 같은 손익구조를 갖는 옵션거래는?

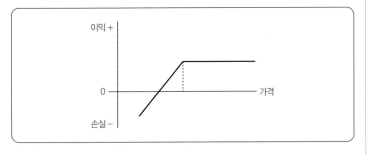

① 콜옵션 매도　　　　② 풋옵션 매도
③ 콜옵션 매수　　　　④ 풋옵션 매수

풋옵션 매도의 손익구조이다.

006
옵션의 내재가치에 대한 설명으로 가장 거리가 먼 것은?

① 옵션의 가치는 내재가치와 시간가치의 합이다.
② 내가격 상태에 있을 때 내가격의 크기가 내재가치가 된다.
③ 옵션이 외가격 상태에 있을 때 내재가치는 0이다.
④ 풋옵션의 내재가치는 기초물의 현재가치에서 옵션의 행사가격을 뺀
　값이다.

풋옵션의 내재가치는 옵션의 행사가격에서 기초물의 현재가격을 뺀 값이다.

007
옵션의 유용성에 해당하지 않는 것은?

① 다양한 투자수단 제공
② 저렴한 투자수단 제공
③ 가격변동위험 관리수단의 제공
④ 단일한 손익구조의 투자상품 제공

옵션은 다양한 형태의 손익구조를 지닌 투자상품을 제공해 줄 수 있다.

008

옵션거래에 대한 설명으로 옳은 것은?

① 옵션의 가치는 변동성이 클수록 작아진다.
② 잔존기간이 길수록 옵션 프리미엄은 작아진다.
③ 옵션 프리미엄과 잔존기간은 정비례한다.
④ 기초자산의 가격이 낮아질수록 풋옵션 프리미엄은 높아진다.

① 옵션의 가치는 변동성이 클수록 커진다.
② 잔존기간이 길수록 옵션 프리미엄은 커진다.
③ 옵션 프리미엄과 잔존기간은 정비례하지 않는다. 옵션 만기일이 가까워질수록 시간가치가 빠르게 소멸되기 때문이다.

009

다음 ( ) 안에 들어갈 용어를 바르게 연결한 것은?

다른 요인들은 동일하고 행사가격만 다른 두 옵션을 동시에 매수/매도하는 것이 (㉠)거래이고, 다른 요인은 동일하고 만기만 다른 두 옵션을 동시에 매수/매도하는 것이 (㉡)거래이다.

대각스프레드거래는 행사가격과 만기가 다른 두 옵션을 동시에 매수/매도하는 것이다.

	㉠	㉡
①	수직스프레드	수평스프레드
②	대각스프레드	수직스프레드
③	수평스프레드	대각스프레드
④	수평스프레드	수직스프레드

정답 005 ② | 006 ④ | 007 ④ | 008 ④ | 009 ①

010

기초자산의 가격변동폭이 크기 않을 것으로 예상될 때 적절한 위험관리 방법으로 기초자산 보유포지션에 콜을 매도하는 전략을 무엇이라 하는가?

① 합성콜 매도
② Covered Call
③ Protective Put
④ 리버설

문제해설

커버드 콜에 대한 설명이며, 합성풋 매도와 같은 의미이다.

- **프로텍티브 풋** : 기초자산 보유포 지션에 풋을 매수하는 전략이다.
- **리버설** : 과대평가되어 있는 풋옵 션을 매도하고 합성풋 매수지 션을 구성하는 것이다.

011

다음 중 옵션의 가격결정모형에서 주로 사용되는 것은?

| ㉠ 이항모형 | ㉡ ARIMA모형 |
| ㉢ 블랙–숄즈모형 | ㉣ 보유비용모형 |

① ㉠, ㉢
② ㉠, ㉣
③ ㉢, ㉣
④ ㉡, ㉢

문제해설

ARIMA모형은 경기예측모형이고, 보유비용모형은 선물가격결정이론 이다

012

옵션의 시간가치에 대한 설명으로 가장 거리가 먼 것은?

① 시간가치는 옵션가격에서 내재가치를 뺀 값이다.
② 만기가 되면 옵션의 시간가치는 소멸된다.
③ 옵션의 시간가치는 외가격옵션에서 최대가 된다.
④ 시간가치는 만기일까지의 잔존기간, 기초자산의 가격변동성 등에 의해 결정된다.

문제해설

옵션의 시간가치는 등가격옵션에서 최대가 된다.

013

다음 중 옵션의 변동성거래전략에 해당하지 <u>않는</u> 것은?

① 스트래들 매수/매도
② 스트랭글 매수/매도
③ 버터플라이 매수/매도
④ 방어적 풋옵션 매수/매도

문제해설

방어적 풋옵션 매수(Protective Put)는 해지거래전략이다.

014

옵션의 행사가격에 대한 설명으로 가장 거리가 먼 것은?

① 행사가격이 낮을수록 콜옵션의 내재가치는 커진다.
② 행사가격이 높을수록 풋옵션의 내재가치는 커진다.
③ 콜옵션의 가치는 행사가격과 같은 방향으로 움직인다.
④ 옵션매수자가 옵션계약에 따라 옵션의 기준물을 매매할 수 있는 가격을 행사가격이라 한다.

문제해설

콜옵션의 가치는 행사가격과 반대 방향으로 움직인다.
①, ② 콜옵션의 경우 내재가치는 '기초자산가격 − 행사가격'이고, 풋옵션의 경우 내재가치는 '행사가격 − 기초자산가격'으로 표현된다.

015

옵션가격에 영향을 주는 요인 중 시간가치 결정요인을 모두 고른 것은?

㉠ 행사가격	㉡ 변동성
㉢ 잔존기간	㉣ 이자율
㉤ 기초자산의 가격	

① ㉠, ㉡, ㉢
② ㉡, ㉢, ㉣
③ ㉠, ㉡, ㉣
④ ㉢, ㉣, ㉤

문제해설

• 내재가치 결정요인 : 기초자산의 가격, 행사가격
• 시간가치 결정요인 : 기초자산가격의 변동성, 옵션만기일까지의 잔존기간, 이자율

016

주가지수옵션에 대한 설명으로 가장 거리가 먼 것은?

① 주가지수선물 콜옵션은 약정한 행사가격으로 주가지수선물계약에 매수포지션을 취할 수 있는 권리이다.
② 주가지수선물 풋옵션은 약정한 행사가격으로 주가지수선물계약에 매도포지션을 취할 수 있는 권리이다.
③ 3년국채선물옵션은 현물옵션이고, KOSPI200지수옵션은 선물옵션이다.
④ KOSPI200주가지수옵션은 KOSPI200주가지수를 기초자산으로 하는 유럽형 옵션이다.

기초자산에 따른 분류
• **현물옵션** : 기초자산이 주가지수 자체인 경우(KOSPI200지수옵션)
• **선물옵션** : 기초자산이 주가지수 선물인 경우(3년국채선물옵션)

017

주가지수선물과 주가지수옵션에 대한 설명으로 옳은 것은?

① 주가지수선물은 주가지수를 기초자산으로 하지만 주가지수옵션은 주가지수선물을 기초자산으로 한다.
② 주가지수선물과 주가지수옵션 모두 계약에 따라 권리와 의무가 동시에 부과된다.
③ 주가지수선물과 주가지수옵션 모두 일일정산이 이루어진다.
④ 주가지수옵션은 주식형태의 정산방식이 일반적이다.

① 주가지수선물과 주가지수옵션 모두 주가지수를 기초자산으로 한다.
② 주가지수선물은 권리와 의무가 동시에 부과되지만, 주가지수옵션의 옵션매수자는 권리만, 옵션매도자는 의무만 갖게 된다.
③ 주가지수선물은 일일정산을 하지만 주가지수옵션은 매매체결 후 옵션을 행사하기 전에는 정산되지 않는다. 주가지수옵션은 주식 형태의 정산방식이 일반적이다.

018

개별주식옵션에 대한 설명으로 가장 거리가 먼 것은?

① 현재 거래되고 있는 개별주식옵션은 증권선물거래소에 상장되어 있는 보통주 30개 종목을 대상으로 하고 있다.
② 최종거래일은 KOSPI200지수옵션과 동일하다.
③ 최종거래일에만 권리행사가 가능한 유럽형 옵션이다.
④ 주식옵션의 결제는 실물인수도방식을 취하고 있다.

문제해설

주식옵션의 결제는 결제방식을 택하고 있다.

019

KOSPI200지수옵션 거래에 대한 설명이다. 옳은 것은?

① 거래승수는 계약당 10만 원이다.
② 상장결제월은 3, 6, 9, 12월의 4개물이다.
③ 최종거래일은 해당 결제월의 둘째 주 목요일이다.
④ 행사가격은 지수의 구간을 2.50pt 단계로 구분하고 있다.

문제해설

① 주가지수선물 및 주가지수옵션의 거래승수는 25만 원이다.
② 상장결제월은 비분기월 4개 및 분기월 7개이다(3, 9월 각 1개, 6월 2개, 12월 3개).
③ 최종거래일은 해당 결제월의 둘째 주가 아니라 두 번째 목요일이다.
④ 예를 들면 행사가격은 210.00-212.50-215.00-217.50-220.00의 순으로 배열한다.

더 알아보기 최종거래일의 계산

최종거래일은 두 번째 목요일이므로 다음의 경우 7일이 아니라 14일이 결제일이다

월	화	수	목	금	토	일
				1	2	3
4	5	6	7	8	9	10
11	12	13	14	15	16	17

020

국내 옵션시장 현황에 대한 설명이다. 가장 거리가 먼 것은?

① KOSPI200 주가지수옵션시장은 1997년 7월에 개설되었다.
② 만기일 이전이라도 원하는 시기에 권리행사가 가능하다.
③ 만기결제는 현금결제방식을 취하고 있다.
④ 미국형이 아닌 유럽형 옵션이다.

문제해설

만기일에만 권리행사가 가능한 유럽형 옵션이다. 반드시 환매금지형으로 설정·설립하여야 한다.

021

옵션가격을 결정하기 위한 블랙–숄즈(Black & Scholes)모형의 기본가정으로 거리가 먼 것은?

① 기초자산의 거래가 연속적으로 이루어진다.
② 기초자산의 1일 가격변동치는 로그 정규분포를 따른다.
③ 옵션의 행사를 만기일 이전에도 할 수 있는 미국형 옵션유형을 적용한다.
④ 대출과 차입에 있어 동일한 무위험 이자율이 적용된다.

문제해설

블랙–숄즈모형 유럽식 옵션유형을 적용한다.

022

옵션가격을 결정하는 주요 요인이 아닌 것은?

① 잔존기간
② 기초자산의 가격변동성
③ 비체계적 위험
④ 권리행사가격

문제해설

옵션가격을 결정하는 요인은 만기까지의 잔존기간, 기초자산의 가격변동성, 기초자산의 시장가격, 권리행사가격 등이다.

023

블랙-숄즈모형의 기본가정으로 옳은 것은?

① 대출과 차입의 계산은 단리로 계산한다.
② 옵션의 잔존기간 동안 이자율은 계속 변동된다.
③ 변동성은 옵션의 잔존기간 동안 고정되어 있지 않다.
④ 옵션의 거래비용과 세금은 없다.

 문제해설

① 대출과 차입은 동일한 무위험 이자율이 적용되며 복리로 계산한다.
② 옵션의 잔존기간 동안 이자율은 변화하지 않는다.
③ 변동성은 옵션의 잔존기간 동안 고정되어 있다.

024

옵션 프리미엄에 영향을 주는 요인을 내재가치와 시간가치로 구분할 때 내재가치를 결정하는 요인은 무엇인가?

① 권리행사가격, 기초자산의 가격변동성
② 권리행사가격, 기초자산의 시장가격
③ 잔존기간, 기초자산의 가격변동성
④ 잔존기간, 기초자산의 시장가격

 문제해설

• 내재가치 : 기초자산의 시장가격, 권리행사가격
• 시간가치 : 기초자산의 가격변동성, 만기일까지의 잔존기간

025

기초자산이 1단위 변화할 때 옵션가격의 변화분으로 옵션가격 민감도 중 가장 중요한 요소는?

① 델타   ② 감마
③ 세타   ④ 베가

 문제해설

델타에 대한 설명이다. 기초자산의 변화가 옵션에 있어 가장 핵심적인 변동요인이기 때문에 델타는 옵션가격 민감도 중에서 가장 중요하다.

026

옵션민감도 중 델타에 대한 설명으로 거리가 <u>먼</u> 것은?

① 콜옵션의 경우 기초자산의 가격이 상승할수록 델타값은 1에 접근한다.
② 콜옵션의 경우 기초자산의 가격이 하락할수록 델타값은 0에 접근한다.
③ 풋옵션의 경우 기초자산의 가격이 하락할수록 델타값은 1에 접근한다.
④ 풋옵션의 경우 기초자산의 가격이 상승할수록 델타값은 0에 접근한다.

문제해설

풋옵션은 기초자산의 가격이 하락할수록 델타값이 -1의 값에 가까워진다.

027

옵션의 민감도분석 중 이자율의 변화에 따른 옵션가격의 변화분을 나타내는 것은 무엇인가?

① 세타
② 로
③ 베가
④ 감마

문제해설

로는 이자율의 변화에 따른 옵션가격의 변화분이다. 옵션가격결정에서 이사율은 영향력이 작기 때문에 민감도분석에서 로의 활용도는 가장 낮다.

028

잔존기간의 변화에 따라 옵션의 가치가 변화하는 정도를 의미하며, 일반적으로 음수(-)로 나타나는 것은?

① 델타
② 감마
③ 세타
④ 베가

문제해설

$$세타 = \frac{옵션가치의 \ 변화}{옵션만기기간의 \ 변화}$$

029

옵션의 민감도를 분석하는 변수 중 옵션을 헤징할 대 헤지비율로 사용되는 것은 무엇인가?

① 델타   ② 감마
③ 세타   ④ 베가

문제해설

델타는 기초자산으로 옵션을 헤징할 때 헤지비율로 사용된다. 현재의 델타수준에서 델타가 0의 값을 갖게 하기 위해 기초자산이 얼마가 되어야 하는지를 보여준다. 예를 들어 델타가 0.5인 옵션의 경우 델타를 0으로 만들기 위해 −0.5의 델타값을 갖는 기초자산을 매매해야 한다. 모자형펀드는 자본시장에서 투자를 하고 자펀드는 투자자에게 펀드를 판매하여 모펀드에 투자한다(델타헤지).

030

이것은 주가지수가 1단위 변동할 때 옵션의 델타값이 변화하는 정도를 의미한다. 수학적으로 델타가 옵션가격과 기초자산가격 간 곡선의 한 시점에서의 기울기를 의미한다면, 이것은 기울기의 변화속도를 의미한다. 이것은 무엇인가?

① 세타   ② 로
③ 베가   ④ 감마

문제해설

$$감마 = \frac{델타의\ 변화}{대상물\ 가격의\ 변화}$$

031

다음은 옵션민감도의 변수를 구하는 공식이다. 이 변수는 무엇인가?

$$x = \frac{옵션가치의\ 변화}{옵션만기기간의\ 변화}$$

① 베가   ② 세타
③ 로   ④ 감마

문제해설

세타를 구하는 식이다. 세타는 잔존기간의 변화에 따라 옵션의 가치가 변화하는 정도를 의미한다.

032

로의 값이 높은 것에서 낮은 것으로 순서대로 배열된 것은?

① 내가격옵션 – 외가격옵션 – 등가격옵션
② 등가격옵션 – 내가격옵션 – 외가격옵션
③ 외가격옵션 – 등가격옵션 – 내가격옵션
④ 내가격옵션 – 등가격옵션 – 외가격옵션

 문제해설

로는 옵션가치의 변화를 금리의 변화로 나눈 값이다. 따라서 로는 금리의 변화와 정(+)의 값을 갖는다. 금리는 기회비용으로 사용되는데 내재가치가 높은 옵션일수록 보유해야 하는 기회비용이 증가하므로 내가격옵션의 로가 가장 높고, 등가격, 외가격의 순으로 낮아진다.

033

다음은 콜옵션의 포지션 방향과 민감도 변화를 나타낸 표이다. ㉠~㉣에 알맞은 값은?

 문제해설

콜옵션의 매수/매도포지션에 따른 민감도의 부호는 감마와 세타의 민감도가 서로 반대 방향이고 감마와 세타, 베가의 민감도가 옵션의 종류에 관계없이 매수/매도에 따라 부호가 같다.

		델타	감마	세타	베가
Call	매수	+	+	㉠	㉡
	매도	−	−	㉢	㉣

	㉠	㉡	㉢	㉣
①	−	−	+	+
②	+	+	−	−
③	−	+	+	−
④	+	−	−	+

더알아보기 풋옵션의 매도/매수포지션에 대한 민감도 부호

		델타	감마	세타	베가
Put	매수	−	+	−	+
	매도	+	−	+	−

034

다음은 풋옵션의 포지션 방향과 민감도 변화를 나타낸 표이다. ㉠~㉣에 알맞은 값은?

Put		델타	감마	세타	베가
	매수	−	㉠	−	㉡
	매도	+	㉢	+	㉣

	㉠	㉡	㉢	㉣
①	−	−	+	+
②	+	+	−	−
③	−	+	+	−
④	+	−	−	+

문제 해설

풋옵션의 매수/매도포지션에 따른 민감도의 부호는 감마와 세타의 민감도가 서로 반대 방향이고 감마와 세타, 베가의 민감도가 옵션의 종류에 관계없이 매수/매도에 따라 부호가 같다.

035

다음이 제시하는 옵션민감도의 포지션 방향이 의미하는 바는?

> 델타포지션이 양(+)의 방향을 가짐

① 주가지수가 상승하기를 원함
② 주가지수가 방향과는 무관하게 급변하기를 원함
③ 옵션의 만기가 빨리 오기를 원함(매도자)
④ 변동성이 높아지기를 원함

문제 해설

• 델타포지션(+) : 주가지수가 상승하기를 원함
• 델타포지션(−) : 주가지수가 하락하기를 원함

036

다음이 제시하는 옵션민감도의 포지션 방향이 의미하는 바는?

> 감마포지션이 음(−)의 방향을 가짐

① 주가지수가 하락하기를 원함
② 변동성이 낮아지기를 원함
③ 주가지수가 방향과는 무관하게 횡보하기를 원함
④ 옵션의 만기가 늦게 오기를 원함(매수자)

 문제해설

- **감마포지션(+)** : 주가지수가 방향과는 무관하게 급변하기를 원함
- **감마포지션(−)** : 주가지수가 방향과는 무관하게 횡보하기를 원함

037

다음이 제시하는 옵션민감도의 포지션 방향이 의미하는 바는?

> 세타포지션이 양(+)의 방향을 가짐

① 변동성이 높아지기를 원함
② 변동성이 낮아지기를 원함
③ 옵션의 만기가 **빨리** 오기를 원함(매도자)
④ 옵션의 만기가 늦게 오기를 원함(매수자)

 문제해설

- **세타포지션(+)** : 옵션의 만기가 빨리 오기를 원함(매도자)
- **세타포지션(−)** : 옵션의 만기가 늦게 오기를 원함(매수자)

038

다음이 제시하는 옵션민감도의 포지션 방향이 의미하는 바는?

> 베가포지션이 음(−)의 방향을 가짐

① 변동성이 낮아지기를 원함   ② 변동성이 높아지기를 원함
③ 주가지수가 상승하기를 원함   ④ 주가지수가 하락하기를 원함

  문제해설

- **베가포지션(+)** : 변동성이 높아지기를 원함
- **베가포지션(−)** : 변동성이 낮아지기를 원함

039

델타가 0.5인 콜옵션 20계약과 델타가 −0.4인 풋옵션 20계약을 매수한 경우 전체 델타포지션은 얼마인가?

① 10   ② 8

③ 2   ④ −2

문제 해설

전체 델타포지션
= (0.5 × 20) + (−0.4 × 20)
전체 델타포지션 = 2

040

감마가 0.5인 콜옵션 10계약을 매수하고, 감마가 0.06인 풋옵션 5계약을 매도한 경우 전체 감마포지션은 얼마인가?

① 0.8   ② 0.2

③ −0.8   ④ −0.2

문제 해설

전체 감마포지션
= (0.05 × 10) + (−0.06 × 5)
전체 감마포지션 = 0.2

041

델타가 0.50이고 감마는 0.05인 콜옵션 10계약 매수와, 델타가 −0.60이며 감마가 0.02인 풋옵션 10계약 매수의 포지션에서 기초자산의 가격이 1단위 상승하는 경우 포트폴리오의 델타는 어떻게 변화하는가?

① 0.3단위만큼 상승한다.
② 0.3단위만큼 하락한다.
③ 1.3단위만큼 상승한다.
④ 1.3단위만큼 하락한다.

문제 해설

(0.5 + 0.05) × 10 + (−0.6 + 0.02) × 10 = −0.3

042

다음 중 옵션의 민감도에 대한 설명으로 가장 거리가 먼 것은?

① 감마와 세타는 언제나 서로 반대의 부호를 가진다.
② 로는 금리변동에 따른 옵션가치의 변화를 유추하는 데 사용된다.
③ 감마가 양(＋)인 포지션은 기초자산가격이 인정될 때 유리하다.
④ 델타와 감마는 주가 변동에 따른 옵션의 가격변화를 유추하는 데 사용된다.

감마가 양(+)인 포지션은 기초자산의 가격이 크게 변화할 때 유리하다.

043

델타가 0.6인 콜옵션 50계약을 보유한 투자자가 있다. 보유하고 있는 콜옵션에 대한 델타 중립적 포지션을 구성하기 위해서 필요한 선물포지션은(단, 선물의 델타값은 1로 가성한나)?

① 30계약 매수　　　　　② 30계약 매도
③ 40계약 매수　　　　　④ 40계약 매도

콜옵션 델타 × 계약수 × 거래승수 (10만 원)
= 선물의 델디 × 계약수 × 거래승수(50만 원)
$0.6 × 50 × 500,000 = 1 × x × 500,000$
$150 = 5x$ ∴ $x = 30$
즉, 주가가 하락하면 델타가 0.6인 콜옵션으로 입을 손실을 선물 6계약 매도로 헤지할 수 있다는 의미가 된다.

044

다음 중 기초자산의 가격이 상승할 것이라고 예상되는 경우에 이용할 수 있는 투자전략은?

① 스트랭글 매도　　　　② 버터플라이 매수
③ 수직적 약세 콜 스프레드　　④ 수직적 강세 풋 스프레드

기초자산의 가격상승이 예상될 때는 콜매수, 수직적 강세 풋 스프레드, 풋매도, 수직적 강세 콜 스프레드 등의 전략이 있다.

045

KOSPI200 행사가격 220pt의 콜옵션을 0.5pt로 5계약 매수한 후 만기까지 보유하였다. 만기일의 KOSPI200지수는 219.00pt로 마감되었다. 이 투자자의 손익은(단, 수수료는 무시한다)?

① 손익 0

② 125만 원 손실

③ 100만 원 손실

④ 500만 원 손실

문제해설

행사가격보다 낮은 가격으로 마감되어 콜옵션의 가치는 0이다. 따라서 지불한 프리미엄만큼 손실이 된다.

0.5pt × 500,000원 × 5계약 = 1,250,000원

046

변동성 감소 예상 시 행사가격이 낮은 콜과 높은 콜은 매수하고 중간 콜은 매도하여 포지션을 구성하는 전략은 무엇인가?

① 버터플라이 매수

② 버터플라이 매도

③ 스트랭글 매수

④ 스트랭글 매도

문제해설

• 버터플라이 매수 = 콜(X_1) 매수 + 콜(X_2) 매도 × 2 + 콜(X_3) 매수
• 만기일이 동일하고 X_1, X_2, X_3의 간격이 일정해야 한다.

047

KOSPI200 행사가격 220.00pt의 콜옵션을 1.5pt로 1계약 매도한 후 만기까지 보유하였다. 만기일의 KOSPI200지수는 216.00pt로 마감되었다. 이 투자자의 손익은(단, 수수료는 무시한다)?

① 75만 원 이익

② 75만 원 손실

③ 60만 원 이익

④ 45만 원 이익

문제해설

• 콜옵션매도자는 지수가 예상대로 하락할 경우에는 수취한 프리미엄으로 이익이 한정되고, 예상과 반대로 상승할 경우 손실이 무한대가 된다.
• 질문에서 예상대로 하락했으므로 투자자의 이익은 수취한 프리미엄이 된다.

1.5pt × 500,000원 × 1계약 = 750,000원

048

KOSPI200 행사가격 220pt의 풋옵션을 0.5pt로 10계약 매수한 후 만기까지 보유하였다. 만기일의 KOSPI200지수는 219.00pt로 마감되었다. 이 투자자의 손익은(단, 수수료는 무시한다)?

① 손익 0

② 250만 원 손실

③ 250만 원 이익

④ 100만 원 이익

문제해설

- 예상대로 지수가 하락했으므로 이익이 발생한다.
- (행사가격 − 기초자산가격) × 500,000 × 10계약
  = (220 − 219) × 500,000 × 10
  = 5,000,000원
- 풋옵션 매수대금은 차감해야 하므로
  5,000,000 − (0.5 × 500,000 × 10)
  = 2,500,000원

049

델타에 관한 설명으로 가장 거리가 먼 것은?

① 배당금이 없는 경우 주식 콜옵션의 델타는 $N(d1)$이다.
② 잔존만기가 긴 옵션의 델타는 주식가격이 변함에 따라 급하게 변하는 반면, 만기가 짧은 옵션의 델타는 완만하게 변한다.
③ 풋옵션의 델타는 기초자산가격이 상승할수록 0에 근접하며, 기초자산가격이 하락할수록 −1의 값에 근접한다.
④ 콜옵션의 델타는 기초자산가격이 상승할수록 1에 근접하며, 기초자산가격이 하락할수록 0의 값에 근접한다.

문제해설

잔존만기가 긴 옵션의 델타는 주식가격이 변함에 따라 완만하게 변하는 반면, 만기가 짧은 옵션의 델타는 매우 급하게 변한다.

050

KOSPI200이 어느 정도 강세일 것으로 예상되나 확신이 서지 않는 경우, 상승의 이익을 한정하고 하락시에도 손실을 한정시키기 위해 콜옵션매수와 콜옵션매도의 포지션을 구성했다. 어떤 투자전략에 해당하는가?

① 수직적 약세 콜옵션 스프레드
② 수직적 강세 콜옵션 스프르레드
③ 컨버전
④ 리버설

수직적 강세 콜옵션 스프레드에 대한 설명이다.

051

KOSPI200이 어느 정도 약세일 것으로 예상되나 확산이 서지 않는 경우, 하락의 이익을 한정하고 상승시에도 손실을 한정시키기 위해 수직적 약세 콜옵션 스프레드를 사용하였다. 구성할 포지션이 바르게 연결된 것은?

① 콜(X_1)매수 + 콜(X_2)매도 ($X_1 < X_2$)
② 콜(X_1)매도 + 콜(X_2)매수 ($X_1 < X_2$)
③ 콜(X_1)매수 + 콜(X_2)매도 ($X_1 > X_2$)
④ 콜(X_1)매도 + 콜(X_2)매수 ($X_1 > X_2$)

수직적 약세 콜옵션 스프레드는 콜(X_1)매도, 콜(X_2)매수의 포지션을 구성하며 '$X_1 < X_2$'의 조건을 갖추어야 한다.

052

만기가 긴 옵션을 매수하고 만기가 짧은 옵션을 매도하여 구성하는 투자전략은 무엇인가?

① 수직 스프레드 매수　　② 수직 스프레드 매도
③ 수평 스프레드 매수　　④ 수평 스프레드 매도

수평 스프레드는 시간 스프레드라고도 하며, 행사가격은 같으나 만기가 다른 옵션을 동시에 매수/매도하는 전략이다. 주가변동성 감소와 내재변동성 증가가 예상될 때에 사용되는 전략이다.

053

옵션을 이용한 헤지거래전략에 해당하는 것을 모두 고른 것은?

> ㉠ Protective Put　　　　㉡ Covered Call
> ㉢ Long Time Spread　　㉣ Strangle
> ㉤ Butterfly

① ㉠, ㉡　　　　　　　　② ㉢, ㉣
③ ㉠, ㉡, ㉢　　　　　④ ㉢, ㉣, ㉤

문제해설

옵션을 이용한 헤지거래에는 보호적 풋매수(Protective Put)와 커버드 콜 매도(Covered Call)가 있다.

054

다음 중 차익거래전략에 해당하는 것은?

① 보호적 풋매수　　　　② 컨버전
③ 시간 스프레드　　　　④ 스트랭글

문제해설

차익거래전략은 컨버전, 리버설, 크레디트박스, 데빗박스 등이 있다.

055

기초자산이 현재가격(S) 200.00pt, 상승확률 10%, 하락확률 8%, 무위험이자율 6%, 콜옵션의 행사가격(X) 200.00pt라고 할 때 콜옵션의 가치는?

① 12.6　　　　　　　　② 13.7
③ 14.7　　　　　　　　④ 15.4

문제해설

콜옵션의 가치 C

$$= \frac{pC_u + (1-p)C_d}{1+r}$$

$$= \frac{0.7778 \times 20 + \{(1-0.7778) \times 0\}}{1+0.06}$$

$$= \frac{15.556}{1.06} = 14.675$$

> u : 상승확률, d : 하락확률
> C_u : 상승 시 콜옵션의 내재가치
> C_d : 하락 시 콜옵션의 내재가치

더 알아보기

- 이항모형을 이용하여 옵션의 가격을 구하는 문제이다.
- 콜옵션의 가격은 상승 시 200pt의 10%이므로 20이고, 하락 시 0이 된다.

$$\text{헤지확률 } p = \frac{r+d}{u+d} = \frac{0.06+0.08}{0.10+0.08} = 0.7778$$

056

기초자산이 현재가격(S) 100.00pt, 상승확률 70%, 하락확률 30%, 무위험이자율 10%, 콜옵션의 행사가격(X) 100.00pt라고 할 때 콜옵션의 가치는?

① 25.5

② 26.7

③ 27.6

④ 28.2

- 이항모형을 이용하여 옵션의 가격을 구하는 문제이다.
- 콜옵션의 가격은 상승 시 100pt의 70%이므로 70이고, 하락 시 0이 된다.

$$\text{헤지확률 } P = \frac{r + d}{u + d} = \frac{0.10 + 0.30}{0.70 + 0.30} = 0.40$$

콜옵션의 가치 C

$$= \frac{pC_u + (1 - p)C_d}{1 + r}$$

$$= \frac{0.4 \times 70 + \{(1 - 0.4) \times 0\}}{1 + 0.10}$$

$$= \frac{28}{1.1} = 25.45$$

057

다음 중 이항모형에서 얻을 수 있는 결론으로 거리가 <u>먼</u> 것은?

① 옵션의 가치는 주가가 상승 또는 하락할 확률과는 독립적으로 결정된다.

② 옵션의 가치는 투자자의 위험선호도에 의해 결정된다.

③ 옵션의 가치를 설명할 수 있는 확률변수는 기초자산의 가격뿐이다.

④ 헤지확률 p의 값은 1보다 클 수 없다.

옵션의 가치는 투자자의 위험선호도에 관계없이 결정된다.

058

이것은 콜옵션 또는 풋옵션 3종목을 이용하여 전략을 구성하며, 사용하는 옵션은 만기가 같고 행사가격이 등가격이어야 한다. 이것은 무엇인가?

① 버터플라이

② 스트래들

③ 시간 스프레드

④ 스트랭글

버터플라이 매도/매수에 대한 설명이다. 버터플라이는 변동성을 이용하는 전략이면서 손실이 제한되는 것이 특징이다.

059

Put–Call Parity에 대한 설명으로 가장 거리가 먼 것은?

① 만기와 행사가격이 같은 콜옵션과 풋옵션의 가격 사이에는 등가관계가 존재한다.
② 콜옵션과 행사가격 현재가치의 합은 풋옵션과 기초자산가격의 합과 같다.
③ 등가격 콜옵션이 등가격 풋옵션에 비해 작아야 한다.
④ 등가격 콜옵션의 가치를 등가격 풋옵션의 가치에서 유추할 수 있다.

문제해설

등가격 콜옵션의 경우 등가격 풋옵션보다 커야 한다.

060

KOSPI200과 연계되는 주식 포트폴리오를 보유하고 있는 투자자가 향후 시장이 대폭 하락할 위험이 있는 경우에 KOSPI200 풋옵션을 매수함으로써 하락 시 발생하는 손실을 회피하고자 한다. 옵션거래전략 중 무엇에 해당하는가?

① 풋–콜패리티
② 보호적 풋매수
③ 커버드 콜 매도
④ 차익거래전략

문제해설

헤지기래 전략 중 Protective Put 매수 전략에 대한 설명이다.

061

합성선물을 만들고자 한다. 행사가격이 같은 옵션을 이용하여 선물 매수를 만들기 위한 조건은?

① 콜옵션 매수 + 풋옵션 매수
② 콜옵션 매수 + 풋옵션 매도
③ 콜옵션 매도 + 풋옵션 매수
④ 콜옵션 매도 + 풋옵션 매도

문제해설

• 콜옵션 매수 + 풋옵션 매도 = 선물 매수
• 콜옵션 매도 + 풋옵션 매수 = 선물 매도

062

선물로 합성옵션을 만들고자 한다. 풋옵션 매도를 만들기 위한 조합으로 옳은 것은?

① 콜옵션 매도 + 선물 매수   ② 콜옵션 매수 + 선물 매도

③ 풋옵션 매수 + 선물 매수   ④ 풋옵션 매도 + 선물 매도

- 콜옵션 매수 + 선물 매도 = 풋옵션 매수
- 풋옵션 매수 + 선물 매수 = 콜옵션 매수
- 풋옵션 매도 + 선물 매도 = 콜옵션 매도

063

대상자산의 변동성이 커질 것으로 예상되는 경우의 전략으로 거리가 <u>먼</u> 것은?

① 스트래들 매수   ② 스트랭글 매수

③ 버터플라이 매수   ④ 버터플라이 매도

변동성 매매

- 변동성에 대한 강세전략 : 스트래들 매수, 스트랭글 매수, 버터플라이 매도
- 변동성에 대한 약세전략 : 스트래들 매도, 스트랭글 매도, 버터플라이 매수

064

다음의 옵션전략 중 주가의 상승가능성에 비중을 둔 변동성 매수전략은?

① 스트립 매수   ② 스트래들 매수

③ 콜옵션 매도   ④ 스트랩 매수

스트랩 매수는 동일한 행사가격의 두 개의 콜옵션과 한 개의 풋옵션을 매수하며, 주가 상승가능성에 비중을 둔 변동성 매수전략이다.

065

합성된 선물 매도포지션과 KOSPI200선물 매수포지션과의 조합을 무엇이라 하는가?

① 컨버전
② 리버스 컨버전
③ 크레딧박스
④ 데빗박스

컨버전은 KOSPI200 콜 매도와 KOSPI200 풋 매수에 KOSPI200 선물매수를 조합한 것이다.

066

이자비용을 무시한 리버스 컨버전의 순이익을 가장 잘 표현한 식은?

① $(P - C) + (S - X)$
② $(P - C) + (X - S)$
③ $(P - C) - (S - X)$
④ $(P - C) - (X - S)$

리버스 컨버전(리버설)은 컨버전과 반대의 차익거래전략으로 과대평가되어 있는 풋옵션을 매도하고 합성 풋 매수포지션을 구성하는 것이다. 이를 위해 선물매도와 함께 저평가된 콜옵션을 매수하고 그와 동일한 행사가격의 풋옵션을 매도한다.

067

차익거래전략에는 옵션과 선물계약 포지션을 이용하여 차익거래를 얻는 방법과 옵션만을 이용하는 방법이 있다. 다음 중 옵션만을 이용한 차익거래 방법은?

① 리버설
② 기준물 합성
③ 풋옵션 매수 합성
④ 데빗박스

크레딧박스와 데빗박스는 옵션만을 이용하여 옵션가격에서 발생하는 불균형을 이익으로 남기고자 하는 차익거래 방법이다.

068

KOSPI200이 행사가격 X_1과 X_2 사이에 있고, KOSPI200이 양 방향 중 어느 방향이든지 크게 움직일 것으로 예상된다. 가장 적절한 옵션투자전략은?

① 수직적 강세 콜옵션 스프레드　　② 스트랭글 매수
③ 스트래들 매도　　　　　　　　　④ 버터플라이 매수

문제해설

가장 적절한 전략은 스트랭글 매수이고, 이는 동일 수량만큼의 풋(X_1) 매수와 콜(X_2) 매수로 구성된다.

069

다음 (　　) 안에 알맞은 용어가 바르게 연결된 것은?

> 잔존기간이 길수록 베가는 (　㉠　), 잔존기간이 짧을수록 베가는 (　㉡　).

	㉠	㉡
①	높이지며	변동 없다
②	높아지며	낮아진다
③	낮아지며	높아진다
④	낮아지며	변동 없다

문제해설

베가와 잔존기간의 관계는 잔존기간이 많이 남아 있을수록 주가의 변동 가능성 역시 높아지며, 잔존기간이 짧을수록 변동폭 역시 예측가능한 범위 내로 좁혀진다. 즉, 잔존기간이 길수록 베가는 높아지며, 잔존기간이 짧을수록 베가 역시 낮아진다.

070

옵션 거래전략 중 이익과 손실이 모두 제한적이 <u>아닌</u> 것은?

① 수직적 강세 풋 스프레드　　② 수직적 약세 풋 스프레드
③ 스트랭글 매도　　　　　　　④ 버터플라이 매수

문제해설

스트랭글 매도는 이익은 제한, 손실은 무제한 구조를 갖는다.
이익, 손실 모두 제한 : 수직적 강세 풋 스프레드, 수직적 강세 콜 스프레드, 수직적 약세 풋 스프레드, 수직적 약세 콜 스프레드, 버터플라이 매도, 버터플라이 매수

071

4월 18일 현재 KOSPI200지수는 227.25pt이다. 행사가격이 217.50pt인 5월물 콜옵션의 가격이 11.95pt라면 시간가치는 얼마인가?

① −2.2　　　　　　　　② 2.2
③ 11.95　　　　　　　　④ −9.75

문제해설

- 시간가치 = 옵션 프리미엄 − 내재가치
- 콜옵션 내재가치 = 기초물 현재가격 − 옵션 행사가격
- 내재가치 = 227.25−217.50 = 9.75
- 시간가치 = 11.95 − 9.75 = 2.2

072

지수상승 시 이익이 무제한으로 증가하지 <u>않는</u> 전략은?

① 콜 매수　　　　　　　② 수지적 아세 콜 스프레드
③ 스트래들 매수　　　　　④ 스트랭글 매수

문제해설

수직적 강세 콜 스프레드는 이익과 손실이 모두 제한되는 구조를 갖는다.
지수 상승 시 이익 무제한 증가 : 콜 매수, 스트래들 매수, 스트랭글 매수

073

옵션 거래전략 중 손실이 무제한인 전략이 <u>아닌</u> 것은?

① 풋 매도　　　　　　　② 콜 매도
③ 스트래들 매도　　　　　④ 스트랭글 매수

문제해설

스트랭글 매수는 이익은 무제한, 손실은 제한되는 구조이다.
손실 무제한 : 풋 매도, 콜 매도, 스트래들 매도, 스트랭글 매도

074

옵션 거래전략 중 스트래들 매수에 대한 설명으로 가장 거리가 먼 것은?

① 만기일이 동일한 콜과 풋을 매수하여 구성된다.
② 향후 큰 움직임이 예상될 때 사용한다.
③ 지수가 크게 변동할수록 이익이 증가한다.
④ 만기 시 지수가 상승하면 'X − 지불 프리미엄 총액'이 손익분기점이 된다.

문제해설

스트래들 매수의 만기 시 손익분기점
• 지수하락 시 : X − 지불 프리미엄 총액
• 지수상승 시 : X + 지불 프리미엄 총액

075

현물옵션 포트폴리오에 대한 설명으로 가장 거리가 먼 것은?

① 기초주식을 매수하고 콜옵션을 매수하는 포지션은 커버드 콜이라고 불리며, 주가가 상승하면 이익은 작지만, 주가가 낮아질 경우는 상대적으로 작은 손실을 기대할 수 있다.
② 주식을 매수하고, 동시에 풋옵션을 매수한 경우에는 프로텍티브 풋이라고 하며 주가가 하락하는 경우에는 손실이 일정한 하한선 이하로 내려가지 않는다는 장점이 있지만, 주가가 상승하였을 경우 이익은 상대적으로 적다.
③ 프로텍티브 풋옵션 행사가격을 산정함에 있어서 행사가격이 높은 내가격 풋옵션을 매수하면 최대손실은 줄어드나 주가상승 시 이익은 비싼 풋옵션 프리미엄만큼 낮아진다.
④ 커버드 콜에서 콜옵션 행사가격의 선정 시 행사가격이 높은 외가격 콜옵션을 이용할 경우 최대이익은 커지나 헤지효과는 적다.

문제해설

콜옵션을 매도하는 포지션이 커버드 콜이다. 즉, 가격이 상승하여 매도한 콜옵션에 대해 매수자로부터 권리를 행사당해도 당초 프리미엄을 수취하고 있고, 현물보유로 인한 시세차익과 배당수입이 있어 상당한 이익을 기대할 수 있다.

| 076~079 | 다음은 옵션 거래전략의 손익을 표시한 그래프이다. 물음에 답하시오.

076

다음 그래프에 해당하는 전략이 순서대로 바르게 연결된 것은?

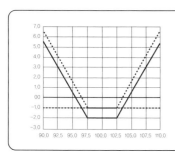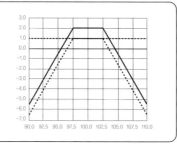

문제해설

스트랭글 매수와 매도의 그래프이다. 시장의 방향성은 불확실하나 변동성 확대가 예상될 때 사용된다.

① 스트랭글 매도 – 스트랭글 매수
② 스트랭글 매수 – 스트랭글 매도
③ 스프레드 매수 – 스프레드 매도
④ 스프레드 매도 – 스프레드 매수

077

다음 그래프에 해당하는 전략이 순서대로 바르게 연결된 것은?

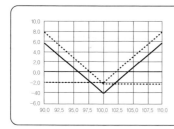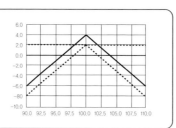

문제해설

스트래들 전략은 스트랭글과 마찬가지로 변동성의 방향은 모르지만 향후 큰 변동이 예상될 때 사용되는 전략이다. 행사가격이 같은 콜옵션과 풋옵션을 매수하여 구성한다.

① 버터플라이 매수 – 버터플라이 매도
② 버터플라이 매도 – 버터플라이 매수
③ 스트래들 매수 – 스트래들 매도
④ 스트래들 매도 – 스트래들 매수

078

다음 그래프에 해당하는 전략이 순서대로 바르게 연결된 것은?

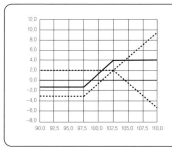 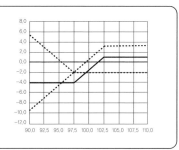

① 수직적 강세 콜옵션 스프레드 - 수직적 강세 풋옵션 스프레드
② 수평적 강세 콜옵션 스프레드 - 수평적 강세 풋옵션 스프레드
③ 수직적 약세 콜옵션 스프레드 - 수직적 약세 풋옵션 스프레드
④ 수평적 약세 콜옵션 스프레드 - 수평적 약세 풋옵션 스프레드

 문제해설

시장가격의 강세가 예상될 때 같은 종류의 옵션으로 포지션을 구성하는 수직적 강세 스프레드이다.

079

다음 그래프에 해당하는 전략이 순서대로 바르게 연결된 것은?

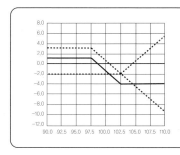 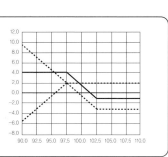

① 수직적 강세 콜옵션 스프레드 - 수직적 강세 풋옵션 스프레드
② 수평적 강세 콜옵션 스프레드 - 수평적 강세 풋옵션 스프레드
③ 수직적 약세 콜옵션 스프레드 - 수직적 약세 풋옵션 스프레드
④ 수평적 약세 콜옵션 스프레드 - 수평적 약세 풋옵션 스프레드

 문제해설

시장가격의 약세가 예상될 때 같은 종류의 옵션으로 포지션을 구성하는 수직적 약세 스프레드이다.

정답 076 ② | 077 ③ | 078 ① | 079 ③

080

가격변동성의 증가가 예상되어 스트래들 매수전략을 구사하였다. 이익과 손실의 손익구조로 바르게 연결된 것은?

	이익	손실
①	무제한	제한
②	제한	제한
③	제한	무제한
④	무제한	무제한

문제해설

스트래들 매수는 만기일이 동일하고 행사가격이 같은 콜옵션과 풋옵션을 매수하는 것으로 지수가 큰 폭으로 상승하거나 하락할 경우 이익은 무제한으로 발생하고 횡보할 경우 손실은 지불 프리미엄으로 제한된다.

081

감마에 대한 설명으로 가장 거리가 먼 것은?

① 기울기의 변화속도를 의미한다.
② 옵션 수익구조의 특징인 비선형적인 민감도를 측정하는 지표이다.
③ 옵션 포지션이 매수일 경우에는 (−)의 값을 갖는다.
④ (+)의 값을 갖는 옵션의 포지션 상태를 long gamma라 부른다.

문제해설

감마는 옵션 포지션의 매수일 경우에는 (+) 감마의 값을 갖고, 매도일 경우에는 (−)의 값을 갖는다.

더알아보기 콜옵션의 델타와 감마
- **콜옵션 매수** : 델타값의 변화분(+) / 주가의 변화(+) = 감마(+)
- **풋옵션 매수** : 델타값의 변화분(+) / 주가의 변화(−) = 감마(+)
- **콜옵션 매도** : 델타값의 변화분(−) / 주가의 변화(+) = 감마(−)
- **풋옵션 매도** : 델타값의 변화분(+) / 주가의 변화(−) = 감마(−)

082

옵션민감도 분석에 대한 설명으로 옳은 것은?

① 감마의 절댓값이 클 경우 옵션가격의 변화분은 작아진다.
② 세타는 외가격에서 가장 크다.
③ 잔존기간이 길수록 베가는 낮아진다.
④ 내가격 옵션의 로가 가장 높다.

문제해설

내가격 옵션의 로가 가장 높고 등가격 옵션, 외가격 옵션순으로 낮아진다.
① 감마의 절대값이 클 경우 옵션가격의 변화분은 커진다.
② 세타는 등가격에서 가장 크고 내가격이나 외가격으로 갈수록 작아진다.
③ 잔존기간이 갈수록 베가는 높아진다.

083

다음 (   ) 안에 들어갈 적절한 말이 바르게 연결된 것은?

> • 감마와 기초자산가격 간의 관계는 등가격일 때 가장 (㉠), 외가격과 내가격으로 갈수록 (㉡).
> • 감마와 잔존기간 간의 관계는 잔존기간이 짧을수록 등가격의 감마는 빠르게 (㉢), 외가격과 내가격의 감마는 (㉣)으로 근접한다.

	㉠	㉡	㉢	㉣
①	낮고	높아진다	높아지고	1
②	높고	낮아진다	높아지고	0
③	낮고	높아진다	낮아지고	1
④	높고	낮아진다	낮아지고	0

문제해설

감마와 기초자산 간의 관계는 등가격일 때 가장 높고, 잔존기간 간의 관계는 잔존기간이 짧을수록 등가격의 감마가 빠르게 높아진다.

정답 080 ① ┃ 081 ③ ┃ 082 ④ ┃ 083 ②

084

옵션을 이용한 매도헤지와 선물계약을 비교한 것으로 거리가 먼 것은?

① 선물계약의 매수자 및 매도자는 모두 마진콜 가능성이 있는 반면, 풋옵션의 매수자와 매도자는 모두 마진콜의 가능성이 없다.
② 풋옵션의 매수자는 증거금을 납부하지 않지만, 선물계약의 매수자는 증거금을 납부한다.
③ 풋옵션을 매수할 경우 행사가격에 선물을 매도할 권리를 가질 뿐 의무가 부과되지 않는다.
④ 선물매도는 증거금에 대한 이자기회비용이 따르고 풋옵션 매수는 옵션 프리미엄을 지불하게 된다.

문제해설

풋옵션의 매도자는 증거금 납부의 의무를 지게 되므로 모두 마진콜을 당할 가능성이 있다.

085

다음 중 옵션의 민감도 분석과 관련하여 옳은 설명은?

① 세타는 옵션을 헤지할 때 헤지비율로도 사용된다.
② 기초자산가격이 상승할수록 콜옵션의 델타값은 상승하지만, 풋옵션의 델타값은 하락한다.
③ 감마는 매수 포지션일 경우 내가격에서 가장 높다.
④ 세타는 잔존기간의 변화에 따라 옵션의 가치가 변화하는 정도이다.

문제해설

① 헤지비율로 사용되는 것은 델타이다.
② 기초자산가격이 상승할수록 콜/풋옵션의 델타값은 모두 상승한다.
③ 감마는 매수 표지션일 경우 등가격에서 가장 높다.

086

옵션가격에 영향을 주는 요인을 내재가치와 시간가치로 바르게 분류한 것은?

① 내재가치 – 행사가격, 잔존기간
② 내재가치 – 변동성, 이자율
③ 시간가치 – 잔존기간, 이자율
④ 시간가치 – 행사가격, 변동성

문제해설

옵션가격의 결정요인
• 내재가치 : 기초자산가격, 행사가격
• 시간가치 : 기초자산가격의 변동성, 만기까지의 잔존기간, 이자율

087

다음의 특성을 지닌 옵션가격결정모형은?

> • 옵션가격은 주식가격의 상승 또는 하락확률과는 무관하게 동일한 값을 가진다.
> • 주시가격은 상승과 하락의 두 가지 경우만 계속해서 반복된다.
> • 주가상승배수는 1＋무위험수익률보다 크고, 주가하락배수는 1＋무위험수익률보다 작다.

① 시뮬레이션모형 ② X-ARIMA모형
③ 블랙-숄즈모형 ④ 이항모형

이항분포를 이용하여 옵션가격을 결정하는 방법이다. 이항분포 옵션가격결정이론에 대한 가정과 특성에 대한 설명이다.

088

다음과 같은 손익구조를 갖기 위한 적절한 옵션투자전략은?

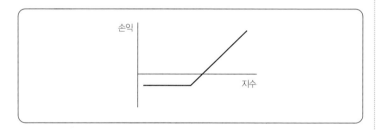

① 커버드 콜(Covered call) ② 보호 풋(Protective put)
③ 콜 매도 ④ 풋 매수

Protective put의 손익구조이다. 대상자산을 보유하고 풋을 매수하여 구성한다.

더 알아보기 Protective Put 매수전략
• 주식 포트폴리오를 보유하고 있는 투자자가 향후에 시장이 하락할 위험이 있는 경우에 주가지수 풋옵션 등을 매수하여 시작하락 상황에서 발생하는 손실을 회피하기 위한 방법
• 주가상승시에는 수익이, 주가하락시에는 손실이 제한되는 구조

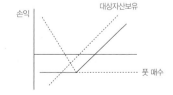

089

다음이 설명하는 옵션의 차익거래전략은?

> 기초자산의 합성매수포지션(콜옵션 매수 + 풋옵션 매도)에 이용된 행사가격이 합성매도포지션(콜옵션 매도 + 풋옵션 매수)에 이용된 행사가격보다 높은 경우의 거래를 말한다.

① 컨버전   ② 리버스컨버전
③ 크레딧박스   ④ 데빗박스

문제해설

크레딧박스에 대한 설명이다. 거래 당시 옵션의 프리미엄을 수취하는 구조이기 때문에 박스 매도라고도 한다.

090

거래당시 매수, 매도하는 옵션프리미엄을 지출하는 구조로 포지션 개설 시 현금이 필요한 것으로 빅스 매수라고도 하는 차익거래전략은?

> 합성선물 매수   +   합성선물 매도
> (행사가격이 낮은 것)   (행사가격이 높은 것)

① 컨버전   ② 리버스컨버전
③ 크레딧박스   ④ 데빗박스

문제해설

데빗박스는 기초자산의 합성매수포지션(콜옵션 매수 + 풋옵션 매도)에 이용된 행사가격이 합성매도포지션(콜옵션 매도 + 풋옵션 매수)에 이용된 행사가격보다 낮은 경우의 거래를 말한다.

091

옵션을 이용한 차익거래전략 중 다음의 포지션으로 구성되는 것은?

> 고평가된 콜옵션 매도 + 저평가된 풋옵션 매수

① 컨버전   ② 리버스컨버전
③ 크레딧박스   ④ 데빗박스

문제해설

컨버전은 저평가된 선물을 매수하고 고평가된 합성선물을 매도하는 전략이다.

092

옵션을 이용한 차익거래전략 중 다음의 포지션으로 구성되는 것은?

> 고평가된 풋옵션 매도 + 저평가된 콜옵션 매수

① 컨버전   ② 리버스
③ 크레딧박스   ④ 데빗박스

문제해설

리버스는 고평가된 선물 매도 + 저평가된 콜매수 + 고평가된 풋매도로 구성한다.

093

옵션을 이용한 차익거래에는 ㉠ 옵션과 기초자산을 이용하는 방법과 ㉡ 옵션만을 이용하는 방법이 있다. ㉠과 ㉡에 적합한 전략이 바르게 연결된 것은?

	㉠	㉡
①	컨버전	리버스컨버전
②	크레딧박스	데빗박스
③	컨버전	크레딧박스
④	데빗박스	리버스컨버전

문제해설

• 옵션과 기초자산이용 : 컨버전(리버스컨버전)
• 옵션만을 이용 : 크레딧박스(박스 매도), 데빗박스

094

합성선물 매수포지션을 구성하고자 한다. 적절한 포지션은 무엇인가?

① 콜옵션 매수, 풋옵션 매도   ② 콜옵션 매도, 풋옵션 매도
③ 콜옵션 매수, 풋옵션 매수   ④ 콜옵션 매도, 풋옵션 매수

문제해설

합성선물의 매수포지션을 구성하고자 할 경우 콜옵션은 매수하고 풋옵션은 매도하는 전략을 취한다.

더알아보기 합성 옵션기준물 매수

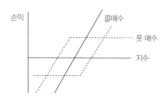

095

합성선물 매도포지션을 구성하고자 한다. 적절한 포지션은 무엇인가?

① 콜옵션 매수, 풋옵션 매도
② 콜옵션 매도, 풋옵션 매도
③ 콜옵션 매수, 풋옵션 매수
④ 콜옵션 매도, 풋옵션 매수

합성선물 매도포지션을 구성하고자 할 경우 콜옵션은 매도하고 풋옵션을 매수하는 것이 유효하다.

더 알아보기 합성 옵션기준물 매도

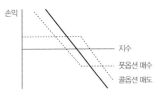

096

합성 콜옵션 매수포지션을 구성하고자 할 때 적절한 전략은?

① 선물 매수, 콜옵션 매수
② 선물 매수, 풋옵션 매수
③ 선물 매도, 콜옵션 매도
④ 선물 매도, 풋옵션 매도

선물을 매수하고 풋옵션을 매수하면 콜옵션의 매수포지션을 합성할 수 있다.

더 알아보기 합성 풋옵션 매수포지션 만기 시 손익

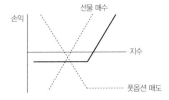

합성포지션 구성방법
• 풋 매수 + 기초자산 매수 = 합성 콜 매수
• 풋 매도 + 기초자산 매도 = 합성 콜 매도
• 콜 매수 + 기초자산 매도 = 합성 풋 매수
• 콜 매도 + 기초자산 매수 = 합성 풋 매도
• 콜 매수 + 풋 매도 = 합성 기초자산 매수
• 콜 매도 + 풋 매수 = 합성 기초자산 매도

097

합성 풋옵션 매수포지션을 구성하고자 할 때 적절한 전략은?

① 선물 매수, 콜옵션 매수

② 선물 매수, 풋옵션 매수

③ 선물 매도, 콜옵션 매수

④ 선물 매도, 풋옵션 매도

더 알아보기 합성 풋옵션 매수포지션 만기 시 손익

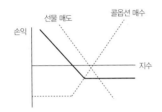

098

합성 콜옵션 매도포지션을 구성하고자 할 때 적절한 전략은?

① 선물 매수, 콜옵션 매수

② 선물 매수, 풋옵션 매수

③ 선물 매도, 콜옵션 매수

④ 선물 매도, 풋옵션 매도

더 알아보기 합성 콜옵션 매도포지션

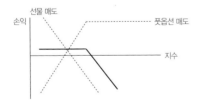

099

합성 풋옵션 매도포지션을 구성하고자 할 때 적절한 전략은?

① 선물 매수, 콜옵션 매도
② 선물 매수, 풋옵션 매수
③ 선물 매도, 콜옵션 매수
④ 선물 매도, 풋옵션 매도

합성 풋옵션 매도포지션을 구성하고자 할 경우 선물은 매수하고 콜옵션은 매도하는 전략이 유효하다.

더 알아보기 합성 풋옵션 매도포지션 만기 시 손익

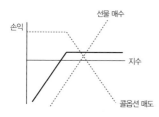

100

다음 ( ) 안에 들어갈 용어를 바르게 연결한 것은?

선도금리계약과 동일한 효과를 주는 것이 장외금리옵션이고, 금리옵션계약과 동일한 효과를 주는 것이 금리캡이다.

차입자가 미래의 금리변화에 따른 위험을 회피하고자 하면 일련의 선도금리계약과 동일한 효과를 주는 (㉠)을/를 이용하면 되고, 미래의 금리상승 위험을 회피하고 금리하락 이익을 얻고자 하면 일련의 금리옵션계약과 동일한 효과를 주는 (㉡)을/를 이용하면 된다.

	㉠	㉡
①	금리캡	금리칼라
②	금리칼라	금리스왑
③	장외금리옵션	금리캡
④	금리캡	금리칼라

101

금리상승 리스크를 관리하는 전략으로 거리가 먼 것은?

① 국채선물 콜옵션 매수 ② 국채선물 매도

③ 금리캡 매수 ④ 금리칼라 매수

문제해설

국채선물 콜옵션 매수는 금리하락 리스크를 관리하는 전략이다.

더 알아보기 금리리스크 관리기법

금리상승 리스크	금리하락 리스크
• 캡 매수 • 캡 매수 + 플로어 매도 • 채권(선물) 풋옵션 매수 • 채권(선물) 풋옵션 매수 + 채권(선물) 콜옵션 매도 • 채권(선물) 콜옵션 매도	• 플로어 매수 • 채권(선물) 콜옵션 매수 • 채권(선물) 콜옵션 매수 + 채권(선물) 풋옵션 매도

102

기준금리가 일정수준 이하로 떨어질 경우 하한금리와 시장금리와의 차이를 보전하거나 보전받게 되는 장외옵션상품은?

① 금리칼라 ② 금리플로어

③ 금리캡 ④ 금리스왑

문제해설

금리플로어란 계약상의 최저금리 이하로 기준금리가 하락하면 플로어 매도자가 플로어 매수자에게 차액만큼을 지급하기로 하는 계약이다.

103

행사가격이 94인 유로달러선물 콜옵션의 가격이 0.60이고 유로달러선물의 가격이 $95일 경우 옵션거래에 따른 이익은?

① $800 ② $900

③ $1,000 ④ $1,100

문제해설

95−94 = 1,000포인트의 이익이 발생하는데 지급한 프리미엄이 0.60이므로 그 차액 0.40이 순이익이 된다. 0.40p는 40tick이므로 40 × $25 = $1,000

104

현재 행사가격이 220.50인 콜옵션이 0.80에 거래되고, 동일한 행사가격의 풋옵션은 0.50에 거래되고 있다. 선물가격은 221.00이다. 차익거래를 실행하기 위한 포지션은?

① 선물 매도 – 콜옵션 매수 – 풋옵션 매도
② 선물 매도 – 콜옵션 매도 – 풋옵션 매수
③ 선물 매수 – 콜옵션 매수 – 풋옵션 매도
④ 선물 매수 – 콜옵션 매도 – 풋옵션 매수

문제해설

선물이 현물보다 고평가되어 있으므로, 선물을 매도하고 옵션을 이용하여 합성선물 매수포지션을 구성한다.

105

위 문제에서 실제 차익거래를 실행했을 경우 발생하는 손익은 얼마인가?

① 0.5pt
② 0.4pt
③ 0.3pt
④ 0.2pt

문제해설

0.80 − 0.50 + 220.50 〈 221.00 →
즉, 0.20이 이익금이 된다.

106

T-bond의 현물가격이 93–00이라 할 때 외가격 상태인 옵션은 무엇인가?

① 행사가격 91–00 콜옵션
② 행사가격 93–00 콜옵션
③ 행사가격 92–00 풋옵션
④ 행사가격 94–00 풋옵션

문제해설

• 현물가격이 93–00이라면 행사가격 93–00, 콜옵션과 풋옵션은 등가격 옵션
• 행사가격이 93–00을 초과하면 콜옵션은 외가격, 풋옵션은 내가격
• 행사가격이 93–00 미만이면 콜옵션은 내가격, 풋옵션은 외가격

107

향후 금리하락이 예상된다. 이에 대비한 적절한 전략으로 볼 수 <u>없는</u> 것
은?

① 금리캡 매도   ② 금리칼라 매도

③ 국채선물 매도   ④ 국채선물 콜옵션 매수

국채선물 매도는 금리상승 위험에
대비하기 위한 전략이다.

| 108~109 | 시카고상업거래소에서 만기 6월, 행사가격 92.00인
유로달러 콜옵션을 0.70의 프리미엄에 매수하였다.
다음 물음에 답하시오.

108

유로달러선물 콜옵션의 매수 금액은 얼마인가?

① $925   ② $250

③ $1,250   ④ $1,750

옵션프리미엄 = 0.70/0.005 ×
$12.5 = $1,750

109

현재 유로달러선물이 93.85라면 지금 현재 콜옵션 매수자의 순이익은?

① $4,625   ② $3,265

③ $2,875   ④ $1,750

선물매매손익
= (93.85 − 92.00) / 0.005 × $12.5
= $4,625
순이익
= $4,625 − $1,750
= $2,875

110

유로달러선물옵션에 대한 설명으로 가장 거리가 먼 것은?

① 기초자산이 유로달러현물이다.

② 만기월은 3, 6, 9, 12월로 정해져 있다.

③ 유로달러선물옵션의 가격은 소수점 이하 2자리로 표시한다.

④ 최소가격변동폭은 0.005이며 $12.50이다.

유로달러선물옵션의 기초자산은 유로달러현물이 아니라 유로달러선물이다.

111

현재 금리는 LIBOR + 50bp인데 LIBOR 금리는 하락할 것으로 예상된다. 1개월 후 FRN(변동금리부채권)에 투자하려고 한다면 현재시점에서 가장 적절한 헤지전략은 무엇인가?

① 유로달러 풋 매수 ② 유로달러 콜 매수

③ 유로달러 풋 매도 ④ 유로달러 콜 매도

콜옵션을 매수하면 선물가격이 행사가격을 상회할 경우 콜옵션을 행사하여 이익을 얻음으로써 금리 하락으로 인한 포트폴리오의 가격 손실을 상쇄시킬 수 있다.

112

금리옵션을 이용한 차익거래는 Conversion과 Reversal로 나누어진다. 이에 대한 설명이 바르게 된 것은?

① Conversion : 선물 매도 + 콜 매수 + 풋 매도

② Conversion : 선물 매수 + 콜 매도 + 풋 매수

③ Reversal : 선물 매도 + 콜 매도 + 풋 매수

④ Reversal : 선물 매수 + 콜 매수 + 풋 매도

• Conversion : 선물 매수 + 합성선물 매도(콜 매도 + 풋 매수)

• Reversal : 선물 매도 + 합성선물 매수(콜 매수 + 풋 매도)

113

콜옵션을 매수하여 매수헤지를 실시할 경우에 대한 설명으로 가장 거리가 먼 것은?

① 콜옵션 매수자는 콜옵션 매도자에게 프리미엄을 지불하여야 한다.

② 콜옵션을 매수함으로써 옵션매수자는 최저매수가격을 설정할 수 있다.

③ 일단 콜옵션을 매수하고 나면 베이시스의 변동이 예상최고매수가격을 높이거나 낮추는 유일한 변수이다.

④ 콜옵션 매수자는 기초자산인 선물가격이 큰 폭으로 하락할 경우 옵션을 행사하지 않고 그대로 소멸시킬 수 있다.

콜옵션을 매수함으로써 옵션매수자는 최고매수가격, 즉 상한가격(ceiling price)을 설정할 수 있다.

114

우리나라 미국달러옵션의 계약명세에 대한 내용으로 거리가 먼 것은?

① 거래대상 – 미국달러화

② 행사유형 – 유럽식

③ 거래단위 – USD $10,000

④ 최종결제일 – 결제일 세 번째 화요일

최종거래일은 결제월 세 번째 월요일이며, 최종결제일은 최종거래일의 다음 날이다.

115

미국달러옵션의 최소가격변동금액은 얼마인가?

① 100원
② 1,000원
③ 10,000원
④ 100,000원

최소가격변동폭이 0.1원이므로 0.1(원) × 10,000(달러) = 1,000원

정답 110 ① | 111 ② | 112 ② | 113 ② | 114 ④ | 115 ②

116

미국달러옵션의 신규상장 시 현물환율이 1,098원이라면 상장되는 권리행사가격은?

① 1,080원, 1,090원, 1,100원, 1,110원, 1,120원
② 1,070원, 1,080원, 1,090원, 1,100원, 1,110원, 1,120월, 1,130원
③ 1,060원, 1,080원, 1,100원, 1,120원, 1,140원
④ 1,060원, 1,070원, 1,080원, 1,090원, 1,100원, 1,110원, 1,120원

문제해설

옵션의 행사가격의 수는 신규상장 시 등가격 옵션 1개, 외가격 및 내가격 옵션 각 3개씩 총 7개를 상장한다. 등가격이 1,100원이고, 권리행사 가격의 폭이 10원이므로 ②가 맞다.

117

일반적으로 통화옵션의 가치를 구하기 위해 가장 많이 사용되는 모형은?

① 이항모형
② 블랙−숄즈모형
③ 가먼−콜하겐모형
④ 풋−콜 패리티

문제해설

가먼−콜하겐모형은 주식옵션의 가격결정 모형인 블랙−숄즈모형을 통화옵션에 직접히도록 수정한 모형이다.

118

콜옵션과 풋옵션의 행사가격은 모두 1,100원이며 만기가 3개월 후이고 현재 주가가 1,120원에 거래되고 있다. 콜옵션의 현재가격이 30원이라 하면 풋옵션의 가치는 얼마인가(단, 무위험이자율은 0으로 가정한다)?

① 40원
② 20원
③ 15원
④ 10원

문제해설

$$P = C - S + \frac{X}{1 + rT}$$

$$P = 3 - 1,120 + \frac{1,100}{1 + 0}$$

$$= 10$$

119

가먼–콜하겐모형을 이용하여 통화옵션의 가격을 구할 경우 현재시점에서 주어지지 않고 반드시 추정해야 할 옵션가격 결정요인은?

① 자국이자율　　　　　　② 변동성
③ 외국이자율　　　　　　④ 현물환율

문제해설

현물환율의 변동성은 현재부터 만기까지의 변동성을 의미하는 것으로 이론적으로 계산되는 수치가 아니므로 추정되어야 한다.

120

통화옵션에 대한 설명으로 옳은 것은?

① 만기 이전에 옵션가격이 항상 양(+)의 값을 갖는 이유는 옵션이 가지는 시간가치 때문이다.
② 환율의 평가절하율이 낮을수록 옵션가격은 더 크다.
③ 옵션의 시간가치는 기초자산의 변동성이 클 것으로 예상될수록 작아진다.
④ 행사가격이 높을수록 풋옵션의 가격은 작아진다.

문제해설

②, ③ 환율의 평가절하율이 클수록 변동성이 커지고, 변동성이 커지면 옵션가격은 상승한다.
④ 행사가격이 높을수록 풋옵션의 가격이 커지고, 행사가격이 낮을수록 콜옵션의 가격이 커진다.

121

어느 기업이 앞으로 1년 동안 매월 일정한 액수의 달러를 외국에 지불해야 한다면 이 기간 동안의 환율변동에 대한 가장 적절한 헤지전략은?

① 1년 만기 원–달러 콜옵션 매도
② 1년 만기 원–달러 풋옵션 매수
③ 1년 만기 평균환율 콜옵션 매수
④ 1년 만기 평균환율 풋옵션 매수

문제해설

아시안옵션을 사용하면 된다. 아시안옵션은 비슷한 종류의 거래가 일정기간 동안 빈번하게 일어날 때 발생하는 가격변동위험을 헤지하는데 적합하다. 문제에서는 1년간 평균환율을 일정 수준 이하로 보장하는 평균환율 콜옵션을 매수하는 것이 가장 적절하다.

122

어느 수출기업이 앞으로 1년 동안 매월 일정한 액수의 달러를 수출대금으로 지급받기로 하는 계약을 체결했다면 적절한 헤지방법은 무엇인가?

① 1년 만기 평균환율 풋옵션 매수
② 1년 만기 평균환율 콜옵션 매수
③ 1년 만기 평균환율 콜옵션 매도
④ 1년 만기 평균환율 풋옵션 매도

문제해설

수출업자의 경우에는 평균환율을 일정 수준 이상으로 보장받아야 하므로 평균환율 풋옵션을 매수해야 한다. 참고적으로 평균가격옵션의 프리미엄은 표준형태의 개별옵션 프리미엄보다 훨씬 저렴하다. 평균가격옵션의 기초가격이 개별적인 가격변동의 평균이므로 예상되는 기초자산가격의 변동성이 작아지기 때문이다.

123

중첩옵션에 대한 설명으로 가장 거리가 먼 것은?

① 중첩옵션은 옵션에 대한 옵션이다.
② 중첩옵션의 기초자산은 기초옵션이라고 불리는 다른 옵션이다.
③ 중첩옵션의 행사가격은 기초옵션의 프리미엄이다.
④ 중첩옵션에는 두 개의 행사가격과 한 개의 만기가 있다.

문제해설

중첩옵션에는 두 개의 행사가격과 두 개의 만기가 존재하게 된다.
중첩옵션
• 콜옵션에 대한 콜옵션
• 콜옵션에 대한 풋옵션
• 풋옵션에 대한 콜옵션
• 풋옵션에 대한 풋옵션

124

A기업은 6개월 뒤 공사대금을 달러로 수취할 예정이다. 향후 환율이 하락할 위험이 크다고 판단될 때 적절한 전략은?

① 풋옵션 매수
② 콜옵션 매수
③ 풋옵션 매도
④ 선물환 매수

문제해설

기업이 직면하는 환리스크의 유형에 따라 어떤 유형의 통화옵션을 이용할지 결정해야 한다. A기업의 경우 환율하락에 따른 위험을 회피하기 위해서는 풋옵션을 매수하면 된다.

125

다음 (　　) 안에 들어갈 가장 적절한 말로 바르게 연결된 것은?

> 풋옵션을 매수하는 것은 환율의 (㉠)을 설정하는 효과를 가져오며,
> 콜옵션을 매수하는 것은 환율의 (㉡)을 설정하는 효과가 있다. 환율
> 의 상한은 (㉢)의 행사가격에서 프리미엄을 더한 값이 되고, 환율의
> 하한은 (㉣)의 행사가격에서 프리미엄을 뺀 값이 된다.

	㉠	㉡	㉢	㉣
①	상한선	하한선	콜옵션	풋옵션
②	하한선	상한선	콜옵션	풋옵션
③	상한선	하한선	풋옵션	콜옵션
④	하한선	상한선	풋옵션	콜옵션

문제해설

풋옵션을 매수하는 것은 환율의 하한선을 설정하는 효과를 가져오며, 콜옵션을 매수하는 것은 환율의 상한선을 설정하는 효과가 있다. 환율의 상한은 콜옵션의 행사가격에서 프리미엄을 더한 값이 되고, 환율의 하한은 풋옵션의 행사가격에서 프리미엄을 뺀 값이 된다.

126

다음 사례 중 통화선물을 이용한 매도헤지가 적절하지 <u>않은</u> 경우는?

① 수출대금의 가치 하락 예방
② 수입대금의 가치 하락 예방
③ 달러 표시 자산의 가치 하락 예방
④ 보유외화의 가치 하락 예방

문제해설

수입대금의 가치 하락이 예상될 때에는 매수헤지가 적절하다.

127

통화옵션에서 베이시스와 헤지손익의 관계를 나타낸 표이다. (   ) 안에 내용이 바르게 연결된 것은?

구분	매수헤지 (선물 매수 + 현물 매도)	매도헤지 (선물 매도 + 현물 매수)
양(+)의 베이시스 (선물가격 > 현물가격)	㉠	㉡
음(−)의 베이시스 (선물가격 < 현물가격)	㉢	㉣

	㉠	㉡	㉢	㉣
①	헤지손실	헤지손실	헤지이익	헤지이익
②	헤지이익	헤지이익	헤지손실	헤지손실
③	헤지이익	헤지손실	헤지손실	헤지이익
④	헤지손실	헤지이익	헤지이익	헤지손실

128

상품옵션거래에서 헤지비율로 사용될 수 있는 것은 무엇인가?

① 세타
② 1/세타
③ 델타
④ 1/델타

| 129~130 | 5월 1일 27,000/g의 가격으로 거래되던 금이 6월 1
일 26,000/g에 거래되고 있다고 가정할 때 다음 물
음에 답하시오.

129
5월 1일 27,000원/g의 가격으로 금 1kg을 매수하였다. 델타가 0.5라고
할 때 적절한 옵션 헤지전략은?

① 행사가격 27,000원의 풋옵션 1개 매수

② 행사가격 27,000원의 풋옵션 1개 매도

③ 행사가격 27,000원의 풋옵션 2개 매수

④ 행사가격 27,000원의 풋옵션 2개 매도

델타가 0.5일 대 헤지비율은 2이므
로 같은 행사가격의 풋옵션을 2계
약 매수하면 된다.

130
5월 20일 델타가 0.99으로 변화되었다면 적절한 대책은 무엇인가?

① 풋옵션 1개 추가 매수   ② 풋옵션 1개 추가 매도

③ 풋옵션 1개 환매   ④ 풋옵션 1개 전매

델타가 0.99로 변화되면 헤지비율
도 2에서 1로 바뀌므로 기존의 풋옵
션 매수포지션 2계약을 1계약으로
줄여야 한다. 2계약으로 계속 유지
한다면 과도헤지가 된다.

정답 127 ④ | 128 ④ | 129 ③ | 130 ④

131

옵션에 대한 설명으로 옳은 것은?

① 옵션의 경우 매수자, 매도자 모두 권리와 계약이행의무를 가진다.
② 옵션의 경우 매도자에게만 정산의무가 부과되어 있다.
③ 풋옵션의 경우 기초자산가격과 옵션가치가 반비례한다.
④ 콜옵션의 경우 행사가격과 정비례한다.

① 매도자에게만 정산의무가 부과된다.
③, ④ 콜옵션의 경우 행사가격과 반비례 관계이며, 풋옵션의 경우 기초자산과 이자율과 반비례 관계이다.

132

옵션의 민감도에 대한 설명으로 가장 거리가 <u>먼</u> 것은?

① 잔존기간의 변화에 따른 옵션가격의 변화분을 세타라고 한다.
⑩ 기초가산가격이 1단위 변화할 경우 델타값의 변화분을 감마라고 한다.
③ 이자율의 변화에 따른 옵션가격의 변화분을 로라고 한다.
④ 기초자산가격이 1단위 변화할 경우의 옵션가격의 변화분을 베가라고 한다.

④ 델타에 대한 설명이다. 베가는 주식가격의 변동성의 변화에 따른 옵션가격의 변화율이다.

133

시간 스프레드에 대한 설명으로 가장 거리가 <u>먼</u> 것은?

① 통상 장기월물 매수로 구성된 포지션을 시간 스프레드 매수라 한다.
② 시간 스프레드의 가치는 옵션이 만료되기 전에 손익구조를 미리 알 수 있다.
③ 주식가격의 변동성이 클 것으로 예상될 때는 시간 스프레드 매도거래가 유리하다.
④ 시간 스프레드 매도는 단기물 매수와 장기물 매도전략으로 구성된다.

시간 스프레드의 가치는 옵션이 만료되기까지 손익구조를 미리 알 수 없다.

134

옵션의 차익거래에 관한 설명으로 가장 거리가 먼 것은?

① 컨버전은 콜옵션이 풋옵션에 비해 상대적으로 고평가 시 이용되는 차익거래로, 고평가된 콜옵션을 매도하고 저평가된 풋옵션을 매수하는 전략이다.
② 크레딧박스와 데빗박스는 옵션만을 이용하여 옵션가격에서 발생하는 불균형을 이익으로 남기기 위한 차익거래로, 옵션을 이용한 합성포지션 간의 차익거래이다.
③ 풋−콜패리티 상태가 순간적으로 붕괴된 경우에 옵션을 이용한 차익거래를 한다.
④ 리버스컨버전은 콜옵션이 상대적으로 고평가된 경우이다.

문제해설
리버스컨버전은 풋옵션이 상대적으로 고평가된 경우에 과대평가된 풋옵션을 매도하고 합성 풋매수 포지션을 구성하는 것이다.

135

거래소에서 거래되는 금리옵션에 대한 설명으로 가장 거리가 먼 것은?

① 유로달러옵션의 경우 호가단위는 0.005이다.
② T−Note옵션의 경우 권리행사는 미국형이다.
③ T−Bond옵션의 경우 호가단위는 0.5/64이다.
④ T−Note옵션의 경우 호가단위는 1/64이다.

문제해설
T−Bond옵션, T−Note옵션은 유럽형 옵션이다.

136

다음 설명 중 옳은 것은?

① 채권 포트폴리오 관리자는 향후 금리변동성이 증가할 것으로 예상되면 옵션을 매도한다.
② 선물의 풋−콜패리티의 공식은 $C+Xe^{-rt}=P+Fe^{-rt}$이다.
③ 컨버전의 경우에는 선물을 매도하고, 합성선물을 매수한다.
④ 미국형 금리선물옵션의 가격결정모형으로는 블랙−숄즈모형이 있다.

문제해설
① 채권 포트폴리오 관리자는 향후 금리변동성이 증가할 것으로 예상되면 옵션을 매수한다.
③ 컨버전의 경우에는 C−P>(F−X)e^{-rt}이므로, 선물이 저평가되어 있어 선물을 매수하고 합성산물은 매도한다.
④ 미국형 금리선물옵션의 가격결정모형으로는 whaley모형과 이항모형이 있다.

137
금리옵션에 대한 설명으로 가장 거리가 먼 것은?

① 미국형 금리옵션의 가격 구성요소는 내재가치, 시간가치, 조기행사권리의 가치로 구성된다.
② $C-P>(F-X)/1+r$인 경우, 컨버전에 해당하고 콜옵션이 고평가된 경우이다.
③ 선물풋옵션을 매수한 투자자가 옵션을 행사하면 선물에 매수포지션을 취하게 되며, 선물가격과 행사가격의 차이를 받는다.
④ 만기 이전에 옵션을 행사할 수 없는 유럽형 옵션의 경우 조기행사권리의 가치는 없다.

문제해설

선물풋옵션을 매수한 투자자가 옵션을 행사하면 선물에 매도포지션을 취하게 되며, 행사가격과 선물가격의 차이를 받는다.

138
다음은 미국달러옵션에 대한 설명이다. (　) 안에 들어갈 내용으로 가장 거리가 먼 것은?

- 권리행사에 따른 결제방식은 (　)이다.
- 행사유형은 (　)이다.
- 호가가격단위는 (　)이다.
- 최소가격변동금액은 (　)이다.

① 실물인수도방식
② 유럽식
③ 0.10원
④ 1,000원

문제해설

미국달러옵션의 권리행사에 따른 결제는 현금결제방식으로 이루어진다.

139

환위험헤지에 대한 설명으로 가장 거리가 먼 것은?

① 양(+)의 베이시스에서 만기에 이익이 되는 것은 매도헤지이다.

② 음(−)의 베이시스에서 만기에 이익이 되는 것은 매수헤지이다.

③ 선물환을 이용할 경우, 매수헤지는 환율상승으로 인한 위험을 회피하기 위한 전략이다.

④ 선물환을 이용한 헤지는 필요에 맞추어 거래조건이 결정되므로, 헤지효과가 높고 헤지관리업무가 비교적 간단하다. 반면, 통화선물을 이용하게 되면 신용위험에 노출되는 문제가 있다.

문제해설

신용위험은 장외거래인 선물환에서 나타나는 문제이다.

> **더알아보기** 양(+)의 베이시스
> 양(+)의 베이시스튼 선물가격 > 현물가격이고, 만기시에는 F=S가 되므로, F는 하락하고 S는 상승하게 된다. 따라서 매도헤지가 이익이 된다. 또한, 양(+)의 베이시스는 선물가격이 높은 형태인데, 결국 원화금리가 높다고 볼 수 있다. 이것은 이자율평가이론을 통해서 유추할 수 있다.

140

일반적으로 옵션거래의 경우 옵션을 행사하기보다는 옵션을 매도하는 것이 유리한 이유로 가장 거리가 먼 것은?

① 옵션을 행사할 경우 옵션을 매도하는 것보다 항상 최상의 결과를 가져다주기 때문이다.

② 해외상품선물옵션의 경우 옵션을 행사함으로써 추가적인 중개수수료가 발생하기 때문이다.

③ 옵션을 매도하지 않고 행사하는 경우 옵션의 내재가치만을 얻게 될 뿐 남아 있는 시간가치는 버려지게 되기 때문이다.

④ 옵션을 행사할 경우 실제적으로 옵션을 매도하는 경우보다 매매체결 기준의 수수료를 한 번 더 지불하는 셈이 되기 때문이다.

문제해설

매도헤지에서 옵션을 이용한 헤지거래와 아무런 헤지수단을 이용하지 않는 현물거래 및 선물을 이용한 헤지거래와 비교했을 경우로, 옵션은 최상의 결과를 가져다주지 않지만 반대로 가격이 큰 폭으로 상승하거나 하락할 때 최악의 결과를 가져다주지도 않는다.

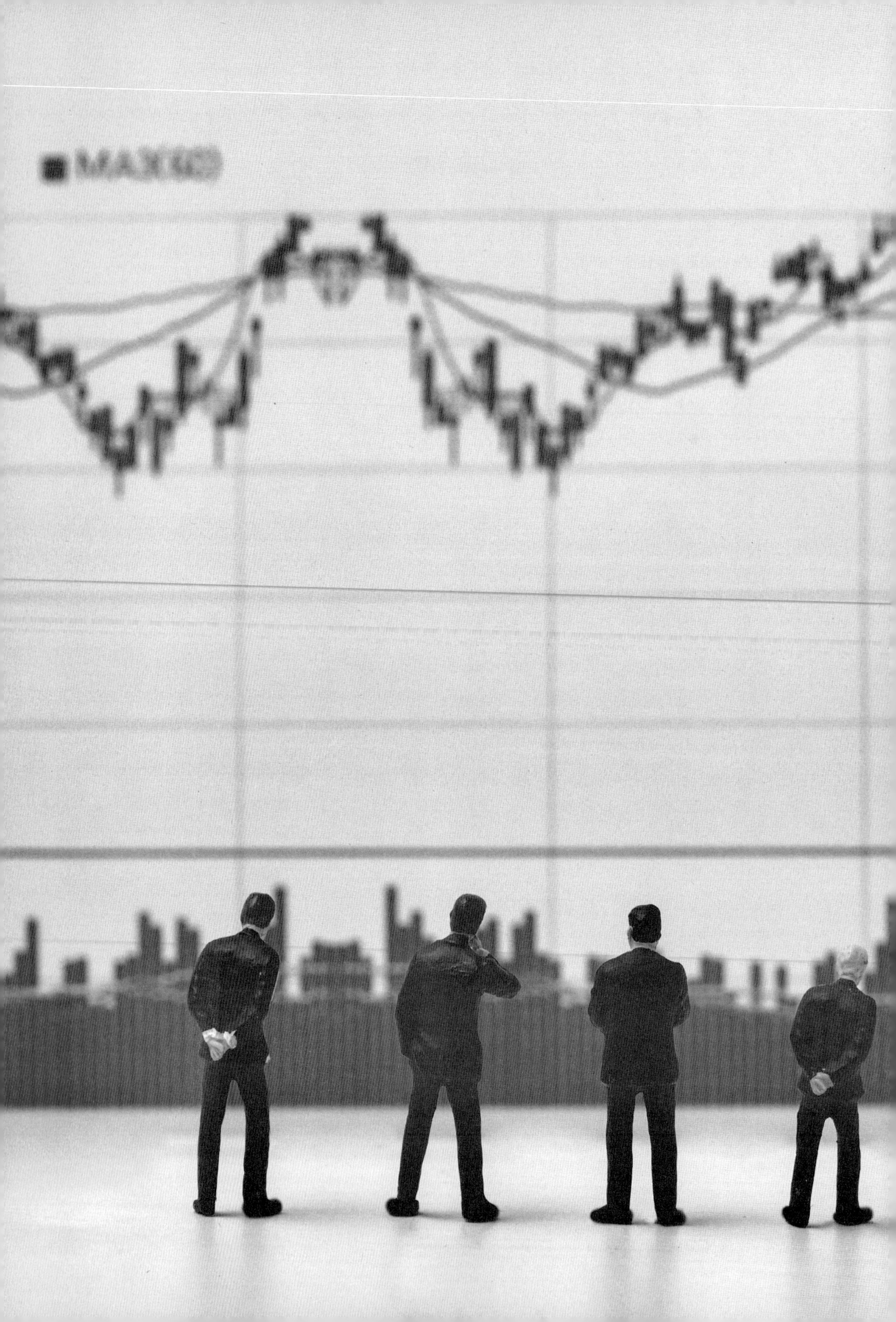

CERTIFIED DERIVATIVES INVESTMENT ADVISOR

파생상품투자권유자문인력 빈출 1000제

2과목

파생상품 II

1장 스왑

2장 기타 파생상품 · 파생결합증권

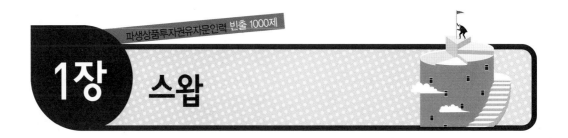

1장 스왑

001

스왑에 대한 설명으로 가장 거리가 먼 것은?

① 일련의 현금흐름을 다른 현금흐름으로 서로 교환하는 계약이다.

② 원칙적으로 들어오는 현금흐름의 현재가치와 나가는 현금흐름의 현재 가치가 같아야 한다.

③ 스왑거래에서 발생하는 현금흐름의 교환을 초기교환, 쿠폰교환, 만기 교환으로 나눈다.

④ 이자를 계산하는 날자는 각 통화마다 관행이 있는데 달러화의 변동금 리에는 'act/365'가, 원화의 변동금리에는 'act/360'이 주로 사용된다.

문제해설

달러화의 변동금리 계산에 'act/360', 원화의 변동금리 계산에 'act/365'가 사용된다.

002

다음 중 통화스왑의 형태에 대한 설명으로 가장 거리가 먼 것은?

① 통화스왑의 원초적 형태로 볼 수 있는 것은 Parallel Loan과 Back-to-Back Loan이다.

② Parallel Loan과 Back-to-Back Loan은 부외거래에 속한다.

③ 상대방 국가에 자회사를 갖고 있는 A와 B기업이 서로 상대방 자회사 에게 자국통화로 대출해 주는 방식이 Parallel Loan이다.

④ 모회사가 직접 필요한 통화를 조달받아서 각 회사에 본–지사 간 대출 을 하는 방식이 Back-to-Back Loan이다.

문제해설

Parallel Loan과 Back-to-Back Loan은 실제 대출계약서가 작성되 어 실행되는 대출거래이므로 부외 거래가 아니다.

003

금리스왑과 채권을 비교한 사항으로 거리가 먼 것은?

① 고정금리채권과 시장금리는 동일한 관계에 있다.

② receiver금리스왑과 채권투자는 금리위험 면에서 동일하고, payer 금리스왑과 채권발행은 서로 동일하다.

③ 고정금리를 지급하는 금리스왑은 고정금리 채권발행과 변동금리채권 투자와 동일하므로 시장위험도 동일할 것이다.

④ 고정금리를 지급하고 변동금리를 수취하는 금리스왑거래의 경우 고정 금리채권을 발행하고 동일 만기의 변동금리채권(FRN)에 투자한 것 과 동일하다.

문제해설

시장금리가 상승하면 채권의 가치 는 하락하고 시장금리가 하락하면 채권가치는 상승한다. 시장금리가 상승하면 발행자의 입장에서는 이 익이 발생하고, 시장금리가 하락하 면 손실이 발생하는 역의 관계에 있 다.

004

스왑시장에서의 용어에 대한 설명으로 가장 거리가 먼 것은?

① 자체포지션의 운용을 통하여 스왑시장을 이끌어 가는 금융기관을 Warehouse Bank라고 한다.

② 스왑거래의 참여자는 warehouse Bank, 중개기관, 최종이용자 등 으로 분류된다.

③ 자체포지션 없이 고객 간 거래의 중개를 통하여 시장의 활성화에 기여 하고 있는 기관을 중개기관(Broker Company)이라고 한다.

④ 스왑시장의 시장조성자 역할을 수행하는 것은 주로 자금공여자, 차입 자 등이다.

문제해설

스왑시장의 시장조성자 역할을 수 행하는 것은 Warehouse Bank이 다.

005

스왑거래에서 변동금리를 수취하고, 고정금리를 지급하는 포지션을 고 객기업의 입장에서 설명하고 있는 것은?

① Long Swap 포지션   ② Short Swap 포지션

③ Payer Swap 포지션   ④ Receiver Swap 포지션

문제해설

- 변동금리 수취, 고정금리 지 급 : Long Swap 포지션, Payer Swap 포지션
- 고정금리 수취, 변동금리 지급 : Short Swap 포지션, Receiver Swap 포지션
- **고객기업의 입장** : Long Swap 포지션, Short Swap 포지션
- **스왑딜러의 입장** : Payer Swap 포지션, Receiver Swap 포지션

006

스왑금리에 대한 설명으로 옳은 것은?

① 변동금리를 주는 대신에 받고자 하는 고정금리를 pay rate 또는 bid rate라고 한다.
② 변동금리를 받는 대신에 지불하고자 하는 고정금리를 receive rate 또는 offer rate라고 한다.
③ 이자율스왑은 변동금리와 변동금리, 고정금리와 고정금리를 각각 교환하는 거래이다.
④ 일반적으로 달러화, 엔화, 유로화의 변동금리는 LIBOR를 전제한다.

변동금리는 자동적으로 각 통화의 기준 변동금리지표를 전제로 한다. 달러화, 엔화, 유로화의 변동금리는 LIBOR, 원화의 변동금리는 CD금리이다.
① 변동금리를 받는 대신에 지불하고자 하는 고정금리를 pay rate 또는 bid rate라고 한다.
② 변동금리를 주는 대신에 받고자 하는 고정금리를 receive rate 또는 offer rate라고 한다.
③ 이자율스왑은 변동금리와 고정금리를 서로 교환하는 거래이다.

007

스왑스프레드의 변동요인으로 가장 거리가 먼 설명은?

① 유로시장에서 신용위험이 증가하면 유로달러금리와 미 재무부채권 금리 간의 차이가 확대되고 이에 따라 스왑스프레드가 확대된다.
② 금리변동에 대한 예상에 따라 스왑스프레드가 변동한다. 장래 금리상승이 예상될 때는 스왑스프레드가 축소되는 경향이 있다.
③ 미 재무부채권 금리가 높은 상태에 있을 때에는 자금운용기관의 자산스왑이 증가하고 이에 따라 스왑스프레드가 축소된다.
④ 스왑딜러의 고정금리 지급 스왑포지션이 많은 경우 딜러들이 헤지를 위해 고정금리 수취스왑을 해야 하므로 스왑스프레드가 축소된다.

금리상승이 예상될 때는 차입자의 금리고정화 수요가 증가하고 이에 따라 스왑스프레드가 확대되는 경향이 있다. 반대로 금리하락이 예상될 때는 투자기관의 금리고정화 수요가 증가하며 스왑스프레드가 축소되는 경향이 있다.

더 알아보기 스왑스프레드의 변동요인

- **시장의 신용위험** : 유로시장에서 신용위험이 증가하면 유로달러금리와 Treasury 금리 간의 차이가 확대되고 스왑스프레드가 확대된다. 반대로 신용위험이 줄어들면 두 금리 간의 차이가 축소되고 스왑스프레드가 축소된다.
- **금리변동에 대한 예상** : 금리상승이 예상될 때는 차입자의 금리고정화 수요가 증가하고 이에 따라 스왑스프레드가 확대된다. 금리하락이 예상될 때는 투자기관의 금리고정화 수요가 증가하고 스왑스프레드가 축소된다.
- **미 재무부채권 금리 수준** : 미 재부무채권 금리가 높은 상태에 있을 때에는 자금운용기관의 자산스왑이 증가하고 이에 따라 스왑스프레드가 축소된다. 금리가 낮은 상태에 있을 때에는 장기차입자의 금리 고정화 수요가 증가함으로써 스왑스프레드가 확대된다.
- **스왑은행의 현재 포지션 상태** : 스왑딜러의 고정금리 지급 스왑포지션이 많은 경우 딜러들이 헤지를 위해 고정금리 수취스왑을 해야하므로 스왑스프레드가 축소된다. 스왑딜러의 고정금리 지급스왑을 해야 하므로 스왑스프레드가 확대된다.

008

스왑거래에 대한 설명으로 가장 거리가 먼 것은?

① 스왑은 금리위험노출을 통제하는 수단이기 때문에 많은 기업과 금융 기관이 선호한다.

② 스왑은 고수익을 목적으로 하는 투기적 거래의 수단으로 활용될 수 있다.

③ 스왑은 유동성이 낮기 때문에 새로운 스왑을 체결하기가 쉽지 않다.

④ 채권펀드 보유자의 경우 금리상승 시 변동금리를 수취하고 고정금리 를 지불하는 스왑을 체결함으로서 금리위험을 헤지할 수 있다.

문제해설

스왑은 유동성이 높기 때문에 새로운 스왑을 체결하고자 할 때 스왑딜러를 통하여 원하는 구조의 스왑을 체결하기에 편리하다.

009

시장에서 아래 표와 같은 만기수익률로 채권이 거래되고 있다. 100만 원을 2년간 투자하고, 이자는 연 1회 지급되는 것으로 가정할 때 2년 만기 순할인채권수익률은 얼마인가?

기간	연이자율
1년	5.00%
2년	6.00%

① 5.72%   ② 5.85%

③ 6.01%   ④ 6.03%

 순할인채수익률
- 만기까지 이자지급이 없는 현금흐름에 대한 수익률이다.
- 순할인채의 경우 중간에 지급되는 이자가 없고 만기 때 원금과 이자를 한꺼번에 수취한다.

문제해설

계산을 단순하게 하기 위해 만기 때는 원금 100만 원과 이자 6만 원을 받고, 1년차에 발생한 6만 원의 현재가치를 투자액 100만 원에서 차감한 금액을 초기투자액으로 설정한다.

1년 후의 이자 6만 원의 현재가치

$$= \frac{(0.5-1.1) \times 2,000,000,000}{200 \times 500,000}$$

$$= 57,142원$$

초기투자금액 = 1,000,000 − 57,142

= 942,858원

이와 같이 초기투자금액은 100만 원이 아니라 942,858원이 되는 것이고, 이 금액을 2년간 투자하여 1,060,000이 되는 수익률을 구하면 된다.

$$1,060,000 = 942,858(1 + r)^2$$

$$\therefore r = 0.0603$$

010

A기업은 유로시장에서 3년 만기 변동금리채로 10억 달러를 차입금리 LIBOR+1.2%에 발행하고 이자율스왑거래를 통해 금리비용을 고정시키고자 한다. 3년 스왑금리가 2.67-2.64%(AMM)라고 할 때 순차입비용은?

① 3.87%　　　　　　② 3.84%
③ 1.17%　　　　　　④ 1.14%

문제해설

2.67 + 1.2 = 3.87

011

스왑시장에서 표준적 계약조건에 따르는 스왑형태를 표준스왑이라 부른다. 표준스왑에 요구되는 조건으로 거리가 먼 것은?

① 변동금리는 유로달러로 한다.
② 스왑계약의 원금은 계약기간 내에 일정하게 고정된다.
③ 고정금리 조건은 해당 통화표시 장기채권시장의 관행을 따른다.
④ 스왑계약의 효력은 거래 2영업일 후로부터 발생하며, 만기일에 종료된다.

문제해설

변동금리는 딘닌시싱의 3개월 혹은 6개월 미 달러 LIBOR로 한다.

012

금융기관 A는 달러 고정금리 지급 스왑포지션을 보유하고 있다. 이 스왑포지션의 위험을 헤지하기 위한 가장 적절한 방법을 제시하고 있는 것은?

① 고정금리채권을 발행한다.
② 유로달러선물을 매도한다.
③ 유로달러선물을 매수한다.
④ 유로달러선물 풋옵션을 매수한다.

문제해설

고정금리 지급 스왑포지션은 금리 하락 시 손실이 발생하므로 유로달러물을 매수한다.

013

다음 (   ) 안에 들어갈 용어가 바르게 연결된 것은?

> 고정금리를 수취하는 스왑은 채권의 (㉠) 포지션과 같고, 고정금리를 지급하는 스왑은 채권의 (㉡) 포지션과 같다. 만일 고정금리를 수취하는 스왑을 갖고 있다면 미 재무부채권을 (㉢)하는 것이 적절한 방법이다.

	㉠	㉡	㉢
①	long	short	매수
②	long	short	매도
③	short	long	매수
④	short	long	매도

고정금리를 수취하는 스왑은 채권의 long 포지션에 해당하며 미 재무부채권을 매도하여야 한다.

014

고정금리를 지급하는 스왑의 경우 미 재무부채권, Repo, TED spread를 이용한 헤지전략을 바르게 나타낸 것은?

① 미 재무부채권, 매수, reverse Repo, Ted spread 매수
② 미 재무부채권, 매도, reverse Repo, Ted spread 매도
③ 미 재무부채권, 매수, Repo를 통한 자금차입, Ted spread 매도
④ 미 재무부채권, 매도, Repo를 통한 자금차입, Ted spread 매수

고정금리를 지급하는 스왑의 경우 채권의 Short 포지션과 같으므로 미 재무부채권 매수, Repo를 통한 자금차입, TED spread 매도를 통해 LIBOR 수취의 금리하락위험을 상쇄시킬 수 있다.

015

A은행은 유로시장에서 L+20bp에 자금을 조달하는 CP−20bp로 대출하고 있다. A은행이 금리위험을 헤지하기 위해 B은행과 LIBOR 수취 CP−30bp를 지급하는 베이시스 스왑거래를 체결한다고 할 때 A은행의 마진은 얼마인가?

① 5bp
② 10bp
③ 15bp
④ 20bp

문제해설

−(L+20bp) + (CP−20bp) + L −(CP−30bp) = 10bp

016

베이시스 스왑을 설명하는 것으로 적절한 것은?

① 고정금리와 고정금리를 교환
② 고정금리와 변동금리를 교환
③ 변동금리와 변동금리를 교환
④ 서로 다른 통화를 교환

문제해설

고정금리와 변동금리를 교환하는 것이 금리스왑이고, 두 가지의 변동금리를 교환하는 것이 베이시스 스왑니다.

017

D은행은 LIBOR−0.20%로 자금을 조달하여 우대금리+1.20%로 대출하고, 스왑딜러에게 3개월 LIBOR를 받고 우대금리−1.2%를 지급하는 계약을 체결하였다. 이 거래는 무엇에 해당하는가?

① 베이시스 스왑
② 금리스왑
③ Plain Vanilla Swap
④ Generic Swap

문제해설

변동금리를 수취하고 변동금리를 지급하므로 서로 다른 변동금리를 상호교환하는 베이시스 스왑이다. Plain Vanilla Swap과 Generic Swap은 표준화된 스왑을 말하고, 베이시스 스왑은 비표준화된 스왑을 말한다.

018
비표준형 스왑에 해당하지 <u>않는</u> 것은?

① Forward Start Swap
② Step-Up Swap
③ In-Arrear Reset Swap
④ Generic Swap

문제해설

Generic Swap은 표준형 스왑에 해당한다.

019
다음에서 설명하는 형태의 스왑은 무엇인가?

> 이것은 이자율스왑과 유사하나 고정금리 지급이 매번 이루어지는 것이 아니라 만기에 원금이 일시상환되는 점이 다르다. 예를 들어 A은행은 변동금리 차입을 원하나 Zero-Coupon채권을 발행한 후 A기업과 스왑을 함으로써 당초보다 유리한 차입조건을 만들 수 있다.

① Plain Vanilla Swap
② 베이시스 스왑
③ Zero-Coupon 스왑
④ 원금변동형 스왑

문제해설

Zero-Coupon Swap에 대한 설명이다. Zero-Coupon 채권은 중도이자수입의 재투자위험이 없기 때문에 이표채권에 비하여 가격이 다소 비싸고 조달비용은 저렴하다.

020
표준스왑의 이자계산은 Spot Date로부터 시작되지만 이 스왑은 Spot Date 이후 특정일부터 시작된다. 미래의 자금조달이 예정되어 있거나 투자가 예정되어 있을 때 자금조달비용이나 투자수익률을 미리 고정시킬 수 있는 이 스왑은 무엇인가?

① 원금변동형 스왑
② Step-Up Swap
③ Step-Down Swap
④ Forward Start Swap

문제해설

선도스왑(Forward Start Swap)에 대한 설명이다. Step-Up과 Step-Down 스왑은 변동금리와 교환되는 고정금리가 표준스왑과 달리 몇 단계로 커지거나 작아지는 스왑을 말한다.

021

스왑과 관련한 설명으로 가장 거리가 먼 것은?

① 범위선도의 손익구조는 이익이 제한될 뿐만 아니라 손실 또한 제한된다.

② 선도스왑 거래는 스왑계약을 체결할 권리뿐만 아니라 의무도 있는 거래이다.

③ 옵션매수와 매도를 동시에 거래하여 프리미엄이 없는 옵션거래를 Zero-Cost option이라고 한다.

④ 다중변수 파생상품의 상관위험 관리는 과거의 상관관계에 따라 관리하면 큰 문제가 발생하지 않는다.

과거의 상관관계가 미래에도 지속된다는 보장이 없으므로 상관위험을 관리해야 한다.

022

미서부 텍사스원유와 브렌트유 간의 가격 차이를 헤지하고자 하는 원유업자에게 유용한 스왑 형태는?

① 베이시스상품스왑　　　　② 백워데이션스왑

③ 콘탱고상품스왑　　　　　④ Forward Swap

상품스왑 중 베이시스상품스왑은 두 개의 기준가격을 교환하는 것이다.

023

주식관련 스왑에 대한 설명으로 가장 거리가 먼 것은?

① 주식관련 스왑은 이자율스왑과 유사하다.

② 현금흐름은 주가지수나 주식 포트폴리오의 수익률에 의해 정해진다.

③ 동일 통화에 대하여 거래되고 이종 통화 간에는 거래될 수 없다.

④ 주식 포트폴리오와 연결되 때에는 자본수익뿐만 아니라 배당수익도 포함된다.

주식관련 스왑은 동일 통화뿐만 아니라 이종 통화 간에도 거래될 수 있다. 예를 들면 미 재무부 단기채권 수익률과 영국주가지수(FTSE) 수익률 간의 교환이 가능하다.

024

상품스왑이 성공적으로 이루어지기 위한 핵심요소로 거리가 먼 것은?

① 시장의 크기　　　　　② 상품의 이질성
③ 거래의 유동성　　　　④ 거래상대방의 신용

상품스왑의 주요 대상은 석유, 금, 기초금속, 콩 등으로 상품의 동질성이 핵심요소이다.

025

스왑계약에서는 다양한 옵션 조항을 결합시킬 수 있다. 금리스왑계약을 체결한 다음 일정기간 경과 후 고정금리 지급자가 기준 스왑포지션을 취소시킬 수 있는 옵션을 달 수 있게 하는 스왑을 무엇이라 하는가?

① Callable Swap　　　　② Puttable Swap
③ Extendible Swap　　　④ Swaptions

Callable Swap에 관한 설명이다. 예를 들어 3×5 Callable Swap은 3년 후 취소 가능한 5년짜리 스왑이다. 이와는 반대로 고정금리 수취자가 취소권을 가지고 있는 것을 Puttable Swap이라 하고, 기간 만료 후 고정금리 지급자가 스왑 기간을 일정기간 연장이 가능한 것을 Extendible Swap이라 한다.

026

스왑에 대한 옵션거래가 스왑션이다. 2×5 Payer's Swaption의 의미를 바르게 설명하고 있는 것은?

① 2년 뒤에 5년짜리 고정금리를 지급하는 스왑을 할 수 있는 권리
② 2년 뒤에 3년짜리 고정금리를 지급하는 스왑을 할 수 있는 권리
③ 2년 뒤에 3년짜리 고정금리를 지급하는 스왑을 할 수 있는 권리
④ 2년 뒤에 5년짜리 고정금리를 지급하는 스왑을 할 수 있는 권리

• Payer's Swaption : 고정금리를 지급하는 스왑을 할 수 있는 권리
• Receiver's Swaption : 고정금리를 수취하는 스왑을 할 수 있는 권리

027
금리스왑과 통화스왑에 대한 설명으로 가장 거리가 먼 것은?

① 금리스왑에서 변동금리는 LIBOR금리가 주로 사용된다.
② 가장 평범한 금리스왑을 플레인 바닐라스왑이라 한다.
③ 금리스왑과 통화스왑이 가능한 것은 비교우위보다 절대우위이론으로 더 잘 설명되어진다.
④ 금리스왑과 통화스왑은 모두 부외거래이다.

문제해설
스왑이 가능한 것은 비교우위이론으로 설명될 수 있다.

028
다음 옵션상품 중 채권에 옵션이 결합된 형태로 볼 수 있는 상품은 무엇인가?

① Callable 스왑
② Puttable Bond
③ 베이시스 스왑
④ 장애옵션

문제해설
Puttable Bond는 채권에 옵션이 가미된 상품이다.

029
현재 시장에서 3년 만기 스왑금리가 T+60-52로 고시되고 있다. 3년 만기 Treasury 수익률이 5%로 주어진다면 고정금리 수취스왑에 적용되는 금리는 얼마인가?

① 4.40%
② 4.48%
③ 5.52%
④ 5.60%

문제해설
스왑금리는 5.60-5.52%이므로 고정금리 수취 스왑거래 시에는 스왑 Bid Rate인 5.52%를 적용한다.

030

A은행이 10억 달러 5% 지급/1,000억 엔 엔화 3% 수취하는 통화스압 계약을 보유하고 있다. 이 은행의 시장위험요인이 <u>아닌</u> 것은?

① 엔화시세 하락
② 엔화금리 상승
③ 달러금리 하락
④ 달러시세 하락

달러시세의 하락은 지급할 달러의 현재가치를 감소시키므로 이익이 된다.

031

스압거래에 사용되는 표현으로 가장 거리가 <u>먼</u> 것은?

① 달러화 Swap에서는 변동금리의 기준을 Libor로 원화 Swap에서는 CD금리가 가장 많이 사용된다.
② 스압거래에서 이자계산이 시작되는 날을 Effective Date라고 한다.
③ Payment Date는 스압 결제일로서 이자지급일 혹은 원금교환일이다.
④ 고정금리 이자계산에 사용되는 고정금리를 선택하는 날을 Reset Date라고 한다.

Reset Date는 고정금리가 아니라 변동금리 이자계산에 사용되는 변동금리를 선택하는 날이다.

032

다음 설명 중 <u>틀린</u> 것은?

① Swap Offer Rate = 미 재무부 채권 Bid Rate + 스압 Offer Spread이다.
② 장래에 금리상승이 예상될 때에는 Swap Spread가 확대되는 경향이 있다.
③ 스압딜러의 고정금리 수취포지션이 많은 경우에는 딜러들이 헤지를 위해 고정금리 지급스압을 해야 하므로 Swap Spread가 축소된다.
④ 이자율스압은 동종 통화 간의 금리 교환이 일어난다.

고정금리 수취포지션을 헤지를 위해 고정금리 지급스압을 하게 되면 Swap Spread가 확대된다.

033

아래의 표는 A, B기업의 자금조달 가능금리이다. 비교우위론에 의해 각 자금시장에서 차입을 하여 Swap을 한다면 각각의 기업이 얻게 되는 금리이익의 합은(단, Swap 딜러의 이익을 0.1% 가정한다)?

구분	A기업	B기업
고정금리시장	5.5%	6.5%
변동금리시장	Libor	Libor+0.4%

① 0.4% ② 0.5%

③ 0.6% ④ 0.8%

문제해설

Swap 이익의 합계는 (고정금리의 차 − 변동금리의 차)에서 Swap 딜러의 이익을 차감한 값이다.
Swap 이익의 합계
= (1.0 − 0.4) − 0.1 = 0.5

034

다음 설명 중 옳지 <u>않은</u> 것은?

① 변동금리로 이자를 지급하고 있는 A기업은 금리상승 위험을 가지고 있어 Long Swap을 하였다.
② 고정금리로 이자를 수취하고 있는 B기업은 금리상승 위험을 가지고 있어 Short Swap을 하였다.
③ 스왑의 평가는 일반적으로 현금흐름을 감안한 내부수익률(Internal rate of return)을 사용한다.
④ 장기이표채 만기수익률로부터 장기순할인채 수익률을 순차적으로 구하는 것을 Boot Strapping이라고 한다.

문제해설

B기업은 금리상승 위험을 Long Swap으로 변경하여야 변동금리를 수취할 수 있다(고정금리 지급, 변동금리 수취).

035

다음 설명 중 옳지 <u>않은</u> 것은?

① 수익률곡선이 선형이라고 가정하는 보간법을 선형 보간법이라고 한다.

② FRA거래에서 금리매수자(예: 4%)는 6% 매도 시 2% 수익을 가지게 된다.

③ 고정금리로 차입한 상태에서 선도금리 계약을 하면 선도금리 계약이 헤지수단이 되어 유효금리를 고정하는 효과가 있다.

④ 고정금리로 명목원금을 대출해 주는 입장에서는 거래자를 금리선도 계약의 매도자라고 한다.

문제해설

고정금리가 아니고 변동금리로 차입한 상태에서 선도금리 계약을 하면 헤지수단이 된다.

036

스왑거래와 관련한 내용으로 가장 거리가 <u>먼</u> 것은?

① 두 가지 변동금리를 상호 교환하는 스왑을 베이시스 스왑이라고 한다.

② spot date 이후 특정이로부터 이자가 계산되는 스왑을 forward swap이라고 한다.

③ 고정금리 지급자가 지준 스왑 포지션을 취소시킬 수 있는 옵션을 달 수 있는 것을 puttable swap이라고 한다.

④ step-up, step-down swap은 변동금리와 교환되는 고정금리가 몇 단계로 나누어져서 커지거나 작아지는 스왑이다.

문제해설

고정금리 지급자가 기준 스왑 포지션을 취소시킬 수 있는 옵션을 달 수 있는 것을 Callable swap이라고 한다. 이와는 반대로 고정금리 수취자가 취소권을 가지고 있는 것을 puttable swap이라고 한다.

더 알아보기 비표준형 스왑의 종류

- 베이시스 스왑
- 원금변동형 스왑
- 선도스왑(forward start swap)
- CMS 스왑
- callable, puttable, extendible 스왑
- zero-coupon 스왑
- step-up, step-down swap
- Libor in-arrear 스왑
- over-night index swap
- 스왑선

037

표준형 스왑에 대한 설명으로 가장 거리가 먼 것은?

① 고정금리 조건은 통화표시 국가의 장기채권 시장의 관행을 따른다.
② 변동금리는 Libor를 사용하며 이자지급 조건은 선취이다.
③ 옵션 등 특수란 조기청산 조항이 없다.
④ 스왑계약의 효력은 spot date부터 발생하며 만기일에 종료된다.

문제해설

변동금리는 Libor를 사용하며 이자 지급 조건은 후취이다.

038

스왑스프레드의 변동 요인으로 가장 거리가 먼 것은?

① Credit Risk(시장의 신용위험)
② 금리변동에 대한 예상
③ 표시 통화국의 장기채권 금리의 수준
④ 스왑은행의 고정금리와 변동금리의 차이

문제해설

스왑스프레드의 변동 요인은 ①, ②, ③과 스왑은행의 현재 포지션 상태이다.

039

고정금리 수취 스왑딜러가 미 재무부 채권 등을 이용하여 헤지하는 경우의 설명으로 옳은 것은?

① Treasury 매도 + Reverse Repo + TED Spread 매수
② Treasury 매수 + Reverse Repo + TED Spread 매도
③ Treasury 매수 + Repo + TED Spread 매수
④ Treasury 매도 + Repo + TED Spread 매도

문제해설

Treasury 매도 + Reverse Repo + TED Spread 매수는 고정금리 수취 딜러의 헤지방식이다. 반대로 고정금리 지급 딜러의 헤지방식은 Treasury 매수 + Repo + TED Spread 매도의 방식을 취한다.

040

다음의 표에 의거하여 비교우위론에 의해 스왑거래 한 후 A기업이 최종적으로 부담하게 되는 금리는?

구분	A기업	B기업
고정금리시장	5.5%	6.5%
변동금리시장	Libor	Libor+0.4%

① 고정금리 5.5%
② 변동금리 Libor−0.3%
③ 고정금리 5.2%
④ 변동금리 Libor+0.2%

문제해설

A기업은 고정금리로 차입하여 B기업과 고수번지 스왑을 하게 되어 변동금리 채무를 가지게 되고, 양자가 각각 얻게 되는 수익이 0.3%이므로 Libor−0.3%이다.

041

다음 스왑조건에서 비교우위론을 설명한 것으로 가장 거리가 먼 것은?

구분	A기업	B기업
고정금리시장	5.5%	6.5%
변동금리시장	Libor	Libor+0.4%

① A기업은 고정금리시장에서, B기업은 변동금리시장에서 비교우위가 있다.
② A기업은 고정금리 수취스왑, 변동금리 자금스왑을 체결하여 이익을 얻을 수 있다.
③ 두 기업 간 비교우위에 입각한 신용의 차이는 1.4%이다.
④ 두 기업이 스왑을 통해 얻게 되는 수익의 합은 0.6%이다.

문제해설

두 기업의 신용의 차이는 (고정금리의 차이 − 변동금리의 차이)인 1% − 0.4% = 0.6%이다.

> **더 알아보기** 시장금리 변화에 따른 채권과 이자율스왑의 손익 변화

구분	채권 투자	채권 발행	고정금리 지급 이자율스왑	고정금리 수취 이자율스왑
시장금리 상승	손실(−)	이익(+)	이익(+)	손실(−)
시장금리 하락	이익(+)	손실(−)	손실(−)	이익(+)

042

다음 스왑에 대한 설명 중 **틀린** 것은?

① 유로달러선물을 연속적으로 매도헤지하는 것을 euro-dollar Strip 거래라고 한다.

② 초기에 원금 교환 없이 만기에만 원금 교환이 있는 통화스왑은 스왑 + 장기 선물환이 결합된 형태로 볼 수도 있다.

③ 통화스왑 이후 스왑평가 시 환율의 상승이나 하락 시에도 초기 스왑 시의 가치가 그대로 유지된다.

④ 통화스왑의 가치(value) = PV(수취통화) − PV(지급통화)의 산식 으로 표시된다.

문제해설

통화스왑 이후 환율의 상승이나 하락 시 스왑의 평가가 달리 나타난다.

043

다음 설명 중 **틀린** 것은?

① 고정금리 지급자가 스왑포지션을 취소시킬 수 있는 옵션을 callable swap이라 한다.

② 2×5 callable swap은 2년 후 취소 가능한 5년짜리 스왑을 의미한다.

③ 2×5 payer swaption은 2년 후 3년짜리 고정금리 지급스왑을 할 수 있는 권리이다.

④ receiver swaption은 금리상한계약(floor)과 비슷한 거래로 볼 수 있다.

문제해설

payer's swaption은 지급금리를 고 정시키는 옵션이므로 금리상한계약 과 비슷하며, receiver's swaption 은 금리하한계약과 비슷한 거래이 다.

044

프랑크푸르트 시장에서 5년 만기 swap금리가 T+38-35로 고시되어 있 다. 5년 만기 Bund 채권의 수익률이 5%로 거래되고 있다면 고정금리 수취스왑 시 적용되는 금리는?

① 5%

② 5.35%

③ 5.38%

④ 5.73%

문제해설

스왑헤지는 5%+38-35이므로 고정 금리 수취스왑 시 금리는 5.35%를 적용한다.

045

A기업과 B기업이 주식 스왑거래를 체결하였다. A기업은 CD 3개월 금리를 지급하고 대신 KOSPI 상승률을 B기업으로부터 수령하기로 했다면 다음 설명 중 **틀린** 것은?

① A기업은 주가하락 시 CD금리 + KOSPI 하락률을 B기업에 지급한다.
② CD금리가 3%, KOSPI 상승률이 3%이면 A기업은 B기업에게 지급할 것이 없다.
③ A기업은 간접적으로 주식투자를 하는 효과를 가진다.
④ A기업은 원화 고정금리로 자금을 조달하여 주식투자하는 효과가 있다.

문제해설
CD금리는 원화 변동금리로서 A기업은 원화 변동금리로 자금을 조달하여 주식투자하는 효과가 있다.

046

금융상품의 가치에 영향을 미치는 요인의 변동에 의해 금융상품의 가치가 변동할 수 있는 위험은?

① 운영리스크
② 유동성리스크
③ 시장리스크
④ 신용리스크

문제해설
시장리스크란 금융상품의 가치에 영향을 미치는 요인 즉, 가격의 변동에 의해 금융상품의 가치가 변동할 수 있는 위험을 말한다.

047

미국의 A펀드는 한국의 B은행과 Libor를 지급하고 KOSPI200지수 상승률 + 50bp를 수취하는 주가지수 스왑거래를 체결하였다. 이 결과에 대한 설명으로 옳은 것은?

① A펀드는 Libor 상승 시 이익을 얻게 된다.
② A펀드는 한국증시에 투자한 것과 동일한 효과가 있다.
③ A펀드는 주가하락 시 Libor 지급비용만 안게 된다.
④ A펀드는 고정금리로 자금을 조달하여 장기스왑을 하면 국제금리 변동위험 없이 한국증시에 투자를 한 효과를 얻게 된다.

문제해설
KOSPI200지수가 상승하면 높은 수익을 얻을 수 있으므로 한국증시에 투자한 효과가 있다.

048

스왑에 대한 설명으로 가장 거리가 먼 것은?

① 1980년 중반 이후에는 은행들은 고객의 요구에 의한 스왑거래로 소극적인 수익창출의 수단으로 스왑거래를 하였다.

② 스왑거래는 현물거래와 선도거래 혹은 일련의 선도거래가 여러 개 모여진 하나의 거래이다.

③ 전 세계 장외파생상품 시장에서 이자율스왑이 차지하는 비중이 크다.

④ 스왑시장 초기에는 두 거래당사자가 스왑조건에 대해 서로 직접 협의를 통해 거래가 체결되었다.

문제해설

1980년 중반 이후 은행들은 단순한 중개자의 역할이 아니라, 적극적으로 시장조성자의 역할을 수행하기 시작한 단계이다. 은행들은 고객의 요구에 의한 스왑거래 뿐만 아니라 자신의 투기적 거래를 포함한 적극적인 수익창출의 수단으로 스왑거래를 하게 되었다.

049

원화 스왑계약에서 사용되는 변동금리는?

① 6개월 만기 Libor
② 3개월 만기 Libor
③ 3개월 CD금리
④ 3개월 CP금리

문제해설

달러화 스왑계약에서 사용되는 변동금리는 주로 6개월 또는 3개월 만기 Libor가 많이 사용되나 BA(은행인수어음)금리, CD금리, CP(상업어음)금리 등도 사용된다. 원화 스왑계약에서는 3개월 CD금리가 사용된다.

050

미 달러화에서 사용되는 변동금리(floating index) 이자계산 방법은?

① act/360
② act/365
③ 30/360
④ act/act

문제해설

변동금리 이자계산은 money market basis 방식이 가장 많이 쓰인다. 미 달러화는 act/360, 일본 엔화와 영국 파운드는 act/365를 사용하며, 원화 CD는 act/365를 사용한다.

051

원금분할상환대출을 받은 기업이 이자지급구조를 변환하려고 할 경우 하게 되는 스왑은?

① 롤러코스터 스왑(roller-coaster swap)
② 원금감소형 스왑(amortizing swap)
③ 베이시스 스왑(basis swap)
④ 원금증가형 스왑(accreting swap)

스왑기간이 경과함에 따라 명목원금이 감소하는 것을 원금감소형 스왑(amortizing swap)이라고 한다. 원금감소형 스왑은 시간이 지남에 따라 자금소요액이 점점 줄어드는 경우에 편리하다.

052

스왑시장에서의 이자의 지급주기를 표시한 것은?

① 30/360
② act/365
③ Unadj.
④ s.a.

s.a.는 이자의 지급주기(frequency)를 표시한 것으로 semi-annual의 약어이다. 이자를 1년에 2번, 즉 매 6개월마다 지급한다는 것을 의미한다. p.a.는 per annum의 약어로 1년에 1번 지급함을 의미하고, q.a.는 quarterly의 약어로 1년에 4번, 즉 3개월마다 이자를 지급한다는 것을 의미한다.

053

6/30일(토)이 자금수수 예정일이다. modified following business day convention을 적용하면 지자금수수일은 며칠이 되는가?

① 6월 28일
② 6월 29일
③ 7월 1일
④ 7월 2일

자금의 수수일이 해당통화 국가의 공휴일인 경우에 자금수수일을 정하는 규칙은 modified following, following, preceding의 3가지가 있으나, 스왑시장에서는 modified following business day convention을 가장 많이 사용하고 있다. 이는 자금수수일을 다음 영업일로 미루는데 년과 월을 넘길 수 없으며, 이 경우 앞으로 넘긴다.

054

명목원금과 관련이 없는 스왑은?

① accreting swap
② roller-coaster swap
③ receiver swap
④ amortizing swap

문제해설

스왑기간이 경과함에 따라 명목원금이 증가하는 것을 원금증가형 스왑(accreting swap)이라고 하고, 스왑기간이 경과함에 따라 명목원금이 감소하는 것을 원금감소형 스왑(amortizing swap)이라고 한다. 한편, 기간에 따라서 증가하기도 하고 감소하기도 하는 것을 롤러코스터 스왑(roller-coaster swap)이라고 한다.

055

다음은 3년 만기 달러화 금리스왑의 거래내용을 나타낸 것이다. 이 거래에 대한 설명으로 잘못된 것은?

문제해설

이자계산 방법이 30/360, Unadj.이므로, X은행은 이자계산 기간의 실제 날짜 수와 상관없이 고정금리 3.6%의 절반인 명목원금의 1.8%를 지급하게 된다.

- trade date : Jul. 6, 2021
- effective date : Jul. 8, 2021
- termination date : Jul. 8, 2024, subject to business days convention
- fixed rate payer : X bank
- floating rate payer : Y bank
- fixed rate : 3.6%, s.a. 30/360, Unadj.
- floating rate : US$ 6M Libort+1.0%, act/360
- business days : London(for Libor fixing) & New York(for payment)
- business days convention : modified following
- documentation : ISDA standard

---

① Y은행은 매 6개월마다 총 6번, 변동금리 지표인 달러화 6개월 Libor 금리에 년 1%의 가산금리를 더한 변동금리 이자를 지급하게 된다.

② 이자지급일인 2022년 7월 8일이 런던 공휴일이고 뉴욕이 영업을 한다면 정상적으로 7월 8일에 결제가 일어나게 된다.

③ 첫 번째 Libor의 결정은 거래일인 7월 6일에 결정된다.

④ X은행은 3년 동안 6개월마다 총 6번 이자계산 기간의 실제 날짜수와 상관없이 고정금리 3.6%를 지급하게 된다.

056

주요 통화의 스왑거래의 변동금리 지표로 가장 많이 사용되는 Libor금리에 관한 사항으로 틀린 것은?

① 원화 스왑거래의 변동금리 지표인 CD금리는 '서울기준 제1영업일 전일'의 CD금리를 이용한다.

② 주요 통화에 대해 런던소재 메이저 금융기관들 간에 자금을 빌려줄 때 적용되는 금리이다.

③ 각 통화에 대해서 1일~12개월간의 각각의 금리를 고시한다.

④ 달러화 Libor의 경우 Libor 결정은 이자계산 시작일의 '뉴욕기준 제1영업일 전일'의 것을 이용한다.

문제해설

달러화 Libor의 경우 Libor 결정은 이자계산 시작일의 '런던기준 제2영업일 전일'의 것을 이용한다.

057

금리스왑과 기타 금리거래를 비교한 사항으로 가장 거리가 먼 것은?

① 고정금리 채권 발행과 동일 만기의 변동금리 채권(FRN) 투자를 동시에 할 경우 동일한 원금은 서로 상쇄되고 상이한 조건의 쿠폰흐름만 남게 된다.

② 고정금리를 지급하고 변동금리를 수취하는 이자율스왑은 고정금리 채권 발행과 동일 만기의 변동금리 채권(FRN) 투자와 동일하다.

③ receiver금리스왑과 채권발행(short 포지션)은 금리위험면에서 동일하다.

④ 시리즈의 FRA매수는 고정금리 지급(변동금리 수취)하는 금리스왑거래와 동일하다.

문제해설

receiver금리스왑과 채권투자(long 포지션)는 금리위험면에서 동일하고, payer금리스왑과 채권발행(short 포지션)은 서로 동일하다.

정답 054 ③ | 055 ④ | 056 ④ | 057 ③

058

이자율스왑에 관한 설명으로 가장 거리가 먼 것은?

① 동일 통화의 원금을 서로 교환한다.
② 일정한 원금에 대한 고정금리 이자와 변동금리 이자를 서로 교환하는 계약이다.
③ 스왑금리는 스왑은행의 해당 만기의 장기채권 금리와 이론적으로 동일하다.
④ 이자율스왑의 고정금리 이자와 변동금리 이자의 교환은 일반적으로 차액결제 방법을 따른다.

이자율스왑에서 동일 통화의 원금을 서로 교환하는 것은 의미가 없다. 오히려 교환에 대한 결제위험만 존재하기 때문에 이자율스왑에서는 원금교환이 발생하지 않는다. 이자율스왑에서 원금은 단순히 이자를 계산하는 데만 사용되므로 명목원금(nominal amount)이라고도 한다.

059

AMM(annual money market) 방식의 2.57%를 act/365 방식으로 환산하면?

① 2.42%
② 2.53%
③ 2.61%
④ 2.74%

2.57% × 365/360 = 2.61%(소수점 셋째 자리 반올림)

060

스왑 스프레드에 관한 설명으로 가장 거리가 먼 것은?

① 스왑딜러의 고정금리 지급 스왑포지션이 많은 경우 스왑 스프레드가 축소될 수밖에 없다.
② 미 재무부채권 금리가 낮은 상태일 때는 스왑 스프레드가 확대된다.
③ 장래 금리하락이 예상될 때는 스왑 스프레드가 확대되는 경향이 있다.
④ 신용위험이 줄어들면 두 금리 간의 차이가 축소되고 이에 따라 스왑 스프레드가 축소된다.

장래 금리하락이 예상될 때는 투자기관의 금리고정화 수요가 증가하며 따라서 스왑 스프레드가 축소되는 경향이 있다. 반대로 금리상승이 예상될 때는 차입자의 금리고정화 수요가 증가하고 이에 따라 스왑 스프레드가 확대되는 경향이 있다.

061

스왑금리에 대한 설명으로 가장 거리가 먼 것은?

① pay rate 또는 bid rate는 변동금리를 받는 대신에 지불하고자 하는 고정금리이다.

② 변동금리를 주는 대신에 받고자 하는 고정금리를 receive rate 또는 offer rate라고 한다.

③ 달러화, 엔화, 유로화는 LIBOR가, 원화는 CD금리가 변동금리 지표로 사용되고 있다.

④ 스왑 offer rate는 스왑딜러가 고객에게 지급스왑(payer swap)을 할 때 적용하는 금리고 고객의 입장에서는 receiver swap이다.

문제해설

스왑 offer rate는 스왑딜러가 고객에게 고정금리 수취(receiver swap) 스왑을 할 때 적용하는 금리로 고객의 입장에서는 payer swap이다. 스왑 bid rate는 스왑딜러가 고객에게 고정금리 지급스왑(payer swap)을 할 때 적용하는 금리로 고객의 입장에서는 receiver swap이다.

062

2년 만기 swap spread(act/365 s.a.)가 T+35-32로 고시되었다. 이에 대한 설명으로 가장 거리가 먼 것은?

① 스왑 bid rate = 미 재무부 채권 bid 수익률 + 스왑 bid spread 이다.

② 달러화의 경우 미 재무부 채권수익률이 스왑금리의 기준이 되는 금리이다.

③ 스왑 offer rate가 잔존만기 2년까지 미 재무부 채권수익률에 0.35%를 더한 것이다.

④ 0.35%를 스왑 offer spread, 0.32%는 스왑 bid spread라고 한다.

문제해설

통상 채권가격의 bid가격이 offer가격보다 작으므로, 수익률은 반대로 bid 수익률이 클 것이다.

더알아보기 스왑금리
- 스왑 offer rate = 미 재무부 채권 bid 수익률 + 스왑 offer spread
- 스왑 bid rate = 미 재무부 채권 offer 수익률 + 스왑 bid spread

| 063~064 | G사와 H사의 자금시장에서 요구되는 금리는 다음과 같고, G사는 고정금리 차입을 원하고 H사는 변동금리 차입을 원하고 있다. 다음 물음에 답하시오.

구분	고정금리 시장	변동금리 시장	스왑	
			지급	수취
G사	13.0%	Libor+0.5%	11.75%	Libor
H사	11.5%	Libor	Libor	11.7%

063

G사와 H사, 스왑딜러가 절약한 금리의 총액은 얼마인가?

① 0.6%

② 1.0%

③ 1.5%

④ 2.0%

문제 해설

스왑딜러는 G사와 H사에 각각 스왑을 체결함으로써 H사에서 Libor를 받아 G사에 넘겨주는 데, G사에서 11.75의 고정금리를 받아 H사에게 11.7%만 넘겨주므로 전체적으로 0.05%의 이익을 남긴다. 그러므로 3자가 얻게 되는 이익인 G사의 0.75%, H사의 0.2%, 스왑딜러의 0.05%를 합하면 2%의 이익이 발생한다. 이 이익은 G사와 H사 간의 비교우위에 입각한 특화로 인해 발생한 비용절감 순차이 1.0%(고정금리에서 1.5%, 변동금리에서 0.5%)에 의한 것이다.

064

각사는 비교우위론에 의해 자금을 조달하고 이자율스왑을 할 경우 G사와 H사가 절약하게 될 금리의 총액은 얼마인가(단, 거래비용은 무시한다)?

① 1.45%

② 1.95%

③ 0.55%

④ 0.95%

문제 해설

G사의 금리비용 = Libor − (Libor + 0.5% + 11.75%) = −12.25%이다. 따라서 G사는 고정금리시장에서 13.0%로 차입했을 때보다 0.75% 저렴하게 고정금리로 빌리는 효과를 가지게 된다. H사의 금리비용 = 11.7% − (11.5% + Libor) = − Libor + 0.2%이다. 따라서 H사는 스왑 없이 변동금리로 차입했을 때보다 0.2% 절약할 수 있게 된다. G사의 0.75%와 H사의 0.2%를 합하면 0.95%가 이익이다.

 비교우위론에 의한 자금조달 방법

H사가 G사보다 변동금리와 고정금리 쪽에서 절대우위를 가진다. 그러나 변동금리에서는 0.5% 유리한 반면 고정금리채에서는 1.5%가 유리하므로 H사는 고정금리채에 비교우위를 가지고 G사는 상대적으로 변동금리채에 비교우위를 가진다. 따라서 H사가 고정금리로 조달하고 G사가 변동금리로 조달한 후 스왑거래를 하면 비교우위의 이득을 나누어 가질 수 있다.

065

M사는 US$ Libor+1.5%의 변동금래채를 발행하고 이자율스왑을 통해 지급이자를 고정하려고 한다. 현재 스왑딜러가 US$ Libor금리에 대해 제시하고 있는 스왑금리의 bid-off 가격이 4.42%-4.39%라고 할 때 M사가 최종적으로 부담해야 하는 고정금리는?

① 5.43% ② 5.67%
③ 5.89% ④ 5.92%

문제해설

M사는 변동금리를 수취하고 고정금리를 지급하는 payer 이자율스왑 거래를 해야 한다. 시장조성자가 아닌 시장 follower의 입장에서 지급해야 할 고정금리는 4.39%이고, 여기에 스프레드 1.5%를 더하면, 5.89%를 최종적으로 부담해야 한다.

066

각각의 거래상대방 간의 이자율스왑 거래의 사례 A와 B를 비교한 것으로 가장 거리가 먼 것은?

구분	A		구분	B	
	고정금리시장	변동금리시장		고정금리시장	변동금리시장
S사	8.75%	Libor+1.0%	J사	4.32%	Libor+1.0%
T사	6.38%	Libor+1.5%	K사	5.05%	Libor+1.5%

① K사는 변동금리로 차입한 후 스왑딜러로부터 변동금리를 받고 고정금리를 지불하는 스왑을 체결할 것이다.
② 사례 B가 비교우위에 의한 스왑의 이익이 사례 A보다 많다.
③ T사는 고정금리채에 비교우위를 가지고 S사는 상대적으로 변동금리채에 비교우위를 가진다.
④ 사례 A의 거래에서는 1.87%의 금리절약혜택을 3사가 나누어 가지게 된다.

문제해설

사례 A에서는 고정금리에서 2.37%, 변동금리에서 0.5% 차이가 나며 양 시장에서의 금리차 간의 순차이는 1.87%이며, 비교우위에 의해 각기 변동금리와 고정금리로 차입한 후 스왑을 통해 리스크를 헤지하면 전체적으로 1.87%의 이익이 발생한다. 사례 B에서는 고정금리에서 0.73%, 변동금리에서는 0.5% 차이가 나며 양 시장에서의 금리차 간의 순차이는 0.23%이므로 사례 A가 비교우위에 의한 스왑의 이익이 사례 B보다 많다.

067

스왑의 가격산정에 관한 내용으로 가장 거리가 먼 것은?

① 장기 이표채 만기수익률로부터 장기 순할인채 수익률은 순차적으로 구하는 것을 보간법(interpolation)이라고 한다.

② 스왑의 pricing과정은 현금흐름을 구하고, 현금흐름이 발생하는 시점을 할인율을 구한 다음 그 현금흐름을 현재가치화하고, 마지막으로 지급과 수취의 순현재가치를 구한다.

③ 할인계수는 순할인채 수익률과는 쉽게 전환이 될 수 있으며, 소수형태의 숫자로 표시된다.

④ 스왑을 pricing한다는 것은 미래의 일련의 현금흐름을 현재가치화하여 서로 평가하는 것이다.

문제해설

단기 순할인채 수익률을 이용하여 장기 이표채 만기수익률로부터 장기 순할인채 수익률을 순차적으로 구하는 것을 boot strapping이라고 한다.

068

다음 스왑가격산정의 절차로 (   ) 안에 들어갈 알맞은 절차는?

> 순할인채 수익률과 할인계수 산출 → 수취하는 현금흐름과 지급하는 현금흐름 파악 → (   ) → (   ) → 현금흐름의 순현재가치 산정

① 보간법을 통해 금리를 추론 → 변동금리이자 추정

② 변동금리이자 추정 → 보간법을 통해 금리를 추론

③ 각 현금흐름의 현재가치 산정 → 각 현금흐름 발생일의 할인계수 산정

④ 각 현금흐름 발생일의 할인계수 산정 → 각 현금흐름의 현재가치 산정

문제해설

스왑가격산정(pricing)의 절차는 다음과 같다.
순할인채 수익률과 할인계수 산출 → 수취하는 현금흐름과 지급하는 현금흐름 파악 → 각 현금흐름 발생일의 할인계수 산정 → 각 현금흐름의 현재가치 산정 → 현금흐름의 순현재가치 산정

 스왑의 가격산정(pricing)

- 시장에서 거래되는 스왑금리를 바탕으로 비정형 스왑의 가격을 산정하는 것
- 이미 체결된 스왑거래나 스왑 포트폴리오(스왑 book)를 평가하는 것
- 이미 체결된 스왑을 중도에 청산할 경우 그 정산할 금액을 계산하는 것

069

스왑가격에 대한 설명으로 옳은 것은?

① 스왑시장에서 딜러에게 지불하는 up-front-fee이다.

② 스왑거래에서 고정금리와 교환되는 변동금리 지표를 뜻한다.

③ 변동금리 지표에 부가되는 스프레드를 말한다.

④ 스왑거래에서 변동금리와 교환되는 고정금리를 뜻한다.

스왑가격은 고정금리를 말한다.

070

스왑가격의 산정, 즉 pricing을 한다는 것으로 볼 수 <u>없는</u> 것은?

① 이미 체결된 스왑을 중도에 청산할 경우 그 정산할 금액을 계산하는 일이다.

② 내재선도금리를 이용하여 변동금리 이자를 추정한다.

③ 시장에서 거래되는 스왑금리를 바탕으로 비정형 스왑의 가격을 산정한다.

④ 이미 체결된 스왑거래나 스왑 포트폴리오(스왑 book)를 평가한다.

내재선도금리를 이용하여 변동금리 이자를 추정하는 것은 스왑의 가격 산정을 위한 절차 중의 하나이다.

071

순할인채 수익률곡선을 생성하기 위해 이용되는 금리는?

① Libor, CD

② Libor, 스왑금리

③ RP, 스왑금리

④ RP, CD

스왑 pricing을 위해서는 유동성이 가장 풍부하고 신용도가 이미 감안된 단기자금 금리인 Libor와 스왑금리를 이용하여 순할인채 수익률곡선(zero-coupon rate)을 구하는 것이 가장 합리적이다.

072

거래한 이자율스왑 거래의 평가손익과 반대 방향으로 움직이는 거래를 하여 시장리스크를 중립화시키는 것을 무엇이라고 하는가?

① 차익거래   ② 투기거래

③ 헤징   ④ 헤지거래

시장리스크 중립화는 거래한 이자율스왑 거래의 평가손익과 반대방향으로 움직이는 거래를 하면 가능하다. 이렇게 시장리스크를 중립화시키는 것을 헤징(hedging)이라고 하고, 새롭게 하는 거래를 헤지거래(hedging deal or hedging transaction)라고 한다.

073

3년 스왑금리가 2.88%−2.86%로 고시되었고 유로달러선물 3년 strip 거래의 평균금리가 3.1%라면 가능한 차익거래는?

① 유로달러선물 매수 + long 스왑포지션

② 유로달러선물 매도 + short 스왑포지션

③ 차익거래는 불가능하다.

④ 유로달러선물 매수 + short 스왑포지션

유로달러선물을 이용한 금리가 스왑금리보다 높으므로, 스왑시장에서 고정금리 2.88%를 지급하고 유로달러 선물거래로 3.1%의 고정금리를 수취하면 된다. 고정금리를 확정시키는 효과는 유로달러선물을 매수하면 된다.

074

이자율스왑의 금리리스크 헤징 대안을 요약한 것으로 가장 거리가 먼 것은?

① payer 스왑 → 유로달러선물 스트립 매수

② payer 스왑 → 미 재무부채권 매수 + repo + TED spread 매도

③ receiver 스왑 → 국채선물 매도

④ receiver 스왑 → 시리즈의 FRA 매도

고정금리를 수취하는 receiver 스왑의 경우 시리즈의 FRA 매수를 통해서 헤지할 수 있다.

075

2024년 7월 7일 현재시점에서 spot date의 할인계수가 1.00일 때, 달러화 단기금리인 S/N의 금리가 1.50이다. S/N 시점의 날짜의 DF$_{S/N}$은 얼마인가?

① 0.999917

② 0.999875

③ 0.999958

④ 0.999956

문제해설

현재시점이 2024년 7월 7일이므로 단기 자금거래와 스왑거래의 유효일인 제2영업일 뒤인 7월 9일이 된다. 단기자금시장 금리인 S/N은 spot date로부터 1일짜리 금리이므로,

$$DF_{S/N} = \frac{1}{1+1.50\% \times \frac{1}{360}}$$

$$= 0.999958$$

(Libor금리의 이자계산은 act/360)

076

국채선물을 이용하여 헤지하는 방법의 한계점을 지적한 것으로 옳은 것은?

① 금리리스크를 중립화하기 위한 헤지비율의 산정이 어렵다.

② 원화 receiver 이자율스왑 거래를 선물을 통해 헤지하는 것은 어렵다.

③ 베이시스 리스크와 roll-over 리스크에 노출되게 된다.

④ 국고채 선물은 3년 만기만 유동성이 풍부하고 그 밖의 선물은 거래량이 미미하다.

문제해설

국채선물은 근월물만 거래되므로, 선물의 만기가 도래하면 다음 근월물로 roll-over해야 하므로 roll-over 리스크가 존재하게 된다. 또한 국채선물가격과 현물가격의 차이인 베이시스가 있고, 선물을 통한 헤지에는 이러한 베이시스 리스크에도 노출되게 된다.

077

다음 중 헤지비율을 계산하는 공식은?

① $\dfrac{DV01(swap)}{DV01(hedge)}$

② $\dfrac{DV01(hedge)}{DV01(swap)}$

③ $-\dfrac{DV01(hedge)}{DV01(swap)}$

④ $-\dfrac{DV01(swap)}{DV01(hedge)}$

문제해설

헤지비율(hedge ratio)

$$= \frac{\Delta V(ratio)}{\Delta V(hedge)}$$

$$= -\frac{DV01(swap)}{DV01(hedge)}$$

078

헤지거래 전의 스왑 book의 net 델타 열의 합이 −US$9,387이고 헤지 후 스왑 book의 net 델타 열의 합이 US$2,973일 때 시장금리가 3bp 상승하였을 때의 헤지 전과 헤지 후의 손익은?

① 헤지 전 −US$56,322 손실, 헤지 후 US$17,838 이익
② 헤지 전 −US$42,242 손실, 헤지 후 US$13,379 이익
③ 헤지 전 −US$14,081 손실, 헤지 후 US$4,460 이익
④ 헤지 전 −US$28,161 손실, 헤지 후 US$8,919 이익

스왑 book의 net 델타 열의 합은 각 grid points의 BPV의 단순 합으로, 이 값은 전체 수익률곡선을 1bp씩 수평이동하여 계산한 값과 비슷하다. 결국 수익률곡선이 1bp 상승했을 때의 스왑 book의 손익변화와 같다. 즉, 시장금리가 동시에 1bp 상승하면 스왑 book은 −US$9,387만큼의 손실이 발생한다. 헤지거래를 통해 스왑 book은 시장금리 1bp 상승에 대해 오히려 US$2,973의 이익이 발생하는 포지션으로 바뀌게 된다.

079

J은행의 2년 payer 스왑의 헤지비율이 73%, 3년 payer 스왑의 헤지비율이 28%로 계산되었다. J은행은 K고객과의 스왑거래로 금리리스크를 헤지하려 한다. 이 상황에 대한 설명으로 거리가 먼 것은?

① J은행은 receiver스왑으로 헤지하여야 한다.
② 반대로 2년과 3년 만기 receiver 스왑의 BPV는 음(−)의 값으로 헤지비율은 각각 −73%와 −28%가 나올 것이다.
③ 헤지수단의 2년과 3년 스왑을 헤지하고자 하는 K고객과의 receiver 스왑과 반대 방향인 payer 스왑으로 BPV를 구했으므로 헤지비율이 양(+)의 값이 나왔다.
④ J은행은 2년 payer 스왑 73%와 3년 payer 스왑 28%를 헤지하면 K고객과의 스왑거래에 따른 금리리스크를 헤지할 수 있게 된다.

헤지비율이 양(+)의 값이 나왔으므로 payer 스왑으로 헤지하라는 의미이다. 반대로 음(−)의 값은 반대의 포지션을 취해야 한다는 의미이다.

080

market maker인 스왑뱅크는 하루에도 수백 건의 스왑거래가 발생할 수 있는 데 따라 금리상품의 포트폴리오의 전체 리스크를 효율적으로 관리하기 위해 필요한 것은?

① 헤지비율을 산정한다.
② 스왑 book을 운영한다.
③ 기 체결된 스왑을 평가한다.
④ prop dealer를 양성한다.

스왑 book에 포함된 모든 거래의 리스크가 상쇄된 순포지션(net exposure)에 대한 리스크 관리가 필요로 하게 되고, 이러한 리스크 관리는 결국 스왑 book을 운영하는 것이다.

081

고정금리를 수취하고 변동금리를 지급하는 이자율스왑의 금리리스크 헤징 대안으로 가장 거리가 먼 것은?

① T-Bond를 매도하고, reverse repo를 실행하고 TED spread를 매수한다.
② 고정금리를 지급하고, 변동금리를 수취하는 반대 방향의 이자율스왑 거래를 체결한다.
③ 고정금리채를 발행하고 변동금리채를 매수한다.
④ 여러 만기의 유로달러선물을 스트립 매수한다.

고정금리를 수취하는 스왑(receiver)은 현재의 포지션의 고정금리채권을 보유하고(long 포지션) 있는 것과 동일하므로 고정금리채권의 매도헤지가 필요하다.

082

표준형 스왑(plain vanilla swap)의 범주에 어긋나는 것은?

① 변동금리의 결정은 이자계산 시작일에 결정되고, 이자지급은 이자계산 종료일에 지급되는 후취조건이다.
② 미 달러화의 경우 미국채 시장 또는 유로달러 채권시장의 관행을 따른다.
③ 계약에 정한 금리 외에 up front fee, back end fee 등이 있다.
④ 스왑계약의 효력은 spot date부터 발생하며, 만기일에 종료된다.

표준형 스왑은 계약에 정한 금리 외에 별도의 지급(up front fee, back end fee 등)이 없어야 한다.)

083

표준적 조건을 따르지 <u>않는</u> 비정형 스왑의 예로 가장 거리가 <u>먼</u> 것은?

① 거래는 현재에 체결하지만 이자계산은 미래의 일정한 시점에 시작되는 선도스왑
② 스왑계약의 명목원금이 계약기간 내에 일정하게 고정된 스왑
③ 변동금리 조건으로 Libor에다가 일정 스프레드를 더한 것으로 하는 Libor margin swap
④ 복잡한 형태의 옵션 등이 가미된 구조화 스왑

문제해설

스왑계약의 원금(명목원금)이 계약기간 내에 일정하게 고정되는 것은 표준형 스왑이다. 비표준형 스왑은 이자지급 조건이 간단히 변경되거나, 명목원금이 변동한다.

084

다음이 설명하는 스왑은 무엇인가?

> 특정 프로젝트를 위한 자본조달을 위해 처음에는 차입액을 늘려나가다가 단계적으로 차입금을 상환해 나가는 프로젝트 파이낸싱에 적합한 비표준형 스왑

① 선도스왑
② step-down 스왑
③ 원금감소형 스왑
④ 롤러코스터 스왑

문제해설

특정 프로젝트를 위한 자본조달을 위해 처음에는 차입액을 늘려나가다가 단계석으로 자입금을 상환해 나가는 프로젝트 파이낸싱에서 롤러코스터 스왑(roller-coaster swap)을 활용하여 미상환차입금과 명목원금을 대응시킬 수 있다.

더알아보기 원금변동형 스왑
- **원금증가형 스왑** : 스왑기간이 경과함에 따라 명목원금이 증가하는 것
- **원금감소형 스왑** : 스왑기간이 경과함에 따라 명목원금이 감소하는 것
- **롤러코스터 스왑** : 기간에 따라 증가하기도 하고 감소하기도 하는 것

085

미래에 발생할 것으로 예상되는 자산 혹은 부채의 현금흐름의 금리리스크를 헤지하거나, 현재 존재하고 있는 자산 혹은 부채의 금리리스크를 일정기간 동안에는 리스크에 노출시키고 향후 특정시점부터는 헤지하고자 할 때 활용될 수 있는 스왑은?

① forward start swap
② Libor in-arrear swap
③ over-night index swap
④ CMS swap

문제해설

선도스왑에 대한 설명이다. 표준형 스왑의 이자계산은 spot date로부터 시작되지만 선도스왑(forward start swap)은 spot date 이후 특정일로부터 시작된다.

086

수익률곡선이 급한 우상향의 모습을 보일 때 초기 고정금리 지급부담을 줄이고 향후 변동금리 상승예상과 비슷한 수준으로 고정금리 지급계획을 만들 수 있는 스왑은?

① 원금증가형 스왑
② 원금감소형 스왑
③ step-up swap
④ step-down swap

 문제해설

step-up 혹은 step-down 스왑은 명목원금은 만기까지 동일하게 적용되지만 변동금리의 교환되는 고정금리가 표준스왑과 달리 몇 단계로 나뉘어 커지거나 작아지는 스왑이다. 특히 수익률곡선이 급한 우상향의 모습을 보일 때 step-up swap을 함으로써 고정금리 지급 vs 변동금리 수취계약자의 초기 자금부담을 줄이고 향후 변동금리 상승예상과 비슷한 수준으로 고정금리 지급계획을 만들 수 있다.

087

다음의 비표준형 스왑 중 변동금리 지표와 관련된 스왑이 <u>아닌</u> 것은?

① CMT swap
② CMS swap
③ zero-coupon swap
④ over-night swap

 문제해설

① CMT(Constant Maturity Treasury) 스왑은 스왑금리 대신에 일정만기(5년, 10년 등)의 국채금리를 변동금리 index로 사용하는 것이다.
② CMS(Constant Maturity Swap) 스왑은 고정금리와 교환되는 변동금리 지표가 향후 시장에 따라 변하는 특정 만기의 이자율 스왑금리이다.
④ Over-night Index Swap(OIS)은 변동금리의 지표에 3개월 혹은 6개월 Libor금리가 아니라 1일의 over-night금리가 적용된다.

088

베이시스 스왑의 예로 볼 수 <u>없는</u> 것은?

① 미국 우대금리와 Libor 간 스왑
② 3개월 만기 Libor와 6개월 만기 Libor 간 스왑
③ 6.0%, annual과 Libor+1.0% 간 스왑
④ 미국 국내은행 우대금리와 Libor 간 스왑

 문제해설

베이시스 스왑(basis swap)은 2가지의 변동금리를 상호 교환하는 스왑으로 Libor, 단기 재무부채권수익률(T-bill rate), 미국 우대금리(prime rate), 유럽 CD금리지수(Composite Index of Euro Commercial Paper Rate) 등 서로 다른 시장의 변동금리를 교환한다.

089

C은행은 Libor−0.1%로 자금을 조달하여 D사에게 우대금리+1.10%로 대출하여 베이시스 리스크에 노출되나, 스왑딜러와 3개월 Libor를 받고 우대금리−1.10%를 지급하는 베이시스 스왑을 체결하여 베이시스 리스크를 제거하였다. 베이시스 스왑의 결과 총조달금리와 총손익은 얼마인가?

① 총조달금리 : 우대금리−1.20%, 총손익 : +2.30%
② 총조달금리 : 우대금리+1.20%, 총손익 : −0.10%
③ 총조달금리 : 우대금리−2.20%, 총손익 : +3.30%
④ 총조달금리 : 우대금리+2.20%, 총손익 : −1.10%

문제해설

총조달금리 = 총지불금리 − 수취금리 = Libor−0.1% + 우대금리−1.10%−Libor = 우대금리−1.20% 이다. 결국 Libor 리스크는 없애고 우대금리 리스크만 남지만, D사로부터 우대금리+1.10%를 받으므로 우대금리 리스크도 없어져 확정적인 금리차익 2.30%가 남는다.

090

원화 이자율스왑 시장에서 음(−)의 스왑스프레드가 지속되는 원인으로 볼 수 없는 것은?

① 국내 은행들이 발행하는 CD는 발행시장만 있고 유통시장은 거의 없어 은행의 단기금리 지표로서의 대표성이 없기 때문이다.
② 시장규모의 확대에도 불구하고 만성적인 수급 불균형이 지속되고 있기 때문이다.
③ 스왑을 이용하는 최종수요자들의 스왑거래에 대한 니즈가 낮았기 때문이다.
④ 국내에는 5년물, 10년물 국고채 선물이 상장되었으나 거래량이 미미하여 장기 이자율스왑의 헤지 수단으로 사용되기에는 부족하다.

더 알아보기

 원화 스왑스프레드
• 양(+)의 스왑스프레드 : 스왑금리 > 국채수익률
• 음(−)의 스왑스프레드 : 스왑금리 < 국채수익률

문제해설

스왑을 이용하는 최종수요자들의 스왑거래에 대한 니즈(needs)가 낮았기 때문에 원화 스왑시장의 생성과 발전이 더디게 된 원인이다. 원화 이자율스왑 시장에서 음(−)의 스왑스프레드가 지속되는 또 다른 원인으로는 국내에는 국고채를 담보로 한 효율적인 repo 시장이 존재하지 않아 금리스왑을 효과적으로 관리할 수 없기 때문이다.

091

금리스왑 계약을 체결한 다음 일정기간 경과 후 고정금리 수취자가 기준 스왑포지션의 취소권을 가지고 있는 스왑은?

① swaption
② callable swap
③ puttable swap
④ extendible swap

문제해설

스왑거래 조건에 다양한 옵션조항을 결합시킨 형태로 puttable swap은 고정금리 수취자가 취소권을 가지고 있다.

092

B은행은 2×5 7.5% payer's swaption을 매수하였다. 2년 뒤에 3년 만기 스왑금리가 6.7%가 되었다면 B은행은 어떻게 할 것인가?

① B은행은 옵션을 행사하여 7.5% 지급하는 스왑을 한다.
② B은행은 옵션을 행사하여 6.7% 지급하는 스왑을 한다.
③ B은행은 옵션을 행사하여 6.7% 영수하는 스왑을 한다.
④ OTM옵션이 되므로 거래를 행사하지 않는다.

변동금리는 행사금리보다 낮기 때문에 OTM옵션에 해당되므로 거래를 행사하지 않을 것이다.

더 알아보기 스왑션(swaption)
• payer's swaption : 고정금리를 지급하는 스왑을 할 수 있는 권리
• receiver's swaption : 고정금리를 수취하는 스왑을 할 수 있는 권리

093

비표준형 스왑 중 고정금리와 관련된 스왑이 **아닌** 것은?

① zero-coupon swap
② roller-coaster swap
③ step-up swap
④ step-down swap

문제해설

• zero-coupon swap은 고정금리 지급이 매번 이루어지는 것이 아니라 만기에 일시 지급된다.
• step-up swap 혹은 step-down swap은 변동금리와 교환되는 고정금리가 표준스왑과 달리 몇 단계로 나뉘어 커지거나 작아지는 스왑이다.

094

원화 이자율스왑 시장의 관행으로 가장 거리가 먼 것은?

① 거래되는 만기는 1~10년까지가 주로 거래된다.
② 달러화와는 달리 절대금리로 고시되고 거래된다.
③ 고정금리와 변동금리가 모두 3개월마다 교환되며, 이자계산 방법은 모두 act/365가 적용된다.
④ bid rate 4.27%는 스왑뱅크가 4.27%를 3년간 매 분기마다 수취하고 CD금리를 지급하겠다는 의미이다.

문제해설

bid rate 4.27%는 스왑뱅크가 4.27%를 3년간 매 분기마다 지급하고 CD금리를 수취하겠다는 의미이다.

095

국내 금융기관이 원화 이자율스왑 거래를 활용한 사례로 적절하지 <u>않은</u> 것은?

① A생명보험은 주로 단기채권으로 된 자산과 종신보험 등 장기 고정부채를 과다하게 보유하고 있고, 자산은 주로 단기채권으로 구성되어 있어 장기 pay스왑을 통해 자산 듀레이션을 장기화하였다.
② B은행은 고객에게 변동금리 대출과 동시에 이자율스왑 거래를 체결하여 고객에게 더 낮은 금리로 대출을 제공하고 추가적인 수익도 창출하였다.
③ C운용사는 2년 만기 통안채에 투자하였는데, 고정금리를 지급하고 CD금리를 지급하는 pay 스왑을 체결하여 금리상승에 대한 위험과 본드-스왑 스프레드를 이용할 수 있다.
④ D은행은 CD금리 하락리스크에 노출되어 있는 변동금리 자산과 고정금리 부채의 금리 갭을 관리하기 위해 receive 스왑으로 자산과 부채를 효율적으로 관리하였다.

문제해설

A생명보험은 주로 단기채권으로 된 자산과 종신보험 등 장기 고정부채를 과다하게 보유하고 있고, 자산은 주로 단기채권으로 구성되어 있다. 시장금리가 상승한다면 높은 수익률로 단기자산을 roll-over할 수 있겠지만, 향후 시장금리가 하향 안정화된다면 자산수익률은 하향할 것이다. 따라서 A생명보험은 장기 receive 스왑을 통해 자산 듀레이션을 장기화할 수 있다.

096

구조화상품을 경로의존형, 첨점수익구조형, 시간의존형, 다중변수의존형, 중첩옵션형, 레버리지형 등으로 구분하였다. 이는 어떤 기준에 따른 것인가?

① 구조화상품의 거래형태
② 구조화상품에 내재되어 있는 파생상품의 유형
③ 기초자산
④ 이색옵션의 형태

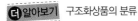

더 알아보기 — 구조화상품의 분류
- 구조화상품의 거래형태, 구조화상품에 내재되어 있는 파생상품의 유형과 기초자산에 따라 수많은 종류의 구조화상품이 있을 수 있다.
- 거래형태에 따라 구조화채권, 구조화 파생상품펀드와 같은 구조화 예금으로 나눌 수 있고 내재된 파생상품의 유형에 따라 단순한 옵션으로 구성되어 있으나 이색옵션으로 구성되어 있느냐로 구분할 수 있다.
- 이색옵션의 형태에 따라 경로의존형, 첨점수익구조형, 시간의존형, 다중변수의존형, 중첩옵션형, 레버리지형 등으로 더 나눌 수도 있다.

문제해설

경로의존형, 첨점수익구조형, 시간의존형, 다중변수의존형, 중첩옵션형, 레버리지형 등은 이색옵션(exotic option)의 형태에 따른 구분이다.

097

구조화상품에 관련된 내용으로 거리가 먼 것은?

① 구조화채권은 주로 투자자들에게 수익률 향상의 수단으로만 사용되고 있다.
② 투자은행은 수요자와 공급자의 수요와 요구조건을 파악하여 구조화채권을 설계하여 발행을 주선하고, 채권발행의 각종 문서화를 담당한다.
③ 국내 이자율연계 구조화상품은 주로 구조화채권의 형태로 기관투자자들의 채권 포트폴리오에 편입되었다.
④ 투자자의 요구사항을 수용한 맞춤형 상품을 만들 수 있다.

문제해설

구조화채권은 투자수단뿐만 아니라, 리스크 관리수단으로도 사용될 수 있다. 어떤 금융기관이 변동금리 부채규모가 크고 금리상승 리스크에 노출되어 있다면, 변동금리 지표에 레버리지된 super floater note 투자를 통해 금리민감도를 조절할 수 있다.

098

국내 이자율스왑시장에서의 receive 수요와 관계가 <u>없는</u> 것은?

① 단기자금 펀드나 단기채권 펀드의 규모의 확대
② 장기 선물환 매도 수요의 증가
③ 은행들의 장기 고정금리 부채 듀레이션 축소
④ 구조화채권 발행에 따른 금리포지션의 헤지 수요

단기자금 펀드나 단기채권 펀드의 규모가 확대되면 pay 스왑이 늘어날 것이다. 펀드 운용회사들은 장기 채권을 투자하고, pay 스왑을 통해 자신의 듀레이션을 축소할 수 있기 때문이다.

099

기초자산이 이자율연계상품인 구조화상품은?

① CDO(Collaterized Debt Obligation)
② Inverse FRN
③ Equity Index Linked Note
④ FX-linked Note

기초자산에 따라 구조화상품을 분류할 수 있는데 CDO는 신용연계상품, 역변동금리채(Inverse FRN)는 이자율연계상품, 주가지수연계채권(Equity index Linked Note)은 주식연계상품, 환율연계채권(FX-linked Notd)은 통화연계상품으로 분류된다.

100

스왑시장에서 장기간 지속된 음(−)의 스왑스프레드의 왜곡현상을 이용한 구조로 각각의 수익률곡선에 내재되어 있는 이론적인 단기금리 스프레드의 역전현상(CD−3m KTB)을 이용한 구조화채권은?

① CMS spread range accrual note
② daily CD range accrual note
③ power spread note
④ dual index FRN

power spread note에 대한 설명으로 음(−)의 스왑스프레드가 확대된 상황에서 더욱 매력적인 조건(높은 쿠폰)의 power spread note를 설계할 수 있어 power spread note에 대한 투자자들의 수요는 꾸준하였다.

101
구조화채권에 대한 설명으로 가장 거리가 <u>먼</u> 것은?

① range accrual 구조는 변동금리 index가 특정구간 범위 내에 머무를 경우에만 쿠폰을 counting하여 계산한다.

② inverse FRN은 변동금리 지표인 CD금리가 상승하면 높은 쿠폰을 지급하고 CD금리가 하락하면 지급하는 쿠폰이 낮아진다.

③ callable note는 가장 간단한 형태의 구조화채권으로 발행자가 만기 이전에 조기상환할 수 있는 채권이다.

④ dual index FRN은 FRN의 쿠폰 결정이 2개의 변동금리 index에 의해 결정되는 구조이다.

문제해설

일반적인 FRN(CD+스프레드)은 변동금리 지표인 CD금리가 상승하면 높은 쿠폰을 지급하고 CD금리가 하락하면 지급하는 쿠폰이 낮아진다. 그러나 inverse FRN은 이와 반대의 쿠폰 지급 형태를 갖는다.

102
이자율연계 구조화채권의 발행이 금리시장에 미치는 영향으로 가장 거리가 먼 것은?

① CMS spread range accrual note의 발행이 많아지면 스프레드 스왑 pay 수요가 많아져 스왑 수익률곡선의 우상향이 심화된다.

② power spread note의 발행이 스왑시장과 채권시장에 미치는 영향은 아주 미미하다.

③ US$ Libor range accrual quanto note 발행 시 스왑뱅크는 금리리스크를 헤지하기 위해 스왑시장에서 5년 만기 receive 원화 이자율스왑 수요가 발생한다.

④ inverse FRN(역변동금리채)은 델타헤지에서 거의 2배가 leverage된 상품으로 금리시장에 미치는 영향이 callable note보다 크다.

문제해설

power spread note의 쿠폰계산식이 CD-3m KTB 스프레드에 12배만큼 곱하게 되므로, 레버리지가 많이 된 상품이다. 따라서 스왑시장과 채권시장에 미치는 영향은 아주 크다.

103

다음 ⊙과 ⓒ에 해당하는 용어가 바르게 짝지어진 것은?

> 구조화스왑은 고정금리와 (⊙)이(가) 교환되거나 혹은 변동금리와 (⊙)이(가) 교환되는 (ⓒ) 이자율스왑의 일종이다.

	⊙	ⓒ
①	구조화쿠폰	비정형
②	Libor	비정형
③	구조화채권	표준형
④	단기 미 재무부채권 수익률	표준형

104

국내 금융기관에서 원화 이자율스왑 거래를 활용한 사례로 적절하지 않은 것은?

① K은행은 CD금리 하락위험에 노출되어 있어 변동금리 자산과 고정금리 부채의 금리 갭을 관리하기 위해 receive 스왑으로 자산과 부채를 관리하였다.

② H생명보험은 주로 단기 채권으로 된 자산과 종신보험 등 장기 고정부채를 과다하게 보유하고 있어 장기 receive 스왑을 통해 자산 듀레이션을 장기화 하였다.

③ W은행은 고객에게 변동금리 대출과 동시에 이자율스왑 거래를 체결하였다.

④ J투자신탁증권의 채권운용팀은 음(−)의 스왑스프레드가 지속되어 3년 만기 국고채에 투자하고 receive 스왑을 거래하였다.

105
통화스왑 거래의 특징을 요약한 것으로 가장 거리가 먼 것은?

① 만기원금 교환의 적용환율은 만기환율과 관계없이 거래시점의 환율이 동일하게 적용된다.
② 통화스왑은 거래상대방 간의 이종통화의 상호대출계약이라고 할 수 있다.
③ 주기적인 쿠폰교환은 선물환거래와 동일하다.
④ 초기원금과 만기원금 교환에 적용되는 환율은 동일하다.

초기원금 교환, 주기적인 쿠폰 교환, 만기원금 교환을 각각 현물환 FX거래(FX spot 거래), 이종통화의 쿠폰스왑(원금과 교환 없이 서로 다른 통화의 쿠폰만을 교환하는 스왑), 선물환거래(FX forward : 단, 선물환 환율은 FX spot과 동일)로 나눌 수 있다.

106
각사는 비교우위론에 의해 자금을 조달하고 통화스왑을 할 경우 D자동차와 J전자, 스왑딜러가 절약하게 될 금리의 총액은 얼마인가(단, 거래비용은 무시한다)?

구분	고정금리시장	변동금리시장	스왑	
			지급	수취
D자동차	Euro 7.5%	US$ Libor	US$ Libor	Euro 7.93%
J전자	Euro 9.0%	US$ Libor	Euro 8.42%	US$ Libor

① 1.01% ② 1.5%
③ 1.99% ④ 2.48%

D자동차는 고정금리시장에서 J전자는 변동금리시장에서 각기 비교우위가 있으며 순차이는 1.5%가 발생한다.

 더 알아보기 선물거래와 선도거래의 비교

- D자동차는 유로화 고정금리 7.5%로 차입함과 동시에 스왑딜러와 US$ flat을 지불하고 유로화 고정금리 7.93%를 수취하는 통화스왑을 체결하고, J전자는 US$ Libor flat으로 차입함과 동시에 스왑딜러와 유로화 8.42%를 지급하고 US$ Libor를 받는 통화스왑을 체결하게 된다.
- 스왑의 결과 D자동차는 Libor−0.43%의 변동금리로 차입하는 효과로 단순히 변동금리시장에서 차입할 때보다 0.43%의 비용을 절감할 수 있다. J전자는 Euro8.42% 고정금리로 차입할 수 있어 단순히 유로화 고정금리로 차입할 때보다 0.58%의 비용을 절감할 수 있게 되었다.
- 한편, 스왑딜러는 0.49%의 차익을 얻게 된다. 그 이익의 합계는 D자동차의 0.43%, J전자의 0.58%, 스왑딜러의 0.49%의 이익을 합치면 모두 1.5%가 되어 비교우위에서의 순차이 1.5%와 일치한다.

107

통화스왑의 베이시스 스프레드가 발생하는 주된 원인은?

① 각 통화국 은행들(스왑뱅크)의 달러화 차입시장에서의 신용도 차이로 인한 것이다.
② 각 통화국의 환율 추이로 인한 것이다.
③ 달러 차입시장과 국내 엔화 차입시장에서의 조달비용 차이에 따른 것이다.
④ 통화스왑 시장에서의 수요와 공급 요인에 의한 것이다.

문제해설

한때 일본계 은행의 신용도 하락으로 달러 조달시장에서의 Japan premium은 결국 이러한 베이시스 통화스왑의 마이너스(−) 베이시스를 가져오게 되었다. 결론적으로 통화스왑의 베이시스 스프레드가 발생하는 원인은, 각 통화국 은행들(스왑뱅크)의 달러화 차입시장에서의 신용도 차이고 인해 발생하게 된다.

108

P은행은 Q기업과 달리 초기원금을 수취하고 원화 초기원금을 지급하는 통화스왑 거래에 있어 달러 현금흐름이 현재가치의 합이 −US$702,654 이고 원화 현금흐름의 현재가치의 합은 ₩896,941,052이며, 거래시점의 환율은 1,200원/US$이나 현재 환율이 1,100/US$로 하락하였다면?

① P은행의 평가손실폭이 더욱 커졌다.
② P은행의 평가이익은 거래시점보다 커졌다.
③ Q기업에게 평가이익이 발생하였다.
④ Q기업의 평가손실폭이 줄어들었다.

문제해설

• 거래시점의 순현재가치
  = −US$702,654 +
  ₩896,941,052/1,200
  = US$44,797
• 현재의 순현재가치
  = −US$702,654 +
  ₩896,941,052/1,100
  = US$112,747로 평가이익이 커진다.

109

달러 고정금리 수취와 원화 고정금리 지급 통화스왑의 헤지 방법은?

① 원화 고정금리 receive 통화스왑 + 달러 pay 이자율스왑
② 원화 고정금리 pay 통화스왑 + 달러 receive 이자율스왑
③ 원화 고정금리 receive 통화스왑 + 선물환 거래
④ 원화 고정금리 pay 통화스왑 + 선물환 거래

 더알아보기　달러 고정금리 수취와 원화 고정금리 지급 통화스왑 헤지
- 달러 고정금리 수취 vs 원화 고정금리 지급 통화스왑의 헤지 ⇒ 원화 고정금리 receive 통화스왑 + 달러 Pay 이자율스왑
- 달러 고정금리 지급 vs 원화 고정금리 수취 통화스왑의 헤지 ⇒ 원화 고정금리 pay 통화스왑 + 달러 receive 이자율스왑

  문제해설

달러 고정금리와 원화 고정금리를 교환하는 통화스왑은 시장에서 거래되는 달러 변동금리와 원화 고정금리를 교환하는 통화스왑과 달러 이자율스왑 추가거래를 통해 헤지할 수 있다.

110

통화스왑을 이용한 장기선물환 매수(달러 매수)의 헤지를 요약한 것은?

① 현물환 매수(달러 매수) + 달러 고정금리 pay 통화스왑 + 원화 receive 이자율스왑
② 현물환 매도(달러 매도) + 달러 고정금리 receive 통화스왑 + 원화 pay 이자율스왑
③ 현물환 매수(달러 매수) + 원화 고정금리 pay 통화스왑 + 달러 receive 이자율스왑
④ 현물환 매도(달러 매도) + 원화 고정금리 receive 통화스왑 + 달러 pay 이자율스왑

 더알아보기　장기선물환 매수 / 매도 헤지
- 장기선물환 매수(달러 매수)의 헤지 ⇒ 현물환매도(달러 매도) + 원화 고정금리 receive 통화스왑 + 달러 pay 이자율스왑
- 장기선물환 매도(달러 매도)의 헤지 ⇒ 현물환매도(달러 매수) + 원화 고정금리 pay 통화스왑 + 달러 receive 이자율스왑

  문제해설

통화스왑의 만기원금 교환은 장기선물환 거래의 헤지수단으로 활용할 수 있다.

111

국내 통화스왑 시장에 대한 설명으로 거리가 먼 것은?

① 국내 자금시장에서 달러의 유동성이 확대되면, 통화스왑의 음(−)의 베이시스가 축소된다.

② 국내 통화스왑 시장에서 원화 고정금리 receive 달러/원 통화스왑 수요가 확대되면, 통화스왑의 음(−)의 베이시스가 확대된다.

③ 보험회사 등 기관투자자의 해외투자가 늘어나면 원화 고정금리 pay 달러/원 통화스왑 수요가 늘어난다.

④ KTB index 스왑거래는 외국계 은행의 국내 '국고채 투자와 원화 고정금리 pay 통화 스왑'의 재정거래 수용에서 나온 통화스왑의 일종이다.

기관투자자의 해외투자가 늘어나면 원화 고정금리 receive 통화스왑(자산스왑) 수요가 늘어난다.

112

다음 스왑에 대한 설명으로 가장 거리가 먼 것은?

① 현금흐름이 발생하며 초기교환, 쿠폰교환, 만기교환으로 나누어진다.

② Back to Back Loan은 어느 한쪽의 채무불이행 시 상호 상계처리 할 수 없다는 단점이 있다.

③ 외환스왑 거래는 단기시장 스왑이고 금리스왑과 통화스왑은 장기 스왑시장이다.

④ 스왑 bid rate = 미 재무부 채권 offer 수익률 + 스왑 bid spread로 계산된다.

Back to Back Loan은 본점 차원에서 상호 대출이 일어나서 상계처리 할 수 있으며, Parallel Loan이 상계 처리할 수 없는 단점이 있다.

113

외국계 은행의 '국고채와 pay 통화스왑'의 재정거래 수요와 보험사 등 기관투자자의 해외투자에 따른 자산스왑(receive 통화스왑) 수요가 만나 외국계 은행이 제공한 통화스왑의 일종은?

① 원화 고정금리 receive 통화스왑

② CMS 스왑

③ KTB index 통화스왑

④ Quanto swap

KTB index 통화스왑은 일반적인 통화스왑 조건과 동일하나, KTB(국고채)가 부도, 지급거절 등의 신용사건이 발생할 경우, 스왑거래를 중도에 조기청산하는 조건과 청산가격(MtM) 산정 시 국고채 가격(손실 발생)을 감안하는 조건이 추가되었다. 외국계 은행이 필요했던 protection buy 효과는 이러한 KTB index 통화스왑의 조건으로 어느 정도 달성될 수 있었다.

114

국내 통화스왑 시장에서의 주요한 receive 통화스왑 수요가 <u>아닌</u> 것은?

① 외국인의 통화스왑을 이용한 재정거래 포지션을 청산할 때
② 보험회사 등 기관투자자의 해외투자가 늘어나고, 통화스왑(자산스왑: receive 스왑)의 수요가 늘어날 때
③ 국내 해외펀드 투자증가로 환율변동 리스크 관리를 위한 선물환 매도 수요가 많아질 때
④ 해외 펀드투자의 손실증가로 인해 선물환 매도거래의 포지션 청산이 발생할 때

문제해설

receive 통화스왑 수요는 국내에서 달러 유동성의 유출을 가져오는 수요와 동일하다. 해외 펀드투자의 손실증가로 인해 선물환 매도거래의 포지션 청산이 발생할 때는 pay 통화스왑 수요에 해당된다.

115

한국회사는 10년간의 장기차입을 원하며 변동채금리시장에서 리보금리 0.5%로 차입할 수 있고, 고정금리채 발행 시 12.5%에 자본을 조달 가능하다. 반면, 일본회사는 변동금리채시장에서는 리보금리에 조달할 수 있고, 고정금리채를 발행 시 10.5%에 조달할 수 있다. 한국회사는 고정금리차입을 선호하고, 일본회사는 변동금리로 차입할 것을 선호하고 있다. 다음 중 가장 거리가 <u>먼</u> 것은?

① 차입여건을 보면, 일본회사가 변동금리와 고정금리 양쪽 모두에서 절대우위를 가진다.
② 일본회사는 고정금리시장에서 비교우위를 가진다.
③ 한국회사는 변동금리시장에서 비교우위를 가진다.
④ 스왑의 이익은 1.0%이다.

문제해설

고정금리시장에서의 차이는 12.5% − 10.5% = 2%, 변동금리시장에서의 차이는 0.5%이다. 양자의 차이인 순차이가 곧 이익이므로 1.5%가 된다.

2장 기타 파생상품 · 파생결합증권

001

장내파생상품과 장외파생상품의 차이를 비교한 것으로 거리가 먼 것은?

구분	장내파생상품	장외파생상품
① 종류	선물, 옵션, 스왑	선도, 옵션
② 표준화	거래내용의 표준화	표준화된 내용 없음
③ 거래상대방	서로 모름	반드시 알아야 함
④ 거래의 보증	거래소에 의해 보증됨	거래당사자 간 신용도에 의존함

문제해설

- 장내파생상품 : 선물, 옵션
- 장외파생상품 : 선도, 옵션, 스왑

002

장내파생상품과 장외파생상품의 특징을 잘못 설명한 것은?

① 장내파생상품은 거래조건이 표준화되어 있으나 장외파생상품은 거래당사자 간의 협의에 따라 정해진다.

② 장내파생상품은 거래소가 규정한 시간에만 거래가 가능하나, 장외파생상품은 24시간 언제든지 거래 가능하다.

③ 장내파생상품은 모든 거래의 이행을 거래소가 보증하나, 장외파생상품은 보증해 주는 기관이 없어 거래당사자 간의 신용도에 의존한다.

④ 장내파생상품은 가격변동에 따라 손익을 매일 정산하나 장외파생상품은 만기 이전에 손익의 정산이나 가치평가가 필요 없다.

문제해설

장외파생상품은 만기 이전에 손익이 정산되지는 않으나 정기적으로 가치평가가 필요하며 금융기관은 평가액을 재무제표에 반영하여야 한다.

003

일정 기간 동안의 기초자산의 평균가격이 옵션의 수익구조를 결정하는 특징을 가지고 있으며 경로의존형 옵션에 속하는 옵션은 무엇인가?

① 아시안옵션   ② 장애옵션
③ 샤우트옵션   ④ 선택옵션

아시안옵션에 대한 설명이다. 평균옵션, 평균가격옵션이라고도 한다.

004

장외파생상품의 경제적 기능 및 특징과 거리가 먼 것은?

① 보유 기초자산의 가격변동위험을 헤지할 수 있는 상품 제공이 가능하다.
② 장외파생상품 자체만으로는 하나의 투자상품이 될 수 없다.
③ 자금조달수단으로 장외파생상품은 주로 채권발행의 형태로 이루어진다.
④ 고객의 욕구에 맞는 금융상품의 제공이 가능하다.

장외파생상품은 그 자체로 하나의 투자상품이 될 수 있다. 예를 들어 주식에 대한 수익률을 수취하고 자금조달비용에 해당하는 금리를 상대방에게 지급하는 스왑계약을 맺는다면 주식을 직접 매수하였을 때와 동일한 손익을 얻을 수 있다.

005

경로의존형 옵션에 해당하지 <u>않는</u> 옵션상품은?

① 샤우트옵션   ② 장애옵션
③ 레인보우옵션   ④ 평균옵션

레인보우옵션은 다중변수의존형 옵션에 속한다.

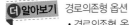 경로의존형 옵션

- 경로의존형 옵션은 기초자산의 가격이 옵션계약기간 동안 어떠한 가격 경로를 통해 움직여왔는지에 따라 만기 시 결제금액이 결정된다.
- 경로의존형 옵션에는 평균옵션(아시안옵션), 장애옵션, 룩백옵션, 래더옵션, 샤우트옵션, 클리켓옵션 등이 있다.

006

다음 (   ) 안에 들어갈 용어가 바르게 연결된 것은?

> 선도계약은 미래의 정해진 날짜에 정해진 가격에 기초자산을 사거나
> 팔 것을 약속하는 계약이다. 이때 기초자산이 금리인 경우 (㉠)이라
> 하고, 환율인 경우 (㉡)이라 한다.

	㉠	㉡
①	선물환	선도금리계약
②	선도금리계약	선물환
③	선물환	스왑
④	스왑	선도금리계약

 알아보기 장외파생상품
- **선도** : 미래의 정해진 날짜에 사전에 정해진 가격으로 기초자산을 사거나
  팔 것을 약속하는 계약
- **옵션** : 미래의 기초자산가격에 대해 미리 정한 행사가격에 기초자산을 매
  수하거나 매도할 권리를 거래하는 계약
- **스왑** : 일련의 현금흐름을 다른 현금흐름과 서로 교환하는 계약

 문제해설

선도계약의 매수자는 미래의 정해 진 날짜에 선도계약의 매도자에게 정해진 금액의 현금을 지불하고 그 대가로 기초자산을 받는다. 기초자 산은 주식이나 채권, 외국환 등이 있으며 특히 기초자산이 금리인 경 우 선도금리계약이라 하고, 환율인 경우 선물환이라 한다.

007

장애옵션에 대한 설명으로 가장 거리가 먼 것은?

① 일정한 가격을 정하여 기초자산가격이 이 가격에 도달한 적이 있을 경
   우 옵션이 소멸되거나 혹은 옵션이 발효되는 것을 말한다.
② 기초자산이 촉발가격을 건드리면 옵션이 소멸되는 것을 녹인옵션
   (knock-in option)이라 한다.
③ 녹아웃옵션의 가격은 현물가격이 촉발가격에 도달하지 않는 한 표준
   옵션과 동일하다.
④ 녹아웃옵션의 가격은 일반적으로 표준옵션보다 저렴하다.

  문제해설

장애옵션은 기초자산가격이 촉발가 격을 건드리면 옵션이 소멸되는 녹 아웃옵션과 촉발가격을 건드리면 옵션이 발효되는 녹인옵션으로 구 분된다. 녹아웃옵션이 가장 많이 사 용되며 옵션이 무효가 될 가능성 때 문에 일반적으로 표준옵션보다 저 렴하다.

008

기초자산의 만기시점 가격이 옵션 수익구조의 기본이 되는 것이 아니라, 일정기간 동안의 평균가격이 옵션의 수익구조를 결정하는 옵션은?

① 선택옵션　　　　　　② 바스켓옵션

③ 스프레드옵션　　　　④ 아시안옵션

아시안옵션은 기초자산의 만기시점 가격이 옵션수익구조의 기본이 되는 일반적인 옵션과는 달리 일정기간 동안의 기초자산가격의 평균이 옵션의 수익구조를 결정한다.

009

경로의존형 옵션에 속하는 것으로 보유자에게 옵션계약기간 동안 가장 유리한 기초자산가격을 행사가격으로 사용할 수 있도록 하는 것은?

① 선택옵션　　　　　　② 아시안옵션

③ 룩백옵션　　　　　　④ 후불옵션

룩백옵션에 대한 설명이다. 룩백옵션에서는 그 동안의 가격데이터를 검토하여 가장 유리한 가격을 선택한 후 행사를 할 것인지 여부를 결정한다. 실제로는 실용가능성이 낮기 때문에 행사가격은 고정시키고 지초자산의 가격을 가장 유리한 가격으로 설정하는 수정룩백옵션이 많이 사용된다.

010

장애옵션에 대한 설명으로 가장 거리가 먼 것은?

① 표준옵션보다 프리미엄이 저렴하다.
② 녹아웃 풋옵션과 녹아웃 콜옵션을 합성하면 표준옵션과 동일하다.
③ 첨점수익구조형 옵션에 해당한다.
④ 크게 녹아웃옵션과 녹인옵션으로 분류할 수 있다.

녹아웃옵션과 녹인옵션의 합성은 표준옵션과 동일하다.

011

첨점수익구조형 옵션에 대한 설명으로 가장 거리가 먼 것은?

① 후불옵션의 매수자는 옵션이 내가격으로 끝났을 때에만 프리미엄을 지불한다.
② 후불옵션의 프리미엄은 후불로 만기 시 결정된다.
③ 디지털옵션의 손익구조는 옵션이 만기일에 내가격 상태이면 약정한 금액을 지급하고 그렇지 않으면 0이 된다.
④ 디지털베리어옵션은 만기까지 한 번이라도 내가격 상태였으면 약정한 금액을 지급한다.

후불옵션의 프리미엄은 지급이 후불이지만 프리미엄의 결정은 계약 체결 시 이루어진다.

012

다음 장외옵션 중 첨점수익구조형 옵션에 속하지 <u>않는</u> 것은?

① 후불옵션
② 디지털옵션
③ 디지털베리어옵션
④ 버뮤다옵션

버뮤다옵션은 시간의존형 옵션에 속한다. 첨점수익구조란 옵션의 수익구조가 일정하게 점프하여 불연속점을 가지는 경우를 말한다. 후불옵션, 디지털옵션, 디지털베리어옵션이 있다.

013

다음 장외옵션 중 시간의존형 옵션에 해당하지 <u>않는</u> 것은?

① 바스켓옵션
② 버뮤다옵션
③ 선택옵션
④ 행사가격결정유예옵션

시간의존형 옵션은 다른 옵션에 비해 시간에 더 민감하거나 종속적인 옵션으로, 버뮤다옵션, 선택옵션, 행사가격결정유예옵션 등이 있다.

014

다음이 설명하는 옵션은 무엇인가?

이 옵션은 사전에 정해진 일정이나 가격수준에서 새로운 행사가격이 확정되는 것이 아니라 옵션의 보유자가 기초자산의 가격이 유리하다고 판단될 때 그 가격을 새로운 행사가격으로 결정할 수 있는 옵션이다. 새로운 행사가격이 형성되면 초기 행사가격과 새로운 행사가격의 차이에서 발생한 내재가치 지급은 보증된다.

① 클리켓옵션　　　　　　② 래더옵션

③ 샤우트옵션　　　　　　④ 평균옵션

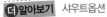 **샤우트옵션**
스텝록래더옵션이나 클리켓옵션과 달리 옵션 보유자가 유리한 가격을 선언(shout)하여 새로운 행사가격을 결정한다는 점이 특징이다.

샤우트옵션에 대한 설명이다. 예를 들어 초기 행사가격이 100인 샤우트콜옵션이 있다고 할 때 기초자산 가격이 107일 때 샤우트하면 행사가격이 107로 재확정되면서 7만큼의 콜옵션 이익이 보증되고, 이후 만기에 110이 되면 그 차액인 3이 추가로 지급된다.

015

다음이 설명하는 옵션은 무엇인가?

이것은 초기에 행사가격을 정하여 두지만 일정한 시점이 되면, 그 시점의 시장가격이 새로운 행사가격이 되도록 하는 옵션이다. 행사가격이 재확정 될 때마다 그 시점에서의 옵션이 내재가치가 실현된 것으로 하여 차액지급이 보장된다.

① 클리켓옵션　　　　　　② 샤우트옵션

③ 래더옵션　　　　　　　④ 후불옵션

클리켓옵션에 대한 설명이다. 예를 들어 초기 행사가격 100인 3개월 만기 콜옵션에 대해 1개월 후와 2개월 후에 당일의 시장가격을 행사가격으로 재확정하도록 하는 클리켓옵션을 설정할 수 있다. 1개월 후 시장가격이 105라면 5의 이익이 보장되면서 행사가격은 105로 재확정되고, 2개월 후 시장가격이 103이 되면 행사가격은 103으로 재확정된다. 3개월 후 만기가 110이었다면 110 − 103 = 7의 이익이 지급된다. 표준옵션이면 110 − 100 = 10의 이익이 발생하지만 클리켓옵션에서는 5 + 7 = 12의 이익이 발생하는 구조를 갖는다.

016

다음 중 다중변수의존형 옵션에 해당하는 상품을 모두 고른 것은?

> ㉠ 콴토옵션　　　　　㉢ 바스켓옵션
> ㉣ 버뮤다옵션　　　　㉤ 디지털옵션
> ㉥ 레인보우옵션　　　㉦ 스프레드옵션

① ㉠, ㉢, ㉣, ㉥
② ㉢, ㉤, ㉥, ㉦
③ ㉠, ㉣, ㉤, ㉥
④ ㉠, ㉢, ㉥, ㉦

문제해설

다중변수의존형 옵션에는 레인보우옵션, 다중행사가격옵션, 피라미드옵션, 스프레드옵션, 바스켓옵션, 콴토옵션 등이 있다. 디지털옵션은 첨점수익구조형 옵션, 버뮤다옵션은 시간의존형 옵션에 해당한다.

017

이 옵션은 서로 다른 두 종류의 자산을 포함하기도 한다. 옵션 만기 때 주가지수가 20%, 채권이 15% 상승했다면, 이 옵션의 보유자는 더 좋은 실적을 가진 주가지수의 20% 상승에 근거한 수익을 받게 된다. 이 옵션은 무엇인가?

① 선택옵션
② 피라미드옵션
③ 레인보우옵션
④ 콴토옵션

문제해설

레인보우옵션에 대한 설명이다. 레인보우옵션은 둘 또는 그 이상의 자산 중 실적이 가장 좋은 것의 손익구조에 따라 가치가 결정된다.

018

이 옵션은 기초자산이 일반적인 자산이 아니라 또 하나의 옵션을 기초자산으로 하는 상품으로, call on call, put on call, call on put, put on put과 같은 형태를 갖는다. 이 옵션은 무엇인가?

① 레버리지형 옵션
② 디지털옵션
③ 버뮤다옵션
④ 중첩옵션

문제해설

중첩옵션에 대한 설명이다. 중첩옵션은 기본적으로 옵션의 기초자산이 또 다른 옵션인 경우에 해당하는 옵션이다.

019

다음 중 옵션상품에 대한 설명으로 가장 거리가 먼 것은?

① 다중행사가격옵션은 여러 개의 행사가격을 가지고 있다.
② 피라미드옵션은 각 자산의 가치와 해당 행사가격 간의 차이의 절댓값을 쌓아 올리듯이 더한 값과 특정 행사가격 간의 차이를 구하여 계산한다.
③ 스프레드옵션은 자산의 가격수준이 아니라 자산가격의 차이가 옵션의 기초자산이 된다.
④ 클리켓옵션은 레인보우옵션의 한 변형이다.

문제해설

레인보우옵션이 변형된 형태는 바스켓옵션이다. 클리켓옵션은 초기에 행사가격을 정해 두지만 일정시점이 되면 그 시점의 시장가격이 새로운 행사가격이 되도록 하는 옵션이다.

020

이 옵션은 개별자산의 가치에 의해서가 아니라 특정한 자산들로 구성된 그룹의 총가치에 근거하여 수익이 계산된다. 포트폴리오의 이론을 응용한 것으로 주로 외환시장에서 많이 사용되는 이 옵션은 무엇인가?

① 바스켓옵션
② 레인보우옵션
③ 다중행사가격옵션
④ 콴토옵션

문제해설

레인보우옵션의 변형인 바스켓옵션에 대한 설명이다. 바스켓을 구성하는 자산들의 가격이 완전한 양(+)의 상관관계를 갖지는 않으므로 전체적으로 변동성이 작아져 개별옵션보다 프리미엄이 저렴한 편이다.

021

행사가격만 정해 놓고 일정시점에서 풋인지 콜인지 여부를 선택할 수 있는 권리를 갖는 옵션은 무엇인가?

① 버뮤다옵션
② 후불옵션
③ 선택옵션
④ 행사각격결정유예옵션

문제해설

선택옵션에 대한 설명이다. 스트래들과 비슷하지만 비용면에서 유리하다.

022

이 옵션은 어느 한 통화로 표시된 기초자산에 대한 옵션의 수익이 <u>다른</u> 통화로 표시되는 경우가 주종을 이룬다. 하나의 기초자산가격에 의해서 옵션의 수익이 결정되지만 위험에 노출된 정도나 크기는 <u>다른</u> 자산의 가격에 의해 결정되는 이 옵션은 무엇인가?

① 바스켓옵션　　　　　　　② 콴토옵션
③ 포트롤리오옵션　　　　　　④ 다중행사가격옵션

콴토옵션에 대한 설명이다. 예를 들어 수익지불이 달러로 이루어지는 종합주가지수에 대한 옵션이 있다고 가정하면, 행사가격을 200pt로 하고 1pt 상승시마다 1달러의 수익을 지급하는 계약을 체결할 수 있다. 종합주가지수가 만기일에 210pt로 마감되면 10달러가 수익이 된다.

023

장외파생상품 설계과정에서의 고려사항으로 거리가 먼 것은?

① 장외파생상품은 장내파생상품에 비해 유동성이 낮다는 점을 고려해야 한다.
② 상품설계 과정에서 상대방에 대한 신용위험과 세금 및 관련 법규도 고려해야 한다.
③ 자금규모에 맞는 적절한 헤지수단을 미리 고려하고 있어야 한다.
④ 장외파생상품의 설계단계에서는 위험관리를 고려할 필요는 없다.

장외파생상품은 설계단계에서 가능한 위험요소들을 고려하여 설계되어야 한다.

024

주가지수가 하락할 경우에는 원금의 일정 비율을 보장받고, 주가지수 상승이 일정 수준에 이를 때까지는 주가지수 상승률에 비례하여 일정한 참여율을 획득하고 만기 이전에 한 번이라도 일정 수준을 초과하면 비교적 낮은 금리의 고정이자를 받는 구조를 가진 상품은 무엇인가?

① Bull Spread ELS　　　　② Digital ELS
③ Reverse Convertible ELS　④ Knock-Out형 ELS

Knock-Out형 ELS에 관한 설명이다. ELS는 원금보전형 주가지수연계증권이다. ELS는 주가지수의 성과에 따라 증권의 수익률이 달라지는 특성을 갖고 있다.

025
장외파생상품의 설계에 대한 설명으로 가장 거리가 먼 것은?

① 장외파생상품 설계의 시작은 문제를 파악한 후 고객의 요구사항을 개념화하는 것이다.
② 헤지수단을 파악한 후 과거 데이터를 이용하여 시뮬레이션을 해야 한다.
③ 일반적인 설계순서는 요구사항의 개념화 → 헤지수단이_ 파악 및 시뮬레이션 → 대안의 제시 및 가격평가이다.
④ 장외파생상품의 설계에는 일반적인 규칙이 있는 것은 아니기 때문에 금융기관마다 구체적 설계과정에 차이가 날 수밖에 없다.

문제해설
장외파생상품의 설계순서는 일반적으로 요구사항의 개념화 → 대안의 제시 및 가격평가 → 헤지수단의 파악 → 시뮬레이션의 순서로 이루어진다.

026
ELS의 종류 중 포지션의 수익구조가 풋옵션 매도와 유사하여 주가지수가 상승할 경우에는 고정된 높은 이자를 받고, 하락시에는 손실이 발생하는 ELS는 무엇인가?

① Bull Spread ELS
② Digital ELS
③ Reverse Convertible ELS
④ Knock-Out형 ELS

문제해설
Reverse Convertible Els에 대한 설명이다.

027
주가지수가 상승할 경우에는 상승률에 관계없이 고정된 수익을 획득하고 주가지수가 하락할 경우에는 원금을 보장받을 수 있는 수익주로를 가진 ELS는 무엇인가?

① Knock-Out형 ELS
② 디지털 콜옵션형 ELS
③ 디지털 풀옵션형 ELS
④ Bull Spread ELS

문제해설
디지털 콜옵션형 ELS에 대한 설명이다. 디지털 풋옵션형 ELS는 주가지수가 하락할 경우에는 하락률에 관계없이 고정된 수익을 획득하고 주가지수가 상승할 경우에는 원금을 보장받는 구조이다.

028

재무상태표상의 자산과 부외자산이 주식시장과 금리, 환율, 상품가격에서의 불리한 움직임으로 발생하는 손실에 대한 위험으로 정의되는 위험은 무엇인가?

① 신용위험
② 유동성위험
③ 운영위험
④ 시장위험

문제해설

시장위험에 대한 설명이다. 시장위험은 VaR 방법으로 측정할 수 있다.

029

다음과 같이 정의되는 위험측정치를 무엇이라 하는가?

> 정상적인 시장 여건하에서 주어진 신뢰 수준에 일정 기간 동안 특정 포트폴리오를 보유하였을 때, 발생 가능한 최악의 손실을 말한다.

① 델타
② 헤지
③ VaR
④ 기대손실

문제해설

VaR에 대한 정의이다. VaR(95%, 5일)이 10억 원이면 현재 포지션을 유지하는 경우 5일 동안 발생 가능한 손실이 10억 원보다 클 확률이 5%라는 의미이다.

 알아보기 VaR

• 금융회사의 위험을 측정하기 위하여 광범위하게 활용되고 있는 위험지표
• 하나의 수치로 위험 정도를 표현하기 때문에 이해가 쉽고 의사소통에 편리하여 상계효과를 감안한 전체적인 위험측정이 가능함
• N일의 VaR = 1일의 VaR × $\sqrt{N}$

030

VaR를 측정하는 방법 중 모형에 의하여 위험요인의 미래 가격을 생성시켜 사용하는 방법으로 시간과 계산비용이 많이 들고 모형위험이 크다는 단점이 있는 방법은?

① 몬케카를로 시뮬레이션
② 역사적 시뮬레이션
③ 델타헤지
④ BIS 접근방법

문제해설

몬테카를로 시뮬레이션에 대한 설명이다. 몬테카를로 시뮬레이션은 옵션의 가치평가를 위해 제안되었다. 이 시뮬레이션은 정확한 옵션가격 공식을 도출할 수 없는 옵션의 가치를 평가하는 데 특히 유용하다.

031

A주식에 100억 원을 투자한 포지션의 일별 VaR를 95% 신뢰수준에서 계산한 것은(단, A주식의 표준편차는 4%라고 가정한다)?

① 4.95억 원 ② 6.6억 원

③ 7.65억 원 ④ 9.5억 원

VaR = a×포지션의 가치×표준편차
(a : 95% − 1.65, 99% − 2.33)
   = 1.65 × 100억 원 × 0.04
   = 6.6억 원

032

B주식에 50억 원을 투자한 포지션의 일별 VaR를 99% 신뢰수준에서 계산한 것은(단, B 주식의 표준편차는 2%라고 가정한다)?

① 2.33억 원 ② 2.78억 원

③ 3.12억 원 ④ 3.45억 원

VaR = a×포지션의 가치×표준편차
(a : 95% − 1.65, 99% − 2.33)
VaR = 2.33 × 50억 원 × 0.02
   = 2.33억 원

033

원자재연계 구조화상품에 대한 설명으로 가장 거리가 <u>먼</u> 것은?

① 가장 대표적으로 거래되는 원유는 서부텍사스산 중질유(WTI crude oil)로 주로 선물에서 거래된다.
② 원자재자산을 이용한 투자상품의 제한으로 날씨, 탄소배출권, 인플레이션 등은 거래대상에서 제외된다.
③ 각 원자재연계 상품마다 구체적으로 어떤 시장에 연동되는지 파악해야 한다.
④ 파생결합증권(DLS : Derivatives Linked Securities), 원자재 파생상품 펀드의 형태로 거래된다.

2009년 2월 시행된, '자본시장과 금융투자에 관한 법률'에 따라 투자대상이 되는 기초자산에 대한 제한이 사라졌다. 따라서 원자재뿐만 아니라 날씨, 탄소배출권, 인플레이션 등 각종 권리에 기초한 파생상품의 거래가 가능하게 되었다.

034

C주식 포지션은 매도포지션이고 개별 VaR는 30억 원이다. D주식 포지션은 매수포지션이고 개별 VaR는 50억 원이다. 두 포지션의 상관관계가 0.60이면 포트폴리오 VaR는 얼마인가?

① 20억 원
② 30억 원
③ 40억 원
④ 50억 원

$\sqrt{50^2+(-30)^2+2\times0.6\times50\times(-30)}$
$= \sqrt{1,600} = 40$억 원

035

A주식과 B주식의 개별 VaR가 각각 4.95억 원과 1.65억 원이라 가정할 때 포트폴리오 VaR는 얼마인가(단, 두 포지션의 상관계수는 0.50이다)?

① 4.34억 원
② 5.95억 원
③ 0.65억 원
④ 2.40억 원

$\sqrt{4.95^2+1.65^2+2\times0.5\times4.95\times1.65}$
$= \sqrt{35.3925} = 5.9491$억 원

036

레인보우옵션에 대한 설명으로 가장 거리가 먼 것은?

① 동종의 자산으로만 구성해야 한다는 한계점을 지니고 있다.
② 스프레드 레인보우옵션은 두 자산의 실적의 합이나 차에 의해 결정된다.
③ 최악 레인보우옵션은 n개의 자산으로 구성된 옵션 중 가장 실적이 나쁜 수익률을 지급한다.
④ 둘 또는 그 이상의 자산 중 실적이 가장 좋은 것의 손익구조에 따라 가치가 결정되는 것이 가장 평범한 형태이다.

레인보우옵션은 주가지수와 채권과 같이 서로 다른 종류의 자산을 포함하기도 한다.

037

F주식의 1주 가격이 100,000원이고 월별 변동성은 5%이다. F주식을 기초자산으로 하는 콜옵션(델타 0.5) 10개를 매수하고, 풋옵션(델타-0.4) 5개를 매수한 포지션의 VaR를 델타-노말 방법으로 계산하면(단, 신뢰수준은 95%이다)?

① 8,250원   ② 16,500원

③ 24,750원   ④ 27,380원

문제해설

- F주식 1주 VaR
  = 1.65 × 100,000 × 0.05
  = 8,250원
- 옵션 포트폴리오와 델타
  = 0.5 × 10 + (-0.4) × 5 = 3
- 옵션 포트폴리오의 VaR는 기초자산의 VaR에 델타를 곱하여 계산하므로 8,250 × 3 = 24,750원

038

장외시장 참여자들이 신용위험을 감소시키기 위한 신용증대제도에 포함되지 <u>않는</u> 것은?

① 증거금, 담보 요구   ② 이자율 고정

③ 상대방별 포지션 한도   ④ 상계협약

문제해설

상대방의 신용위험을 반영하여 스왑계약의 고정금리를 조정하기도 한다.

039

장외파생상품은 당사자 간의 사적인 계약이므로 표준화된 계약서가 중요하다. ISDA가 제정한 ISDA Master Agreement의 구성항목이 <u>아닌</u> 것은?

① 기본계약서   ② 부속계약서

③ 단서조항   ④ 거래확인서

문제해설

기본계약서, 부속계약서, 거래확인서로 구성된다.

| 040~041 | A은행은 5년 만기 금리스왑(액면금액 10만 달러)와 5년 만기 통화스왑(액면금액 30만 달러)의 포지션을 가지고 있다. 현재 시장가치는 금리스왑이 50만 달러, 통화스왑이 −10만 달러이다. 단, BIS가 규정하는 잠재노출 신용환산율은 각각 2%와 5%이다.

040

상계가 인정되지 않을 경우의 A은행 전체 신용위험 노출금액은 얼마로 계산되는가?

① 17,000달러　　　　　② 502,000달러

③ 15,000달러　　　　　④ 517,000달러

 문제해설

- 현재노출은 50만 달러와 0이다.
- 잠재노출은 금리스왑이 2,000 달러(= 100,000 × 2%), 통화스왑이 15,000달러(= 300,000 × 5%)이다.
- 금리스왑의 신용위험 노출금액 = 2,000 + 500,000 = 502,000달러
- 통화스왑의 신용위험 노출금액 = 15,000 + 0 = 15,000달러
- 전체 신용위험 노출금액 = 517,000달러

041

위 문제에서 상계가 인정될 경우 A은행의 전체 신용위험 노출금액은?

① 14,960달러　　　　　② 400,000달러

③ 414,960달러　　　　　④ 517,000달러

 문제해설

- 순현재노출
  = 500,000 − 100,000
  = 400,000달러
- 순잠재노출
  = (0.4 × 총잠재노출) + (0.6 × 총잠재노출)
- 순잠재노출
  = (0.4 × 17,000 + (0.6 × 400,000/500,000 × 17,000)
- 순잠재노출 = 14,960
- 전체 신용위험 노출금액
  = 400,000 + 14,960
  = 414,960달러

042

1년 만기 무이표채의 VaR가 0.4496이고, 2년 만기 무이표체의 VaR가 −0.8992라고 할 때 상관계수를 0.9로 가정하면 금리스왑의 VaR는 얼마인가?

① 0.49   ② 0.53

③ 0.62   ④ 0.78

 문제해설

$$\frac{\sqrt{0.4496^2 + (-0.8992)^2 + 2}}{(0.9)(0.4496)(-0.8992)}$$

$= \sqrt{0.2829}$

$= 0.5319$

| **043~050** | 다음 일자별 자료를 이용하여 물음에 답하시오.

일자	1일	2일	3일	4일	5일	6일	7일	8일	9일	10일
주가	200	205	210	215	220	210	200	210	205	215

043

10일이 만기일이고 행사가격이 200인 평균가격 콜옵션과 평균행사가격 콜옵션의 민기 손익을 각각 계산한 것은?

① 6.9   ② 7.6

③ 8.7   ④ 9.6

 문제해설

10일간 평균은 209이므로
- 평균가격 콜옵션
  = 209 − 200 = 9
- 평균행사가격 콜옵션
  = 215 − 209 = 6

 더알아보기
- 평균가격 콜옵션 : max(0, 기초자산 평균가격 − X)
- 평균행사격 콜옵션 : max(0, 만기 시 기초자산가격 − 기초자산 평균가격)

044

행사가격이 200이고 만기수익이 10인 디지털 콜옵션과 프리미엄이 8,
행사가격이 200인 후불옵션의 만기 수익구조는?

① 10, 7   ② 15, 8

③ 7, 10   ④ 8, 15

문제해설

디지털 콜옵션은 만기가격 215가
행사가격 200보다 높으므로 만기수
익 10으로 확정되고, 후불옵션은 내
가격으로 끝났기 때문에 프리미엄
8을 지급하여 15 − 8 = 7의 수익이
확정된다.

045

촉발가격이 210으로 설정되어 있는 행사가격 200인 Up-and-Out 콜
옵션(rebate 4)의 만기 손익구조는?

① 4   ② 6

③ 14   ④ 19

문제해설

촉발가격 210이 3일째 달성되었으
므로 rebate 4로 수익이 확정된다.

046

촉발가격이 197로 설정되어 있는 행사가격 200인 Down-and-Out 콜
옵션의 만기 수익구조는?

① 3   ② 7

③ 15   ④ 18

문제해설

촉발가격까지 하락하지 않았으므로
일반 콜옵션과 동일하게 만기승릭
인 15가 발생한다.

047

래더수준이 203, 206, 209로 설정된 일반 래더콜옵션의 만기 수익수조는?

① 6

② 9

③ 12

④ 15

일반 래더콜옵션은 만기 기초자산의 가격에서 설정된 래더 중 가장 작은 값의 차액이 손익이 되므로 215 − 203 = 12가 손익이다.

048

래더수준이 205, 208, 211로 설정된 스텝록래더콜옵션의 만기 수익구조는?

① 4

② 7

③ 11

④ 15

205를 돌파하면서 +5가 되고 행사가격은 205, 다시 208을 돌파하면서 +30이 되고 행사가격은 208, 211을 돌파하면 +30이 되고 행사가격은 211, 만기에 +4가 된다.

049

행사가격이 200이고 행사시점이 4일째와 7일째로 설정되어 있는 클리켓 콜옵션의 만기 수익구조는?

① 0

② 15

③ 20

④ 30

4일째 수익은 +15, 행사가격이 215로 재설정되고, 7일째 수익은 없고 행사가격만 200으로 재설정된다. 만기에 215이므로 +15의 수익이 발생한다.

050

행사가격이 200인 샤우트옵션 보유자가 2일째 샤우트하였다면 만기 수익구조는?

① 2
② 5
③ 10
④ 15

문제해설

2일째 샤우트했으므로 +5의 수익이 발생하고 행사가격은 205로 재설정된다. 만기에 +10의 수익이 발생한다.

051

다음 설명 중 옳지 <u>않은</u> 것은?

① 신종증권이란 주가 또는 주가지수, 채권 등의 상품과 다양한 형태의 파생상품이 결합된 상품을 말한다.
② 옵션매수와 매도를 동시에 거래하여 프리미엄이 없는 옵션거래를 Zero-Cost 옵션이라고 한다.
③ 선도스왑 거래는 스왑계약을 체결한 권리뿐만 아니라 의무도 있는 거래이다.
④ 범위선도의 손익구조는 손실은 제한하고 이익은 제한이 없는 구조를 갖고 있다.

문제해설

범위선도의 손익구조는 이익과 손실이 모두 제한되는 구조를 갖고 있다.

052

일반적으로 기초옵션과 직접 매수하는 것보다 비용이 적게 들고 콜옵션을 기초자산으로 하는 콜옵션은 무엇인가?

① 장애옵션
② 룩백옵션
③ 중첩옵션
④ 버뮤다옵션

문제해설

중첩옵션은 옵션에 대한 옵션이다. 중첩옵션의 기초자산은 기초옵션이라 불리우는 다른 옵션이 된다.

더 알아보기 중첩옵션의 형태
- 콜옵션에 대한 콜옵션(call on call)
- 풋옵션에 대한 콜옵션(call on put)
- 콜옵션에 대한 풋옵션(put on call)
- 풋옵션에 대한 풋옵션(put on put)

053

현재 시장에서 3년 만기 스왑금리가 T+60-52로 고시되고 있다. 3년 만기 Treasury 수익률이 5%로 주어진다면 고정금리 수취스왑에 적용되는 금리는 얼마인가?

① 4.40%
② 4.48%
③ 5.52%
④ 5.60%

스왑금리는 5.60-5.52%이므로 고정금리 수취 스왑거래 시에는 스왑 Bid Rate인 5.52%를 적용한다.

054

A은행이 10억 달러 5% 지급 / 1,000억 엔 엔화 3% 수취하는 통화스왑 계약을 보유하고 있다. 이 은행의 시장위험요인이 아닌 것은?

① 엔화 시세 하락
② 엔화 금리 상승
③ 달러 금리 하락
④ 달러 시세 하락

달러 시세의 하락은 지급할 달러의 현재가치를 감소시키므로 이익이 된다.

055

일반적인 VaR의 한계로 볼 수 있는 것은?

① 손실의 최대범위를 알려주지 못한다.
② 손실 발생 확률을 알려주지 못한다.
③ 계산이 복잡하다.
④ 정규분포를 가정하지 않는다.

VaR는 VaR보다 더 큰 손실이 발생하는가에 대한 정보를 제공하지 못한다.

056

신용위험을 측정하는 방법으로 순잠재노출을 구하는 식이 바르게 표시된 것은?

① (0.6 × 총잠재노출) + (0.4 × 순현재노출 / 총현재노출 × 순현재노출)
② (0.4 × 총잠재노출) + (0.6 × 순현재노출 / 총현재노출 × 총잠재노출)
③ (0.5 × 총잠재노출) + (0.5 × 순현재노출 / 총현재노출 × 총잠재노출)
④ (0.4 × 순현재노출) + (0.6 × 순현재노출 / 총현재노출 × 총잠재노출)

문제 해설

순잠재노출
= (0.4 × 총잠재노출) + (0.6 × NGR × 총잠재노출)

057

평균가격옵션(아시안옵션)에 대한 설명으로 가장 거리가 먼 것은?

① 기초자산을 평균하여 사용하며 평균가격옵션과 평균행사가격옵션으로 구분한다.
② 평균가격옵션인 경우 기초자산가격이 하락 추세인 경우 콜옵션 매수자가 유리하다.
③ 평균행사가격옵션인 경우 기초자산가격이 하락 추세인 경우 풋옵션 매수자가 유리하다.
④ 평균가격 산정 시 산술평균뿐만 아니라 기하평균의 사용도 가능하다.

문제 해설

평균가격, 평균행사격 모두 기초자산가격이 하락 추세인 경우 콜옵션 매수자가 유리하다.

058

장애옵션에 대한 설명 중 가장 거리가 먼 것은?

① 기초자산이 촉발가격을 건드려 옵션이 소멸되는 것을 녹아웃(Knock-Out) 옵션이라고 한다.
② 옵션이 녹아웃되어 무효가 되면 대가가 없거나 약간의 현금보상(Rebate)이 이루어진다.
③ 다운 앤 아웃 콜옵션은 장래에 어떤 자산을 매수해야 하는 경우에 유용하다.
④ 다운 앤 아웃 콜옵션의 프리미엄은 표준적 옵션의 프리미엄보다 크다.

문제 해설

다운 앤 아웃 콜옵션은 표준적인 옵션보다 프리미엄이 작다.

059

장외옵션에 대한 설명으로 가장 거리가 먼 것은?

① 녹아웃옵션 + 녹인옵션 = 표준옵션이 된다.
② 룩백옵션은 보유자에게 옵션의 계약기간 동안 가장 유리한 기초자산 가격을 사용할 수 있도록 하는 시간의존형 옵션이다.
③ 수정룩백옵션은 행사가격은 고정시키고 기초자산가격을 가장 유리한 가격으로 설정한다.
④ 래더콜옵션의 가격대가 105, 110, 115로 정해져 있고 시장가격이 104까지 갔다가 109로 끝난 경우의 수익구조는 $\text{Max}(0, 109-105) = 4$가 된다.

룩백옵션은 보유자에게 옵션 계약 기간 동안 가장 유리한 기초자산가격을 사용할 수 있도록 하는 경로의 존형 옵션이다.

060

다음 설명 중 **틀린** 것은?

① 클리켓옵션은 일명 래칫옵션이라고 한다.
② 스텝룩래더옵션은 가격을 기준으로 행사가격이 재조정되고, 클리켓옵션은 일정한 시간을 정해 행사가격을 재조정한다.
③ 샤우트옵션은 경로의존형 옵션이다.
④ 버뮤다옵션은 미국식 옵션과 아시안옵션의 중간 형태로 특정 일자들 중에서 한 번만 행사가 가능한 옵션이다.

버뮤다옵션은 미국식 옵션과 유럽식 옵션의 중간 형태로 특정 일자 중에서 한 번만 행사가 가능하다.

061

다음 장외옵션 중 **다른** 조건이 동일하다면 풋옵션의 가격(프리미엄)이 가장 높은 것은?

① 장애옵션
② 미국식 옵션
③ 유력식 옵션
④ 버뮤다옵션

장애옵션은 일반적으로 표준옵션보다 가격이 저렴하며, 버뮤다옵션은 유럽식 옵션과 미국식 옵션의 사이이다.

062

다음은 어떤 장외옵션에 대한 설명이다.

> 다중변수의존형(Multi-Factor dependent) 옵션 중에서 각 자산의 가치를 가중치로 하여 옵션의 손익을 계산하였다.

① 포트폴리오옵션
② 피라미드옵션
③ 바스켓옵션
④ 샤우트옵션

문제해설

각 자산의 가치를 가중치로 계산한 것은 바스켓옵션이고, 각 자산의 수량을 가중치로 계산한 것은 포트폴리오옵션이다.

063

다음은 어떤 장외옵션에 대한 설명인가?

> 옵션의 매수자는 만기에 기초자산과 행사가격이 같은 등가격 옵션을 받게 되며, 피리어드캡처럼 계속 옵션이 생성되고 행사된다.

① 퀀토옵션
② 행사가격결정유예옵션
③ 레인보우옵션
④ 디지털옵션

문제해설

행사가격결정유예옵션에 대한 설명이다.

064

A주식의 포지션은 매수포지션이고 개별 VaR는 100이고, B주식의 포지션은 매도포지션이고 개별 VaR는 200이다. 두 포지션의 상관관계가 0.5이면 포트폴리오 VaR는 얼마인가?

① 14.2
② 17.3
③ 20
④ 26.5

문제해설

$\sqrt{10^2+(-20)^2+2\times0.5\times10\times(-20)}$
$=\sqrt{300} ≒ 17.3$

065

다음 설명 중 <u>틀린</u> 것은?

① 선도계약 매수자가 환율하락 시 파기할 수 있는 옵션을 파기선도라고 한다.

② 동일한 행사가격의 콜옵션과 풋옵션을 동시에 사는 거래를 스트래들 매수거래라고 한다.

③ 주가상승 시 높은 고종이자를 받고, 주가하락 시 원금보장이 되지 못하는 ELS를 Knock-Out ELS라고 한다.

④ 디지털 풋 옵션형 ELS는 주가하락 시 고정된 수익을 얻고, 주가상승 시 원금을 보장받는 구조이다.

 더 알아보기 Reverse Convertible형 ELS
옵션 매도전략을 통해 수취하는 프리미엄으로 높은 수익률을 추구하는 풋옵션 매도가 내재된 원금비보장형 상품구조를 가진다.

③ Reverse Convertible형 ELS는 주가하락 시 원금보장이 되지 못하고 손실이 늘어난다.

066

A주식의 개별 VaR는 50이고, B주식의 개별 VaR는 100이다. 두 주식의 상관계수가 0.5이면 A 포지션의 공헌 VaR는 얼마인가(단, 소수점 이하 절사)?

① 26   ② 32

③ 36   ④ 41

• 포트폴리오 VaR
$$= \sqrt{50^2 + 100^2 + 2 \times 0.5 \times 50 \times 100}$$
$$= 17500 = 132$$

• 공헌 비율
$$= \frac{50^2 + 0.5 \times 50 \times 100}{132^2} = 0.28$$

• 공헌 VaR = $132 \times 0.28 = 36$

067

다음의 경우 콜옵션 매수자의 수익은 각각 얼마인가?

> 행사가격이 95, 만기일 기초자산가격이 102, 수익이 10인 디지털 콜옵션 매수자, 프리미엄이 5인 후불 콜옵션 매수자

① 7, 5

② 10, 2

③ 10, 7

④ 0, 2

 문제해설

기초자산가격 > 행사가격이므로 디지털 콜옵션 매수자는 10을 얻게 되고, 후불 콜옵션은 프리미엄을 차감한 (102 − 95 − 5) = 2를 얻게 된다.

068

옵션과 옵션이 결합된 것이 <u>아닌</u> 것은?

① 스트래들

② 스트랭글

③ 중첩옵션

④ 스왑션

 문제해설

스왑션은 옵션과 스왑이 결합된 상태이다.

 더알아보기   기초 파생상품을 합성한 구조화상품

- 스왑과 스왑의 결합 : 선도스왑
- 선도와 옵션의 결합 : 파기선도, 범위선도, 참여선도
- 옵션과 스왑의 결합 : 스왑션, callable, puttable, extendible 스왑
- 옵션과 옵션의 결합 : 스트래들, 스트랭글, 수직스프레드, 수평스프레드, 대각스프레드

069

다음 자료에서 촉발가격이 105로 설정되어 있는 행사가격이 99인 Up-And-Out 콜옵션(Rebate : 4)의 만기 손익구조는?

일자	1일	2일	3일	4일	5일
기초자산	104	107	109	105	102

① 3

② 4

③ 5

④ 6

  문제해설

촉발가격인 105가 2일째(107) 통과하였으므로 옵션은 소멸하고 rebate 4를 수취한다.

070

갑 기업은 5억 달러(미화) 5% 지급 / 500억 엔 3% 수취하는 통화스왑을 가지고 있다. 다음 중 갑 기업의 시장위험이 아닌 것은?

① 달러 시세 상승 ② 엔 시세 상승
③ 엔 금리 상승 ④ 달러 금리 하락

달러 시세가 상승하면 손실이, 엔 시세가 상승하면 이익이 발생한다.

071

다음 장외옵션 중 성격이 다른 것은?

① 디지털베리어옵션 ② 레인보우옵션
③ 콴토옵션 ④ 다중행사가격옵션

디지털베리어옵션은 첨점수익구조형이고, 나머지는 다중변수의존형 옵션이다.

072

다음 VaR에 대한 설명 중 틀린 것은?

• 포지션 A의 VaR : 10억 원
• 포지션 B의 VaR : 5억 원

① 두 포지션의 상관계수가 0.5이면 포트폴리오 VaR는 13.2억 원이다.
② 두 포지션의 상관계수가 (−)1이면 포트폴리오 VaR는 5억 원이다.
③ 두 포지션의 상관계수가 (+)1이면 포트폴리오 VaR는 15억 원이다.
④ 두 포지션의 상관계수가 0이면 포트폴리오 VaR는 12.5억 원이다.

두 포지션의 상관계수가 0이면 포트폴리오 VaR $= \sqrt{10^2 + 5^2}$이므로 11.2억 원이다.

더 알아보기 포트폴리오 상관계수
$$VaR = \sqrt{A\,VaR^2 + B\,VaR^2 + 2 \times 상관계수 \times A\,VaR \times B\,VaR}$$

073

다음 설명 중 틀린 것은?

① 상계협약을 체결하여 지급금액을 상계하는 제도는 신용증대 제도의 하나이다.
② ISDA계약서는 기본계약서, 부속계약서, 거래확인서로 구성되어 있다.
③ 신용위험노출금액 = 과거노출 + 잠재노출로 계산된다.
④ 자산보유자의 옵션 매도포지션의 경우 잠재노출액은 Zero(0)이다.

문제해설

신용위험노출액 = 현재노출 + 잠재노출

074

다음의 옵션 중 현재 시장가치가 가장 낮은 것은 어느 것인가?

① 샤우트옵션의 매입자가 샤우트할 때
② 현재 기초자산가격이 스텝록래더옵션(step-lock ladder option)의 래더에 도달했을 때
③ 만기에 근접한 디지털 콜옵션의 기초자산가격이 행사가격보다 상당히 높은 수준을 유지할 때
④ 현재 기초자산가격이 knock-out 콜옵션의 촉발가격(trigger level)에 근접했을 때

문제해설

기초자산가격이 knock-out 옵션의 trigger level에 도달하면 옵션이 무효화되므로 가치가 없어진다.

075

다음의 경우 VaR의 크기는?

> - 현재의 주가 : 1만 원
> - 보유일수 : 100일
> - 변동성 1%
> - 수량 : 1만 주
> - 신뢰수준 : 99%

① 1,330만 원
② 1,830만 원
③ 2,330만 원
④ 2,830만 원

문제해설

주가 × 수량 × $\sqrt{보유일수}$ × 신뢰수준(99% : 2.33) × 변동성(1% : 0.01)
= 10,000×10,000×10×2.33×0.01
= 2,330만 원

076

다음 설명 중 <u>틀린</u> 것은?

① 주요변수의 극단적인 변화가 포트폴리오에 미치는 영향을 시뮬레이션 하는 기법이 위기상황분석(Stress-Testing)이다.

② VaR는 VaR보다 더 큰 손실이 발생할 확률에 대한 정보 및 더 큰 손실의 규모까지 알 수 있다.

③ 몬테카를로 시뮬레이션은 가장 효과적으로 VaR를 계산할 수 있는 방법이나 시간과 비용이 많이 든다.

④ 분석적 분산-공분산 방법은 계산이 빠르다는 장점이 있다.

VaR는 VaR보다 더 큰 손실이 발생할 확률에 대한 정보는 얻을 수 있으나 얼마나 더 큰 손실이 발생하는가에 대한 정보를 얻을 수 없는 한계점이 있다.

077

기업의 환위험 관리전략으로 가장 거리가 <u>먼</u> 것은?

① 국내기업의 통화옵션을 이용한 환위험 관리에서, 과도한 옵션 매수로 인해 지나치게 높은 옵션 프리미엄의 지급이 문제가 되었다.

② 피봇 레인지 선물환을 거래한 기업은 환율이 매수환율과 매도환율 사이의 레인지(range)에 머무를 경우, 거래시점의 현물환율보다 유리한 환율에 달러를 매입하거나 매도할 수 있다.

③ 기업은 외환스왑을 이용하여 외환의 수취, 지급시점의 불일치를 해소할 수 있다.

④ 외화를 대가로 수출하는 기업은 외화 선물환 매도거래를 통해 환위험을 헤지할 수 있다.

무한대의 손실위험을 가지고 있는 이색옵션의 과도한 옵션매도로 인해 제한되지 않은 손실이 문제가 된다.

078

동일한 거래상대방과 동일금액의 두 외환거래(현물거래와 선물환거래)를 거래방향을 반대로 하여 체결하는 한 쌍의 외환거래는?

① 통화옵션(FX option)
② 선물환(forward)
③ 통화스왑(currency swap)
④ 외환스왑(FX swap)

문제해설

외환스왑 거래의 설명이다. 외환스왑 거래는 통화스왑 거래와 혼동되는 데, 통화스왑도 현물환 거래에 해당하는 초기 원금교환과 선물환 거래에 해당하는 만기 원금교환이 발생하지만, 스왑기간이 장기이고 주기적으로 이자교환이 발생한다는 점에서 서로 구별된다. 외환스왑은 주로 만기가 단기이며 외환시장에서 주로 이용된다.

079

신용파생상품시장에 있어 준거자산의 신용사건에 해당죄지 <u>않는</u> 것은?

① 기한의 이익상실
② 지급불능
③ 채무재조정
④ 모라토리엄 선언

문제해설

신용사건은 파산, 지급불이행, 채무재조정, 채무불이행, 기한의 이익상실, 지급이행거절과 모라토리엄 선언으로 구성된다.

080

신용파생상품의 특징으로 가장 거리가 <u>먼</u> 것은?

① 기존자산을 그대로 보유하면서 신용위험을 타인에게 전가할 수 있다.
② 보장매수를 통해 신용위험에 대한 매도포지션을 쉽게 취할 수 있다.
③ 원금의 투자 없이 레버리지가 가능하다.
④ CDS 거래는 채권시장의 유동성에 직접적으로 영향을 받는다.

문제해설

CDS(신용디폴트스왑) 거래는 실물채권을 직접 가지고 있지 않고서도 신용위험만을 분리하여 거래할 수 있으므로 채권시장의 유동성에 직접적으로 영향을 미치지 않는다.

더알아보기 CDS의 구조

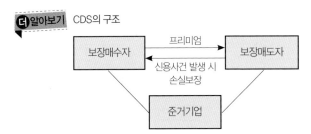

081

신용파생상품에 대한 설명으로 거리가 먼 것은?

① CDS의 보장매도자는 준거기업에 대한 신용위험을 이전하는 대신 보장매수자의 신용위험을 인수하게 된다.
② 신용파생상품은 복제형(replicate) 상품과 신용디폴트(credit default) 상품으로 구분된다.
③ 신용파생상품 시장의 참여자들은 신용위험의 보장매수와 매도(CDS 거래를 통해)를 통해 다양한 차익거래를 추구한다.
④ 준거기업의 신용사건 발생 시 자산의 회수비율을 회수율이라고 한다.

문제해설

신용디폴트(CDS : Credit Default Swap)에서 만약 이전에서 서로 정한 신용사건이 발생할 경우 보장매도자는 손실금(채무원금 – 회수금액)을 보장매입자에게 지급한다. 신용위험의 인수대가인 CDS 프리미엄은 준거자산의 신용사건 발생가능성, 신용사건 발생 시 준거자산의 회수율, 보장매도자의 신용도 등에 따라 결정된다. 여기서 보장매수자는 준거기업에 대한 신용위험을 이전하는 대신 보장매도자의 신용위험을 인수하게 된다.

082

신용파생상품의 유용성에 대한 설명으로 가장 거리가 먼 것은?

① 부외거래가 많아 규제와 감독의 틀을 벗어날 수 있다.
② 금융기관에게는 신용위험 이전에 따른 위험자산의 감소로 추가적인 신용공여 여력을 창출할 수 있다.
③ 어떤 법적 규제나 제약으로 인해 직접적으로 시장에 진입하지 못할 때 간접적으로 참여할 수 있다.
④ 대출과 같이 매각하기 힘든 자산에 비해 쉽게 거래할 수 있으므로 유동성이 상대적으로 높다.

문제해설

금융당국의 입장에서 신용파생상품의 경우는 부외거래가 많아 규제와 감독의 틀을 벗어날 수 있어 적시에 대응하기가 힘들다.

더 알아보기 신용파생상품의 유형
- 금융기관에게는 효율적인 신용위험 관리수단이 된다.
- 유동성이 떨어지는 자산에 유동성을 증가시킬 수 있다.
- 신용위험에 대한 새로운 투자기회를 제공한다.
- 신용위험의 가격발견 기능이 재고될 수 있다.

083

다음 중 신용파생상품시장의 현황에 대한 상황으로 부적절한 것은?

① 전 세계 신용파생상품시장에서 초창기 market maker였던 은행은 여전히 시장참여비중이 꾸준히 증가하고 있다.

② 전 세계 신용파생상품시장의 상품종류별로 CDS, 신용지수(credit index)상품, 합성CDO 순으로 거래비중이 높다.

③ 국내 신용파생상품의 기초자산은 신용도가 높은 우량 회사채를 대상으로 이루어지고 있다.

④ 국내에서는 보험사를 중심으로 신용보장매도를 통해 고수익의 투자수단으로 활용되고 있다.

문제해설

초창기 market maker였던 은행의 비중이 하락하는 대신 헤지펀드의 시장참여비중이 큰 폭으로 증가하고 있다.

084

보장매수자가 기초자산에서 발생하는 이자, 자본수익(손실) 등 모든 현금흐름을 보장매도자에게 지급하고, 보장매도자로부터 약정한 수익을 지급받는 계약인 신용파생상품은?

① 신용스프레드 옵션(credit spread option)

② 신용파생지수(CDS index)

③ 총수익률스왑(TRS)

④ 신용연계채권(CLN)

문제해설

총수익률(TRS : Total Return Swap)에 대한 설명으로, TRS는 신용사건이 발생하지 않는 평상시에도 기초자산의 시장가치를 반영한 현금흐름이 발생한다. 즉, TRS는 신용위험뿐만 아니라, 시장위험까지도 동시에 이전한다.

더알아보기 주요 신용파생상품
- **총수익률스왑(TRS : Total Return Swap)**
- 신용스프레드상품
- **신용연계채권(CLN : Credit Linked Note)**
- 신용파생지수
- 최우선부도 연계채권
- 현금흐름 담보부대출채권
- 합성담보부 대출채권

085

신용연계채권(CLN) 투자자는 준거기업의 신용위험은 인수할 수 있으나, 발행자의 신용위험은 인수를 원하지 않을 수 있다. 이를 해결하기 위한 또 다른 형태의 CLN 구조는?

① CLN 발행자가 보유자산 등을 기초로 하여 준거기업에 대한 CDS가 내재된 CLN을 직접 발행한다.
② 특수목적회사(SPC)를 통해 CLN을 발행한다.
③ CLN의 발행자의 신용에 관한 원리금 상환조건을 변경한다.
④ CLN 발행자의 일반채권 수익률을 조정한다.

 신용연계채권(CLN : Credit Linked Note)
교정금리 채권에 신용파생상품이 내장된 신용구조화상품이다. 즉 채권에 TRS, 신용스프레드상품, CDS 등의 신용파생상품이 가미된 것이다.

CLN 투자자는 준거기업의 신용위험뿐만 아니라, 발행자의 신용위험을 감수해야 하기 때문에 또 다른 형태의 CLN 구조를 고안하게 되었는데, 특수목적회사(SPC or SPV : Special Purpose Company/Vehicle)를 통해 CLN을 발행하면 이러한 문제를 해결할 수 있다.

086

다음은 첨점수익구조형 옵션 중 어느 옵션에 대한 설명인가?

- 옵션이 행사되어야만 프리미엄을 지불하는 옵션이다.
- 만기일 당일에 옵션이 내가격 상태에 있으면 비록 옵션의 내재가치가 프리미엄보다 작더라도 옵션이 자동적으로 행사된다.
- 이 옵션을 매수하는 사람이 누릴 수 있는 이점은 옵션만기에 가서 이 옵션이 외가격 상태가 되면 프리미엄을 전혀 지불하지 않을 수 있다는 것이다.

① 디지털옵션   ② 샤우트옵션
③ 디지털베리어옵션   ④ 조건부프리미엄옵션

조건부프리미엄옵션(후불옵션)에 대한 설명이다.

087

다음 중 ELS의 이론가격계산 시 직접적 영향을 미친 요소가 <u>아닌</u> 것은?

① 잔존만기
② 금리
③ 만기시점 주가기대치
④ 변동성

미래의 주가기대치는 이론가격에 영향을 미치지 않는다.

088

최우선부도 연계채권(FTD CLN)에 관한 사항으로 거리가 <u>먼</u> 것은?

① 바스켓에 포함된 자산의 수가 많으면 FTD 프리미엄은 낮아질 것이다.
② FTD CLN의 투자수익은 FTD 프리미엄과 담보자산 수익의 합이다.
③ 복수의 준거자산을 대상으로 한 상품이다.
④ 준거자산 간의 부도 상관계수가 높다면 FTD 프리미엄은 크게 높아지지 않는다.

바스켓에 포함된 자산의 수가 많으면 신용사건의 대상이 되는 기업이 많으므로 당연히 FTD 프리미엄은 높아질 것이다.

089

다음 중 파생결합증권인 것은?

① 기업어음
② 주식워런트(ELW)
③ 주가연동예금
④ 원자재투자수익증권

대표적인 파생결합증권으로 주식워런트(ELW), ELS(주가연계증권)/DLS(비주식기초자산연계증권), ETN(상장지수증권) 등이 있다.

090

일반적인 신용연계채권과는 <u>다른</u> 신용 포트폴리오의 증권화 구조의 특징으로 거리가 <u>먼</u> 것은?

① 개별 신용위험보다 포트폴리오의 신용위험을 대상으로 한다.
② 신용파생상품과 리패키지기법 그리고 CDO, CBO, CLO 등의 증권화기법이 모두 가미되어 있다.
③ 신용위험 포트폴리오, 즉 복수의 준거자산을 대상으로 한다.
④ 위험회피 및 자금조달 측면에서 발행자에 의해 거래가 주도된다.

문제해설

신용 포트폴리오의 증권화는 신용위험 포트폴리오(대출 및 채권 등), 즉 복수의 준거자산을 대상으로 한다는 면에서 신용파생지수와 유사하지만, 신용위험을 패키지화한 다음 여러 트랜치(trench)로 쪼개어 투자자에게 매각하는 증권화의 개념이다.

091

합성담보부대출채권(Synthetic CLO)과 현금흐름 담보부대출채권(Cash CLO)의 특징으로 가장 거리가 <u>먼</u> 것은?

① CDS와 같은 신용파생상품을 이용하여 자산을 이전하지 않고서도 보유자산의 신용위험을 전가할 수 있다.
② 투자과정에서 자금조달을 수반하지 않는 원금이 비수반(unfunded structure)된 구조를 만들 수도 있다.
③ 합성 CLO 구조는 거래절차가 복잡하고 조달비용이 많이 든다.
④ 보장매수자, 투자자 등의 요구에 맞게 만기, 현금흐름, 위험의 정도 등 구조를 달리하는 상품을 유연하게 설계할 수 있다.

문제해설

합성 CLO 구조는 상대적으로 거래절차가 간편하고 조달비용을 절감할 수 있다.

092

상업은행의 대출잔액을 증권화를 통해 부외자산으로 이전하는 신용파생상품은?

① 현금흐름 담보부대채출권(Cash CLO)
② 합성담보부대출채권(Synthetic CLO)
③ Managed 합성 CDO(Managed synthetic CDO)
④ 최우선부도 연계채권(FTD CLN)

현금흐름 담보부대출채권(Cash CLO : Cashflow Collateralized Loan Obligation)은 상업은행의 대출잔액을 증권화(securitization)를 통해 부외자산(off-balance)으로 이전하는 것으로 상업은행 대출잔액을 유동화시켜 자본규제의 부담을 줄이기 위한 것이다.

093

운용 합성 CDO와 정적인 합성 CDO를 비교한 것으로 옳지 <u>않은</u> 것은?

① 운용 합성 CDO의 신용 포트폴리오는 만기까지 대부분 지속되나 제한적으로 대체 가능하다.
② 운용 합성 CDO는 운용사가 있지만 정적인 합성 CDO는 운용사가 없다.
③ 정적인 합성 CDO는 보장매수자에 대한 거래상대방 위험만 존재한다.
④ 둘 다 거래시점에 포트폴리오를 설정한다.

문제해설

Managed 합성 CDO의 신용 포트폴리오는 운용전략에 따라 적극적으로 대체 가능하며 개별 준거기업의 기간별 long/short 포지션 등 다양한 포지션을 구성할 수 있다.

더 알아보기 운용 합성 CDO와 정적인 합병 CDO

	운용 합성 CDO	정적인 합성 CDO
운용사	있음	없음
거래상대방 위험	개별 CDS 거래상대방에 대한 위험 존재	보장매수자에 대한 거래상대방 위험만 존재
신용 포트폴리오	• 거래시점에 포트폴리오 설정 • 운용전략에 따라 포트폴리오를 적극적으로 대체 가능 • 개별기업에 대한 신용보장 매수/매도 가능	• 거래시점에 포트폴리오 설정 • 만기까지 대부분 지속, 제한적으로 대체 • 신용보장 매도만 가능

094

만기가 10년인 이자율스왑과 통화스왑 거래를 체결하였다. 다음 중 잠재 위험노출금액이 가장 큰 경우는?

① 통화스왑, 체결 후 7년　　　② 통화스왑, 체결 후 5년

③ 금리스왑, 체결 후 7년　　　④ 금리스왑, 체결 후 5년

문제해설

통화스왑의 경우 만기일에 원금을 교환해야 하므로 위험이 훨씬 크고, 확산효과가 만기효과를 항상 지배하게 되어 위험노출금액은 계속 증가하며 또한 위험의 크기도 훨씬 크다.

095

다음의 옵션들 중 다른 조건이 동일하다면 옵션의 프리미엄이 가장 높은 것은?

① 장애옵션　　　　　② 버뮤다옵션

③ 유럽식 옵션　　　　④ 미국식 옵션

문제해설

옵션의 가격(프리미엄)은 미국식 옵션, 버뮤다옵션, 유럽식 옵션 순으로 장애옵션은 일반적으로 표준옵션보다 가격이 저렴하다.

 더 알아보기　신용파생지수와 신용스프레드 옵션

- **신용파생지수(Credit Derivative index or CDS index)** : 신용파생지수 거래는 금융시장에서 거래되는 복수의 CDS 가격을 기초로 산출되는 시장지수를 이용한 거래를 말한다. 따라서 신용파생지수는 단일 준거자산 상품이 아닌 복수 준거자산상품이다.
- **신용스프레드 옵션(credit spread option)** : 신용스프레드가 일정한 범위 내에 머물거나 혹은 범위 밖으로 벗어나는지 여부에 따라 수익률이 달라지는 형태이다. 옵션매수자(보장매수자)가 프리미엄을 옵션매도자에게 지급하는 대신, 약정된 가격으로 기초자산을 매수 또는 매도할 수 있는 권리를 가지는 계약으로 기초자산의 신용도변화에 따른 미래비용이나 수익을 사전에 확장시킬 수 있다.

096

ELS, ELD, ELF에 대한 설명으로 가장 거리가 먼 것은?

① ELD는 예금자보호대상에 포함되지 않는다.
② ELS는 증권사에서 발행하는 증권이다.
③ ELD는 은행에서 발행되는 금융상품으로 원금이 보장되는 구조이다.
④ ELF는 투신사에서 운용하는 수익증권으로 원금이 보장되지 않는다.

문제해설

ELD는 정기예금으로 분류되며 예금자 보호를 받을 수 있다.

 더알아보기 이색옵션의 형태에 따른 구분

	ELD	ELS	ELF
투자형태	정기예금	파생결합증권	수익증권
발행기관	은행	증권사	투신사
예금보호/ 원금 보장	100% 보장	사전약정	보장 없음
만기수익률	사전약정 수익률	사전약정 수익률	실적배당

097

시간의존형 옵션에 대한 설명으로 가장 거리가 먼 것은?

① 시간에 민감하거나 종속적인 옵션을 말한다.
② 미리 정한 특정일자 중에서 한 번만 권리행사가 가능한 경우를 버뮤다 옵션이라고 하며, 미국식 옵션이라고도 한다.
③ 선택옵션은 만기일 이전 미래의 특정시점에서 콜 · 풋옵션 여부를 선택할 수 있는 권리를 가진 옵션을 말한다.
④ 행사가격결정유예옵션은 미리 특정시점에서 당일 기초자산가격과 같도록 행사가격이 설정된 옵션을 말한다.

문제해설

미국식과 유럽식의 혼합형이 버뮤다옵션이다.

 더알아보기 이색옵션의 형태에 따른 구분
- **경로의존형 옵션** : 평균옵션, 장애옵션, 룩백옵션, 래더옵션, 클리켓옵션, 샤우트옵션
- **첨점수익구조형 옵션** : 후불옵션, 디지털옵션, 디지털베리어옵션
- **시간의존형 옵션** : 버무다옵션, 선택옵션, 행사가격결정유예옵션
- **다중변수의존형 옵션** : 레인보우옵션, 다중행사가격옵션, 피라미드옵션, 스프레드옵션, 바스켓옵션, 퀀토옵션

098

신용파생상품의 특징에 대한 설명으로 옳은 것은?

① CDS 프리미엄은 기초지산인 준거기업의 신용위험만을 분리한 가치를 의미한다.

② CDS 보장매도자는 신용사건이 발생하는 경우에만 손실금을 지급하게 된다는 점에서 채권투자자와 유사하다.

③ 준거기업에 대한 부정적 전망으로 신용위험의 증가가 예상될 경우, 매도전략이 어렵다는 단점이 있다.

④ 유동성이 떨어진다는 점이 단점이다.

 문제해설

② 채권투자와 다른 점이다. 즉, 채권투자자는 투자시점에 원금을 지급한다. CDS의 보장매도자는 원금의 투자없이 레버리지효과를 거둘 수 있다.

③ 회사채는 공매도 전략이 어렵지만, 신용파생상품의 경우 보장매입을 통해 신용위험에 대한 매도포지션을 쉽게 취할 수 있다.

④ 신용파생상품은 대출과 같은 매각곤란자산에 비해 쉽게 거래가 가능하다.

099

신용파생상품에 대한 설명으로 가장 거리가 먼 것은?

① 신용파생지수거래는 금융시장에서 거래되는 복수의 CDS 가격을 기초로 산출되는 시장지수를 이용한 거래로, 단일 준거자산상품이 아닌 복수 준거자산상품이다.

② 일반 금융지수와 다른 점은 인덱스에 포함되는 개별 CDS 종목이 주기적으로 바뀌고, 특정한 만기를 가진다는 점이다.

③ 최우선부도연계채권은 신용파생지수거래와 달리 단일 준거자산에 대한 신용위험을 대상으로 한다.

④ 일반적으로 2개 이상의 준거자산으로 바스켓을 구성하고, 바스켓에 포함되는 준거자산은 신용도가 우수한 기업으로 구성되고, 담보채권은 신용도가 더 우수하다.

문제해설

최우선부도연계채권도 신용파생지수거래와 같이 복수의 준거자산을 대상으로 한다.

3과목

리스크관리 및 직무윤리

1장 리스크관리

2장 영업실무

3장 직무윤리 · 투자자분쟁예방

1장 리스크관리

001

리스크관리의 필요성에 대한 설명으로 가장 거리가 먼 것은?

① 금융위기의 원인은 금융기관과 기업의 리스크관리능력이 부족했기 때문이다.

② 리스크관리에 있어서의 문제는 리스크를 줄이는 데 있는 것이 아니라 정확한 위험을 아는 것이다.

③ 리스크관리의 목적은 위험 대비 수익률을 극대화하여 주주의 부를 극대화하는 것이다.

④ 운용자산별 위험도를 설정하여 위험도를 감안한 자기자본요구량을 계산하고 국제적 기준에 부합하는가를 비교한 BIS기준은 적극적인 리스크관리 시스템으로 대두되고 있다.

문제해설

BIS기준은 운용자산별 위험도를 설정하여 위험도를 감안한 자기자본 요구량을 계산하고 국제적 기준에 부합하는가를 단순하게 비교한 것으로 BIS기준의 준수는 소극적인 리스크관리에 불과하다.

002

BIS기준에서 강조한 파생금융상품거래에 수반되는 리스크에 해당하지 않는 것은?

① 노출리스크

② 유동성리스크

③ 법적리스크

④ 시장리스크

문제해설

BIS는 파생금융상품거래에 수반되는 리스크로 시장리스크, 신용리스크, 유동성리스크, 영업리스크, 법적리스크도 고려할 것을 강조하고 있다.

003

"재무상태표상의 자산과 부외자산이 주식시장에서 금리, 환율, 상품가격에서의 불리한 움직임으로 발생하는 손실에 대한 위험"으로 BIS가 정의한 파생금융상품거래에서 수반되는 리스크는?

① 신용리스크
② 영업리스크
③ 시장리스크
④ 유동성리스크

시장리스크(market risk)에 대한 설명이다.

 리스크의 유형

- **시장리스크** : 시장상황이 나빠져서 손실이 발생할 수 있는 리스크로, 구체적으로는 기초자산과 기타 가격결정변수들의 가격변동에 따른 계약가치의 변동이라고 할 수 있다.
- **신용리스크** : 거래상대방이 채무를 이행하지 않을 리스크로, 보유한 포지션이 채무불이행위험에 어느 정도로 노출되어 있는지 현재노출과 잠재노출을 모두 고려해야 한다.
- **운영리스크** : 정보시스템이나 내부통제의 결함으로 인해 예상치 못한 손실이 발생하는 리스크를 말한다.
- **유동성리스크** : 파생금융시장의 침체 등으로 인해 금융기관이 보유한 포지션을 시장가격으로 반대매매를 통해 청산하거나 또는 파생상품의 만기일에 유동성부족으로 결제가 이루어지지 않는 경우에 발생한다.
- **법적리스크** : 계약이 법적으로 무효화되거나 계약 내용의 흠결 등에 따라 발생하는 리스크를 말한다.

004

파생금융상품거래에 있어 발생할 수 있는 리스크에 따른 대비책으로 거리가 먼 것은?

① 법적리스크는 거래 전 상대방의 법적 권한 여부 및 계약의 법적 유효성을 확인한다.
② 파생금융상품의 유동성리스크를 총체적인 유동성 관리차원에서 파악하고, 장외파생금융상품의 경우 결제일 전에 해약에 대한 유동성리스크를 파악한다.
③ 신용위험을 줄이기 위해서는 상계처리할 수 있는 계약을 하거나 담보나 보증 등의 방법을 이용한다.
④ 시장리스크를 관리하기 위해 해당 금융기관의 이사회와 경영진은 업무처리, 시스템 개발과 유지 등에 충분한 예산과 인원을 제공하고 정기적으로 점검한다.

④ 운영리스크(operation risk)에 따른 대비책에 대한 설명이다.

005

국제결제은행 BIS가 3대 리스크로 간주하여 자본을 보유하도록 요구하는 리스크에 해당하지 <u>않는</u> 것은?

① 신용리스크
② 금리리스크
③ 운영리스크
④ 시장리스크

문제해설

국제결제은행은 시장리스크, 신용리스크, 운영리스크를 3대 리스크로 간주하여 이들에 대해서는 자본을 보유하도록 요구하나 금리리스크의 경우에는 감독당국이 필요하다고 판단하는 경우에 추가로 요구할 수 있다고 규정하고 있다.

006

신용리스크를 측정하기 위한 BIS(국제결제은행)의 접근방법이 <u>아닌</u> 것은?

① 금융기관은 최대노출 수치를 이용하여 위험을 통제한다.
② 신용위험노출액은 현재노출금액과 잠재노출금액의 합으로 계산된다.
③ 거래소에서 거래되는 파생상품과 장외시장에서 거래되는 파생상품은 신용리스크에 대한 자본금을 요구하고 있다.
④ 대체비용은 스왑계약이 불이행되었을 때 시장에서 잔여기간의 현금흐름을 대체하는 데 드는 비용을 말한다.

문제해설

거래소에서 거래되는 파생상품은 상대방이 채무불이행하여도 거래소가 계약의 이행을 보장하므로 신용리스크는 거의 없는 것으로 간주된다.

007

다음의 리스크측정의 방법 중 불확실성을 시간적으로 측정하는 방법은?

① 단순이동평균법
② EWMA
③ 상관계수
④ 분산(표준편차)

문제해설

불확실성을 시간적으로 측정하는 방법으로 상관계수를 이용할 수 있다. 가격 또는 수익률분포의 시계열적 독립성을 나타내는 상관계수가 양(+)의 값을 갖는 경우 과거의 수익률이 평균보다 높으면 현재의 수익률도 평균보다 높을 가능성이 매우 크다는 것을 의미한다.

008

G30이 권고한 파생상품에 대한 리스크관리지침과 가장 거리가 먼 것은?

① 다수의 직원들에게 파생금융상품 지식을 습득시켜 파생상품거래를 성사시킬 수 있도록 한다.
② 현재 또는 잠재적 투자금액을 자주 측정하여 파생상품에서 발생하는 신용리스크를 평가해야 한다.
③ 발생주의 회계원칙을 사용하는 금융기관들도 시장리스크를 측정하여 별도의 장부에 기록한다.
④ VaR 방법에 의한 시장리스크를 측정하도록 권고하고 있다.

문제해설

① G30이 권고한 파생상품 리스크관리지침에 따르면 필요한 기술과 경험을 소유한 전문가만이 파생상품거래를 성사시킬 수 있도록 해야 한다.

009

BIS의 파생금융상품에 대한 리스크관리지침과 거리가 먼 것은?

① 금융기관은 파생금융상품거래에 대한 리스크한도와 리스크측정절차, 정보시스템 및 상시감시와 보고체계 등 적절한 리스크관리절차를 수립해야 한다.
② 리스크의 허용한도를 파생금융상품거래에 한정하여 명확하게 설정해야 한다.
③ 효과적인 내부통제제도가 필요하다.
④ 파생금융상품 업무개시 후 업무내용에 중대한 변화가 있을 경우 이사회의 승인을 받도록 한다.

문제해설

② 파생금융상품거래에 따른 리스크의 허용한도는 금융기관의 전반적인 영업활동을 고려하여 종합적으로 설정되어야 한다.

010

변동성을 추정하는 단순이동평균법에 대한 설명으로 가장 거리가 먼 것은?

① 단순이동평균법은 최근의 자료가 오래된 자료보다 더 많은 정보를 가지고 있다는 점을 암시한다.
② 단순이동평균법은 계산하기가 편리하다는 장점을 갖는다.
③ 단순이동평균법은 과거수익률들에 모두 동일한 가중치$\left(\dfrac{1}{m}\right)$를 부여하여 그 정보를 충분히 반영하지 못한다.
④ 일정기간의 이동기간을 설정하고 그 기간 동안의 단순이동평균치를 구하여 변동성을 추정하는 방법이다.

문제해설

단순이동평균법은 과거수익률이 모두 동일한 비중을 가지고 있으므로 최근의 자료가 오래된 자료보다 더 많은 정보를 내포하고 있다는 점이 무시되는 단점이 있다.

011

VaR측정에 대한 설명으로 가장 거리가 먼 것은?

① 금리스왑의 VaR측정을 위해서 계약의 합성포지션을 구성해야 한다.
② VaR는 VaR보다 더 큰 손실이 발생할 확률에 대한 정보는 제공하지만, 손실이 얼마인지 알 수 없다.
③ 통화선도계약의 VaR는 3가지 리스크요인의 VaR를 각각 계산하고 리스크요인 간의 상관계수를 이용하여 종합한다.
④ 델타-노말 방법은 포트폴리오의 델타가 매우 심하게 변할 수 있으며, 포트폴리오의 델타가 상향과 하향 움직임에 있어 비대칭적이다.

문제해설

선도금리계약(FRA)이나 통화선도계약의 VaR측정을 위해서는 합성포지션을 구성하여야 한다.

012

VaR의 개념을 잘못 설명한 것은?

① 특정한 목표보유기간, 신뢰수준 및 확률분포를 전제로 할 때, 정상적인 시장조건하에서 발생할 수 있는 금융자산 또는 포트폴리오의 최대손실예상액 추정치를 말한다.
② 특정기간 동안에 주어진 신뢰수준하에서 발생할 수 있는 최대손실금액이다.
③ 투자결과가 기댓값보다 작은 경우만을 고려하므로 보다 완전한 위험지표이다.
④ 최대손실액 VaR는 'VaR $= c \times \sigma$'와 같이 나타낼 수 있다.

문제해설

VaR $= c \times \sigma$의 식에서 VaR는 수익률로서 측정된 VaR(최대손실률)이고, 금액으로 표시된 최대손실액 VaR를 구하려면 투자액 W를 곱해야 한다. 즉, VaR $= c \times W \times \sigma$

013

VaR의 특징으로 볼 수 없는 것은?

① 예측기간이 짧으므로 위험요인의 변화를 보다 정확히 추정한다.
② 포트폴리오의 분산효과가 클수록 VaR의 감소효과도 크다.
③ 금융변수가 임의 분포인 경우에도 신뢰구간의 추정이 간편하다.
④ 다른 조건이 동일하다면 99% 신뢰수준의 VaR가 95%의 VaR보다 크다.

문제해설

금융변수가 정규분포를 따르지 않을 경우 신뢰구간의 계산은 간단하지 않다. 정규분포가 아니더라도 널리 알려진 특정 분포를 갖는다고 하면 나름대로 계산이 가능하나, 분포의 특성이 알려지지 않은 임의의 분포인 경우에는 다소 복잡한 과정을 거쳐 신뢰구간을 추정하게 된다.

014

다음 중 신용리스크 노출금액이 0인 포지션은?

① 금리스왑 매도포지션
② 선도금리계약 매수포지션
③ 장외옵션 매수포지션
④ 장외옵션 매도포지션

문제해설

옵션을 매도하면 미래의 잠재적 채무만 존재하기 때문에 장외옵션 매도포지션의 현재노출과 잠재노출은 모두 0이다.

015
건전성 증진을 위한 금융기관의 VaR 활용 사례로 거리가 먼 것은?

① 재무제표 작성과 관련하여 이용한다.
② 거래담당자가 금융기관 전체의 포트폴리오 운용성과를 평가한다.
③ 증권회사의 경우 어떤 포지션에 대해 위험을 측정하고 관리할 것인가를 결정한다.
④ VaR개념을 이용하여 포지션 한도를 설정한다.

문제해설

VaR는 규제 관련 보고서나 자본요구량과 관련하여 이용되기도 한다. 금융기관 영업형태에 정책당국의 규제방향이 자산운용의 건전성 추구로, 특히 자기자본 규제로 집중되는 경향을 보이고 있고 필요한 자본요구량 수준을 VaR를 통해 결정하고 있다. 자본량 수준을 정하기 위한 손실가능액 추정에 VaR가 적용될 수 있다.

016
모든 금융자산 및 포트폴리오의 수익률이 정규분포를 따른다고 가정하고 과거자료를 이용하며, 잠재적 손실을 선형으로 측정하는 방법은?

① 역사적 시뮬레이션
② 몬테카를로 시뮬레이션
③ 분석적 분산-공분산 방법
④ 비모수적 방법

문제해설

분석적 분산-공분산 방법은 모든 금융자산 및 포트폴리오의 수익률이 정규분포를 따른다고 가성하고 과거 자료를 이용하여 분산과 공분산을 추정한 후 이를 통 하여 VaR를 구하는 방법이다.

017
파생상품의 거래와 관련한 설명으로 가장 거리가 먼 것은?

① 장외파생상품시장에 대한 규제가 상대적으로 약하며 거래자들 간에 계약관계가 얽혀있다.
② 유동성이 낮으며 상대방 부도리스크에 직접 노출된다.
③ 파생상품은 레버리지 효과가 커서 손실이 발생하면 매우 크게 된다.
④ 계약의 만기가 상대적으로 짧고 가격정보가 다양해 리스크관리가 용이하다.

문제해설

파생상품의 경우 스왑의 경우 길게는 30년까지로 계약의 만기가 상대적으로 길고 거래되지 않으므로 가격 정보가 없다. 때문에 가치는 가치평가모형으로 이론적으로 평가된다. 파생상품은 이와 같은 이유로 리스크관리가 어렵다.

018

Leeson은 선물과 옵션을 이용하여 NIKKEI225의 미래 움직임에 대하여 엄청난 베팅을 하여 대규모 손실을 입혀 1995년 영국은행 Barings를 몰락시켰다. 이의 파생상품 투자실패 사례로부터 얻을 수 있는 적절한 교훈은?

① 유동성위험을 과소평가하지 말자.
② 초기이익을 보수적으로 인식하자.
③ 모형을 맹목적으로 신뢰하지 말자.
④ 전방부서, 후방부서, 위험관리부서를 분리시키자.

Barings 사례는 사기거래자에 의해 파생상품의 손실이 발생한 대표적인 예로 특히, Leeson은 거래업무를 수행하는 동시에 백오피스 업무 또한 관여하여 손실을 은닉할 수 있었다.

019

금융변수들의 비선형성, 변동성의 변화, 분포상의 두터운 꼬리현상과 극단적인 상황 등을 모두 고려한 VaR 측정이 가능하나 모형위험의 단점을 가지고 있는 VaR 방법은?

① 델타-감마 방법　　　　② 델타-노말 방법
③ 몬테카를로 시뮬레이션　　④ 역사적 시뮬레이션

몬테카를로 시뮬레이션은 특정한 확률모형을 이용하여 금융자산의 시장가격에 대한 다양한 시나리오를 만들고, 그 가격들로부터 구한 분포로부터 VaR를 계산하는 방법이다.

020

시장리스크의 측정치인 VaR에 대한 설명으로 가장 거리가 <u>먼</u> 것은?

① 목표기간이 길어지거나 신뢰수준이 높아지면 Var는 오히려 작아진다.
② 통계학적인 리스크측정치로 10일 기준, 99% 신뢰수준에서 측정하도록 한다.
③ 신뢰수준은 리스크의 회피 정도와 기업이 부담해야 하는 비용을 고려하여 결정된다.
④ 정상적인 시장에서 주어진 신뢰수준으로 목표기간 동안에 발생할 수 있는 최대손실금액이다.

일반적으로 목표기간이 길어지거나 신뢰수준이 높아지면 VaR는 커진다.

021

역사적 시뮬레이션에 의한 VaR 계산에 대한 설명으로 거리가 먼 것은?

① 분석자가 과거의 실제수익률을 기초로 완전가치평가 방법으로 평가한다.
② 새롭게 일시적으로 발생한 변동성을 파악할 수 없어 VaR의 신뢰성이 떨어진다.
③ 역사적 시뮬레이션은 모든 재산의 수익률이 정규분포를 따른다고 가정한다.
④ 신뢰성 있는 분포를 구하기 위해 많은 양의 자료들이 필요하다.

문제해설

역사적 시뮬레이션은 특정 확률분포를 가정하지 않고 과거의 실제 수치들을 이용하여 시뮬레이션을 함으로써 VaR를 계산한다.

022

다음의 VaR 계산 방법 중 선형관계 금융자산에 대해서 이용되는 방법은?

① 역사적 시뮬레이션
② 몬테카를로 시뮬레이션
③ 델타-노말 방법
④ 위기상황분석

문제해설

델타-노말 방법은 선형관계를 갖는 금융자산의 정규분포를 가정하고 VaR를 계산하는 방법이다.

023

VaR 측정 방법들을 비교한 것으로 가장 거리가 먼 것은?

① 몬테카를로 시뮬레이션은 위험요인의 분포에 대한 가정을 필요로 하지 않는다.
② 분석적 분산-공분산 방법은 계산이 빠르나 몬테카를로 시뮬레이션은 시간과 비용이 많이 든다.
③ 분석적 분산-공분산 방법과 역사적 시뮬레이션은 민감도 분석을 수행하기가 어렵다.
④ 역사적 시뮬레이션은 이용 자료가 적으면 분포가 조잡하여 VaR추정치의 정확성이 떨어진다.

문제해설

위험요인의 분포에 대한 가정을 필요로 하지 않는 방법은 역사적 시뮬레이션이다. 몬테카를로 시뮬레이션은 위험요인의 분포를 어떤 분포로든 가정할 수 있다.

024

완전가치평가법이 <u>아닌</u> 것은?

① 위기상황분석
② 델타–노말 방법
③ 몬테카를로 시뮬레이션
④ 역사적 시뮬레이션

비선형위험을 제대로 고려하기 위해서는 완전가치평가법이 필요한데, 완전가치평가법은 시장가격의 실제 분포를 이용하는 것으로 주로 시뮬레이션 기법을 이용한다. 분석적 분산–공분산 방법인 델타–노말 방법은 가치평가모형이 반드시 필요하지 않다(부분가치평가법 이용).

025

H금융투자회사는 1일, 95% 신뢰수준을 기준으로 VaR를 산정한다. 이를 BIS(10일 기준, 99% 신뢰기준)에서 권고하는 VaR로 전환하면 약 얼마가 되는가?

① 약 2.2배
② 약 4.5배
③ 같다
④ 약 10배

95% 신뢰수준은 1.65, 99% 신뢰수준은 2.33을 사용하므로,

$$\sqrt{10} \times \frac{2.33}{1.65} = 4.4655$$

026

P항공 주식에 1억 원을 투자한 경우에 일일 변동성이 3%이고 99%의 신뢰수준으로 10일간의 VaR를 구하면?

① 16,864,000원
② 15,642,000원
③ 23,458,400원
④ 22,088,400원

먼저 1일 변동성을 이용하여 10일 변동성을 구하면,
10일 변동성 3% × $\sqrt{10}$ = 9.48%
99% 신뢰수준은 2.33을 이용하므로,
VaR = 2.33 × 1억 원 × 0.0948
= 22,088,400원

027

H주식의 포지션은 매수포지션이고 개별 VaR는 100이다. J주식의 포지션은 매도포지션이고 개별 VaR는 20이다. 두 포지션의 상관관계는 0.30이라면 포트폴리오 VaR는 얼마인가?

① 19.49

② 24.89

③ 23.65

④ 18.23

포트폴리오의 VaR는 개별 자산들의 Y주식과 Z주식의 관계는,

$\sqrt{10^2 + (-20)^2 + 2 \times 0.3 \times 10 \times (-20)}$
$= 19.49$

028

K트레이더는 현재 P항공 주식 2만 주를 공매도하고 있다. 현재 주식가격은 주당 12,000원이며, 일일변동성은 2%이다. 이 주식을 10일간 보유한다고 할 때 95% 신뢰수준에서의 VaR 값은 얼마인가?

① 약 3천 5백만 원

② 약 −3천 5백만 원

③ 약 2천 5백만 원

④ 약 −2천 5백만 원

$1.65 \times (-20,000 \times 12,000) \times 2\% \times \sqrt{10} = 25,046,230$ 그래서 VaR는 절대값이다.

029

95%의 신뢰수준에서 추정한 VaR가 5억 원이라고 할 때 5억 원보다 더 큰 손실이 발생할 확률은 얼마인가?

① 1%

② 2%

③ 4%

④ 5%

VaR보다 더 큰 손실이 발생할 확률
$= 100 - 95 = 5\%$

030

분산효과가 VaR에 미치는 영향에 대한 설명으로 가장 거리가 <u>먼</u> 것은?

① 상관계수는 1과 −1 사이의 값을 가진다.
② 상관계수가 0인 경우 두 자산 간의 완전대체가 성립한다.
③ 상관계수가 1일 경우 분산효과는 전혀 없으므로 포트폴리오의 VaR 는 개별자산 VaR의 단순합이다.
④ 상관계수가 −1인 경우 두 개별자산의 수익률 간에 위험분산효과가 가장 크다.

 알아보기 포트폴리오의 VaR와 분산효과
- 상관계수는 1과 −1 사이의 값을 가지며, 상관계수가 −1에 접근할수록 분산효과는 커진다.
- 상관계수가 −1로서 두 자산 간에 완전 부(−)의 관계가 성립하면 분산효과는 가장 극대화된다.

상관계수가 0인 경우는 두 자산 간의 상관성이 없다. 즉, 포트폴리오의 VaR는 개별 VaR의 단순합보다 작다.

031

매수포지션으로 이루어진 포지션의 VaR 측정에서 포지션 간의 상관관계가 다음 중 어떤 값을 가질 때 분산효과가 가장 큰가?

① −1   ② 0
③ 0.5   ④ 1

매수포지션의 경우에는 상관관계가 −1일 때 분산효과가 가장 크다.

032

개별주식의 수익률이 단일 공통요인에 의해 결정된다고 가정하고 그 공통요인으로 주가지수를 이용하여 분산과 공분산을 추정한 후 이를 이용하여 VaR를 계산하는 것은?

① 한계 VaR   ② 베타모형
③ 완전공분산모형   ④ 대각선모형

베타모형은 단일지수모형이며, 추정한 분산을 이용하는 방법으로 해당 국가의 주가지수로 매핑하는 방법을 취한다.

033

만기 3년의 액면이자율 6%인 채권에 100억 원을 투자하였다. 이 채권의 듀레이션은 2.78년이고, 만기수익률이 10%, σ(Δy)가 0.29%이다. 99% 신뢰수준에서 최대 손실가능액은?

① 1.3억 원   ② 1.5억 원
③ 1.2억 원   ④ 1.7억 원

 더알아보기 우선 이 채권의 가격변동성을 구하면,

$$\sigma\left(\frac{\Delta p}{p}\right) = \left(\frac{2.78}{1.1}\right)0.29\% = 0.73\%$$

VaR = 2.33×100억 원×0.0073 = 1.7억 원

  문제해설

short 원화자금 포지션은 국내채권을 발행한 것과 같고, 원달러 현물환 포지션은 현물환거래, long 달러자금 포지션은 외국채권에 투자한 것과 같다.

034

선물환계약의 VaR를 산정함에 있어 국내채권을 발행한 것과 동일한 결과를 갖는 현물계약 포지션은?

① 원달러 현물환 포지션   ② short 원화자금 포지션
③ long 원화자금 포지션   ④ long 달러자금 포지션

  문제해설

short 원화자금 포지션은 국내채권을 발행한 것과 같고, 원달러 현물환 포지션은 현물환거래, long 달러자금 포지션은 외국채권에 투자한 것과 같다.

035

옵션의 VaR를 측정하는 경우 정확성이 상대적으로 떨어지는 방법은?

① 몬테카를로 시뮬레이션   ② 역사적 시뮬레이션
③ 델타─노말 방법   ④ 델타─감마 방법

  문제해설

델타─노말 방법은 선형파생상품의 VaR 측정에는 비교적 정확하나 옵션의 가격과 기초자산의 가격은 선형관계에 있지 않으므로 감마위험을 감안하지 못한다.

036

다음의 선물계약의 VaR에 대한 설명으로 가장 거리가 먼 것은?

① 주가지수선물은 주가지수와 동일한 위험을 갖는다고 가정한다.
② 선물상품이 기초자산과 선형관계를 갖는 경우에는 델타ー노말 방법을 이용할 수 있다.
③ VaR 계산 시에 선물계약이 갖는 높은 레버리지 효과를 고려한다.
④ 선물계약의 포지션을 계산할 때에는 증거금만을 고려한다.

선물계약의 포지션을 계산할 때에는 증거금만을 고려하지 않고 액면금액을 고려하여야 하는데 이는 선물계약이 높은 레버리지 효과를 가지고 있기 때문이다.

037

장외파생상품의 VaR에 대한 사항으로 거리가 먼 것은?

① 금리스왑은 고정금리채권과 변동금리채권으로 분해되므로 스왑포지션의 VaR를 구하기 위해서는 먼저 각각의 VaR를 구해야 한다.
② 선도환율 변동성을 이용하기 적합하지 않을 경우 선물환계약과 동일한 결과를 갖는 현물계약들을 이용하여 선물환계약의 VaR를 구한다.
③ 선물환계약의 위험은 국내채권위험, 외국채권위험의 두 가지 포지션으로 나타낼 수 있다.
④ 옵션은 비선형적 수익구조를 가지고 있기 때문에 옵션의 VaR를 측정하는 것은 쉽지 않다.

선물환계약의 위험은 현물환율의 위험, 국내채권(이자율) 위험 그리고 외국채권(이자율)의 위험, 즉 총 포지션의 위험으로 나타낼 수 있다.

> **더 알아보기** 장외파생상품의 VaR
> • **선물환계약의 VaR** : 선물환계약은 외환을 미래의 특정한 날(만기일)에 미리 약정한 환율로 거래할 것을 약속한 계약이다. 결제일에 현물환율과 약정한 환율 간의 차이에 따라 손실 또는 이익이 발생할 수 있다.
> • **선도금리계약의 VaR** : 미래 일정기간의 금리를 고정시킬 수 있는 선도계약이다. VaR를 계산하기 위해서는 선도금리의 변동성이 필요하다.
> • **금리스왑의 VaR** : 금리스왑은 금리를 교환하는 계약으로 거래자들은 서로 변동금리를 고정금리로 또는 고정금리를 변동금리로 교환할 수 있게 해준다. 이처럼 스왑이 고정금리채권과 변동금리채권으로 분해되므로 스왑포지션의 VaR를 구하기 위해서는 먼저 각각의 VaR를 구해야 한다.

3과목 리스크관리 및 직무윤리

038

옵션의 VaR를 델타–노말 방법으로 계산하는 것의 문제점으로 볼 수 <u>없는 것은?</u>

① 포트폴리오가 무위험 상태가 아니어도 옵션 포트폴리오 델타가 0일 수 있다.
② 최악의 손실이 기초자산가격의 극단적인 움직임과 무관하게 발생할 수 있다.
③ 포트폴리오의 델타가 매우 심하게 변할 수 있으며 포트폴리오의 델타가 상향과 하향 움직임에 있어 비대칭적이다.
④ 옵션의 가격과 기초자산가격 간의 2차 곡률까지 반영하여야 한다.

문제해설

옵션여러 가지 위험요인들의 비선형함수이므로 옵션가격과 기초자산가격 간의 2차 곡률까지 반영하는 델타–감마 방법을 사용하면 VaR의 정확성이 향상된다.

039

다음 (   ) 안에 들어갈 적절한 수치가 순서대로 짝지어진 것은?

> 사후검증은 보통 1일 보유기간과 (㉠)% 신뢰수준을 기준으로 (㉡)일(1년 기준) 동안 추정한 VaR와 실제의 이익과 손실을 매일 비교하여 실제의 이익과 손실이 VaR를 초과하는 횟수를 기초로 이루어진다.

	㉠	㉡		㉠	㉡
①	95	120	②	99	150
③	95	180	④	99	250

문제해설

사후검증은 보통 1일 보유기간과 99% 신뢰수준을 기준으로 250일(1년 기준) 동안 추정한 VaR와 실제의 이익과 손실을 매일 비교하여 실제의 이익과 손실이 VaR를 초과하는 횟수를 기초로 이루어진다.

더 알아보기 VaR 모형의 사후검증(back testing)
- VaR가 나타내는 최대손실규모를 분석하여 포트폴리오의 위험노출 정도를 파악하고 이를 바탕으로 위험에 대한 헤지전략을 취하기 위해 VaR 모형의 정확도를 검증힐 필요가 있다.
- 금융기관이 자체 모형에 의해서 계산하는 VaR의 정확성을 검증하는 수단으로, 일정기간 동안 실제 포트폴리오의 손실액과 모형에 의해 사전에 추정된 VaR를 비교하여 손실액이 VaR를 초과하는 횟수의 비율을 통계적으로 살펴보는 것이다.

040
다음 설명 중 VaR의 한계를 지적한 것으로 거리가 먼 것은?

① 과거자료가 미래의 돌발 사태를 예측하지 못하므로 미래위험의 측정에서 오류를 발생시킬 가능성이 있다.
② VaR는 측정모형이 다양하지만 각 모형마다 VaR를 측정한 결과가 비슷하다.
③ 자의적인 모형 선택에 따른 위험이 존재한다.
④ 얼마나 더 큰 손실이 발생하는가에 대한 정보는 제공하지 못한다.

문제해설

VaR 측정모형은 다양하지만, 그 모형들 중 가장 정확하다고 인정된 모형이나 방법은 아직 없으며, 각 모형마다 VaR를 측정한 결과 또한 다르다.

041
위기상황분석(Stress-testing)에 대한 사항으로 가장 거리가 먼 것은?

① 시나리오분석이며, 주요 변수들의 극단적인 변화가 포트폴리오에 미치는 영향을 시뮬레이션하는 기법이다.
② VaR 분석의 한계에 대한 보완으로 위기상황분석이 이용되고 있다.
③ 위기분석의 첫 단계로 현재 금융자산 또는 포트폴리오 포지션에 시장 변수들의 과거 자료를 기초로 발생 가능한 상황의 시나리오를 설정한다.
④ 위기상황분석의 과정은 시나리오 생성, 포지션 가치의 재평가, 결과요약의 3단계로 진행된다.

문제해설

위기상황분석의 첫 단계인 시나리오의 생성은 현재 금융자산 또는 포트폴리오 포지션에 최악의 시나리오를 설정하는 것이다.

> **더 알아보기** 위기상황분석의 과정
> • **1단계 시나리오 생성** : 현재 금융자산 또는 포트폴리오 포지션에 최악의 시나리오를 설정(적절하고 신뢰성이 있어야 함)
> • **2단계 포지션 가치의 재평가** : 1단계에서 만들어진 시나리오를 기초로 모든 금융자산의 시가를 계산하여 포지션을 재평가함
> • **3단계 결과요약** : 각 시나리오가 어떤 영향을 미칠 것인가를 평가하고 위험을 줄이기 위해 어떤 조치를 취할 것인가를 결정

042

얼마나 더 큰 손실이 발생하는가에 대한 정보를 제공하지 못한다는 VaR의 단점을 보완하기 위한 방법 중의 하나는?

① 극한 VaR
② 공헌 VaR
③ 한계 VaR
④ 베타모형

 문제해설

주요 단점들 외에도 VaR는 VaR보다 더 큰 손실이 발생할 확률에 대해서는 정보를 제공하지만, 얼마나 더 큰 손실이 발생하는가에 대해서는 정보를 제공하지 못한다는 단점을 보완하기 위해서는 위기분석을 실시하거나 극한 VaR(Extreme VaR: EVaR)를 계산하기도 한다.

043

외환포지션에 대한 환리스크의 종류에 속하지 않는 것은?

① 환산 환리스크
② 거래 환리스크
③ 포지션 환리스크
④ 영업 환리스크

 문제해설

외환포지션에 대한 환리스크는 거래 환리스크, 영업 환리스크, 환산 환리스크를 관리한다.

044

환리스크를 관리할 수 있는 기법 중 성격이 다른 것은?

① 통화선물계약 체결
② 리딩(leading)과 래깅(lagging)
③ 자산부채종합관리전략
④ 상계(netting)

문제해설

재무상태표상의 항목들을 조정하여 환위험을 줄이는 부내기법으로는 상계(netting), 매칭(matching), 리딩(leading)과 래깅(lagging), 자산부채종합관리전략(ALM) 등이 있다. 통화선물계약 체결은 부외기법에 속한다.

045

금융기관이 파생상품거래를 통해 포지션을 취할 때 고려할 사항으로 가장 거리가 먼 것은?

① 금융기관 내에 시장위험 관리부서와 거래부서가 통합적으로 운영되어야 한다.

② 어느 정도의 위험을 부담할 것인가를 결정하여야 한다.

③ 파생상품의 시장위험에 대한 평가와 관리는 포트폴리오 전체를 대상으로 하여야 한다.

④ 파생상품마다 특성이 다르고 특히 유동성이 다를 수 있으므로 취하려는 파생상품 거래포지션의 특성을 고려하여, 상황에 따라 헤지수단들을 얼마나 신속하게 사용될 수 있는가를 파악해야 한다.

문제해설

금융기관 내에 시장위험 관리부서는 거래부서와 독립적으로 운영되어야 한다.

046

유동성리스크의 관리에 대한 사항으로 가장 거리가 먼 것은?

① 금융기관은 현금유입과 현금유출을 예측하기가 어려우므로 유동성리스크 관리가 필요하다.

② 유동성리스크를 관리할 때는 유동성수준과 리스크수준, 기대수익수준을 동시에 고려하여야 한다.

③ VaR의 측정에 있어서도 유동성수준을 고려해야 하는데, 포지션정리에 충분한 기간은 보유자산의 유동성을 감안하여 판단해야 한다.

④ 장내파생상품시장의 경우 시장상황의 변화를 주시해서 대체시장의 이용가능성을 항상 염두에 두어야 한다.

문제해설

장내파생상품시장의 경우 거래상대방이 거래소에 해당되므로 포지션 청산시의 유동성리스크는 극소화 되어 있으나, 장외파생상품시장의 경우 유동성리스크로 다른 장내상품으로 대체하거나 또는 시장상황의 변화를 주시해서 대체시장의 이용 가능성을 항상 염두에 두어야 한다.

3과목
리스크관리 및 직무윤리

047

다음의 환리스크 관리기법들 중 부분적인 환리스크 관리방식이라고 볼 수 있는 것은?

① 매칭
② 상계
③ 리딩과 래깅
④ 자산부채종합관리 전략

문제해설

상계(netting)는 서로 간에 상대방의 통화로 수취할 금액과 지불할 금액이 있는 경우에 이를 상쇄시키는 방법으로 대체로 균형포지션을 보이는 기업이나 금융기관에게는 간단한 방법이라고 볼 수 있지만, 상계 후에 남은 차액에 대해서는 다른 방법을 통해서 환헤지를 해야 한다는 점에서 부분적인 환리스크 관리방식이라고 볼 수 있다.

048

국내수출업자가 장래 자국통화가 수출상대국 통화에 대하여 평가절하될 것으로 예상하는 경우에 환위험을 줄이기 위해서 사용할 수 있는 기법은?

① 매칭
② 리딩
③ 래깅
④ 상계

문제해설

국내수출업자가 장래 자국통화가 수출상대국 통화에 대하여 평가절하(즉, 환율상승)될 것으로 예상하는 경우에 수출상품의 선적이나 수출 환어음의 매도를 가능한 한 지연시켜 결제시점에서 자국통화표시 수출대금을 높이려는 것이 래깅(lagging)의 방법이다.

049

금리스왑에서 상대방의 채무불이행 확률에 영향을 주는 요인에 대한 설명으로 가장 거리가 먼 것은?

① 헤지목적으로 포지션을 취하면 채무불이행 확률이 높다.
② 만기가 길수록 등급하락의 가능성이 커지므로 채무불이행 확률도 높다.
③ 기초자산의 변동성이 크면 채무불이행 확률이 높다.
④ 상대방의 신용등급이 높을수록 채무불이행 확률이 낮다.

문제해설

헤지 목적으로 포지션을 취하면 현물포지션의 이익이 상쇄되므로 채무불이행 확률이 낮다.

050

외환거래에 있어 발생하는 리스크로 실질적인 시장리스크의 성격을 가지고 있는 것은?

① 거래상대방리스크　　　　② 환율변동리스크
③ 금리리스크　　　　　　　④ 결제리스크

문제해설

외환거래에서는 크게 3가지 종류의 리스크가 있다. 결제리스크와 거래상대방리스크는 신용리스크의 성격을 띠고 있고, 환율변동리스크만 실질적인 시장리스크의 성격을 가지고 있다.

051

거래국가들 간의 시간대 차이로 인해 동시에 양 통화가 교환되지 않고 한 쪽 통화가 먼저 지급되고 그 다음에 나머지 통화가 지급되는 데에서 발생하는 외환거래 리스크는?

① 환율변동리스크　　　　　② 결제리스크
③ 영업 환리스크　　　　　　④ 거래상대방리스크

문제해설

결제리스크는 거래국가들 간의 시간대의 차이로 인해 동시에 양 통화가 교환되지 않고 한 쪽 통화가 먼저 지급되고 그 다음에 나머지 통화가 지급되는 데에서 발생한다.

052

신용증대(credit enhancement) 방안으로 부적절한 것은?

① 거래확인서 체결　　　　　② 상대방별 포지션 한도
③ 이자율 조정　　　　　　　④ 증거금, 담보, 보증요구

문제해설

거래확인서(confirmation)만으로 신용위험을 줄일 수 있는 것은 아니다.

3과목 리스크관리 및 직무윤리

053

신용증대제도에 있어 가장 중요한 시스템으로 스왑거래자들은 이것을 이용하여 채무불이행위험을 감소시킬 수 있다. 이것은 무엇인가?

① 계약종료조항
② 상계협약
③ 증거금, 담보, 보증요구
④ 상대방별 포지션 한도

문제해설

신용중대제도에서 가장 중요한 시스템이 상계협약(netting arrangement)이다. 상계협약은 신용리스크를 감소시킬 뿐 아니라 유동성 리스크를 운영리스크와 감소시키기도 한다.

054

상계협약에 대한 사항으로 가장 거리가 먼 것은?

① 상계협약의 적용을 받는 모든 거래의 위험노출금액은 순지급금액으로 제한한다.
② ISDA 기본계약서에 계약종료상계는 표준조항으로 정해져 있다.
③ 현재 상계는 동일한 상대방과의 모든 계약에 대해 상계가 인정되므로 쌍방상계이며 동시에 교체상품상계이다.
④ 기본계약서에 의해 파산기업의 법정관리인은 파산법에 의하여 파산기업에게 유리한 계약은 진행하고 불리한 계약은 거부할 수 있다.

문제해설

ISDA 기본계약서에 계약종료상계가 표준조항으로 정해져 있어 모든 거래가 하나의 계약으로 간수되므로 유리한 계약만을 진행시키는 행위는 인정되지 않는다.

055

신용리스크노출금액이 결정되면 이 금액에 상대방별 위험가중치를 곱하여 위험가중자산가치를 산정한다. 신용리스크에 따른 자본금 계산 시 적용하는 BIS가 규정한 요율은 몇 퍼센트인가?

① 5%
② 6%
③ 8%
④ 10%

문제해설

신용리스크노출금액에 상대방별 위험가중치를 곱하여 위험조정 자산가치를 계산하고 여기에 다시 BIS가 규정한 8%를 적용하여 요구되는 자본금을 계산한다.

056

금리스왑에서 고정금리 지급자 또는 수취자가 채무불이행하는 경우 중개자인 금융기관에 미치는 영향에 대한 설명으로 가장 거리가 먼 것은?

① 채무불이행이 금융기관에 미치는 영향은 금리가 움직이는 방향과 어느 상대방이 채무불이행하는지에 의해 결정된다.
② 두 상대방 중에서 한쪽이라도 채무를 이행하지 못하면, 채무불이행된 포지션과 관계없이 채무불이행하지 않은 상대방과의 계약조건을 완수해야 할 의무를 갖는다.
③ 금리가 변하지 않으면 중개자인 금융기관에는 아무런 영향을 미치지 않는다.
④ 금리가 상승할 경우 고정금리 지급자의 채무불이행으로 인해 중개자인 금융기관이 손실을 입는다.

문제해설

금리상승 시 고정금리 지급자가 채무불이행할 경우에는 새로운 고정금리 지급자를 찾는 대체비용이 감소하기 때문에 금융기관이 이익을 본다. 반대로 고정금리 수취자가 채무불이행할 경우에는 채무불이행하지 않은 고정금리 지급자 포지션의 가치가 증가하기 때문에 금융기관이 손실을 입는다.

057

시간이 지남에 따라 장외파생상품의 위험노출금액을 감소시키는 효과를 무엇이라고 하는가?

① 금리효과
② 만기효과
③ 변동성효과
④ 체감효과

문제해설

만기효과는 금리확산효과를 상쇄시키는 효과로 시간이 지남에 따라 남은 지급횟수가 감소하므로 리스크노출금액이 감소한다. 상각효과라고도 한다.

058

채권의 가격이 10,000원이고 듀레이션이 2년이다. 현재 채권수익률은 5%, 수익률 일별 변동의 표준편차가 1%이다. 채권의 99% 신뢰수준에서 10일 VaR를 구하면?

① 1,003원
② 1,119원
③ 1,215원
④ 1,403원

 문제해설

VaR

$$= 2.33 \times 10,000 \times \frac{2}{(1 + 0.05)} \times 0.01 \times \sqrt{10}$$
$$= 1,403.44894$$

059

금융기관은 이 수치를 이용하여 유지해야 할 자본수준을 결정할 수 있다. 이것은 무엇인가?

① 최대노출
② 잠재노출
③ 현재노출
④ 기대노출

 문제해설

기대노출은 사전적으로 상대방이 채무불이행하는 경우 평균적으로 발생 가능한 손실금액을 의미한다. 금융기관은 이 수치를 이용하여 유지해야 할 자본수준을 결정한다.

060

만기가 10년인 금리스왑과 통화스왑 거래를 체결한 경우 다음 중 어느 시점에서 어떤 포지션의 잠재위험노출금액이 가장 크겠는가?

① 통화스왑, 체결 후 9년
② 통화스왑, 체결 후 5년
③ 금리스왑, 체결 후 9년
④ 금리스왑, 체결 후 5년

 문제해설

통화스왑은 원금교환이 발생하므로 위험이 훨씬 크고, 변동성 효과가 만기효과를 지배하므로 시간이 지날수록 지속적으로 증가한다.

| 061~062 | W금융투자회사는 아래와 같은 포지션을 가지고 있다. 다음 물음에 답하시오.

포지션	3년 만기 금리스왑	3년 만기 통화스왑
액면금액	200백만 달러	100백만 달러
현재 시장가치	10백만 달러	−2백만 달러
잠재노출 신용환산율	0.5%	5%

061

상계가 인정되지 않을 경우 W금융투자회사의 전체 신용위험노출금액은 얼마인가?

① 14백만 달러   ② 16백만 달러

③ 18백만 달러   ④ 21백만 달러

문제해설

- 금리스왑의 현재노출은 10백만 달러
- 통화스왑의 현재노출은 0
- 금리스왑의 잠재노출 = 200백만 달러 × 0.5% = 1백만 달러
- 통화스왑의 잠재노출 = 100백만 달러 × 5% = 5백만 달러
- 금리스왑의 신용위험노출금액 = 10백만 달러 + 1백만 달러 = 11백만 달러
- 통화스왑의 신용위험노출금액 = 0 + 5백만 달러 = 5백만 달러
- 전체신용위험노출금액 = 16백만 달러H

062

상계가 인정될 경우 W금융투자회사의 전체 신용위험노출금액은 얼마인가?

① 10.8백만 달러   ② 12.82백만 달러

③ 13.28백만 달러   ④ 15.76백만 달러

문제해설

- 순현재노출 = 10백만 달러 − 2백만 달러 = 8백만 달러
- 순잠재노출 = (0.4 × 총잠재노출) + (0.6 × 순현재노출/총현재노출 × 총잠재노출)이므로,
  = (0.4 × 6백만 달러) + (0.6 × 8백만 달러/10백만 달러 × 6백만 달러) = 5.28백만 달러
- 전체 신용위험노출금액 = 8백만 달러 + 5.28백만 달러 = 13.28백만 달러

063

신용리스크에 노출 정도가 가장 적은 것은?

① 장외옵션 매도포지션　　② 장내옵션 매수포지션
③ 장외옵션 매수포지션　　④ 스왑 매도포지션

문제해설

장외옵션 매도포지션(발행포지션)은 미래에 발생할 잠재이익이 없으므로 신용리스크에 전혀 노출이 없다. 장내상품이라도 거래소가 계약을 불이행할 가능성은 전무하지만 이론적으로 신용리스크 노출은 존재한다.

064

시간이 지남에 따라 변동금리가 고정금리로부터 멀어지는 경향을 말하며 변동성 효과라고도 하는 리스크노출금액의 시간적 변화는?

① 만기효과　　② 원금교환 효과
③ 금리확산효과　　④ 포지션 효과

문제해설

금리확산효과는 시간이 지남에 따라 변동금리가 고정금리로부터 멀어지는 경향을 보이기 때문에 만기일에 접근할수록 리스크노출금액은 증가한다.

더 알아보기 리스크노출금액의 시간적 변화

고정금리와 변동금리를 교환하는 금리스왑에서 리스크노출금액에 영향을 미치는 요인

- 금리확산효과(변동성효과) : 시간이 지남에 따라 변동금리가 고정금리로부터 멀어지는 현상으로, 만기일에 접근할수록 리스크노출금액이 증가
- 만기효과(상각효과) : 금리확산효과를 상쇄시키는 효과로 만기일에 접근할수록 리스크노출금액이 감소

065

공헌 VaR에 대한 설명으로 가장 거리가 먼 것은?

① 전체 포트폴리오 위험에서 개별자산이 공헌하는 위험의 크기를 말한다.
② 개별주식 공헌 VaR의 합은 포트폴리오 VaR와 같다.
③ 공헌 VaR가 음수이면 개별자산의 포지션이 추가되어 포트폴리오 위험이 감소됨을 의미한다.
④ 매수포지션과 매도포지션이 동시에 존재하는 경우에 분산효과가 가장 크다.

문제해설

매수포지션과 매도포지션이 동시에 존재하는 경우에 상관관계가 −1인 경우에 분산효과가 없고, +1인 경우 분산효과가 가장 크다.

066

운영리스크의 관리에 관한 사항으로 가장 거리가 먼 것은?

① 적절한 방법으로 포지션을 평가하여 이를 바탕으로 매일 매일 포트폴리오의 손익을 산출해야 한다.

② 자료입력 시 오류나 자동화수준은 영업리스크에 경미한 정도의 영향을 미칠 뿐이다.

③ 파생상품에 대한 전문적인 지식과 경험은 거래담당자(딜러)뿐만 아니라 리스크관리자와 감사 등 모두에게 요구된다.

④ 후선직원의 임무와 거래직원의 임무를 명확하게 구분함으로써 책임분리가 확실하게 이루어지도록 해야 한다.

파생상품 거래에서는 거래구조의 복잡성으로 인해 자료입력 시 오류가 생길 수 있는데 이 경우에 심각한 영업리스크를 초래할 가능성이 있다. 또한 자동화수준도 영업리스크를 줄이는 데 큰 도움이 된다.

067

다음 설명 중 옳은 것은?

① 내부적 환리스크 관리기법으로서의 상계란, 다국적 기업의 본사와 지사 간의 거래에서 일정기간마다 채권과 외화채무를 서로 상쇄하고 잔액만 수취 또는 지불하는 방법을 말한다.

② CDS 보장매도자는 신용사건이 발생하는 경우에만 손실금을 지급하게 된다는 점에서 채권투자자와 유사하다.

③ 준거기업에 대한 부정적 전망으로 신용리스크의 증가가 예상될 경우, 매도전략이 어렵다는 단점이 있다.

④ 신용파생상품은 유동성이 떨어진다는 단점이 있다.

② 채권투자와 다른 점이다. 즉, 채권투자자는 투자시점에 원금을 지급한다.

③ 회사채는 공매도 전략이 어렵지만, 신용파생상품의 경우 보장매수를 통해 신용리스크에 대한 매도포지션을 쉽게 취할 수 있다.

④ 신용파생상품은 대출과 같은 매각곤란자산에 비해 쉽게 거래가 가능하다.

2장 영업실무

001

다음 중 투자권유와 관련한 내용으로 가장 거리가 먼 것은?

① 금융투자업자는 파생상품의 투자권유 시 투자목적, 경험 등을 고려하여 일반투자자 등급별로 차등화된 투자권유준칙을 마련하여야 한다.

② 투자자 유형에 따라 투자권유의 내용이 달라질 수 있으므로 먼저 일반투자자인지 전문투자자인지를 구별해야 한다.

③ 파생상품에 대해서는 투자권유대행인에 의한 투자권유가 금지된다.

④ 일반투자자에게 투자권유를 하기 전에 면담, 질문 등을 통해 투자목적, 재산상황 및 투자경험 등의 정보를 파악하고 서명(전자서명은 불가), 기명날인, 녹취 등의 방법으로 확인을 받아야 한다.

문제해설

서명은 전자서명도 가능하다.

002

다음의 전문투자자의 요건을 갖춘 투자자 중 일반투자자로 전환이 가능하지 않은 투자자는?

① 개인

② 금융기관

③ 일반법인

④ 주권상장법인

 더알아보기 전문투자자가 될 수 있는 자

- 국가, 한국은행
- 주권상장법인
- 대통령으로 정하는 자(지방자치단체, 한국자산관리공사, 금융감독원 등)
- 금융위원회에 신고한 잔고 100억 원 이상의 법인
- 금융위원회에 신고한 잔고 50억 원 이상이면서 계좌개설 1년 이상 경과한 개인 등

 문제해설

주권상장법인, 일반법인, 개인 등으로서 전문투자자의 요건에 해당되기는 하나 일반투자자로 대우를 받겠다는 서면의 의사표시를 하면 일반투자자로 전환이 가능하다.

003

다음 중 파생상품 계좌개설과 관련한 사항으로 옳은 것은?

① 계좌개설 시 인감 없이 서명만으로는 등록이 불가능하다.
② 법인고객은 법인인감을 사용할 때마다 인감증명서를 매번 제출해야 한다.
③ 계좌개설 신청서는 부득이할 경우 위탁자명과 비밀번호를 제외하고는 직원이 대필할 수 있다.
④ 실명확인은 위탁자 본인을 통해서만 할 수 있다.

문제해설

① 인감 없이 서명만 등록이 가능하다.
② 법인고객은 사용인감을 따로 등록하여 거래의 편의성을 도모할 수 있다.
④ 대리인이나 가족에 의한 계좌개설 시 해당 징구서류를 구비하여 실명을 확인할 수 있다.

004

다음 중 파생상품계좌를 개설할 때 필요한 제반 서류가 <u>아닌</u> 것은?

① 파생상품계좌 개설 신청서   ② 파생상품주문표
③ 투자목적 기재서   ④ 파생상품거래 약관

 더알아보기 파생상품계좌개설 시 제반 서류
- 파생상품계좌개설신청서
- 파생상품거래 약관
- 일중매매거래위험고지서
- 전자금융거래 신청서
- 사용인감신고서
- 파생상품거래 위험고지서
- 일반투자자 투자자정보 확인서
- 위임장
- 전자금융거래 약관
- 적격개인투자자제도에 따른 서류 등

문제해설

주문표는 계좌개설 시 필요한 서류가 아니다. 위탁자가 직접 주문내용을 기재하고 기명날인이나 서명한 주문을 접수할 경우에 제출한다.

005

다음 중 적격기관투자자가 헤지·차익거래를 하기 위하여 설정할 수 있는 파생상품계좌는?

① 옵션매수전용계좌   ② 사전위탁증거금일반계좌
③ 사후위탁증거금일반계좌   ④ 사후위탁증거금할인계좌

문제해설

적격기관투자자로 인정되면 헤지거래 또는 차익거래를 위해 사후위탁증거금할인계좌를 설정할 수 있다.

 정답 001 ④ | 002 ② | 003 ③ | 004 ② | 005 ④

006

다음 중 파생상품거래 약관의 필수적 기재사항이 <u>아닌</u> 것은?

① 위탁증거금의 추가예탁에 관한 사항
② 회사의 리스크관리 정책에 관한 사항
③ 수탁의 거부에 관한 사항
④ 지정결제 회원에 관한 사항

문제해설

회사의 리스크관리 정책은 필수적 기재사항이 아니다.

007

다음은 파생상품거래 위험고지서에 관한 사항으로 거리가 <u>먼</u> 것은?

① 파생상품거래 위험고지서 교부확인서는 10년 이상 보관한다.
② 같은 회사 내에 위탁계좌가 있는 상태에서 추가로 파생상품계좌를 개설하는 경우에도 파생상품거래 위험고지서의 교부·설명, 파생상품거래 위험고지서 교부확인서를 징구한다.
③ 위탁자의 기명날인이나 서명을 받아 파생상품거래 위험고지서 교부확인서를 징구한다.
④ 파생상품거래 위험고지서에는 위탁증거금 이상의 손실발생 가능성, 위탁증거금의 추가예탁 가능성 등을 기재하여야 한다.

문제해설

위탁자가 동일 거래소 회원 내에 위탁계좌를 개설한 상태에서 추가로 파생상품계좌를 개설하는 경우에는 파생상품거래 위험고지서의 교부·설명, 파생상품거래 위험고지서 교부확인서를 징구하지 않아도 된다.

008

다음 중 가족 이외의 대리인이 계좌를 개설할 때 실명확인을 위한 징구 서류에 해당하지 <u>않는</u> 것은?

① 본인의 실명확인증표 사본
② 본인의 금융계좌개설용 인감증명서
③ 주민등록등본
④ 인감도장이 날인된 위임장

문제해설

주민등록등본은 가족이 대신해 계좌를 개설할 때 필요한 서류이다.

009

다음 중 서명거래에 대한 내용으로 거리가 먼 것은?

① 서명거래 시 필수적으로 실명확인증표에 의해 본인을 확인해야 한다.
② 상임대리인과 법정대리인의 경우에는 대리인의 서명등록이 가능하다.
③ 법인계좌는 계좌특성상 서명거래가 불가하다.
④ 성명과 서명이 같을 경우에는 별도로 기재할 필요가 없다.

성명과 서명이 같더라도 성명과 서명은 필히 별도로 기재하여야 한다.

010

다음 중 금융투자업자가 자기의 명의와 위탁자의 계산으로 해외파생상품을 거래하기 위해 개설한 해외파생상품 계좌는?

① 자기계좌
② 총괄계좌
③ 외화계좌
④ 중개계좌

해외파생상품 계좌에는 자기계좌, 총괄계좌, 중개계좌가 있다. 총괄계좌는 금융투자업자가 자기의 명의와 위탁자의 계산으로 거래하기 위해 개설한 계좌이다. 즉, 금융투자업자 명의의 단일 계좌이지만 회사는 내부적으로 여러 고객을 Sub계좌로 관리하는 것이며, 거래상대방인 FCM(선물거래중개회사)은 금융투자업자 명의의 1계좌로만 처리한다.

011

다음 중 입 · 출금 업무에 대한 설명으로 가장 거리가 먼 것은?

① 취소업무는 당일 이후 입금 지점에서만 처리할 수 있다.
② 출금의 방법에는 창구출금, 은행이체출금, 대체출금, 부도출금, 폐쇄출금 등이 있다.
③ 입금 일부 취소는 불가능하며 전부 취소처리하고 정확한 전표를 작성하여 정상 처리하여야 한다.
④ 인출가능금액보다 많은 금액을 출금하거나 미수금이 발생되어 있는 계좌 등은 출금을 할 수 없다.

취소업무는 당일 중 입금지점에서만 처리할 수 있다.

012

다음 중 해외파상상품거래의 특성상 위험고지서에 포함되어야 할 사실과 거리가 먼 것은?

① 해외파생상품시장제도는 국내제도와 다를 수 있다는 사실
② 해외파생상품거래는 환율변동위험이 수반된다는 사실
③ 해외파생상품거래는 가격정보, 주문처리 등 거래여건이 불리하다는 사실
④ 해외파생상품거래는 위탁증거금 이상의 손실이 발생할 수 있다는 사실

위탁증거금 이상의 손실이 발생할 수 있다는 사실은 파생상품거래의 위험고지에 있어서 기본적인 사항으로 해외파생상품거래의 특성상 고지하여야 할 위험과는 거리가 있다.

013

다음 중 외국인의 파생상품거래를 위한 계좌개설에 있어 유의해야 할 사항으로 가장 거리가 먼 것은?

① 금융투자업자에게 외화계좌를 개설한 자는 반드시 은행에 파생상품투자전용 대외계정과 파생상품투자전용 비거주자 원화계정을 개설하여야 한다.
② 거래증거금으로 대용증권을 사용할 경우에는 외국인등록증이 있어야 한다.
③ 입출금업무에 있어 원화계좌는 내국인과 동일하나 외화계좌 개설은 비거주 외국인의 경우에는 의무적으로 개설하여야 한다.
④ 외국인은 취득한 유가증권을 금융투자업자, 예탁결제원, 외국환은행, 투자신탁회사, 외국보관기관 등에 보관하여야 한다.

거래증거금으로 대용증권을 사용할 경우에는 투자등록증이 필요하다.

더알아보기 외국인의 계좌개설
• 외국인이 파생상품거래를 위한 계좌를 개설하는 경우 외국인의 관계법령에서 인정하는 실명확인증표가 필요함
• 거래증거금으로 대용증권을 사용할 경우에는 외국인이 유가증권을 취득 또는 처분 시 사전에 금융감독원에 본인의 인적사항 등을 등록한 증명서인 "투자등록증"이 있어야 함

014

다음 중 실명확인의 방법으로 가장 거리가 먼 것은?

① 내국인인 개인은 주민등록표상에 기재된 성명 및 주민등록번호에 의한다.

② 외국인은 외국인등록증에 기재된 성명 및 등록번호로 실명을 인정받을 수 있다.

③ 법인은 사업자등록증에 기재된 법인명 및 등록번호로 실명을 확인한다.

④ 법인이 아닌 단체는 납세번호를 부여받은 문서에 기재된 납세번호로 실명을 확인한다.

 법인이 아닌 단체의 경우 실명확인방법
- 부가가치세법 규정에 의하여 고유번호를 부여받은 단체의 경우 그 문서에 기재된 단체명 고유번호
- 당해 단체를 대표하는 실지 명의

법인이 아닌 단체는 당해 단체를 대표하는 실지명의로 실명을 확인한다.

015

다음 중 입·출금 시 실명확인에 대한 업무처리 사항으로 가장 거리가 먼 것은?

① 100만 원 이하의 입금일 경우라도 대리인을 통해서 입금할 경우에는 실명확인이 필요하다.

② 입금액이 100만 원 이하라도 동일 금융기관에서 본인이 같은 날 동일인에게 100만 원을 초과하는 금액을 분할입금하는 경우에는 초과금액에 대해 반드시 실명확인이 필요하다.

③ 선물카드를 제시하지 않고 입금의뢰인이 직접 100만 원을 초과하여 입금하는 경우 의뢰인의 실명확인증표를 제시받아 실명을 확인한다.

④ 선물카드를 소지하고 이를 제시한 후 실명확인된 계좌에서 입금업무를 처리할 경우 별도의 실명확인절차는 생략해도 좋다.

100만 원 이하를 입금하는 경우에는 실명확인절차가 필요 없다.

016

다음 중 거래시간과 휴장일에 대한 설명으로 가장 거리가 먼 것은?

① 최종거래일이 도래한 종목의 경우 거래시간의 변동이 있다.
② 호가접수시간은 거래시간의 개시 60분 전부터 거래시간 종료 전까지 이다.
③ 돈육선물을 제외한 모든 상품의 거래시간은 9시부터 15시 15분까지 로 한다.
④ 12월 31일은 휴장일로서 만일 해당일이 공휴일이나 토요일인 경우에 도 변동이 없다.

문제해설

12월 31일은 휴장일로서 공휴일이 나 토요일인 경우에는 직전의 거래 일을 휴장일로 한다.
③ 돈육선물의 경우에는 10시 15분 부터 15시 15분까지이다.

017

다음 중 주문의 처리와 관련한 사항으로 가장 거리가 먼 것은?

① 위탁자로부터 전화, 전보, FAX로 주문을 접수받을 수 있다.
② 예탁총액만 부족한 경우라도 예탁현금 이내에서 현금위탁증거금을 증 가시키는 거래의 수탁은 거부하여야 한다.
③ 위탁자 이외의 자에 의한 주문내용 입력, 위탁증거금 및 기본예탁금으 로 예탁된 현금의 인출 및 이체, 위탁자 관련 정보의 도용 등을 방지할 수 있는 파생상품거래 시스템에 의한 수탁을 할 수 있다.
④ 주문접수에 관한 기록은 그 접수일로부터 10년 이상 보관하여야 한다.

문제해설

예탁총액만 부족한 경우 예탁현금 이내에서 현금위탁증거금을 증가시 키는 거래는 수탁을 거부하지 않을 수 있다

더알아보기 주문의 수탁거부
다음의 경우 회원은 주문의 체결 가능성을 고려하여 주문의 수탁을 거부하 지 않을 수 있다.
• 예탁현금만 부족한 경우 예탁현금 이내에서 현금위탁증거금을 증가시키 는 거래
• 예탁현금만 부족한 경우 예탁총액 이내에서 위탁증거금을 증가시키는 거래
• 연속적으로 위탁을 받는 다수의 주문이 체결될 경우 위탁증거금을 증가 시키지 않는 거래

018
다음의 경우 중 조건부지정가호가의 입력이 가능한 것은?

① 선물스프레드거래인 경우
② 최종거래일이 도래한 종목인 경우
③ 종가단일가를 결정하기 위한 단일가호가 시간인 경우
④ 단일가호가인 경우

단일가혼가인 경우에는 최유리지정가호가의 입력만 제한된다.

 호가의 입력제한

적용 대상	입력제한
원월종목	시장가호가, 조건부지정가호가
단일가가	최유리지정가호가(최소호가는 입력 가능)
종가단일가호가	조건부지정가호가(최소호가는 입력 가능)
최종거래일 도래 종목	조건부지정가호가
시장조성계좌	시장가호가, 조건부지정가호가, 단일가가시간의 호가

019
실시간 가격제한제도에 관한 내용으로 거리가 먼 것은?

① 야간거래 및 협의거래인 경우는 미적용 된다.
② 기초자산이 정리매매종목인 주식선물거래는 미적용 된다.
③ 실시간 가격제한제도가 적용되는 접속매매시간에는 실시간 가격제한의 적용 여부에 따라 각각 다른 가격으로 거래체결이 가능하다.
④ 실시간 가격제한제도 미적용 상품은 모든 거래시간 동안 지정가호가만 허용된다.

실시간 가격제한제도가 적용되는 접속매매시간에는 실시간 가격제한 범위 내에서만 거래체결이 가능하고 실시간 가격제한범위를 벗어나는 시장가호가인 경우 전량이 즉시 실시간 상·하한가로 전환되며 FOK, IOC 조건시 체결가능한 수량 외에는 자동취소 된다.

020
다음 중 주문수량의 제한으로 일시에 주문을 낼 수 없는 주문 형태는 무엇인가?

① KOSPI200 옵션 2,500계약
② 주식선물 1,250계약
③ 스타지수선물 500계약
④ KOSPI200 주가지수선물 1,500계약

주문수량의 제한은 일시에 대량의 주문이 집행되어 장을 교란할 가능성을 방지하기 위한 것이므로 주문수량 이상이더라도 주문수량을 나누어 여러 번 주문하면 가능하다. 선물 1,500계약의 경우 1,000계약과 500계약으로 나누어 주문하면 이상 없다.

정답 016 ④ | 017 ② | 018 ④ | 019 ③ | 020 ④

021

다음 중 주문접수의 유형과 조건에 대한 설명으로 가장 거리가 먼 것은?

① 최종거래일이 도래한 종목의 경우 조건부지정호가가 제한된다.
② 주문의 유형에는 지정가호가, 시장가호가, 조건부지정가호가, 최유리지정가호가가 있다.
③ 입력된 주문은 일부의 경우를 제외하고는 접수된 다음 날 거래개시 시간부터 종료시까지 효력을 지속한다.
④ 종목 및 수량은 지정하나 가격은 시장도달시점에서 가장 유리하게 거래되는 가격으로 지정되는 주문을 최유리지정가호가라 한다.

입력된 주문은 거래체결, 주문의 취소·정정 등의 경우를 제외하고는 접수된 때부터 효력이 발생되며 당일 거래종료시까지 효력이 지속된다.

022

다음의 상품 중 미결제약정 보유한도가 다른 하나는?

① 섹터지수선물거래   ② 10년국채선물거래
③ 돈육선물거래   ④ KOSPI200선물거래

 상품별 미결제약정 보유한도

- **KOSPI200선물·옵션** : 미결제약정수량 기준 10,000계약(일반투자자의 경우 5,000계약)
- **스타지수선물** : 순미결제약정수량 기준 회원과 일반투자자 모두 5,000계약 이내에서 회원이 정함
- **섹터지수선물거래 및 코스피200변동성지수선물거래** : 순미결제약정수량 기준 10,000계약
- **주식선물** : 기초주권 상장주식수(보통주식총수)에 0.3%를 곱하여 산출된 수치에 거래승수(10)를 나누어 산출한 수량 → 정확한 제한수량은 매년 최초 거래 개시일에 홈페이지 등에 공표
- **10년국채선물** : 최근월종목에 대해서만 최종거래일이 속한 월에 10,000계약
- **돈육선물** : 순미결제약정수량 기준 3,000계약(단, 최종거래일이 속한 월에는 최근월종목에 대해 900계약으로 미결제약정의 보유를 추가적으로 제한)
- **금선물** : 순미결제약정수량 기준 300계약(미니금선물 3,000계약)

돈육선물의 보유한도는 모든 결제월종목에 대해 순미결제약정수량 기준으로 3,000계약이며, 최근월종목의 미결제약정수량 기준으로 최종거래일이 속한 월의 두 번째 목요일부터 해당 최종거래일까지 900계약이다.

023

주식선물의 미결제약정 보유한도를 산정하는 방법으로 옳은 것은?

① 거래대상주권의 상장 보통주식 총수의 0.3% ÷ 표준거래승수(10)
② 거래대상주권의 상장 보통주식 총수의 0.5% ÷ 표준거래승수(100)
③ 거래대상주권의 상장 보통주식 총수의 0.3% ÷ 표준거래승수(100)
④ 거래대상주권의 상장 보통주식 총수의 0.5% ÷ 표준거래승수(10)

기초자산이 동일한 주식선물의 모든 결제월종목의 순미결제약정수량 기준으로 "기초주권의 상장된 보통주식 총수의 0.3% ÷ 표준거래승수(10)"의 산식에 의해 산출된 수량(1,000계약 미만은 절사)으로 거래소가 매년 최초거래일에 공표한 수량이다.

024

다음 중 10분 이상 코스닥시장의 전산시스템 장애발생으로 구성종목 중 15종목 이상 거래를 할 수 <u>없는</u> 경우에 임의적으로 거래가 중단되는 파생상품은?

① 선물스프레드   ② 주식선물
③ KOSPI200선물   ④ 스타지수선물

스타지수선물의 경우 10분 이상 코스닥시장의 전산시스템 장애발생으로 스타지수 구성종목 중 15종목 이상 거래를 할 수 없는 경우 거래가 중단된다(임의적 거래중단 사유).

025

다음 중 주식시장 및 선물시장의 CB발동 시 거래가 중단되는 파생상품 거래는?

① 선물스프레드거래   ② KOSPI200선물 · 옵션거래
③ 주식선물 · 옵션거래   ④ 스타지수선물거래

유가증권의 주식시장 CB발동 시, 선물시장의 CB발동 시 KOSPI200선물 · 옵션거래가 중단된다.

026

다음 중 파생상품시장의 임의적 거래중단에 해당하는 상황이 아닌 것은?

① KOSPI200선물·옵션의 경우, 10분 이상 주식시장의 전산시스템 장애발생으로 구성종목 중 100종목 이상 거래를 할 수 없는 경우
② 회원 파생상품시스템의 장애발생으로 정상적인 거래를 할 수 없는 회원이 최근 6개월간 약정수량의 합계수량이 전체 약정수량의 50% 이상에 해당하는 경우
③ 10분 이상 거래소 파생상품시스템의 장애발생으로 정상적인 거래를 할 수 없는 경우
④ 돈육선물의 경우 축산물도매시장의 과반수가 거래를 중단하는 경우

문제해설

회원 파생상품시스템의 장애발생으로 정상적인 거래를 할 수 없는 회원이 최근 1년간 약정수량의 합계수량이 전체 약정수량의 75% 이상에 해당하는 경우 해당 상품시장의 거래가 중단된다.

027

다음 중 파생상품거래의 필요적 거래중단(CB) 상황으로 옳은 것은?

① 9시 3분에 선물시장의 CB가 발동되었다.
② 14시 55분에 스타지수선물의 거래가 중단되었다.
③ 거래소 주식선물시스템의 장애발생으로 CB가 발동되었다.
④ 선물가격 급변으로 중단 재개 후 다시 주식시장 CB발동으로 KOSPI 선물·옵션거래가 중단되었다.

 알아보기 필요적 거래중단(CB : Circuit Breakers)
• 1일 1회만 중단하며 당일 14시 50분 이후에는 중단하지 않는다.
• CB는 개장 5분 이후에 발동할 수 있다.
• 10분간 단일가거래를 위한 10분간 주문 접수 후 합치가격으로 거래를 재개한다.

문제해설

CB는 1일 1회만 중단할 수 있으나, 선물가격의 급변 등에 의한 중단재개 후 다시 KOSPI200선물·옵션의 경우 주식시장 CB발동으로 장 중단 시, 스타지수선물의 경우 코스닥시장 CB발동으로 장 중단 시 다시 중단할 수 있다.

028

주식시장 CB 및 선물시장 CB발동으로 KOSPI200선물거래가 중단됨에 따라서 동시에 중단되는 파생상품거래는?

① KOSPI200선물스프레드 및 스타지수선물스프레드거래
② 스타지수선물거래 및 스타지수선물스프레드거래
③ KOSPI200선물스프레드거래 및 KOSPI200옵션거래
④ KOSPI200옵션거래 및 스타지수선물거래

주식시장 CB 및 선물시장 CB 발동으로 KOSPI200선물거래가 중단되는 경우 KOSPI200선물스프레드거래 및 KOSPI200옵션의 거래를 중단하며, 스타지수선물거래가 중단되는 경우 스타지수선물스프레드거래를 중단한다.

029

다음 중 프로그램매매호가의 효력정지(Side Car)에 대한 내용으로 가장 거리가 먼 것은?

① 개장 5분 이후 직전일의 거래량이 가장 많은 KOSPI200선물 종목의 약정가격이 전일종가 대비 10% 이상 변동하여 1분 이상 지속될 경우로, 상승의 경우에는 매수프로그램 호가에 대해 그 효력을 5분간 정지한다.
② 1일 1회에 한하며 발동 후 5분 경과 시 자동으로 해제된다.
③ 14시 50분 이후에는 발동하지 않는다.
④ 개장 5분 이후 직전일의 거래량이 가장 많은 스타지수선물 종목의 약정가격이 전일종가 대비 6% 이상 변동하여 1분 이상 지속될 경우로, 하락의 경우에는 매도프로그램 호가에 대해 그 효력이 5분간 정지된다.

개장 5분 이후 직전일의 거래량이 가장 많은 KOSPI200선물 종목의 약정가격이 전일종가 대비 5% 이상 변동하여 1분 이상 지속될 경우로, 상승의 경우에는 매수프로그램 호가에 대해, 하락의 경우에는 매도프로그램 호가에 대해 그 효력을 5분간 정지한다.

 프로그램매매호가의 효력정지(side car)
- 시장상황이 급변할 경우 프로그램매매호가의 효력을 일시적으로 제한함으로써 시장의 충격을 완화하고자 하는 제도
- **해제기준** : 발동 후 5분 경과 시 자동해제, 14시 50분 이후는 발동하지 않음

030

다음 중 협의대량거래와 관련된 사항으로 옳은 것을 모두 고른 것은?

> ㉠ 3년국채선물거래의 경우 협의대량거래의 신청수량은 500계약 이상 5,000계약 이하로 한다.
> ㉡ 5년국채선물은 협의대량거래가 불가능하다.
> ㉢ 협의대량거래의 신청시간은 정규거래시간의 개시 후 10분부터 종가단일가 호가시간의 개시 전 10분까지의 시간 중에 단일가호가시간을 제외한 시간으로 한다.
> ㉣ 통화선물의 경우 최소 500계약 이상 신청할 수 있다.
> ㉤ 3년국채선물의 경우 협의대량거래가격으로는 협의가 완료된 시각 직전의 10분간의 최고가와 최저가의 사이이며 직전가가 없을 경우에는 직전 약정가격의 0.5%를 가감한 금액을 사용한다.

① ㉠, ㉡, ㉣   ② ㉡, ㉣

③ ㉠, ㉡, ㉢   ④ ㉢, ㉤

 협의대량거래 신청가능 품목

- 3년국채선물거래
- 미니금선물거래
- 통화선물거래
- 주식선물거래
- 코스피200선물거래
- 주식옵션거래
- 코스피200옵션거래

문제해설

㉣ 통화선물거래의 경우 협의대량거래의 신청수량은 200계약 이상 15,000계약 이하로 한다.
㉤ 3년국채선물거래의 경우에는 협의가 완료된 시각 직전의 10분간 개별경쟁거래의 방법으로 체결된 약정가격 중 가장 높은 가격과 가장 낮은 가격 이내의 가격으로 하며 이 경우 그 10분간에 체결된 약정가격이 없는 때에는 협의대량거래의 신청은 취소된 것으로 본다.

031

거래체결 내역 등의 통지와 관련된 사항으로 거리가 먼 것은?

① 거래가 체결된 즉시 거래내용을 위탁자에게 통지한다.
② 3회 이상 계속 반송된 투자자의 계좌는 영업점에 이를 비치하여 투자자가 요구 시 즉시 통지할 수 있도록 한다.
③ 6개월간 거래가 없는 고객의 경우에도 반기말 잔고현황을 통지한다.
④ 거래의 체결을 담당한 직원이 위탁자에게 거래내역을 통보하여 거래내용의 사실관계 확인과 이의 없음을 확인해야 한다.

문제해설

거래체결 내역을 통지하는 것은 내부직원에 의한 부정이나 오류를 방지하는 절차이기도 하기 때문에 거래의 체결을 담당한 직원과 거래내역을 통보하는 직원은 분리되어 운영되어야 한다(Front office와 Back office의 분리).
③ 반기간 거래가 없는 고객의 경우 반기말 잔고현황을 반기종료 후 20일까지, 월간으로 거래가 있는 고객의 경우는 즉시 통보와 별도로 월간 거래내역 및 월말 잔고현황을 다음 달 20일까지 통지한다.

032

다음 중 착오거래의 정정과 관련된 사항으로 가장 거리가 먼 것은?

① 거래소 회원은 착오가 발생한 날의 장종료 후 30분 이내에 착오거래의 정정을 신청해야 한다.

② 착오거래의 정정은 장중에도 신청할 수 있다.

③ 위탁거래와 자기거래의 구분 및 투자자의 구분에 대한 착오와 거래소 회원 시스템으로 발생하는 착오의 처리는 회원의 자기거래로 인수한다.

④ 거래소 착오거래를 회원의 자기거래로 인수한 경우에는 지체 없이 단일가호가로 반대거래를 하여야 한다.

 착오거래의 정정
- **거래소 착오거래** : 거래소 시스템, 프로그램 운영 장애 등으로 인해 호가 내용에 부합되지 아니하게 성립된 거래
- **회원 착오거래** : 주문의 접수, 호가의 입력 등을 함에 있어 착오로 주문내용에 부합하지 아니하게 성립된 거래

위탁거래와 자기거래의 구분 및 투자자의 구분에 대한 착오는 해당 내용을 사실에 부합하게 정정하는 것으로 종료한다. 즉, 자기거래로 인수하지 않는다.

033

다음 중 파생상품 담당자 및 책임자제도에 관련된 내용으로 옳은 것은?

① 회원은 파생상품 담당자 3인 이상을 지정하여 거래소에 등록하여야 한다.

② 파생상품 담당자는 국내외 연수기관이나 교육기관에서 거래에 관한 연수나 교육을 받은 자로서 6개월 이상 거래에 관한 실무경험자로 거래에 관한 규정 및 업무를 숙지하고 있는 자이어야 한다.

③ 파생상품 담당자는 회원 파생상품 단말기의 설치장소에 상주하여야 한다.

④ 파생상품 담당자는 착오거래의 정정신청, 착오거래의 구제신청, 권리행사의 신고, 기초자산 수수의 통지 및 차익 · 헤지거래의 신고, 그 밖에 거래 및 결제와 관련하여 거래소가 정하는 업무를 담당한다.

① 회원은 파생상품 담당자를 2인 이상 지정하여 거래소에 등록하여야 한다.
② 둘 중에 하나에 해당하는 자로서 거래에 관한 규정 및 업무를 숙지하고 있는 자이면 된다.
③ 파생상품 책임자가 회원 파생상품 단말기의 설치장소에 상주하여야 한다.

3과목 리스크관리 및 직무윤리

034

다음의 미결제약정의 인계에 관한 내용으로 가장 거리가 먼 것은?

① 미결제약정의 인계를 위한 상대거래가 체결되는 경우에 위탁자는 인계회원에 예탁되어 있는 위탁증거금 이상을 인수회원에게 이전하여야 한다.

② 정해진 인계의 요건에 따라 이관을 요청할 수 있다.

③ 위탁자는 파생상품계좌설정계약을 체결한 회원에 있는 미결제약정을 다른 회원에게 인계할 수 있다.

④ 인수회원과 인계회원은 미결제약정의 인계에 관하여 거래소가 정하는 사항을 기재한 서면을 거래소에 제출한다.

인계의 요건에 따라 정하여진 것은 아니며 위탁자 또는 거래전문회원의 판단에 따라 임의로 이관을 요청할 수 있다.

035

기본예탁금에 대한 내용으로 가장 거리가 먼 것은?

① 사후위탁증거금 적용계좌와 옵션매수전용계좌는 기본예탁금을 예탁하지 않아도 된다.

② 신규주문증거금이 없고 파생상품거래의 미결제약정이 전량 해소된 때에는 기본예탁금을 인출할 수 있다.

③ 미결제약정을 보유하고 있는 경우에는 기본예탁금의 체크 없이 신규주문이 가능하다.

④ 기본예탁금을 인출한 위탁자로부터 다시 매매거래를 위탁받은 경우에는 기본예탁금이 면제된다.

기본예탁금을 인출한 위탁자로부터 다시 매매거래를 위탁받는 경우에는 사전에 기본예탁금을 받아야 한다.

더 알아보기 단계별 기본예탁금액

구분		기본예탁금액	사전투자경험
1단계	선물(변동성지수선물 제외)	3,000만 원	사전교육 30시간, 모의거래 50시간 이상
2단계	옵션(변동성지수선물 포함)	5,000만 원	선물거래 경험 1년 이상

036

증거금에 대한 설명으로 가장 거리가 먼 것은?

① 증거금은 결제이행을 보증하기 위한 담보금이다.
② 증거금은 결제의무 부담주체에 따라 위탁증거금, 거래증거금으로 구분할 수 있다.
③ 증거금은 대용증권 및 달러화, 엔화, 유로화 등으로도 납부할 수 있으나 현금납부는 불가능하다.
④ COMS는 KRX의 증거금제도로서 보유하고 있는 선물 및 옵션거래의 전체 포트폴리오를 고려하여 순위험 방식으로 평가하는 증거금 체계이다.

문제해설

증거금은 현금에 갈음하여 대용증권 및 외화, 외화증권으로도 납부할 수 있다.

037

다음은 사후위탁증거금에 관련된 사항이다. 가장 거리가 먼 것은?

① 적격기관투자자는 모든 회원사에서 사후위탁증거금을 적용받을 수 있다.
② 적격기관투자자가 헤지나 차익거래 실수요를 증빙할 경우 사후위탁증거금의 80%만 납부한다.
③ 헤지 또는 차익거래만 이용하는 사후증거금할인계좌는 주식관련 파생상품에만 적용된다.
④ 당일 장종료 후 또는 거래 익일 10시 전까지 잔여 포지션에 해당되는 사후위탁증거금만 납부하면 된다.

문제해설

적격기관투자자는 회원별로 내부규정에 따라 적용하므로 특정 회원사에서는 사후위탁증거금을 적용받으나, 다른 회원사에서는 적용받지 못할 수도 있다.

038

다음 중 위탁증거금률이 가장 낮은 것은?

① 달러선물
② 10년국채선물
③ 유로선물
④ 돈육선물

문제해설

10년국채선물(2.55%) → 달러선물·유로선물(3.9%) → 돈육선물(21%)

 **더 알아보기** 위탁증거금률

- 코스피200선물 · 옵션 : 9.0%
- 스타지수선물 : 10.5%
- 국채선물 : 3년(0.75%), 5년(1.35%), 10년(2.55%)
- 미국달러 · 미국달러플렉스선물 · 유로선물, 미국달러옵션 : 3.9%
- 엔선물 : 5.7%
- 금 · 미니금선물 : 9.0%
- 돈육선물 : 21%

039

다음 중 거래승수가 같은 것끼리 짝지어지지 <u>않은</u> 것은?

① 3년국채선물, 5년국채선물
② 스타지수선물, 미국달러옵션
③ KOSPI200선물, 10년국채선물
④ 돈육선물, 금선물

문제해설

① 3년국채선물, 5년국채선물 : 1,000,000
② 스타지수선물, 미국달러옵션 : 10,000
③ KOSPI200선물 : 250,000, 10년국채선물 : 1,000,000
④ 돈육선물, 금선물 : 1,000

040

다음 중 계약당 최소증거금액이 나머지와 <u>다른</u> 하나는?

① 금선물
② 5년국채선물
③ 스타지수선물
④ KOSPI200선물

문제해설

- 스타지수선물, 미국달러선물, 엔선물, 유로선물, 돈육선물, 미국달러플렉스선물, 미니금선물, 주식옵션, 통화옵션 : 1만 원
- 주식선물 : 당일의 기초자산기준가격이 10만 원 미만인 경우 1천원, 10만원 이상인 경우 1만 원
- KOSPI200선물 · 옵션, 3 · 5 · 10년국채선물, 금선물 : 5만 원

041

다음 중 상품군(Product Group)에 속하는 종목군(Class Group)이 바르게 짝지어지지 <u>않은</u> 것은?

① 통화상품군 – 미국달러선물, 미국달러옵션, 엔선물, 유로선물
② 국채상품군 – 3년국채선물, 5년국채선물, 10년국채선물
③ 주가지수상품군 – KOSPI200선물, KOSPI200옵션, 스타지수선물, 미국달러플렉스선물
④ 금상품군 – 금선물, 미니금선물

문제해설
미국달러플렉스선물은 통화상품군에 속한다.

042

다음 중 신규위탁증거금으로, 전액 대용으로 가능한 주문끼리 짝지어진 것은?

① 옵션거래 매수의 신규주문, 옵션거래 매도의 신규주문
② 선물스프레드거래 신규주문, 옵션거래 매도의 신규주문
③ 선물거래의 신규주문, 옵션거래 매수의 신규주문
④ 선물스프레드거래 신규주문, 선물거래의 신규주문

문제해설
선물스프레드거래와 옵션거래 매도의 신규거래 시 신규위탁증거금이 0으로, 전액 대용으로 가능하다.

043

다음 중 일일정산의 업무처리절차를 바르게 나열한 것은?

① 권리행사 신고 → 미결제약정수량 산출 → 정산차금 산출
② 미결제약정수량 산출 → 권리행사 신고 → 정산차금 산출
③ 권리행사 신고 → 정산차금 산출 → 미결제약정수량 산출
④ 미결제약정수량 산출 → 정산차금 산출 → 권리행사 신고

문제해설
일일정산은 결제불이행을 막기 위해 매 거래일마다 당일 발생한 손익을 정산하고 부족한 증거금을 채워 넣는 일련의 과정을 거친다.

044

다음 중 사후위탁증거금 할인계좌에 대한 설명으로 가장 거리가 먼 것은?

① 사후위탁증거금 할인계좌는 사전에 거래소에 신고하여야 한다.
② 할인율은 80%를 넘길 수 없으며 회원이 정하도록 하고 있다.
③ 사후위탁증거금이 적용되는 고객의 계좌 중 차익거래 또는 헤지거래를 하는 계좌에 대하여는 증거금액을 할인하여 적용한다.
④ 사후위탁증거금액 할인은 고객의 미결제약정에 대하여 산출하는 순위험증거금액 중 옵션가격 증거금액, 가격변동증거금액 및 선물스프레드증거금액에 대하여 일정한 할인율을 곱하는 방식이다.

문제해설

할인율은 80%를 최저율로 하며 100% 이내에서 회원이 정하도록 하고 있다.

045

다음 중 사후위탁증거금을 적용받는 적격기관투자자의 범위에서 벗어나는 전문투자자는?

① 농협중앙회
② 상호저축은행
③ 새마을금고
④ 투자자문사

문제해설

자본시장법에 명기된 전문투자자 중 주권상장법인, 금융위원회에 전문투자자로 신고한 법인·개인, 금융투자업 중 투자판단에 대한 자문을 업으로 하는 투자자문업자는 거래소규정상의 적격기관투자자에서 제외된다.

 더알아보기 사후위탁증거금

- **적용대상** : 기관투자자 중 회원이 재무건전성, 신용상태, 미결제약정의 보유상황, 시장상황 등에 비추어 결제이행능력이 충분하다고 인정하는 자에 대하여 적용
- **적용범위**
  - 국가, 한국은행
  - **금융기관** : 은행법상 금융기관, 산업은행, 기업은행, 수출입은행, 농협중앙회, 수협중앙회, 투자자문업자를 제외한 금융투자업자, 종합금융회사, 상호저축은행중앙회, 상호저축은행, 보험회사, 여신전문금융회사, 산림조합중앙회, 새마을금고연합회, 증권금융회사 자금중개회사, 금융지주회사, 신용협동조합중앙회
  - **기타 전문투자자** : 예금보험공사 및 정리금융기관, 한국자산관리공사, 한국주택금융공사, 한국투자공사, 집합투자기구, 신용보증기금, 기술신용보증기금, 법률에 따라 설립된 기금을 관리 운용하는 법인, 법률에 따라 공제사업을 영위하는 법인, 지방자치단체, 외국정부, 조약에 따라 설립된 국제기구, 외국 중앙은행, 이에 준하는 외국법인·단체

046

다음 중 정산가격 산출방법에 대한 설명으로 가장 거리가 먼 것은?

① 정산가격은 각 종목별로 정규거래시간 중 가장 나중에 성립된 약정가격으로 한다.

② 미국달러플렉스선물거래의 경우에는 선물이론정산가격을 정산가격으로 한다.

③ 선물이론가격은 전일 정산가격이 이론가격과 거래증거금율의 30% 초과 괴리 시 적용한다.

④ 돈육선물과 최종 거래일에 도래한 종목은 이론가격을 적용하지 않는다.

문제해설

정산가격 산출 시 선물이론가격은 전일 정산가격과 이론가격 간의 차이가 전일 정산가격의 거래증거금률의 50%를 곱하여 산출된 수치보다 큰 경우에 적용한다.

047

다음 조건의 KOSPI200선물의 갱신차금과 정산차금은 각각 얼마인가?

- 당일 KOSPI200 F201409 2계약을 176.50에 신규매수
- 당일 KOSPI200 F201409의 정산가 : 176.20
- 전일 미결제약정 매도 5계약
- 전일 정산가 : 177.00

	갱신차금	정산차금
①	−125만 원	−95만 원
②	125만 원	95만 원
③	200만 원	170만 원
④	−200만 원	−170만 원

문제해설

정산차금 산출방법
- 정산차금 = 당일차금 + 갱신차금
- 당일차금 = 2 × (176.20 − 176.50) × 50만 = −30만 원
- 갱신차금 = 5 × (177.00 − 176.20) × 50만 = 200만 원
- 정산차금 = −30 + 200 = 170만 원

더 알아보기 당일차금산출방법
- 당일 매수거래 = 당일 매수수량 × (당일 정산가격 − 당일 체결가격) × 거래승수
- 당일 매도거래 = 당일 매도수량 × (당일 체결가격 − 당일 정산가격) × 거래승수

갱신차금 산출방법
- 매수미결제약정 = 전일 매수미결제약정수량 × (당일 정산가격 − 전일 정산가격) × 거래승수
- 매도미결제약정 = 전일 매도미결제약정수량 × (전일 정산가격 − 당일 정산가격) × 거래승수

048

다음의 자료를 이용하여 엔달러선물의 T일의 정산차금을 산출한 것은?

	T-1일	T일
회원K	매도 10계약	매도 4계약(체결가격 : 1,295.70)
		매도 8계약(체결가격 : 1,295.20)
정산가격	1,277.50	1,309.70

① 2,620,000원 손실
② 2,620,000원 이익
③ 2,920,000원 손실
④ 2,920,000원 이익

당일차금 = {(1,295.70 - 1,309.70) × 4 × 10,000} + {(1,309.70 - 1,295.20) × 8 × 10,000} = 600,000원
갱신차금 = (1,277.50 - 1,309.70) × 10 × 10,000 = -3,220,000원
정산차금 = 600,000 - 3,220,000 = -2,620,000원

049

결제에 관련된 사항으로 가장 거리가 먼 것은?

① 10년국채선물의 인수도 국고채권과 인수도차금의 수수시한은 최종결제일 12시까지이다.
② 선물거래의 결제금액은 총지급액과 총수령액의 차감액을 수수한다.
③ KOSPI200옵션의 경우 권리행사가격과 권리행사결제기준가격 간의 차이가 0.01 포인트(1,000원) 이상인 이익종목이면 권리행사의 신고를 한 것으로 본다.
④ 선물거래의 최종결제 시 결제회원은 거래소와 거래전문회원은 지정결제회원과 회원은 위탁자와 거래가 만료된 종목의 미결제약정에 대하여 현금결제 또는 인수도결제 방법으로 최종결제일에 결제한다.

10년국채선물의 인수도 국고채권과 인수도차금의 수수시한은 최종결제일 15시까지이다. 미국달러선물·옵션의 달러결제차금, 엔선물의 엔결제금액, 유로선물의 유로결제금액, 금선물의 금괴 및 인수도차금의 수수시한은 최종결제일 12시까지이다.

050

다음 중 추가증거금(Margin call)에 관한 설명으로 가장 거리가 먼 것은?

① 부족액 발생일의 익일 12시까지 추가증거금을 납부하여야 한다.
② 결제불이행 시 미결제약정을 소멸시키는 매도나 매수거래에는 지정가 또는 조건부지정가주문(호가)으로만 행하여야 한다.
③ 유지위탁증거금률은 KOSPI200선물·옵션거래의 경우 10%를 적용한다.
④ 미결제약정, 대용증권 또는 외화의 반대매매 후에도 부족액이 있는 경우 위탁자에게 부족액의 납부를 청구할 수 있다.

문제해설

미결제약정을 소멸시키게 되는 매도 또는 매수거래를 행하고자 하는 경우 상대편 최우선주문가격 또는 그 가격으로부터 9틱 이내의 지정가 또는 조건부지정가주문(호가)으로 행한다. 다만, 단일가격경쟁거래 주문시간에는 위탁자가 다른 가격의 지정가 또는 조건부지정가주문을 행할 수 있다. 또한 위탁자의 동의 또는 요구가 있는 경우에는 시장가로 행할 수도 있다.

051

선물거래의 정산가격을 결정하는 순서에서 가장 우선되는 것은?

① 선물이론가격
② 기세가 있는 경우 기세
③ 전일 정산가격
④ 당일에 가장 나중에 성립된 약정가격

문제해설

정산가격은 일일정산의 기준이 되는 가격으로 정산가격의 결정에 있어서 당일에 가장 나중에 성립된 약정가격이 가장 우선시 된다.

더 알아보기 정산가격산출방법
모든 선물거래의 정산가격은 종목별로 다음 순서에 의해 결정된다.
- 당일에 가장 나중에 성립된 약정가격
- 당일 의제약정가격에 가장 나중에 성립된 의제약정가격
- 기세가 있는 경우 기세(돈육선물은 미적용)
- 전일 정산가격
- 선물이론가격

052

개시증거금이 170만 원이고 유지증거금이 130만 원인 경우 예탁대용이 100만 원, 예탁현금이 70만 원인 상태일 때 예탁평가액이 100만 원이고 결제금액이 −80만 원 발생했다면 추가증거금은 얼마인가?

① 추가증거금 70만 원 중 현금은 10만 원 이상이어야 하고 나머지는 대용이 가능하다.
② 추가증거금이 70만 원으로 전액 현금이어야 한다.
③ 추가증거금이 70만 원으로 전액 대용이 가능하다.
④ 추가증거금 70만 원 중 현금은 20만 원이고 나머지는 대용이 가능하다.

문제해설

결제금액보다 예탁현금이 적으므로 현금이 10만 원 필요하고, 예탁평가액을 개시증거금까지 맞춰야 하므로 70만 원(170−100)이 필요하다. 현금을 10만 원 이상, 나머지 금액인 60만 원은 대용이 가능하다.

053

다음 선물거래의 최종결제에서 인수도결제가 이루어지는 상품은?

① 돈육선물   ② 금선물
③ 5년국채선물   ④ 주식선물

 선물거래의 최종결제
- 현금결제 : KOSPI200선물, 주식선물, 스타지수선물, 3년국채선물, 5년국채선물, 10년국채선물, 돈육선물, 미니금선물
- 인수도결제 : 미국달러선물 · 옵션, 엔선물, 유로선물, 금선물

문제해설

돈육선물, 주식선물, 5년국채선물은 현금결제가 금선물은 인수도결제가 이루어진다.

054

다음 중 대용증권에 대한 사항으로 가장 거리가 먼 것은?

① 위탁자는 위탁증거금에서 현금위탁증거금을 제외한 금액에 대해서 대용증권으로 예탁할 수 있다.

② 회원은 대용증권을 거래증거금, 거래전문회원증거금으로 예탁하는 경우에는 자기 재산과 수탁재산을 구분하여 예탁한다.

③ 관리종목으로 지정된 대용증권은 그 사유발생일로부터 대용증권의 효력이 정지된다.

④ 대용가격은 대용증권의 기준시세에 사정비율을 곱하여 계산한다.

문제해설

관리종목, 정리매매종목, 매매거래 정지종목, 투자위험종목으로 지정된 대용증권은 그 사유발생일의 다음 날부터 대용증권의 효력이 정지된다.

055

다음 중 납입가능 대용종목으로 적합하지 않은 것은?

① 상장지수펀드(ETF)

② 회원 자신이 발행한 유가증권

③ 상장주권

④ 유가증권시장에 상장된 주식연계증권(ELS)

문제해설

회원은 자기가 발행한 유가증권을 거래증거금 또는 거래전문회원증거금으로 사용할 수 없다. 단, 위탁자로부터 예탁받은 유가증권이 자기가 발행한 것일 경우에는 가능하다.

056

다음 중 한국거래소에 증거금으로 예탁할 수 없는 외화는?

① 영국 파운드화   ② 스위스 프랑화

③ 싱가폴 달러화   ④ 프랑스 프랑화

문제해설

미국 달러화, 일본 엔화, 유럽연합 유로화, 영국 파운드화, 홍콩 달러화, 호주 달러화, 싱가폴 달러화, 스위스 프랑화, 캐나다 달러화의 총 9개의 통화가 증거금으로 예탁 가능한 외화이다.

057

위탁자가 아래와 같이 유가증권을 예탁하였다. 대용가격은 얼마인가?

- R자동차의 전환사채 8억
- T항공의 주식 10억
- 투자위험종목으로 지정된 거래소 상장 M상사의 주식 15억
- 상장된 Q은행 후순위채권 20억
- 주가연계증권 5억

① 45.9억 ② 35.4억

③ 33.7억 ④ 44.2억

 문제해설

$(8 \times 80\%) + (10 \times 80\%) + (15 \times 0\%) + (20 \times 85\% \times 90\%) + (5 \times 80\%) = 33.7억$

더 알아보기 대용가격의 산정

대용가격은 대용증권의 기준시세와 사정비율을 곱한 것으로 사정비율은 다음과 같다.
- 채권(국채, 지방채, 특수채) : 95%
- 주식관련 사채권을 제외한 일반적인 사채권 : 85%
- 주식관련 사채권, ELS, MBS : 80%
- 상장주권, DR : 70%
- 후순위채권은 사정비율의 90%만 인정

058

다음 중 자본시장법에 명시된 금융투자업자의 회계처리기준으로 가장 거리가 먼 것은?

① 분기별로 가결산을 실시한다.
② 회계 및 재무에 관한 서류는 10년 이상 동안 기록 · 유지한다.
③ "장내파생상품거래 예치금"과 "장내파생상품매매증거금" 계정에는 자기분과 투자자분을 합산하여 표시한다.
④ 회계연도는 4월 1일부터 다음 해 3월 31일까지이다.

 문제해설

금융투자업자의 고유재산과 신탁재산, 위탁자의 재산을 명확히 구분하여 계리하여야 한다. 장내선물거래와 관련한 자산계정으로 "장내파생상품거래 예치금" 계정과 "장내파생상품매매증거금" 계정을 사용하도록 감독규정시행세칙 별표에 정의하고 있으며, 이 경우 각각 자기분과 투자자분을 구분하도록 명시되어 있다.

059

다음 중 파생상품거래 회계처리기준으로 거리가 먼 것은?

① 파생상품은 거래시점에서 그 목적에 따라 매매목적거래와 위험회피목적거래로 구분하여 관리한다.

② 위험회피회계를 적용함에 있어 위험회피활동으로 인한 공정가액 또는 현금흐름의 위험회피 효과 평가방법은 상황에 따라 적절한 방법으로 한다.

③ 장내파생상품의 공정가액은 평가일 현재 당해 거래소에서 거래되는 해당 상품의 종가로 한다.

④ 파생상품거래의 계약금액은 외화로 표시된 경우 원화로 환산한다.

문제해설

위험회피회계를 적용함에 있어 위험회피활동으로 인한 공정가액 또는 현금흐름의 위험회피 효과 평가방법은 사전에 정해져 있어야 한다.

060

다음 중 개인소득에 대하여 원천징수되는 이자소득의 범위에 속하지 않는 것은?

① 채권 또는 증권의 환매조건부매매차익

② 국내에서 받는 예금의 이자와 할인액

③ 국외에서 받는 예금의 이자와 이자부투자신탁의 이익

④ 유가증권의 매매차익

문제해설

원천징수란 소득금액 지급 시 지급자(원천징수의무자)가 지급받는 자의 부담세액을 국가를 대신하여 미리 징수하는 것으로 유가증권의 매매차익은 원천징수되는 이자소득의 범위에 해당하지 않는다.

> **더알아보기** 소득세법상 원천징수되는 이자소득의 범위
> - 국가 · 지방자치단체 · 내국법인 · 외국법인 · 외국법인의 국내 지점 또는 국내 영업소에서 발행한 채권 또는 증권의 이자와 할인액
> - 국내에서 받는 예금의 이자와 할인액
> - 상호저축은행법에 의한 신용계 또는 신용부금으로 인한 이익
> - 국내에서 받는 이자부투자신탁의 이익
> - 국외에서 받는 예금의 이자와 이자부투자신탁의 이익
> - 채권 또는 증권의 환매조건부매매차익
> - 저축성 보험의 보험차익
> - 직장공제회 초과반환금
> - 비영업대금의 이익

3장 직무윤리·투자자분쟁예방

001

다음 (   ) 안에 들어갈 용어가 바르게 연결된 것은?

> 금융투자업종사자는 (㉠)의 원칙에 따라 공정하게 영업하고, 정당한 사유 없이 (㉡)의 이익을 해하면서 자기 이익을 위하여 영업을 해서는 안 된다.

	㉠	㉡
①	적합성	공공
②	공공성	공공
③	신의성실	투자자
④	선관주의	투자자

금융투자업종사자는 신의성실의 원칙하에 투자자의 이익을 보호하는데 힘써야 한다.

더 알아보기 기타의 의무
- 선관의무 : 고객 이익 최우선의 원칙
- 소속회사에 대한 충실의무
- 정확한 정보제공의무

002

다음 중 직무윤리의 중요성에 대한 내용으로 거리가 먼 것은?

① 직무윤리의 준수는 금융투자업종사자 스스로를 지키는 안전장치의 역할을 해 준다.
② 직무윤리는 자율적 규범이지만 그 내용의 대부분이 실정법과 연관되어 있으나 강제적인 제재로는 연결되어 있지 않다.
③ 파생상품시장과 관련하여 각종 직무수행과 관련된 많은 법규가 있으나 이를 보완하기 위해 윤리규범이 필요하다.
④ 직무윤리는 도덕성에 바탕을 둔 정당하고 올바른 행위의 모형을 제시해 주며, 법규와는 다르게 자발성을 특징으로 한다.

직무윤리는 자율적 규범에 속하지만 그 내용의 대부분이 실정법과 연계되어 강제적인 제재를 수반하게 된다.

003

직무윤리의 중요성에 대한 설명으로 가장 거리가 먼 것은?

① 금융규제가 완화되면 그에 상응하여 직무윤리의 역할과 중요성이 증가한다.

② 자본시장법 하에서는 직무윤리와 내부통제의 역할과 중요성이 예전에 비해 감소되었다.

③ 직무윤리는 대리인비용과 대리인문제를 사전에 예방하는 유용한 수단이 된다.

④ 직무윤리는 결과를 기준으로 하는 강행법규의 결함을 보완하며 자발성과 자율성의 성격을 가진다.

문제해설

자본시장법에서 금융투자업자의 겸영업무 및 부수업무의 범위를 확대함에 따라 투자자 간 또는 투자자와 금융투자업자가 이해상충이 발생할 가능성이 더욱 증가하고 있어 내부통제와 직무윤리의 역할과 중요성이 더욱 커졌다고 할 수 있다.

004

직무윤리와 법규범의 차이 및 상관관계를 설명한 것으로 가장 거리가 먼 것은?

① 직무윤리가 법규범으로 입법화되어 있지 않아 여전히 윤리적 영역으로 남아 있는 경우도 있다.

② 직무윤리는 자율성을 기반으로 하나, 법규범은 타율성을 그 특징으로 한다.

③ 직무윤리에 반하는 행위는 법규범 위반으로 법적 제재가 따른 경우와는 구분된다.

④ 직무윤리는 법규범이 요구하는 수준보다 더 높은 수준으로 설정되어 있다.

문제해설

직무윤리의 상당부분이 법규범화함으로써 직무윤리에 반하는 행위가 동시에 법규범 위반으로 되어 법적 제재가 따르는 경우가 많이 있다.

005

다음 중 임직원의 대외활동 시 주의의무의 내용으로 가장 거리가 먼 것은?

① 회사의 업무와 관련이 없는 업무에 종사하고자 하는 경우에는 회사의 사전승인을 받아야 한다.
② 임직원이 공개되지 아니한 금융투자회사의 지분을 가지는 경우 준법감시인의 사전승인을 받아야 한다.
③ 대외활동으로 취득한 금전적인 보상은 준법감시인에게 신고하고 그 취득을 허락받은 후에 사용하여야 한다.
④ 임직원이 강연, 연설, 교육, 기고, 방송 그리고 인터뷰 등을 하고자 하는 경우에는 사전에 회사의 사전승인을 받아야 한다.

임직원이 공개되지 아니한 금융투자회사의 지분을 취득하는 경우 회사의 사전승인을 받아야 한다.

006

다음 중 투자권유준칙에서 금지하는 행위에 포함되지 않는 것은?

① 판매업무를 영위하는 직원이 신탁업자 · 일반사무관리회사의 업무 또는 고유재산의 운용업무를 겸직하게 하는 행위
② 투자자로부터 판매와 직접 관련된 대가를 수수하는 행위
③ 투자자에게 사실에 근거하지 아니한 판단자료 또는 출처를 제시하지 아니한 예측자료를 제공하는 행위
④ 투자자의 투자에 대한 인식, 투자목적, 재정상태에 비추어 투자위험이 매우 큰 집합투자증권을 적극적으로 권유하는 행위

투자자로부터 판매에 따른 대가를 수수하는 행위는 판매수수료를 의미하며, 그 이외의 간접적으로 대가를 요청하여서는 안 된다.

007

자본시장법상 영업행위규칙에 해당되지 않는 내용은?

① 신의성실의무
② 이해상충의 방지
③ 정보교류의 차단
④ 투자자 이익의 관리

투자자 이익의 관리는 고객에 대한 기본적인 업무내용으로 최선을 다하여 투자수익을 올려야 함을 의미한다. 자본시장법상의 영업행위규칙에는 포함되지 않는다.

008

금융투자회사의 준법감시인에 대한 설명으로 거리가 먼 것은?

① 금융투자회사는 준법감시인 1인 이상을 반드시 두어야 한다.
② 당해 직무수행과 관련한 사유로 부당한 인사상 불이익을 주어서는 안
된다.
③ 준법감시인은 감사 또는 감사위원회에 소속되어 독립적인 업무를 수
행한다.
④ 집합투자업자가 준법감시인을 임명하고자 하는 경우에는 이사회의 결
의를 거쳐야 한다.

009

다음 중 투자권유의 원칙에 대한 설명으로 거리가 먼 것은?

① 관계법령 등을 준수하고 신의성실의 원칙에 따라 정직하고 공정하게
업무를 수행한다.
② 고객에 대하여 선량한 관리자로서 주의의무를 다한다.
③ 고객에게 합리적인 의사결정을 하는 데 필요한 정보를 충분히 제공
한다.
④ 이해상충발생 가능성이 있는 거래에 대해서는 고객의 이익이 침해받
지 않도록 최소한의 조치를 취한 후 매매하고, 이해상충이 불가피한
경우에는 회사 내에서 적절한 조치를 취한다.

이해상충발생 가능성 있는 거래에 대하여는 고객이익이 침해받지 않도록 최대한의 조치를 취한 후 매매하고, 이해상충이 불가피한 경우에는 고객에게 통지하고 적절한 조치를 취한다.

3과목 리스크관리 및 직무윤리

010

부당권유규제에 대한 내용으로 가장 거리가 먼 것은?

① 장외파생상품은 재권유 금지가 적용된다.

② 거짓의 내용을 알리는 것은 금지된다.

③ 자본시장법상 투자의 재권유 금지기간은 3개월이다.

④ 투자권유를 받은 투자자가 이를 거부하는 경우 투자권유를 할 수 없다.

 더 알아보기 투자자의 거부의사 표시 후 투자의 재권유가 가능한 경우
• 투자자의 거부의사 표시 후 1개월이 경과한 경우
• 다른 종류의 금융투자상품을 투자권유하는 경우

문제해설
자본시장법상 투자의 재권유 금지 기간은 1개월이다.

011

고객에 대한 의무에서 다음 중 적절하지 않은 내용은?

① 투자성과를 보장하는 듯한 표현을 사용해서는 안 된다.

② 자기복무의 원칙을 지켜야 한다.

③ 고객의 합리적인 지시가 있더라도 시장상황에 적절히 맞추어서 업무를 수행해야 한다.

④ 고객에게 본인의 경력, 자격 등을 부실하게 나타내서는 안 된다.

문제해설
고객의 합리적 지시가 있으면 이에 따라야 한다.
②의 자기복무의 원칙은 고객에게 위임받은 업무는 부득이한 사유가 없으면 제3자에게 재위임할 수 없다는 원칙이다.

012

투자권유에 대한 다음 설명 중 가장 거리가 먼 것은?

① 파생상품을 투자권유하는 경우 적정성의 원칙이 추가된다.

② 불확실한 내용에 대해 단정적 판단을 제공하거나 어느 정도 오인하게 할 소지가 있는 경우는 설명의무에 저촉된다.

③ 원칙적으로 투자자로부터 투자권유를 요청받은 경우에만 방문이 가능하다.

④ 투자자의 거부의사 표시 후 1개월이 경과한 경우 재권유가 가능하다.

문제해설
불확실한 내용에 대해서 단정적 판단을 제공하거나 어느 정도가 아니라 확실하다고 오인하게 할 소지가 있으면 안 된다

013

A투자자가 B증권회사에 다음과 같이 주장하였다면 B투자금융회사가 소홀히 한 부분은?

> 나는 당신이 안정적인 수익이 날 수 있다고 해서 ○○주식 XXXX주를 매수했는데, 선물옵션계좌에서 손실액이 발생하였으니 물어내시오.

① 투자자 정보 확인　　　　② 투자설명의무
③ 적합성의 원칙　　　　　④ 신의성실 의무

투자자에게 안정적인 수익이 가능하다는 취지로 옵션거래를 권유하면서도 구체적인 전략 및 이에 다른 손실의 폭 등 옵션거래의 위험성에 대해서는 설명하지 않은 사실이 있으므로 증권회사의 투자 설명 의무 소홀이다.

014

고객과의 분쟁발생 시에 처리내용에 대한 설명으로 가장 거리가 먼 것은?

① 직원이 제공한 수익률 보장각서는 무효이다.
② 회사도 사용자로서의 책임이 있다.
③ 고객의 손해액은 투자손해액과 기회비용을 포함한 것으로 추정한다.
④ 분쟁과 관련하여 금융감독원에 금융분쟁조정위원회가 설치되어 있다.

손해액의 산정 시 계산산식은 해당 증권의 취득으로 지급하였거나 지급하여야 할 금전의 총액에서 증권을 처분하여 회수하였거나 회수할 수 있는 금전의 총액을 차감한 금액으로 추정한다.

015

판매회사와 판매직원이 투자자에게 보상해야 하는 경우로 가장 거리가 먼 것은?

① 판매자의 행위가 적법하게 행해진 것이 아니라는 사실을 투자자가 알았거나 중대한 과실로 인하여 알지 못한 경우에는 판매회사와 사용자 책임을 물을 수 없다.
② 손해배상의 범위는 손실액과 투자자의 성향, 투자자의 과실도 함께 감안하여 책임비율을 정한다.
③ 판매직원과 고객 간의 손해배상책임 문제가 발생하면 회사도 사용자로서의 책임을 일부 져야 한다.
④ 회사의 위법행위로 인하여 투자자에게 발생한 손해를 배상하는 행위에도 손실의 전부 또는 일부를 회사의 고유재산으로는 보전해줄 수 없다.

회사의 위법행위로 인하여 투자자에게 발생한 손해를 배상하는 행위에도 손실의 전부 또는 일부를 회사의 고유재산으로 보전해 줄 수 있다.

016

직무윤리에 있어서 모든 윤리기준의 근간(뿌리)이 되는 것은?

① 법규 등 준수의무
② 신의성실의무
③ 전문지식배양의무
④ 공정성 유지의무

문제해설

신의성실의무는 직무윤리 중에서 으뜸으로, 다른 윤리기준은 이에서 도출되는 것들이다.

017

직무윤리강령 중 윤리적 의무이자 법적 의무인 신의성실의 원칙의 양면성에 대한 사항으로 가장 거리가 먼 것은?

① 권리의 행사와 의무를 이행함에 있어서 행위준칙이 된다.
② 법규의 형식적 적용에 의해 야기되는 불합리와 오류를 시정하는 역할을 한다.
③ 법률관계를 해석함에 있어서 해석상의 지침이 된다.
④ 신의성실의 원칙 위반이 법원에서 다투어지는 경우, 당사자의 주장이 있어야 위반 여부를 판단할 수 있다.

문제해설

신의성실의 원칙 위반이 법원에서 다투어지는 경우는 강행법규에 대한 위반이기 때문에, 당사자가 주장하지 않더라도 법원은 직권으로 신의성실의 원칙 위반 여부를 판단할 수 있다.

018

다음의 사례는 어느 직무윤리강령의 윤리기준을 위반하고 있는가?

> A금융투자회사의 리서치센터에서 근무하는 애널리스트 P는 금융투자교육원에서 주관하는 금융투자분석사 직무보수교육이 있었지만, 업무가 바쁘다는 이유로 리서치센터장인 K가 출석을 허락하지 않아 참가하지 못하였다.

① 공정성 유지의무
② 법규 등 준수의무
③ 전문지식 배양의무, 신의성실의무
④ 전문지식 배양의무, 소속회사 등의 지도 · 지원 의무

문제해설

애널리스트 P는 "항상 해당 직무에 이론과 실무를 숙지하고 그 직무에 요구되는 전문능력을 유지하고 향상시켜야 한다."는 윤리기준과 A금융 투자회사는 "금융투자업종사자가 소속된 회사 및 그 중간감독자는 당해 업무종사자가 관계법규 등에 위반되지 않고 직무윤리를 준수하도록 필요한 지도와 지원을 하여야 한다."는 윤리기준을 위반하고 있다.

019

다음 직무윤리강령에 대한 설명 중 옳은 것은?

① 직무윤리를 준수하여야 할 의무는 해당 업무의 담당자뿐만 아니라 소속회사와 중간감독자에게도 있다.
② 직무윤리의 준수에 있어서 관련 업무종사자 간의 경쟁관계가 주된 것이고, 상호협조관계는 부차적인 것이다.
③ 도덕은 법의 최소한이다.
④ 신의성실의무는 단순히 윤리적 기준에 그치고 법적 의무는 아니다.

② 자본시장에 몸담고 있는 자들은 상호 경쟁관계에 있기도 하지만, 공동의 목적을 지향하는 동업자의 한 사람으로서 서로 협력하여야 하는 상호협조의무를 지닌다.
③ 법은 도덕의 최소한이다.
④ 신의성실의무는 법적 의무로서의 측면과 윤리적 의무로서의 측면이 상당 부분 중첩되어 있다.

020

다음 설명 중 **틀린** 것은?

① 전문가로서의 능력배양의무는 관련 이론과 실무 모두에 걸친 전문능력이 포함된다.
② 직무의 공정성은 인간관계와 의리에 우선한다.
③ 법규준수의무에서 준수의 대상이 되는 것에는 법조문으로 되어 있는 것뿐만 아니라 그 법정신에 해당하는 것도 포함한다.
④ 「자본시장과 금융투자업에 관한 법률」 제422조 제3항에 따르면 관리 · 감독의 책임이 있는 자가 그 임직원의 관리 · 감독에 상당한 주의를 다한 경우에라도 조치를 면할 수는 없다.

「자본시장과 금융투자업에 관한 법률」 제422조 제3항
관리 · 감독의 책임이 있는 자가 그 임직원의 관리 · 감독에 상당한 주의를 다한 경우에는 조치를 감면할 수 있다.

021

다음 보기 중 직무윤리기준(각칙)의 실체적 규정에 해당하지 **않는** 것은?

① 고객에 대한 의무
② 기본적 의무
③ 자본시장에 대한 의무
④ 공정성 유지의무

공정성 유지의무는 직무윤리강령(총칙)에 해당한다.
직무윤리기준의 실체적 규정
기본적 의무, 고객에 대한 의무, 자본시장에 대한 의무, 소속회사에 대한 의무, 그 밖의 직무상의 의무

022

투자상담업무종사자와 고객 사이의 신임관계 및 신임의무에 대한 설명으로 가장 거리가 먼 것은?

① 신임관계는 주로 위임관계나 신탁의 관계에서와 같이 전적인 신뢰관계가 존재하는 경우의 관계이다.
② 수임자는 위임자에 대하여 진실로 충실하고 또한 직업적 전문가로서 충분한 주의를 가지고 업무를 처리해야 할 의무를 진다.
③ 수임자가 그 직무를 통해 알게 된 위임자의 정보에 대한 비밀유지 여부가 신임의무에서 특히 강조되는 부분이다.
④ 신임의무의 핵심이 되는 내용은 충실의무와 주의의무이다.

신임일무가 특히 문제되는 상황은 수임자와 신임자의 이익이 상충하는 경우이다.

023

다음 중 고객에 대한 충실의무에 대한 설명으로 가장 거리가 먼 것은?

① 수임자는 특별한 경우를 제외하고 자신이 수익자의 거래상대방이 되어서는 안 된다.
② 수임자가 최선의 노력을 다하여 고객에게 최대한의 수익률을 내려 했으나 원금만 보전되는 결과를 낳았다. 이는 충실의무를 위반한 것이다.
③ 수임자는 수익자의 이익과 경합하거나 상충되는 행동을 해서는 안 된다.
④ 수임자는 그 직무를 통해 위임자에 관해 알게 된 정보에 대해 비밀을 유지해야 한다.

행위 당시에 고객 등의 이익을 위해 최선의 노력을 다하였다면, 설령 결과에 있어서 고객에게 이익이 생기지 않더라도 무방하다.

024

금융위원회의 행정제재에 대한 설명으로 가장 거리가 먼 것은?

① 금융투자업자의 내부통제기준 변경
② 금융투자업자에 대한 금융업등록 취소권
③ 금융투자업자의 직원에 대한 면직, 정직 등 조치권
④ 금융위원회의 처분 또는 조치에 대한 이의신청권 인정

문제해설

금융위원회는 법령을 위반한 사실이 드러난 금융투자업자에 대하여 재발방지를 위하여 내부통제기준의 변경을 권고할 수 있다. 직접 변경이 아니라 변경 권고임에 유의한다.

025

과당매매의 경우 다음 중 가장 문제가 되는 의무는?

① 자기거래의 금지의무
② 투자적합성의 의무
③ 고객 최선이익의 의무
④ 고객정보의 부당이용의 금지의무

문제해설

과당매매(Churning, Excessive Trading)는 고객과의 이해상충이 발생하는 구체적인 예로 고객 최선이익의 원칙에 위배된다.

026

과당매매와 관련하여 특정 거래가 빈번한 거래인지 또는 과도한 거래인지를 판단할 때에 고려하여야 할 사항과 가장 거리가 먼 것은?

① 투자자의 재산상태 및 투자목적
② 투자자가 투자지식이나 경험에 비추어 당해 거래에 수반되는 위험을 잘 이해하고 있는지 여부
③ 투자자가 당해 거래로 인해 실제 투자손실을 입었는지의 여부
④ 투자자가 부담하는 수수료의 총액

문제해설

금융투자업규정과 한국금융투자협회 표준투자권유준칙에 따르면 실제 투자손실의 여부는 고려대상이 아니다. ①,②, ④와 개별 매매거래 시 권유내용의 타당성 여부를 고려한다.

027

적합성의 원칙에 따라 파악하여야 할 고객정보와 가장 거리가 먼 것은?

① 고객의 재무상황
② 고객의 투자경험
③ 고객의 소비성향
④ 고객의 투자기간

Know-Your-Customer-Rule로써 고객의 재무상황 투자경험, 투자목적, 기간 등을 충분하게 파악하여 투자의 권유가 이루어져야 한다.

028

「자본시장과 금융투자업에 관한 법률」상의 적정성의 원칙에 대한 설명으로 가장 거리가 먼 것은?

① 적정성의 원칙을 적용하는 경우에는 주권상장법인을 일반투자자의 범위에 포함하고 있다.
② 모든 금융투자상품의 판매에 대하여 적용된다.
③ 일반투자자를 상대로 하는 경우에만 적용된다.
④ 금융투자업자는 투자자의 투자목적 등에 비추어 해당 상품이 그 투자자에게 적정하지 않다고 판단되는 경우에는 그 사실을 알려주어야 한다.

적정성의 원칙은 파생상품과 같이 위험성이 특히 큰 금융투자상품에 대하여 적용되는 것으로 자본시장법에서 이를 도입하고 있다(「자본시장과 금융투자업에 관한 법률」제46조의2). 파생상품의 경우에는 Know-Your-Customer-Rule, 적합성의 원칙, 설명의무 외에 적정성의 원칙이 추가적으로 적용된다.

029

다음 중 투자상담업자가 고객에게 투자권유 시 직무윤리기준을 위반한 것으로 볼 수 있는 것은?

① 투자정보를 제시할 때 미래의 주가전망보다는 현재의 객관적인 사실에 입각하여 설명하였다.
② 주관적으로는 수익성이 있다고 판단되는 투자상품이 있으나 정밀한 조사과정을 거치지 않았으므로 중립적이고 객관적인 투자자료를 바탕으로 설명하였다.
③ 투자판단에 혼선을 줄 수 있는 사항이 될 수 있으나 해당 상품의 특성과 손실위험에 대해 충분히 설명하였다.
④ 고객설득을 위해 투자성과가 어느 정도 보장된다는 취지로 설명을 하였다.

투자자료는 객관적인 사실을 기초로 하여야 하며 사실과 의견을 구분하여 설명하여야 한다. 고객의 투자 설득을 위해 투자성과를 보장하는 것은 금지된다.

030

다음은 투자상담업무종사자의 고지 및 설명의무에 대한 내용이다. 가장 거리가 먼 것은?

① 고객이 쉽게 이해할 수 있도록 투자대상의 선정과 포트폴리오 구성에 대한 내용을 간략하게 설명하였다.

② 자본시장법에서는 설명의무에 관한 제도를 도입하였는데, 이는 전문투자자에 대해서는 적용되지 않는다.

③ 고객으로부터 상품에 대한 설명 내용을 이해하였음을 휴대폰으로 녹취하였다.

④ 정보를 미제공한 고객에 대해서는 파생상품 등의 금융투자상품의 매매거래를 권유해서는 안 된다.

고객이 투자판단에 필요한 충분한 정보를 가지고 투자결정을 할 수 있도록 관련 업무종사자는 투자대상의 선정 등에 관한 원칙과 투자대상 등을 고객에게 충분히 설명하여야 한다.

031

투자상담업무를 담당하고 있는 자가 중립적이고 객관적인 자료에 근거하여 투자권유를 하지 않고 다분히 '장밋빛' 전망을 기초로 하여 투자를 권유하였다면, 이는 어떠한 윤리기준을 정면으로 위배한 것인가?

① 모든 고객을 평등하게 취급할 의무

② 합리적인 근거를 제시할 의무

③ 품위유지의무

④ 부당한금품수수의 금지의무

투자상담업무종사자는 정밀한 조사분석에 입각하여 합리적인 근거에 의하여야 한다는 윤리기준을 위반하고 있다.

032

부당한 금품수수의 금지의무를 위반하지 <u>않은</u> 것은?

① 홍보용 물품으로 만든 시가 5만 원 상당의 시계를 받은 행위
② 선물이라면서 주는 진품 롤렉스 시계를 받은 행위
③ 계약 시 약정한 수수료 외의 대가를 고객으로부터 추가로 받는 행위
④ 시가 30만 원 상당의 유명 오페라 티켓을 1만 원에 제공받은 행위

 더알아보기 수수가 허용되는 금품
- 금융투자회사가 자체적으로 작성한 조사분석자료
- 경제적 가치가 3만 원 이하의 물품 또는 식사
- 20만 원 이하의 경조비 및 조화, 화환
- 국내에서 불특정 다수를 대상으로 하여 개최되는 세미나 또는 설명회로서 1인당 재산상의 이익의 제공금액을 산정하기 곤란한 경우 그 비용
- 금융투자상품에 대한 가치분석, 매매정보 또는 주문의 집행 등을 위하여 자체적으로 개발한 소프트웨어 및 해당 소프트웨어의 활용에 불가피한 컴퓨터 등 전산기기

 문제해설

'사회상규'에 벗어나지 않은 금품수수는 허용된다. 불특정 다수인에게 배포하기 위해 홍보용으로 만든 물품을 제공받는 것은 사회상규에 의하여 허용된다.

033

투자상담업무를 담당하고 있는 자가 고객에 대하여 투자를 권유할 때에 직무윤리기준을 위반하지 <u>않은</u> 것은?

① 중요한 사실이 아니라면 오히려 그것을 설명함으로써 고객의 판단에 혼선을 가져다줄 수 있는 사항은 설명을 생략할 수 있다.
② 주가는 미래의 가치를 반영하는 것이므로 투자정보를 제시할 때에 현재의 객관적인 사실보다는 미래의 전망을 위주로 하여 설명한다.
③ 고객을 강하게 설득하기 위하여 필요하다면 투자성과가 어느 정도 보장된다는 취지로 설명하는 것도 가능하다.
④ 정밀한 조사·분석을 거치지는 않았지만 자신의 주관적인 예감에 확실히 수익성이 있다고 생각되는 투자상품을 권한다.

 문제해설

② 사실과 의견의 구분 의무 위반
③ 투자성과 보장 등에 관한 표현의 금지 의무 위반
④ 객관적 근거에 기초하여야 할 의무 위반

034

다음 중 자본시장에 대한 의무에 위배되는 행위로 묶여진 것은?

① 과당매매, 시세조종행위
② 선행매매, 스캘핑
③ 과당매매, 선행매매
④ 스캘핑, 시세조종행위

 문제해설

선행매매(Front Running)와 스캘핑(Scalping)은 투자상담업무종사자의 자본시장에 대한 의무 중 불공정거래금지의무 위반에 해당된다.

035

S금융투자회사의 직원인 K는 업무상 해외출장이 잦은 관계로 일본 왕복권 2장에 상당하는 마일리지를 적립하였다. K는 이를 이용하여 이번 여름 휴가기간 동안 일본여행을 다녀왔다. K의 이 같은 행위는 어느 직무윤리기준에 저촉되는가?

① 직무전념의무의 위반
② 성실의무의 위반
③ 품위유지의무의 위반
④ 회사재산의 부당한 사용금지의무의 위반

 문제해설

회사비용으로 적립된 마일리지는 원칙적으로 회사의 재산에 속한다. 따라서 K가 이를 회사가 정한 마일리지 처리방법에 의하지 않고 이를 자신의 사적인 용도로 사용하는 행위는 회사재산을 부당하게 이용한 행위에 해당한다.

036

금융투자회사에서 투자상담업무를 담당하고 있는 P가 회사의 동의 없이 사이버공간에서 가명으로 유료의 투자상담업무를 수행하고 있다면, 이는 어떠한 직무윤리기준을 위반한 것이 되는가?

① 요청하지 않은 투자권유의 금지의무의 위반
② 미공개 중요정보의 이용 및 전달금지의무의 위반
③ 직무전념의무, 이해상충금지의무의 위반
④ 업무의 공정한 수행을 저해할 우려 있는 사항에 관한 주지의무

  문제해설

P는 소속회사의 직무에 영향을 줄 수 있는 지위를 겸하거나 업무를 수행하고 있어 소속회사에 대한 직무전념의 의무를 위반하고 있으며, 사이버공간에서 별도의 투자상담업무를 수행하고 있는 것은 회사와 이해상충관계에 있다. 또한 상법에 의한 겸업금지의무에도 반하는 것으로 해임 및 손해배상의 사유가 된다.

037

내부통제기준에 대한 다음 설명 중 옳은 것은?

① 금융투자회사가 내부통제기준을 변경하려면 주주총회의 특별결의를 거쳐야 한다.

② 금융투자회사는 준법감시인을 반드시 둘 필요는 없다.

③ 금융투자회사의 임시직에 있는 자는 내부통제기준의 적용대상이 아니다.

④ 금융투자회사는 내부통제기준 변경시 이사회의 결의를 거쳐야 한다.

문제해설

① 금물투자회사가 내부통제기준을 변경하려면 이사회의 결의를 거쳐야 한다.

② 금융투자회사는 준법감시인을 반드시 1인 이상 두어야 한다.

③ 임시직에 있는 자도 내부통제기준의 적용대상이 된다.

038

다음 중 내부통제기준에 대한 설명으로 가장 거리가 먼 것은?

① 금융투자회사의 고유재산 운용에 관한 업무에 종사하는 자는 준법감시인을 겸할 수 없다.

② 내부통제기준 및 관련 절차는 문서화되어야 한다.

③ 금융감독원은 검사결과 법령을 위반한 사실이 드러난 금융투자업자에 대해 내부통제기준의 변경을 권고할 수 있다.

④ 준법감시인은 직무수행에 필요한 경우 장부 등 회사의 각종 기록에 접근하거나 각종 회의에 직접 참석할 수 있는 권한이 있어야 하며, 대표이사와 감사 또는 감사위원회에 아무런 제한 없이 보고할 수 있어야 한다.

문제해설

금융위원회는 금융감독원장의 검사결과 법령을 위반한 사실이 드러난 금융투자업자에 대하여 법령 위반행위의 재발 방지를 위하여 내부통제기준의 변경을 권고할 수 있다(「자본시장과 금융투자업에 관한 법률」 시행령 제31조 3항).

039

다음 중 「자본시장과 금융투자업에 관한 법률」 제55조에 의한 손실보전 등의 금지 행위에 포함되지 <u>않는</u> 것은?

① 투자자가 입을 손실의 전부 또는 일부를 보전하여 줄 것을 사전에 약속하는 행위
② 금융투자회사의 위법행위로 인한 손해를 배상하는 행위
③ 투자자에게 일정한 이익을 보장할 것을 사전에 약속하는 행위
④ 투자자에게 일정한 이익을 사후에 제공하는 행위

문제해설

금융투자회사의 위법행위로 인한 손해를 배상하는 행위는 적법하게 허용된다. ①, ③, ④ 외에 추가로 투자자가 입은 손실의 전부 또는 일부를 사후에 보전하여 주는 행위가 포함된다.

040

고객의 합리적 지시에 따를 의무에 대한 설명으로 가장 거리가 <u>먼</u> 것은?

① 임의매매행위는 민사배상책임의 사유가 되나 형사처벌 사유는 아니다.
② 고객의 판단이 고객의 이익에 도움이 되지 않음에도 불구하고 고객이 자신의 생각을 고집하여도 고객의 의사에 따라야 한다.
③ 고객의 지시와 다르게 업무를 수행하려면 고객으로부터 사전 동의를 얻어야한다.
④ 고객의 판단이 고객의 이익에 도움이 되지 않는다고 생각하는 경우에는 일단 고객에게 그 사정을 설명하여야 한다.

문제해설

임의매매에 대해서는 형사처벌이 가해질 수 있다(「자본시장과 금융투자업에 관한 법률」 제444조 제7호 : 투자자로부터 예탁받은 재산으로 금융투자상품의 매매를 한 자는 5년 이하의 징역 또는 2억 원 이하의 벌금에 처한다).

041

다음의 내부통제에 관한 위반사항 중 5천만 원 이하의 과태료(「자본시장과 금융투자업에 관한 법률」 제449조 제1항 9호~12호)를 부과하는 제재에 해당하지 <u>않는</u> 것은?

① 준법감시인이었던 자에게 그 직무수행과 관련된 사유로 부당한 인사상 불이익을 준 자
② 준법감시인을 두지 않은 자
③ 이사회 결의를 거치지 않고 준법감시인을 임면한 자
④ 준법감시인의 겸직금지 업무를 수행한 자와 이를 담당하게 한 자

②, ③, ④ 외에 내부통제기준을 정하지 않은 자가 해당한다.
①은 「자본시장과 금융투자업에 관한 법률」 제28조 제9항의 내부통제기준 및 준법감시인에 관한 사항이다. 금융투자업자는 준법감시인이었던 자에 대하여 그 직무수행과 관련된 사유로 부당한 인사상의 불이익을 주어서는 안 된다.

042

Y금융투자회사의 투자상담전문가인 M은 민간단체가 개최하는 증권투자권유에 관한 제도개선 세미나에 발표자로 초청을 받아 퇴근시간 이후에 대가를 받고 참석하려고 한다. M은 이 세미나에서 자신이 소속한 Y금융투자회사의 공식적인 견해와는 무관한 자신의 개인적인 의견을 발표하고자 한다. M이 밟아야 할 내부통제절차로 부적절한 것은?

① 직장 상사 또는 준법감시부서에 이 사실을 통보한다.
② 회사의 입장과 배치될 우려가 있는 견해를 제시할 경우 그 견해가 Y금융투자회사의 공식적인 견해가 아니라는 점을 명백히 밝혔다.
③ 우선 M은 Y금융투자회사의 직무에 전념할 의무가 있다.
④ 근무시간 외의 시간이므로 직장상사에게 보고하지 않아도 된다.

근무시간 외라도 일정한 대가를 받고 참석하는 것이므로 이를 보고해야 한다.

043

금융분쟁조정위원회의 금융분쟁 조정절차의 순서로 옳은 것은?

① 조정신청 → 사실조사 및 검토 → 합의권고 → 조정위원회 회부 → 조정안 작성 및 수락 권고 → 조정의 성립 및 효력
② 조정신청 → 합의권고 → 사실조사 및 검토 → 조정위원회 회부 → 조정안 작성 및 수락 권고 → 조정의 성립 및 효력
③ 조정신청 → 사실조사 및 검토 → 합의권고 → 조정안 작성 및 수락권고 → 조정위원회 회부 → 조정의 성립 및 효력
④ 조정신청 → 합의권고 → 사실조사 및 검토 → 조정안 작성 및 수락권고 → 조정위원회 회부 → 조정의 성립 및 효력

 조정위원회회부
분쟁조정의 신청을 받은 날부터 30일 이내에 당사자 간 합의가 이루어지지 않으면 조정위원회에 회부한다.

조정신청 → 사실조사 및 검토 → 합의권고 → 조정위원회 회부 → 조정안 작성 및 수락 권고 → 조정의 성립 및 효력의 순서를 밟는다.

044

내부통제기준 위반 시 제재(징계)에 속하지 <u>않는</u> 것은?

① 시말서를 제출하도록 한다.
② 해고 무효확인을 받은 근로자에게 보직을 주지 않았다.
③ 회사가 해당 직원에게 손해배상을 청구하였다.
④ 구두로 훈계하였다.

내부통제기준 위반 시 제재(징계)의 종류는 견책(시말서 제출), 경고(구두 · 문서로 훈계), 감봉, 정직, 해고가 있다.

045

내부통제 위반행위 발견 시 처리절차로 볼 수 <u>없는</u> 것은?

① 내부사항이므로 외부전문가인 변호사에게 자문을 의뢰하지 않았다.

② 준법감시부서 직원 중 조사원을 임명하여 임무를 부여한다.

③ 관련 부서 및 직원에 대한 조사를 실시한다.

④ 경영진 및 감사위원회에 신속하게 보고한다.

필요한 경우 변호사 및 회계사 등의
외부전문가에게 자문을 의뢰한다.

046

다음 (　　) 안에 들어갈 말로 바르게 짝지어진 것은?

> 법률행위에 하자가 있는 경우, 그 하자의 경중에 따라 중대한 하자가
> 있는 경우에는 (㉠)로 하고, 이보다 가벼운 하자가 있는 경우에는
> (㉡)할 수 있는 행위가 된다.

	㉠	㉡
①	취소	무효
②	무효	취소
③	해제	해지
④	해지	해제

직무윤리의 위반이 되는 동시에 법
위반으로 되는 경우, 사법적 제재로
당해 행위의 실효에 대한 설명이다.

047

금융투자상품의 판매와 관련하여 금융투자회사의 임직원이 지켜야 할 사항으로 다음 중 가장 거리가 먼 것은?

① 직무수행과정에서 알게 된 고객 또는 회사에 관한 비밀정보를 누설한 다든지 자기가 이용하거나 타인으로 하여금 이용하게 해서는 안 된다.

② 고객에 관한 사항이 비밀정보인지 여부가 불명확할 경우에는 공개되는 정보인 것으로 취급한다.

③ 임직원이 고객 또는 회사의 비밀정보를 제공하는 경우에는 준법감시인의 사전승인을 받아 직무수행에 필요한 최소한의 범위 내에서 제공하여야 한다.

④ 고객이 동의하지 않는 상황에서 특정고객에 대한 언급이나 확정되지 않은 기획단계의 상품 등에 대한 언급을 해서는 안 된다.

문제해설

만일 고객에 관한 어떠한 사항이 비밀정보인지 불명확할 경우에는 일단 비밀이 요구되는 정보인 것으로 취급해야 한다. 고객의 금융거래와 관련해서는 「금융실명거래 및 비밀보장에 관한 법률」이 적용되어 법관이 발부한 영장에 의한 경우 등의 예외적인 경우를 제외하고는 금융기관 임직원이 고객의 금융거래정보를 타인에게 제공하거나 누설하는 것이 원칙적으로 금지되어 있다.

048

개인정보보호법에 의한 개인정보개념에 대한 설명으로 다음 중 가장 거리가 먼 것은?

① 법률상 개인정보란 살아있는 개인에 관한 정보로서 성명, 주민등록번호 및 영상 등을 통하여 개인을 알아볼 수 있는 정보를 말한다.

② 개인정보에는 주민등록번호, 신용카드번호, 통장계좌번호, 진료기록, 병력, 정당의 가입된 민감정보도 포함된다.

③ 개인정보처리자는업무를 목적으로 스스로 또는 다른 사람을 통하여 개인정보를 처리하는 개인으로 필요한 범위 외에도 이후에도 활용 가능하도록 개인정보를 수집할 수 있다.

④ 개인정보의 익명처리가 가능한 경우에는 익명에 의하여 처리될 수 있도록 하여야 한다.

문제해설

개인정보처리자는 공공기관, 법인, 단체 및 개인을 포함하며, 개인정보의 처리목적을 명확하게 하고 필요한 범위에서 최소한의 개인정보만을 적법하고 정당하게 수집하여야 한다.

049

다음의 ( ) 안에 들어갈 내용으로 옳은 것은?

> 자금세탁행위란 자금의 출처를 숨겨 적법한 것으로 위장하는 행위를 말한다. 자금세탁은 일반적으로 자금의 신속한 이동 및 대량거래의 특성을 갖고 있는 금융회사를 통해 이루어지며, ( )의 3단계를 거친다.

① 배치 – 통합 – 반복
② 통합 – 반복 – 배치
③ 반복 – 통합 – 배치
④ 배치 – 반복 – 통합

 자금세탁의 3단계 모델 이론
- **배치단계** : 자금세탁을 하기 위해 돈이 들어오는 단계
- **반복단계** : 복잡한 금융거래를 반복하면서 자금세탁을 하기 위해 돈이 굴러가는 단계
- **통합단계** : 자금세탁을 마치고 돈이 나가는 단계

문제해설

자금세탁은 불법재산의 취득·처분 또는 발생원인에 대한 사실을 가장하거나 그 재산을 은닉하는 행위이자, 외국환거래 등을 이용하여 탈세 목적으로 재산의 취득·처분 또는 발생원인에 대한 사실을 가장하거나 그 재산을 은닉하는 행위를 말한다. 자금세탁은 배치, 반복, 통합의 3단계를 거친다.

050

자금세탁방지 주요제도에 대한 설명으로 가장 거리가 먼 것은?

① 고객확인제도(CDD)는 금융회사가 고객과의 거래 시 성명과 실지명의 외에 주소, 연락처 등을 추가로 확인하고 자금세탁행위 등의 우려가 있는 경우 실제 당사자 여부 및 금융거래 목적을 확인하는 제도이다.
② 고액현금거래보고제도(CTR)는 1일 거래일 동안 3천만 원 이상의 현금을 입금하거나 출금한 경우 거래자의 신원과 거래일시, 거래금액 등을 금융투자협회로 보고해야 하는 제도이다.
③ 의심거래보고제도(STR)는 금융거래와 관련하여 수수한 재산이 불법재산이라고 의심되는 합당한 근거가 있거나 금융거래의 상대방이 자금세탁행위를 하고 있다고 의심되는 합당한 근거가 있는 경우 이를 금융정보분석원에 보고하는 제도이다.
④ 직원알기제도(Know Your Employee)는 회사가 자금세탁 등에 임직원이 이용되지 않도록 하기 위해 임직원을 채용하거나 재직중인 자에게 그 신원사항을 확인하는 것을 말한다.

문제해설

고액현금거래보고제도(CTR)는 1일 거래일 동안 2천만 원 이상의 현금을 입금하거나 출금한 경우 거래자의 신원과 거래일시, 거래금액 등을 금융정보분석원에 자동으로 보고해야 하는 제도이다.

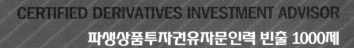

CERTIFIED DERIVATIVES INVESTMENT ADVISOR

파생상품투자권유자문인력 빈출 1000제

4과목

파생상품법규

1장 자본시장 관련 법규

2장 한국금융투자협회규정

3장 한국거래소규정

1장 자본시장 관련 법규

001

다음 중 자본시장법의 제정 배경으로 거리가 먼 것은?

① 기관별 규제에 따른 규제차익의 문제 해소 필요성
② 다양하고 창의적인 신종금융상품의 출현
③ 자본시장을 통한 자금공급기능 확대의 필요성
④ 금융투자산업 발전을 위한 투자권유 · 판매규제의 완화 필요성

자본시장법은 자율성과 창의성을 제고하여 금융혁신과 경쟁을 촉진하기 위하여 상품과 업무영역 등 전반적으로 규제를 완화하였으나, 투자권유 규제 등 투자자 보호와 관련된 규제는 오히려 강화하였다.

002

자본시장법에서 규정하고 있는 투자자에 대한 설명으로 가장 거리가 먼 것은?

① 자본시장법은 투자자를 위험감수능력을 기준으로 전문투자자와 일반투자자로 구분한다.
② 금융투자상품 거래에 있어서 금융투자업자의 거래상대방을 가리키는 용어이다.
③ 전문투자자의 요건을 갖춘 자가 일반투자자 대우를 받기 원하고 금융투자업자가 이에 동의할 경우 일반투자자로서 투자자 보호를 받을 수 있다.
④ 고객구분에 의한 규제 차별화를 통해 규제의 효율성을 높이고 금융시장에 대한 규제가 더 강화되어 규제비용이 증가된다.

자본시장법은 규제를 일부 투자자에게만 집중함으로써 규제의 과도화에 대한 우려 없이 효율적이고 강력한 규제수단을 확보할 수 있고 실질적인 규제비용의 감축효과를 볼 수 있게 되었다.

003

다음 중 자본시장법의 주요내용으로 볼 수 없는 것은?

① 기능별 규율체계
② 전문투자자 보호규제의 강화
③ 포괄주의 규율체계
④ 금융투자업자의 업무범위 확대

 자본시장법의 주요내용
- 금융투자상품의 정의 방식을 포괄주의 방식으로 전환
- 금융기능별 규율체계로의 전환
- 금융투자업 상호 간 겸영허용으로 업무범위 확대
- 일반투자자 보호의 강화

전문투자자의 경우 자기방어능력이 있다고 인정되므로 법률에 따른 후견인적인 보호규제를 최소화하여 감독기구의 역량을 일반투자자 보호에 집중하고 있다.

004

자본시장법에 의거 금융투자업자의 업무범위의 확대에 관한 사항으로 거리가 먼 것은?

① 투자권유대행인 제도도입
② 금융투자업 부수업무의 취급을 허용
③ 6개 금융투자업 상호 간 겸영을 허용
④ 업무위탁과 관련하여 "원칙금지, 예외허용" 방식 도입

자본시장법은 금융투자업자의 업무위탁과 관련하여 종전 금융관련법의 "원칙금지, 예외허용" 방식에서 "원칙허용, 예외금지" 방식으로 변경하였다.

005

다음의 전문투자자 중에서 일반투자자로 전환 가능성이 없는 투자는?

① 신용협동조합중앙회
② 법률에 따라 설립된 기금 및 그 기금 관리·운용법인
③ 지방자치단체
④ 주권상장법인

전문투자자가 일반투자자와 같은 대우를 받겠다는 의사를 금융투자업자에게 서면으로 통지하고 금융투자업자가 이에 동의한 경우에는 해당 투자자는 일반투자자로 본다. 단, 국가, 한국은행, 은행, 금융투자업자 등은 절대적 전문투자자로 일반투자자로 전환이 불가능하다.

006

다음 중 금융투자업의 감독기관 및 관계기관에 대한 설명으로 가장 거리가 먼 것은?

① 증권선물위원회는 위원장 1인, 상임위원 1인을 포함한 5인의 위원으로 구성되어 있다.

② 금융위원회와 증권선물위원회는 금융감독원의 업무를 지도 · 감독하는데 필요한 명령을 할 수 있다.

③ 금융감독원은 금융기관에 대한 검사 · 감독업무를 수행하는 자율규제기관이다.

④ 금융위원회는 정부조직법에 따른 중앙행정기관으로서 그 권한에 속하는 사무를 독립적으로 수행한다.

문제해설

금융감독원은 무자본특수 법인으로서 금융위원회 및 증권선물위원회와 더불어 공적규제기관에 속한다.

> **더 알아보기** 규제기관의 성격에 따른 분류
> • **공적규제기관** : 금융위원회, 증권선물위원회, 금융감독원
> • **자율규제기관** : 한국거래소, 한국금융투자협회

007

다음 중 금융투자업의 관계기관에 대한 설명으로 가장 거리가 먼 것은?

① 한국거래소는 자본금 1천억 원 이상의 주식회사로 본점은 부산광역시에 있다.

② 증권금융회사는 인가제로 상법상의 주식회사이며 2개의 증권금융회사가 있다.

③ 한국금융투자협회는 회원조직으로서 법인으로 하며 자본시장법에서 특별한 규정이 있는 것을 제외하고는 민법 중 사단법인에 관한 규정을 준용한다.

④ 증권시장에서의 매매거래에 따른 증권인도 및 대금지급 업무는 결제기관으로서 한국예탁결제원이 수행한다.

문제해설

증권금융회사는 법상 당연 설립기관이 아니므로 인가제를 채택하고 있으며, 현재 한국증권금융이 자본시장법에 따른 증권금융회사로서 업무를 수행 중이다.

008

다음 ( ) 안에 들어갈 내용으로 옳은 것은?

> 전문투자자 대우를 받고자 하는 법인 및 개인으로서 ( )원 이상의 금융투자상품 잔고를 보유하고 계좌개설 후 1년이 경과한 개인은 금융위원회의 확인 후 ( )년 간 전문투자자 대우를 받을 수 있다.

① 1, 1

② 10, 1

③ 50, 2

④ 100, 2

 전문투자자

전문투자자 대우를 받고자 하는 법인 및 개인으로서 다음의 요건을 갖추었음을 금융위원회에 신고한 자는 2년간 전문투자자 대우를 받을 수 있음
- 100억 원 이상의 금융투자상품 잔고를 보유한 법인
- 50억 원 이상의 금융투자상품 잔고를 보유하고 계좌개설 후 1년이 경과한 개인(외국인은 제외)

문제해설
전문투자자 대우를 받고자 하는 법인 또는 개인은 50억 원 이상의 금융투자상품 잔고를 보유하고 계좌개설 후 1년이 경과하면 금융위원회의 확인 후 2년간 전문투자자 대우를 받을 수 있다.

009

자본시장법상 금융투자상품에 대한 설명으로 옳은 것은?

① 추가지급의무가 있는 금융투자상품을 장외파생금융상품이라고 한다.
② 파생상품으로서 장내파생상품이 아닌 것은 해외파생상품이 된다.
③ 파생상품은 거래소시장 거래 여부에 따라 장내파생상품과 장외파생상품으로 나뉜다.
④ 원본초과손실 가능성이 있는 금융상품을 말한다.

 금융투자상품의 분류

문제해설
① 추가지급의무 또는 원본초과손실이 있는 금융투자상품을 파생상품이라고 한다.
② 파생상품으로서 장내파생상품이 아닌 것은 장외파생상품이 된다.
④ 금융투자상품은 원본초과손실 가능성이 있는 금융상품이다.

010

다음 중 한국예탁결제원의 소관업무가 아닌 것은?

① 집합투자재산의 보관 · 관리업무
② 증권 등의 집중예탁업무
③ 증권의 명의개서대행업무
④ 증권 등의 계좌 간 대체업무

문제해설

집합투자재산의 보관 · 관리업무는 증권금융회사인 한국증권금융의 업무이다.

011

다음 중 자본시장법에 따른 증권에 대한 설명으로 옳은 것은?

① 파생결합증권과 파생상품은 금융투자상품, 통화, 일반상품, 신용위험 등을 기초자산으로 하고 있다.
② 파생결합증권이란 특정 투자자가 그 투자자와 타인 간의 공동사업에 금전 등을 투자하고 주로 타인이 수행한 공동사업의 결과에 따른 손익을 귀속받는 계약상의 권리가 표시된 것을 말한다.
③ 채무증권이란 국채증권, 사채권, 원화로 표시된 양도성예금증서 등 지급청구권이 표시된 것을 말한다.
④ 증권은 그 특성에 따라 채무증권, 지분증권, 국채증권, 투자계약증권, 파생결합증권, 증권예탁증권의 6가지로 구분된다.

문제해설

② 특정 투자자가 그 투자자와 타인 간의 공동사업에 금전 등을 투자하고 주로 타인이 수행한 공동사업의 결과에 따른 손익을 귀속받는 계약상의 권리가 표시된 것은 투자계약증권이다.
③ 원화로 표시된 양도성예금증서는 만기가 짧아 금리변동에 따른 가치변동이 크지 않아 정책적으로 금융투자상품에서 제외하였다.
④ 증권은 그 특성에 따라 채무증권, 지분증권, 수익증권, 투자계약증권, 파생결합증권, 증권예탁증권의 6가지로 구분된다.

더 알아보기 증권의 구분
- **채무증권** : 국채증권, 지방채증권, 특수채증권, 사채권, 기업어음증권 등 그 밖에 이와 유사한 것으로 지급청구권이 표시된 것
- **지분증권** : 주권, 신주인수권이 표시된 것, 법률에 의하여 직접 설립된 법인이 발행한 출자증권 등 이와 유사한 것으로 출자지분이 표시된 것
- **수익증권** : 금전신탁계약에 따른 수익권이 표시된 수익증권, 집합투자업자가 투자신탁의 수익권을 균등하게 분할하여 표시한 수익증권 등 그 밖에 이와 유사한 것으로서 신탁의 수익권이 표시된 것
- **투자계약증권** : 특정 투자자가 그 투자자와 타인 간의 공동사업에 금전 등을 투자하고 주로 타인이 수행한 공동사업의 결과에 따른 손익을 귀속받는 계약상의 권리가 표시된 것
- **파생결합증권** : 기초자산의 가격 · 이자율 · 지표 · 단위 등의 변동과 연계하여 미리 정해진 방법에 따라 지급금액 또는 회수금액이 결정되는 권리가 표시된 것
- **증권예탁증권** : 증권을 예탁받은 자가 그 증권이 발행된 국가 외의 국가에서 발행한 것으로서 그 예탁받은 증권에 관련된 권리가 표시된 것

012

다음 중 자본시장법에 명시된 금융투자업에 관한 설명으로 거리가 먼 것은?

① 투자자로부터 금융투자상품에 대한 투자판단의 전부를 일임받아 투자자별로 구분하여 금융투자상품을 운용하는 것은 투자일임업에 해당한다.
② 금융투자상품의 가치 또는 금융투자상품에 대한 투자판단에 관하여 조언하는 것을 영업으로 하는 것은 투자중개업에 해당한다.
③ 자기의 계산으로 금융투자상품의 매매를 하는 것은 투자매매업에 해당한다.
④ 타인의 계산으로 증권의 발행·인수에 대한 청약의 권유, 청약, 청약의 승낙을 영업으로 하는 것은 투자중개업에 해당한다.

 더알아보기 금융투자업의 분류
금융투자업은 경제적 실질에 따라 다음의 6개로 분류함
- 투자매매업
- 집합투자업
- 투자일임업
- 투자중개업
- 투자자문업
- 신탁업

 문제해설
금융투자상품의 가치 또는 금융투자상품에 대한 투자판단에 관하여 조언하는 것을 영업으로 하는 것은 "투자자문업"에 해당된다.

013

다음 중 자본시장법의 내용으로 옳은 것은?

① 자산유동화계획에 따라 금전 등을 모아 운용·배분하는 경우는 집합투자에 해당된다.
② 투자권유대행인이 투자권유를 대행하는 것은 투자중개업에 해당한다.
③ 지분증권의 가격과 연계된 파생결합증권을 발행하는 것은 투자매매업이 아니다.
④ 불특정 다수인을 대상으로 발행 또는 송신되고, 불특정 다수인이 수시로 구입 또는 수신할 수 있는 간행물·출판물·통신물 등을 통해 조언하는 경우는 투자자문업이 아니다.

 문제해설
① 자산유동화에 관한 법률 제3조의 자산유동화계획에 따라 금전 등을 모아 운용·배분하는 경우는 집합투자로 보지 않는다.
② 투자권유대행인이 투자권유를 대행하는 것은 투자중개업 적용이 배제된다.
③ 지분증권의 가격과 연계된 파생결합증권을 발행하는 것은 투자매매업에 해당한다.

014

다음 중 금융투자업의 진입규제에 관한 설명으로 옳은 것은?

① 장외파생상품 등 위험 금융투자상품을 대상으로 하는 인가에 대해서는 일반 금융투자상품에 비하여 강화된 진입요건이 적용된다.

② 전문투자자를 상대로 영업하는 경우 일반투자자를 상대로 영업하는 경우보다 강화된 진입요건이 적용된다.

③ 금융투자업자가 인가·등록받은 업무단위 외에 다른 업무단위를 추가하는 경우에는 인가·등록요건은 다소 완화된다.

④ 금융투자업의 진입규제는 인가제, 허가제, 등록제로 구분된다.

 **알아보기** 인가제와 등록제
- **인가제** : 투자매매업, 투자중개업, 집합투자업, 신탁업(투자자와 직접 채무관계를 가짐)
- **등록제** : 투자일임업, 투자자문업(투자자의 자산을 수탁하지 않음)

 문제해설

② 전문투자자를 상대로 영업하는 경우 일반투자자를 상대로 영업하는 경우보다 완화된 요건(자기자본금의 1/2)이 적용된다.

③ 업무를 추가하는 경우에도 인가·등록요건은 동일하게 적용된다.

④ 금융투자업의 진입방식은 인가제와 등록제로 구분된다.

015

다음 중 투자매매업 또는 투자중개업의 인가요건에 대한 사항으로 가장 거리가 먼 것은?

① 상법상 주식회사의 법인격을 가지고 있어야 한다.

② 투자매매업 또는 투자중개업을 수행하기에 필요한 전산설비와 통신수단을 갖추어야 한다.

③ 상근 임직원인 투자권유자문인력을 1인 이상 두어야 한다.

④ 이해상충이 발생할 가능성을 파악·평가·관리할 수 있는 적절한 내부통제기준을 갖추어야 한다.

 문제해설

상근 임직원인 투자권유자문인력을 1인 이상 두어야 하는 인력요건은 투자자문업에 해당한다.

016

다음은 투자매매업 또는 투자중개업의 인가절차에 대한 설명이다. 가장 거리가 먼 것은?

① 금융위원회는 예비인가 시 경영의 건전성 확보 및 투자자 보호에 필요한 조건을 부과할 수 있다.

② 금융위원회는 인가신청서를 접수한 다음 그 내용을 심사하여 3개월 이내에 금융투자업 인가 여부를 결정하여 지체 없이 신청인에게 그 결과를 문서로 통지한다.

③ 금융위는 인가신청서 접수 후 3개월 이내에 인가 여부를 결정하여 신청인에게 통지해야 하며, 인가신청서 흠결의 보완기간은 심사기간에 포함된다.

④ 금융투자업인가를 받으려는 자는 미리 금융위원회에 예비인가를 신청할 수 있다.

문제해설

인가신청서 흠결의 보완기간 등은 심사기간에서 제외된다.

017

다음 중 금융투자업의 인가 및 등록유지요건으로 거리가 먼 것은?

① 인가유지요건에 있어 대주주의 출자능력, 재무건전성 요건은 출자 이후인 점을 감안하여 적용을 배제하되, 사회적 신용요건은 진입요건보다 완화하여 적용한다.

② 인가 및 등록유지요건에 있어 해당 등록업무 단위별 최저자기자본의 70% 이상을 유지하여야 한다.

③ 인가유지에 있어 외국 금융투자업자, 외국계은행 국내지점에 대해서는 투자매매업에 한하여 50%로 자기자본요건을 추가 완화하였고, 인가 단위를 추가하는 경우에도 50%로 적용된다.

④ 금융투자업자의 진입요건 중 자기자본과 대주주요건의 경우에는 완화된 인가유지요건이 적용된다.

문제해설

외국 금융투자업자, 외국계은행 국내지점 또는 외국계보험사 국내지점, 그 밖에 영업소에 대해서는 투자매매업에 한하여 50%로 자기자본요건을 추가 완화하였다. 단, 인가·등록업무 단위를 추가하는 경우나 지점 등을 추가로 두는 경우에는 투자매매업에 대한 50% 적용 특례가 배제된다.

018

다음 중 투자자문업 또는 투자일임업의 등록요건에 대한 사항으로 가장 거리가 먼 것은?

① 대주주에 관하여서는 재무상태 및 사회적 신용요건을 검토한다.
② 투자자문업을 영위할 경우 일반투자자와 전문투자자의 최저자기자본은 동일하다.
③ 투자일임업은 상근 임직원인 투자운용인력이 2인 이상을 두어야 한다.
④ 역외 투자자문·투자일임업을 영위하는 경우에는 주식회사 요건은 적용 배제된다.

 더알아보기 전문인력요건
• **투자자문업** 상근 임직원인 투자권유자문인력 1인 이상
• **투자일임업** : 상근 임직원인 투자운용인력 2인 이상

 문제해설

전문투자만을 대상으로 금융투자업을 영위하는 경우 필요 자기자본은 1/2이다.

019

다음의 금융투자업자의 지배구조 규제에 대한 사항으로 거리가 먼 것은?

① 금융투자업자는 사외이사를 3인 이상 두어야 하며, 사외이사는 이사 총수의 1/2 이상이어야 한다.
② 투자매매업자가 발행한 주식을 취득하여 대주주가 된 자는 이를 2주 이내에 금융위원회에 보고하여야 한다.
③ 감사위원회는 총 위원의 2/3 이상이 사외이사이고 위원 중 1인 이상은 회계 또는 재무전문가이어야 한다.
④ 금융투자업자의 임원이 임원의 결격사유에 해당하는 경우 그 직을 상실한다.

 **더알아보기** 대주주의 요건
• 진입요건보다 다소 완화된 요건 적용
• 진입요건 > 대주주 변경승인 요건 > 유지요건

 문제해설

투자매매업자가 발행한 주식을 취득하여 대주주가 되고자 하는 자는 대주주요건을 갖추어 사전에 금융위원회의 승인을 받아야 한다.

020

다음 중 금융투자업자의 대주주와의 거래제한에 관한 내용으로 거리가 먼 것은?

① 금융투자업자는 계열회사가 발행한 주식, 채권 및 약속어음을 15%를 초과하여 소유할 수 없다.

② 금융투자업자는 대주주 및 그 특수관계인에 대하여 신용공여를 해서는 안 되며, 대주주는 그 금융투자업자로부터 신용공여를 받아서는 안 된다.

③ 겸영금융투자업자를 제외한 금융투자업자는 그 금융투자업자의 대주주가 발행한 증권을 소유하는 행위를 해서는 안 된다.

④ 안정조작 또는 시장조성을 하는 경우에는 대주주와의 거래가 가능하다.

문제해설

금융투자업자는 그 금융투자업자의 특수관계인(금융투자업자의 대주주를 제외) 중 계열회사가 발행한 주식, 채권 및 약속어음(기업이 사업에 필요한 자금을 조달하기 위하여 발행한 것에 한함)을 소유하는 행위를 할 수 없다. 다만, 8%의 범위에서 소유하는 경우를 제외한다.

021

다음 중 금융투자업자의 업무에 관한 사항으로 가장 거리가 먼 것은?

① 모든 금융투자업자는 지급결제업무를 수행할 수 있다.

② 전산관리 · 운영업무는 위탁한 자의 동의를 받아 제3자에게 재위탁이 가능하다.

③ 은행 등 겸영금융투자업자는 자본시장법상 겸영업무 규제가 적용되지 않는다.

④ 금융투자업자는 인가 · 등록된 본질적 업무도 제3자에게 위탁할 수 있다.

문제해설

투자매매업 또는 투자중개업을 영위하는 금융투자업자만 지급결제업무를 영위할 수 있다.

더알아보기 금융투자업자의 업무위탁

- 금융투자업자는 금융투자업, 겸영업무, 부수업무와 관련하여 그 금융투자업자가 영위하는 모든 업무의 일부를 제3자에게 위탁할 수 있음
- 본질적 업무를 위탁받은 자는 그 업무수행에 필요한 인가나 등록을 한 자이어야 함

022

다음 중 이해상충방지체계에 관한 설명으로 가장 거리가 먼 것은?

① 금융투자업자는 금융투자업의 영위와 관련하여 이해상충이 발생할 가능성을 파악·평가하고, 이를 적절하게 관리하여야 한다.

② 금융투자업자는 이해상충이 발생할 가능성을 낮추는 것이 곤란하다고 판단되는 경우 내부통제기준이 정하는 방법 및 절차에 따라 매매 등 거래를 해야 한다.

③ 금융투자업자는 금융투자업을 영위함에 있어서 정당한 사유 없이 투자자의 이익을 해하면서 자기가 이익을 얻거나 제3자가 이익을 얻도록해서는 안 된다.

④ 금융투자업자는 이해상충이 발생할 가능성을 내부통제기준이 정하는 방법 및 절차에 따라 투자자 보호에 문제가 없는 수준으로 낮춘 후 매매, 그 밖의 거래를 해야 한다.

문제해설

금융투자업자는 이해상충이 발생할 가능성을 낮추는 것이 곤란하다고 판단되는 경우에는 매매, 그 밖의 거래를 해서는 안 된다.

023

다음 중 금융투자업자의 정보교류차단장치(Chinese Wall)에 관한 사항으로 가장 거리가 먼 것은?

① 대표이사, 감사 및 사외이사가 아닌 감사위원회의 위원을 제외한 임직원은 겸직이 제한된다.

② 교류금지 정보인 경우에도 담당임원 및 준법감시인의 사전승인 등 금융위가 정하여 고시하는 기준에 따를 경우에는 정보교류가 허용된다.

③ 금융투자상품의 매매와 소유현황에 관한 정보는 정보교류가 금지된다.

④ 정보교류차단장치가 의무화되는 업무를 수행하는 임직원 간에 해당 업무에 관한 회의를 하거나 통신을 한 경우에는 그 회의 또는 통신에 관한 기록을 유지하지 않아야 한다.

문제해설

정보교류차단장치가 의무화되는 업무를 수행하는 임직원 간에 해당 업무에 관한 회의를 하거나 통신을 한 경우에는 그 회의 또는 통신에 관한 기록을 유지하지 않거나, 매월 1회 이상 그 사항에 대하여 준법감시인의 확인을 받지 않는 행위는 금지된다.

024
다음 중 금융투자업자의 투자권유 규제에 관한 내용으로 옳은 것은?

① 금융투자업자는 파생상품 등에 대하여 일반투자자에 공통으로 적용할 수 있는 표준투자권유준칙을 마련하여야 한다.

② 금융투자업자는 전문투자자를 상대로 투자권유를 하는 경우에는 금융투자상품의 내용, 투자에 따르는 위험을 전문투자자가 이해할 수 있도록 설명하여야 한다.

③ 투자권유를 받은 투자자가 이를 거부하는 취지의 의사를 표시한 후 1개월이 지난 후에 다시 투자권유를 하는 행위를 할 수 없다.

④ 금융투자업자는 투자자로부터 투자권유의 요청을 받지 않고는 방문·전화 등 실시간 대화의 방법으로 증권 및 파생상품에 대한 투자권유를 할 수 없다.

 문제해설

① 금융투자업자는 파생상품 등에 대하여는 일반투자자의 투자목적·재산상황 및 투자경험 등을 고려하여 투자자 등급별로 차등화된 투자권유준칙을 마련하여야 한다.

② 설명의무는 전문투자자에게는 적용되지 않는다.

④ 증권과 장내파생상품에 대하여 투자권유를 하는 행위는 불초청권유 금지의 예외이지만, 장외파생상품에 대해서만 불초청권유 규제가 적용된다.

025
다음 중 투자권유대행인에 관한 사항으로 거리가 먼 것은?

① 금융투자업자는 다른 금융투자업자의 투자권유대행인으로 등록된 자에게는 투자권유를 위탁할 수 없다.

② 투자권유대행인은 서면으로 위임을 받은 경우 투자자를 대리하여 계약을 체결할 수 있다.

③ 투자권유대행인은 금융투자협회가 정하는 교육을 이수해야 한다.

④ 투자권유대행인은 투자권유의 대행과 관련하여 그 업무와 재산상황에 관하여 금융감독원장의 검사를 받아야 한다.

 문제해설

투자권유대행인은 위탁한 금융투자업자 또는 투자자를 대리하여 계약을 체결할 수 없다.

더 알아보기 투자권유대행인의 금지행위
• 위탁한 금융투자업자 또는 투자자를 대리하여 계약을 체결하는 행위
• 위탁받은 투자권유대행업무를 제3자에게 재위탁하는 행위
• 둘 이상의 금융투자업자와 투자권유 위탁계약을 체결하는 행위
• 제3자로 하여금 투자자에게 금전을 대여하도록 중개·주선 또는 대리하는 행위 등

정답 022 ② | 023 ④ | 024 ③ | 025 ②

026

다음 중 금융투자업 관련 법규의 내용으로 가장 거리가 먼 것은?

① 금융투자업자는 정당한 사유가 있는 경우에는 수수료를 차별하여 부과할 수 있다.
② 투자광고 시에는 수익률이나 운용실적을 표시하는 경우 수익률이나 운용실적이 좋은 기간의 수익률이나 운용실적만을 표시하지 않아야 한다.
③ 연금이나 퇴직금의 지급을 목적으로 하는 신탁으로서 금융위원회가 정하는 경우에는 손실의 보전이나 이익의 보장을 할 수 있다.
④ 금융투자업자는 투자자가 계약서류를 받기를 거부한다는 의사를 구두로 표시한 경우에는 예외적으로 계약서류를 교부하지 않을 수 있다.

문제해설

금융투자업자는 투자자가 계약서류를 받기를 거부한다는 의사를 서면으로 표시한 경우에는 계약서류의 서면교부 의무가 면제된다.

027

다음 중 금융투자업에 종사하는 임직원의 금융투자상품 매매에 관한 사항으로 옳은 것은?

① 원칙적으로 하나의 회사를 선택하여 하나의 계좌를 통하여 매매해야 한다.
② 투자권유자문인력은 장내파생상품을 매매하는 경우 분기별로 소속회사에게 매매명세를 통지하여야 한다.
③ 금융투자업자의 임직원은 증권시장에 상장된 주식을 타인의 명의로 매매할 수 있다.
④ 이해상충 관련 규정을 위반한 투자자문업자가 상당한 주의를 하였음을 증명하거나 투자자가 금융투자상품의 매매, 그 밖의 거래를 할 때에 그 사실을 안 경우에는 배상의 책임을 지지 않는다.

문제해설

② 투자권유자문인력, 조사분석인력 및 투자운용인력의 경우에는 월별로 소속회사에게 매매명세를 통지하여야 한다.
③ 금융투자업자의 임직원은 증권시장에 상장된 지분증권, 장내파생상품 등을 매매하는 경우 반드시 자기의 명의로 하여야 한다.
④ 금융투자업자가 이해상충 관련 규정을 위반한 경우(투자매매업 또는 투자중개업과 집합투자업을 함께 영위함에 따라 발생하는 이해상충과 관련된 경우에 한함)로서 그 금융투자업자가 상당한 주의를 하였음을 증명하거나 투자자가 금융투자상품의 매매, 그 밖의 거래를 할 때에 그 사실을 안 경우에는 배상의 책임을 지지 않는다.

028

투자매매업자 및 투자중개업자의 영업행위규칙에 관한 내용으로 가장 거리가 먼 것은?

① 투자매매업자는 투자자나 그 대리인으로부터 금융투자상품의 매매주문을 받지 아니하고는 투자자로부터 예탁받은 재산으로 금융투자상품의 매매를 할수 없다.

② 투자매매업자는 투자자로부터 금융상품에 대한 투자판단의 전부 또는 일부를 일임받아 투자자별로 구분하여 금융투자상품을 취득·처분 및 그 밖의 방법으로 운용하는 행위를 할 수 없다.

③ 투자매매업자가 자기주식을 예외적으로 취득한 경우에는 취득일로부터 3개월 이내에 처분해야 한다.

④ 투자중개업자는 파생상품시장을 통하여 매매가 이루어지도록 하는 경우 자신이 본인이 됨과 동시에 상대방의 투자중개업자가 될 수 없다.

문제해설

투자중개업자가 증권시장이나 파생상품시장을 통하여 매매가 이루어지도록 하는 경우 자기계약금지의 예외가 인정된다.

029

다음 중 투자매매업자 및 투자중개업자의 불건전 영업행위에 관한 사항으로 가장 거리가 먼 것은?

① 주권, 주권관련 사채권, 이와 관련된 증권예탁증권의 모집 또는 매출과 관련한 계약을 체결한 날부터 그 주권이 증권시장에 최초로 상장된 후 30일 이내에 그 주권에 대한 조사분석자료를 공표한 행위는 금지된다.

② 금융투자업자는 조사분석자료 작성을 담당하는 자에 대하여 기업금융업무와 연동된 성과보수를 지급할 수 없다.

③ 금융투자업자는 일반투자자의 투자목적, 재산상황 및 투자경험 등을 고려하지 않고 지나치게 빈번하게 투자권유를 할 수 없다.

④ 투자자의 매매주문에 관한 정보를 이용하지 않았음을 증명하는 경우에는 선행매매 금지예외 사유에 해당된다.

문제해설

주권, 주권 관련 사채권 및 이와 관련된 증권예탁증권의 모집 또는 매출과 관련한 계약을 체결한 날부터 그 증권이 증권시장에 최초로 상장된 후 40일 이내에 그 증권에 대한 조사분석자료를 공표하거나 특정인에게 제공하는 행위는 금지된다.

030

다음 중 투자자예탁금의 별도예치에 관한 사항으로 거리가 먼 것은?

① 겸영금융투자업자는 투자자예탁금을 신탁업자에게 신탁할 수 있다.
② 투자매매업자 또는 투자중개업자는 예치기관에 예치 또는 신탁한 투자자예탁금을 영업상 담보로 제공할 수 있지만, 양도할 수는 없다.
③ 예치기관은 그 예치기관이 우선지급사유가 발생한 경우에는 예치금융투자업자에게 예치 또는 신탁받은 투자자예탁금을 우선하여 지급하여야 한다.
④ 투자매매업자 또는 투자중개업자는 투자자예탁금을 고유재산과 구분하여 증권금융회사에 예치 또는 신탁하여야 한다.

예치금융투자업자는 예치기관에 예치 또는 신탁한 투자사예탁금을 양도하거나 담보로 제공할 수 없다.

031

다음 중 투자매매업자 또는 투자중개업자의 매매관련 규제에 대한 설명으로 옳은 것은?

① 증권시장이나 파생상품시장을 통해 거래를 하는 경우 투자자의 이익침해 가능성이 거의 없으므로 자기계약금지 규정이 적용되지 않는다.
② 투자매매업자나 투자중개업자 또는 그 임직원은 투자자로부터 매매주문을 받지 않아도 임의로 예탁받은 재산으로 금융투자상품을 매매할 수 있다.
③ 매매형태의 명시는 사전에 밝혀야 하며, 문서에 의해 명시하여야 한다.
④ 투자중개업자가 투자자로부터 증권시장이나 파생상품시장에서의 매매위탁을 받은 경우에는 반드시 증권시장이나 파생상품시장을 통해 거래를 실행해야 한다.

② 임의매매는 금지되며 위반 시 형사처벌된다.
③ 매매형태의 명시는 문서에 의하건 구두에 의하건 상관없다.
④ 자본시장법 개정(2013.5.28.)에 따라 시장매매의 의무가 폐지되고 최선집행의무가 신설되었다.

032

다음 중 증권의 장외거래에 관한 사항으로 가장 거리가 <u>먼</u> 것은?

① 채권전문자기매매업자는 자기가 투자자에게 매도한 채권에 대하여 투자자의 매도주문이 있는 경우에 투자자별 한도 이내에서 이에 응하여야 한다.

② 인가업무 단위 중 국채증권, 지방채증권, 특수채증권 등을 금융투자상품의 범위로 두는 투자매매업자의 인가를 받은 겸영금융투자업자는 일반투자자 등을 상대로 환매조건부매수업무를 영위하는 행위가 금지된다.

③ 내국인은 해외 파생상품시장에서 장내파생상품을 매매하려는 경우 국내 투자중개업자를 통하여 매매거래를 하여야 한다.

④ 투자매매 업자는 투자자로부터 증권시장의 매매수량단위 미만의 상장주권에 대하여 증권시장 외에서 매매주문을 받을 수 있다.

문제해설

은행 등 전문투자자는 해외 증권시장이나 해외 파생상품시장에서 외화증권 및 장내파생상품의 매매거래를 하려는 경우에는 투자중개업자를 통하지 않고 매매거래를 할 수 있다.

033

다음 중 장외파생상품의 매매거래에 관한 사항으로 가장 거리가 <u>먼</u> 것은?

① 투자매매업자 또는 투자중개업자는 월별 장외파생상품의 매매, 그 중개·주선 또는 대리의 거래내역을 다음 달 10일까지 금융위원회에 보고하여야 한다.

② 금융감독원장은 투자매매업자 및 투자중개업자의 장외파생상품의 매매 등과 관련하여 기준준수 여부를 감독하여야 한다.

③ 장외파생상품의 매매에 따른 위험액이 금융위원회가 정하는 한도를 초과하지 않아야 한다.

④ 투자매매업자 또는 투자중개업자는 일반투자자를 대상으로 장외파생상품을 매매할 수 없다.

문제해설

장외파생상품의 매매 및 그 중개·주선 또는 대리의 상대방이 일반투자자인 경우에는 그 일반투자자가 위험회피 목적의 거래를 하는 경우에 한한다.

034

다음 중 불공정거래행위의 규제에 대한 설명으로 가장 거리가 먼 것은?

① 누구든지 장내파생상품의 매매를 유인할 목적이 없어도 장내파생상품의 시세를 변동시키는 매매를 하면 시세조종행위로 처벌된다.
② 현선연계 시세조종 및 파생결합증권과 기초자산인 증권 간 양 방향 연계 시세조종은 금지된다.
③ 내부자거래 규제와 관련하여 내부자 및 금지대상 증권의 범위를 확대하였고 단기매매 차익의 반환대상도 확대하였다.
④ 장내파생상품의 기초자산의 매매에서 부당한 이익을 얻을 목적으로 그 장내파생상품의 시세를 변동 또는 고정시키는 행위도 시세조종행위로 처벌된다.

문제해설

시세를 변동시키는 매매거래로 인정되더라도 제3자를 매매거래에 유인할 우려가 없고 매매거래에 영향을 주지 않으며, 행위자도 그러한 인식이 없는 경우에는 처벌대상에서 제외된다.

035

내부자거래 등 불공정거래행위의 규제에 대한 설명으로 옳은 것은?

① 상장법인 내부자의 미공개중요정보 이용행위금지의 규제대상은 그 법인이 발행한 일정한 금융투자상품에 한한다.
② 미공개중요정보를 이용하지 않은 내부자는 단기매매차익의 반환의무가 없다.
③ 주권상장법인의 모든 임직원과 주요주주는 단기매매차익의 반환의무가 있다.
④ 자본시장법상 미공개중요정보 이용행위금지 규제에서 '중요정보'란 '투자자의 투자판단에 중대한 영향을 미칠 수 있는 정보'를 말한다.

더알아보기 규제대상행위
• 특정증권 등의 매매, 그 밖의 거래에 이용하는 행위
• 다른 사람에게 이용하게 하는 행위

문제해설

① 미공개중요정보 이용행위 금지의 대상인 "특정증권 등"에는 그 법인이 발행한 지분증권 등으로 교환을 청구할 수 있는 '타법인 발행 교환사채권 등'도 포함된다.
② 단기매매차익 반환의무는 미공개중요정보의 이용 여부와 관계없이 발생된다.
③ 직원의 경우 그 법인의 주요사항의 수립·변경·추진·공시 등의 업무에 종사하는 등 '미공개중요정보'를 알 수 있는 일정한 자에 대해서만 단기매매차익 반환의무가 있다.

036

다음 중 장내파생상품에 관한 내부자거래 규제에 대한 사항으로 거리가 먼 것은?

① 동일품목의 장내파생상품을 일정수량 이상 보유하게 된 자는 그 날부터 5일 이내에 그 보유상황 등을 금융위원회에 보고하여야 한다.
② 장내파생상품의 대량보유 보고서는 인터넷망을 통한 전자통신으로 보고할 수 있으며 모사전송(FAX)의 방식으로는 불가하다.
③ 장내파생상품의 대량보유 및 그 변동보고서에는 해당 장내파생상품 거래의 유형을 기초자산별로 구분하고, 종목은 결제월별로 구분하여 보고해야 한다.
④ 장내파생상품의 시세에 영향을 미칠 수 있는 정책을 입안·수립 또는 집행하는 자는 그 정보를 누설하거나 거래에 이용하거나, 타인으로 하여금 이용하게 해서는 안 된다.

문제해설

금융투자업자 또는 위탁자가 장내파생상품의 대량보유 보고서를 제출하는 경우에는 인터넷망을 통한 전자통신의 방식에 따른다. 다만, 전산장애 등의 경우에는 모사전송(FAX) 등의 방식으로 할 수 있다.

037

다음 중 미공개중요정보를 알 수 있는 준내부자의 범주에 속하지 <u>않는</u> 자는?

① 그 법인 및 당해 법인의 임직원·대리인
② 회사내부자로부터 미공개정보를 전달받은 자
③ 그 법인에 대하여 허가·인가·지도·감독 등 권한을 가지는 자
④ 계약을 체결하거나 체결을 교섭하는 자가 법인인 경우 그 임직원 및 대리인

더알아보기 미공개중요정보 이용행위 금지 규제대상자
- **내부자** : 그 법인 및 당해 법인의 임직원 또는 대리인, 그 법인의 주요주주로서 미공개중요정보를 알게 된 자
- **준내부자** : 정보접근이 용이하거나 합법적으로 내부정보에 접근할 수 있는 사실상의 내부자로서, 그 권한을 행사하는 과정에서 미공개중요정보를 알게 된 자
- **정보수령자** : 회사내부자 또는 준내부자로부터 미공개중요정보를 전달받은 자

문제해설

준내부자는 정보접근이 용이하거나 합법적으로 내부정보에 접근할 수 있는 사실상의 내부자로 그 법인(그 계열회사 포함) 및 당해 법인의 임직원·대리인과 주주 및 사실상의 지배주주는 내부자에 속한다.

4과목

파생상품법규

038

다음 중 위장거래에 의한 시세조종행위로 볼 수 없는 것은?

① 그 증권 또는 장내파생상품의 매매를 함에 있어서 그 권리의 이전을 목적으로 하지 않고 거짓으로 꾸민 매매를 하는 행위
② 그 증권 또는 장내파생상품의 매매가 성황을 이루고 있는 듯이 잘못 알게 하거나 그 시세를 변동시키는 매매를 하는 행위
③ 자기가 매도하는 것과 같은 시기에 그와 같은 가격 또는 약정수치로 타인이 그 증권 또는 장내파생상품을 매수할 것을 사전에 그 자와 서로 짠 후 매도하는 행위
④ 자기가 매수하는 것과 같은 시기에 그와 같은 가격 또는 약정수치로 타인이 그 증권 또는 장내파생상품을 매도할 것을 사전에 그 자와 서로 짠 후 매수하는 행위

장내파생상품의 매매를 유인할 목적으로 그 증권 또는 장내파생상품의 매매가 성황을 이루고 있는 듯이 잘못 알게 하거나 그 시세를 변동시키는 매매 또는 그 위탁이나 수탁을 하는 행위는 현실거래에 의한 시세조정행위에 해당된다.
①, ④ 가장매매
③ 통정매매

039

"그 증권 또는 장내파생상품의 시세가 자기 또는 타인의 시장조작에 의하여 변동한다는 말을 유포하는 행위"는 다음의 시세조종행위 중 어디에 속하는가?

① 허위표시에 의한 시세조종
② 시세고정
③ 현선연계 시세조종
④ 위장거래에 의한 시세조종

그 증권 또는 장내파생상품의 시세가 자기 또는 타인의 시장조작에 의하여 변동한다는 말을 유포하는 행위와 그 증권 또는 장내파생상품의 매매를 함에 있어서 중요한 사실에 관하여 거짓의 표시 또는 오해를 유발시키는 표시를 하는 행위는 허위표시에 의한 시세조종행위에 속한다.

 시세조종행위의 유형

• **위장거래에 의한 시세조종** : 자기가 매도(매수)하는 것과 같은 시기에 그와 같은 가격 또는 약정수치로 타인이 그 증권 또는 장내파생상품을 매수(매도)할 것을 사전에 그 자와 서로 짠 후 매도하는 행위
• **현실거래에 의한 시세조종** : 장내파생상품의 매매가 성황을 이루고 있는 듯이 잘못 알게 하거나 그 시세를 변동시키는 매매 또는 그 위탁이나 수탁을 하는 행위
• **시세고정 · 안정** : 증권 또는 장내파생상품의 시세를 고정시키거나 안정시킬 목적으로 매매 또는 그 위탁이나 수탁을 하는 행위
• **현선연계 시세조종** : 장내상품의 매매에서 부당한 이익을 얻거나 제3자에게 부당한 이익을 얻게 할 목적으로 장내파생상품의 시세를 변동 또는 고정시키는 행위

040

다음 중 공매도로 보지 <u>않는</u> 경우에 해당되지 <u>않는</u> 것은?

① 전환사채 · 교환사채 · 신주인수권부사채 등의 권리행사, 유 · 무상증자, 주식배당 등으로 취득할 주식을 매도하는 경우로서 결제일까지 그 주식이 상장되어 결제가 가능한 경우

② 결제를 이행하지 않을 우려가 없는 경우로서 상장된 집합투자증권의 추가발행에 따라 받게 될 집합투자증권을 매도하는 경우

③ 누구든지 증권시장에서 상장증권에 대하여 차입한 상장증권으로 결제하고자 하는 매도의 경우

④ 증권시장에서 매수계약이 체결된 상장증권을 해당 수량의 범위에서 결제일 전에 매도하는 경우

041

다음 중 금융위원회의 감독 및 조치명령권에 대한 사항으로 거리가 <u>먼</u> 것은?

① 파생상품 취급 금융투자업자에 대한 일정수준 이상의 파생상품을 거래한 자 또는 미결제약정을 보유한 자에 관한 정보 제출에 관한 사항에 관해 필요한 조치를 명할 수 있다.

② 금융위원회는 투자자를 보호하고 건전한 거래질서를 유지하기 위하여 금융투자업자를 감독하고 필요한 조치를 명할 수 있다.

③ 장내파생상품의 거래규모의 제한에 관한 사항이라도 위탁자에게는 조치를 명할 수 없으므로 금융투자업자에게 필요한 조치를 명한다.

④ 금융위원회는 금융투자업자가 자본시장법 또는 자본시장법에 따른 명령이나 처분을 적절히 준수하는지 여부를 감독한다.

042

자본시장과 금융투자업에 관한 법률에 의거 금융감독원의 검사와 관련한 설명으로 거리가 먼 것은?

① 한국은행은 통화신용정책의 수행을 위하여 필요한 경우 금융투자업자의 자금이체 업무에 대하여 금융감독원장에게 공동검사를 요구할 수 있다.

② 금융감독원장은 약관의 준수 여부에 관한 사항에 대한 검사업무를 거래소에 위탁할 수 있다.

③ 금융감독원장은 자본시장법 또는 자본시장법에 따른 명령이나 처분을 위반한 사실이 있는 때에는 그 처리에 관한 의견서를 첨부하여 금융위원회에 제출하여야 한다.

④ 협회는 위탁받은 검사업무를 수행하는 경우 검사업무의 방법 및 절차 등에 관하여 금융감독원장이 정하는 기준을 준수하여야 한다.

문제해설

금융감독원장은 검사업무의 일부를 거래소 또는 협회에 위탁할 수 있으나, 약관의 준수 여부에 관한 사항은 협회에 위탁할 수 있는 검사업무이다.

더 알아보기 협회에 위탁가능한 검사업무
- 주요 직무 종사자와 투자권유대행인의 영업행위에 관한 사항
- 증권의 인수업무에 관한 사항
- 약관의 준수 여부에 관한 사항

043

다음의 자본시장과 금융투자업에 관한 법률에 따른 감독 및 처분과 관련한 사항으로 가장 거리가 먼 것은?

① 금융위원회가 외국 금융투자업자의 지점, 그 밖의 영업소에 대하여 금융투자업 인가 또는 등록을 취소할 경우 외국 금융투자업자의 지점, 그 밖의 영업소는 지체 없이 청산하여야한다.

② 금융위원회는 파생상품시장에서의 매매에 관하여 계약을 위반하거나 결제를 이행하지 않은 거래소의 회원인 투자매매업자의 인가 또는 등록을 취소할 수 있다.

③ 조사공무원은 압수·수색영장이 있으면 불공정거래의 규제를 위반한 행위를 조사하기 위하여 압수 또는 수색을 할 수 있다.

④ 금융위원회는 금융투자업자 임직원에 대하여 조치를 하는 경우 청문을 실시하여야 한다.

문제해설

금융투자업에 대한 인가·등록의 취소와 임직원에 대한 해임요구 또는 면직요구의 경우에만 청문이 의무화되어 있다.

044

다음의 과징금 납부기한의 연장과 분할납부에 관한 사항으로 거리가 먼 것은?

① 분할납부가 허용된 과징금 납부의무자가 담보의 변경, 그 밖에 담보보전에 필요한 금융위의 명령을 이행하지 않은 때에는 분할납부 결정을 취소하고 과징금을 일시에 징수한다.

② 과징금 납부기한의 연장을 받거나 분할납부를 하고자 하는 과징금 납부의무자는 그 납부기한의 10일 전까지 금융위원회에 신청하여야 한다.

③ 납부기한의 연장이 허용된 과징금 납부의무자가 파산선고를 했을 때는 납부기한을 재연장할 수 있다.

④ 사업여건이 악화되어 사업이 중대한 위기에 처한 경우에는 납부기한을 연장할 수 있다.

문제해설

과징금 납부기한이 연장되거나 분할납부가 허용된 과징금 납부의무자가 강제집행, 경매의 개시, 파산선고, 법인의 해산, 국세 또는 지방세의 체납처분을 받는 등 과징금의 전부 또는 나머지를 징수할 수 없다고 인정되는 경우에는 그 납부기한의 연장 또는 분할납부 결정을 취소하고 과징금을 일시에 징수할 수 있다.

045

다음의 자본시장법상 벌칙에 해당하는 죄 중, 징역과 벌금의 부과가 가장 무거운 것은?

① 거짓, 그 밖의 부정한 방법으로 금융투자업자인가를 받은 경우

② 손실보전 또는 이익보장 행위를 하는 경우

③ 상장증권 또는 장내파생상품의 매매를 유인할 목적으로 실제매매거래 등에 의한 시세조종행위를 하는 경우

④ 투자자로부터 파생상품시장에서 매매의 위탁을 받은 경우 파생상품시장을 통하지 않고 매매가 이루어지도록 한 경우

문제해설

① 거짓, 그 밖의 부정한 방법으로 금융투자업자인가를 받은 경우는 5년 이하의 징역 또는 2억 원 이하의 벌금에 처한다.

② 손실보전 또는 이익보장 행위를 하는 경우에는 3년 이하의 징역 또는 1억 원 이하의 벌금에 처한다.

③ 상장증권 또는 장내파생상품의 매매를 유인할 목적으로 실제매매거래 등에 의한 시세조종행위는 10년 이하의 징역 또는 5억 원 이하의 벌금에 처한다.

④ 투자자로부터 파생상품시장에서 매매의 위탁을 받은 경우 파생상품시장을 통하지 않고 매매가 이루어지도록 한 경우는 1년 이하의 징역 또는 3천만 원 이하의 벌금에 처한다.

4과목 파생상품Ⅳ

정답 042 ② | 043 ④ | 044 ③ | 045 ③

046

다음의 위반행위 중 과태료 부과사항에 해당하지 <u>않는</u> 것은?

① 장내파생상품의 매매와 관련하여 시세고정 · 안정을 위한 시세조종행위
② 투자권유대행인의 투자권유 시 금융투자업자의 명칭 등의 사항을 미리 투자자에게 알리지 않은 경우
③ 공시서류를 비치 또는 공시하지 않거나 거짓으로 작성하여 비치 또는 공시한 경우
④ 내부통제기준을 정하지 않은 경우

문제해설

시세조종행위는 10년 이하의 징역 또는 5억 원 이하의 벌금에 처하는 사항이다.

047

다음 중 자본시장법상 벌칙 및 과징금에 대한 내용으로 가장 거리가 먼 것은?

① 금융위원회는 금융투자업자에 대하여 업무정지처분을 부과할 수 있는 경우에는 이에 갈음하여 업무정지기간의 이익의 범위에서 과징금을 부과할 수 있다.
② 위반행위로 얻은 이익 또는 회피한 손실액이 10억 원 이상인 경우에는 구분에 따라 가중된다.
③ 자본시장법상 벌칙에 해당하는 죄를 범한 자에게는 징역과 벌금을 병과할 수 있다.
④ 법인 또는 개인이 위반행위를 방지하기 위하여 해당 업무에 관하여 상당한 주의와 감독을 게을리 하지 않은 경우에는 양벌규정의 적용을 받지 않는다.

문제해설

위반행위로 얻은 이익 또는 회피한 손실액이 5억 원 이상 50억 원 미만인 경우 3년 이상의 유기징역, 50억 원 이상인 경우에는 무기 또는 5년 이상의 징역으로 가중한다.

048

포괄주의에 관한 설명으로 가장 거리가 <u>먼</u> 것은?

① 금융투자상품에 대해 포괄적으로 정의하여 추상적 정의에 해당되는 모든 상품에 금융기관 취급과 투자자 보호가 가능해졌다.

② 금융투자상품의 종류를 크게 증권과 파생상품으로 구별하였다.

③ 자본시장법은 증권의 개념을 새로 정의하면서 파생결합증권과 투자계약증권이란 새로운 개념을 도입하였다.

④ 자본시장법의 증권의 개념은 유가증권의 핵심개념 요소인 유통성을 강조한 점이 특징이다.

자본시장법의 증권의 개념은 투자성을 핵심개념 요소로 한다.

049

금융투자업의 업무범위 확대에 관한 설명으로 거리가 <u>먼</u> 것은?

① 투자권유대행인제도를 새로 도입하였다.

② 부수업무를 원칙적으로 허용하였다.

③ 부수업무의 경우 미리 금융위원회에 등록하면 된다.

④ 금융투자업 간 겸영을 허용하였다.

부수업무를 영위하고자 할 경우 7일 전에 신고하면 된다.

더 알아보기 금융투자업자의 업무범위 확대
- 6개 금융투자업 상호 간 겸영허용
- 부수업무의 포괄적 허용
- 투자권유대행인 제도 도입 및 자격제한
- 정보교류차단장지 등의 이해상충방지체계 도입
- 금융투자업자의 배상책임 등

050

증권과 관련된 설명으로 옳은 것은?

① 증권의 발행인에는 내국인만 해당하고 외국인은 배제된다.
② 증권은 추가지급의무가 없는 경우에 해당한다는 점에서 파생상품과 동일하다.
③ 투자계약증권과 증권예탁증권은 포괄주의의 도입을 위하여 새로 추가된 것이다.
④ 투자계약증권에는 기존의 전통적인 유가증권에 해당하는 증권뿐 아니라 비정형 집합투자지분과 같은 새로운 유형의 증권도 포함된다.

문제해설

① 증권의 발행인에 외국인도 포함하여 자본시장법의 역외적용을 꾀하고 있다.
② 증권은 추가지급의무가 없는 경우에 해당한다는 점에서 파생상품과 다른 점이다.
③ 투자계약증권과 파생결합증권은 포괄주의의 도입을 위하여 새로 추가된 것이다.

051

증권선물위원회와 금융감독원에 관한 설명으로 거리가 먼 것은?

① 증권선물위원회의 위원장은 금융위원회 부위원장이 겸임한다.
② 자본시장의 불공정거래조사와 기업회계감리를 담당하는 기관은 증권선물위원회이다.
③ 금융위원회의 정책을 직접 실행하는 정부조직으로 금융감독원이 있다.
④ 금융감독원은 금융기관의 업무 및 재산상태 전반에 대한 검사와 제재 등의 업무를 수행하며, 회계에 대해서는 금융위원회가 승인한다.

문제해설

금융감독원은 무자본특수법인으로 정부조직은 아니지만, 그 구성원에 대해 공무원으로 의제하고 있다.

052

다음의 설명 중 옳지 <u>않은</u> 것은?

① 증권금융회사는 증권시장에 필요한 자금을 증권을 담보로 하는 대출, 금융투자상품의 매도매수와 투자매매업자·중개업자에 대해 필요한 자금 또는 증권을 대여하는 방법으로 공급하는 기능을 수행한다.

② 유가증권은 거래당사자 간에 직접 수수하는 대신 한국예탁결제원에 계좌를 개설하여 증권을 집중 예탁시켜야 한다.

③ 증권금융회사는 한국거래소, 한국예탁결제원과 동일하게 법상 당연 설립기관으로 등록제를 채택하고 있다.

④ 증권선물위원회 위원은 금융위원회 위원장의 추천으로 대통령이 임명한다.

문제해설

증권금융회사는 한국거래소, 한국예탁결제원, 한국금융투자협회와 달리 법상 당연 설립기관이 아닌 인가제를 채택하고 있다.

053

금융투자업의 진입규제에 대한 설명으로 거리가 <u>먼</u> 것은?

① 진입규제는 크게 인가제와 등록제로 대별되며, 투자자문업과 투자일임업을 제외하면 인가대상이다.

② 현재 자본시장법하에서는 금융기능별로 진입요건을 마련하였다.

③ 진입요건은 진입 이후에도 계속 충족해야 하는 유지요건으로, 진입 시 적격성이 진입 후에도 지속되어야 한다.

④ 인가제를 채택한 금융투자업자의 진입요건은 등록제를 채택한 등록제보다 완화되어 있다.

문제해설

인가제를 채택한 금융투자업자의 진입요건은 사업계획의 타당성 요건 등을 적용하여 등록제를 채택한 등록제보다 엄격하게 설정하고 있다.

더 알아보기 강화된 진입규제

투자자의 위험에 대한 노출도에 따른 진입요건	인가제와 등록제로 구분하여, 인가제가 적용되는 금융투자업의 진입요건은 등록제가 적용되는 금융투자업자의 진입요건보다 엄격하게 설정
위험크기에 따른 진입요건	장외파생상품 등 위험 금융투자상품을 대상으로 하는 인가에 대해서는 일반금융투자상품에 비해 강화된 진입요건 설정
투자자의 위험감수능력에 따른 진입요건	전문투자자를 상대로 하는 금융투자업에 대해 강화된 진입요건 설정

정답 050 ④ | 051 ③ | 052 ③ | 053 ④

054

다음 설명 중 틀린 것은?

① 금융투자업의 진입규제로서의 인가제의 요건 중, 대주주요건은 충분한 출자능력, 건전한 재무상태 및 사회적 신용이 있다.
② 이해상충방지체제 마련도 인가제의 요건 중 하나이다.
③ 예비인가를 신청한 경우, 예비인가 신청시에 제출한 예비인가신청서 및 첨부서류의 내용이 변경되지 않아도 인가신청서 제출 시 그 첨부서류를 제출해야 한다.
④ 인가요건은 유지요건으로 다만 자기자본요건이나 대주주요건은 완화되어 적용된다.

문제해설

예비인가를 신청한 경우, 예비인가 신청 시에 제출한 예비인가신청서 및 첨부서류의 내용이 변경되지 않은 경우 인가신청서 제출 시 그 첨부서류를 제출이 면제된다.

055

금융투자업의 인가에 관한 설명 중 옳은 것은?

① 자기자본의 경우 유지요건이 될 때 최저자기자본의 60% 수준만 유지하면 된다.
② 대주주요건의 경우 사회적 신용요건만 적용된다.
③ 인가업무 외 다른 업무를 추가하려는 경우 금융위원회에 사전신고만 하면 된다.
④ 금융위원회는 인가신청서를 접수한 경우에는 그 내용을 심사하여 1개월 이내에 금융투자업인가 여부를 결정하고, 그 결과와 이유를 지체 없이 신청인에게 문서로 통지하여야 한다.

문제해설

① 자기자본의 경우 유지요건이 될 때 최저자기자본의 70% 수준만 유지하면 된다.
③ 인가업무 외 다른 업무를 추가하려는 경우 금융위원회에 변경인가를 받아야 한다.
④ 금융위원회는 인가신청서를 접수한 경우에는 그 내용을 심사하여 3개월 이내에 금융투자업 인가 여부를 결정하고, 그 결과와 이유를 지체 없이 신청인에게 문서로 통지하여야 한다.

056
사외이사와 감사위원회에 대한 설명으로 가장 거리가 먼 것은?

① 금융투자업자는 사외이사를 3인 이상 두어야 하며, 그 사외이사는 이사 총수의 과반수가 되도록 해야 한다.

② 최근 사업연도 말을 기준으로 자산총액이 2조 원 미만인 금융투자업자는 사외이사의 선임이 강제되지 않는다.

③ 금융투자업자는 1명 이상의 상근감사를 두어야 하며, 감사위원회는 3인 이상의 이사로 구성되고, 총 위원의 2/3 이상은 사외이사이어야 한다.

④ 감사위원회를 설치한 경우에도 감사를 둘 수 있다.

문제해설

감사위원회를 설치한 경우에는 감사를 둘 수 없다.

057
재무건전성과 경영건전성기준에 대한 설명으로 가장 거리가 먼 것은?

① 투자자문업 또는 투자일임업만 영위하는 금융투자업자는 영업용순자본 유지의무가 면제된다.

② 금융투자업자는 업무보고서를 금융위원회에 제출해야 하고, 수시경영공시의무가 부과된다.

③ 금융투자업자는 계열회사가 발행한 주식 등을 자기자본의 8%까지 소유할 수 있으며, 이 경우 금융위원회의 승인을 얻어야 한다.

④ 금융투자업자는 대주주와 신용공여가 제한되며, 대주주발행증권의 소유가 금지된다.

문제해설

이사회의 사전승인 사항이며, 금융투자업자가 대주주와 법상 허용된 거래를 하거나 증권을 소유한 경우에는 지체 없이 금융위에 보고해야 한다.

058

다음 중 금융위원회규정에 해당하지 <u>않는</u> 것은?

① 금융투자회사의 영업 및 업무에 관한규정
② 증권의 발행 및 공시 등에 관한 규정
③ 금융투자업규정
④ 금융기관 검사 및 제재에 관한 규정

 금융위원회 규정 및 시행세칙
- 금융투자업규정 및 그 시행세칙
- 증권의 발행 및 공시 등에 관한 규정 및 그 시행세칙
- 자본시장조사 업무규정 및 그 시행세칙
- 금융기관 검사 및 제재에 관한 규정 및 그 시행세칙

문제해설

금융투자회사의 영업 및 업무에 관한 규정은 자율규제기관인 한국금융투자협회가 회원 간의 건전한 영업질서 유지 및 투자자 보호를 위하여 제정하여 운영하고 있다. 금융투자회사의 영업 및 업무에 관한 규정은 한국금융투자협회 규정에 포함되어 있다.

059

다음의 금융위원회의 전문투자자 확인증 발급에 대한 사항으로 적절하지 <u>않은</u> 것은?

① 외국인도 국내에 주소를 갖는 자를 대리인으로 선임하여 같은 절차를 거쳐 발급받을 수 있다.
② 금융투자상품의 잔고 등을 기준으로 법인 · 단체 또는 개인도 전문투자자로 인정하여 발급할 수 있다.
③ 법인과 개인은 1년 이상 계좌를 사용하고 있어야 한다.
④ 법령에서 투자위험 감수능력이 높다고 인정하여 전문투자자로서 열거한 자에게 발급한다.

문제해설

개인은 계좌를 개설한 날부터 1년이 지나야 하지만, 법인은 계좌사용기간 요건의 적용을 받지 않는다.

060

다음 중 금융투자업의 인가와 관련한 사항으로 거리가 먼 것은?

① 기능별 규율 원칙에 따라 은행, 보험회사 등 겸영금융투자업자의 경우에도 금융투자업자와 동일하게 대주주의 적격성 요건을 계속 유지하여야 한다.

② 전반적으로 신규인가보다 신규등록시의 대주주요건이 완화되어 적용된다.

③ 최대주주의 특수관계인인 주주 및 의결권 있는 발행주식총수의 1% 이상을 소유한 임원의 경우에도 대주주의 적격성 심사요건의 대상이 된다.

④ 기존에 인가를 받은 자가 투자자문업을 등록하려는 경우 투자자문업자의 대주주의 세부요건은 "대주주유지요건"으로 더욱 완화하여 적용한다.

문제해설

금융투자업자가 다른 회사와 합병·분할하거나 분할합병을 하는 경우 또는 겸영금융투자업자의 경우에는 대주주의 적격성 유지요건이 대폭 완화된다(소위 '부실금융기관 등의 대주주의 책임요건'만 적용).

061

금융투자업의 인가요건에 대한 내용으로 가장 거리가 먼 것은?

① 모든 데이터에 대한 백업장치가 구축되어 있고, 백업자료가 별도 장소에 보관되어 관리되어야 한다.

② 정보교류차단 부서 간 정보차단벽(Chinese Wall)이 적정하게 설치되어 정보차단벽 간 정보제공이 이루어질 수 없도록 해야 한다.

③ 정전이나 화재 등의 사고가 발생한 경우 업무의 연속성을 유지할 수 있는 설비가 확보되어 있어야 한다.

④ 장외파생상품에 대한 투자매매업을 영위하고자 하는 경우 위험관리기준 요건을 모두 충족해야 한다.

문제해설

정보교류 차단 부서 간 정보차단벽(Chinese Wall)이 적정하게 설치되어 있어야 한다. 단, 법령 등에서 예외적으로 허용한 정보차단벽 간 정보제공(Wall Cross)이 이루어지는 경우 관련 기록이 유지·관리될 수 있는 체계를 갖추어야 한다.

4과목

파생상품법규

062

다음 금융투자업자의 업무 중 금융위원회의 승인이 필요한 사항에 속하지 <u>않는</u> 것은?

① 주식의 포괄적 교환 · 이전
② 합병 · 분할 · 분할합병
③ 6가지 금융투자업 중 어느 하나에 해당하는 금융투자업 전부의 양도 · 양수 · 폐지
④ 임원의 선임과 해임 및 최대주주의 변경

임원을 선임하거나 해임(사임)한 때, 최대주주가 변경된 때는 금융투자업자는 금융위원회에 지체 없이 보고하여야 한다.

063

다음 중 금융위원회의 임원에 대한 조치사항에 해당하지 <u>않는</u> 것은?

① 문책경고
② 6개월 이내의 직무정지
③ 면직요구
④ 자본시장법을 위반한 경우 고발 또는 수사기관에의 통보

임원을 선임하거나 해임(사임)한 때, 최대주주가 변경된 때는 금융투자업자는 금융위원회에 지체 없이 보고하여야 한다.

> **더 알아보기** 임원에 대한 조치의 종류
> • 해임요구, 6개월 이내의 직무정지, 문책경고
> • 주의적 경고 또는 주의
> • 자본시장법을 위반한 경우에는 고발 또는 관련기관에의 통보

064

금융위원회가 과징금을 부과할 경우에 고려해야할 사항이 <u>아닌</u> 것은?

① 위반행위의 기간 및 회수
② 위반행위로 인하여 취득한 이익의 규모
③ 위반행위의 내용 및 정도
④ 위반행위의 장소와 시간

금융위원회가 과징금을 부과하는데 있어 위반행위의 장소와 시간은 고려사항에 속하지 않는다.

065

금융투자업의 인가에 있어 금융기관이 대주주인 경우에만 적용되는 요건은 다음 중 어느 것인가?

① 사회적 신용요건
② 자기자본요건
③ 재무건전성요건
④ 부채비율요건

대주주가 금융기관인 경우 자기자본요건, 재무건전성요건, 부채비율요건, 비차입요건, 사회적 신용요건 등이 적용된다. 대주주가 금융기관 외 내국법인인 경우에는 자기자본요건, 비차입요건, 부채비율요건, 사회적 신용요건이 금융기관의 경우와 마찬가지로 적용된다. 외국법인의 경우에도 자기자본요건, 부채비율, 사회적 신용요건이 적용된다.

066

다음 중 금융투자업자의 내부통제기준 설정과 관련하여 가장 적절하게 설명한 것은?

① 금융투자업자는 한국금융투자협회가 작성한 표준내부통제기준을 반드시 따라야 한다.
② 투자자가 파생상품 결제대금이 추가예탁요구를 통보받고 시한 내에 추가예탁의무를 이행하지 않은 경우에도 투자자에 대한 최고 또는 투자자의 승인 없이는 투자자의 파생상품 등을 임의로 처분하여 그 결제대금에 충당할 수 없다.
③ 각 지점별로 파생상품 영업관리자를 반드시 1인 이상 지정해야 한다는 사항이 포함되어야 한다.
④ 파생상품거래를 위한 계좌개설 시 파생상품 영업관리자의 계좌개설에 관한 확인 및 투자자 보호에 필요한 조치에 관한 사항이 포함되어야 한다.

① 협회는 표준내부통제기준을 작성하고 금융투자업자에게 사용을 권고할 수 있지만, 금융투자업자가 반드시 이를 따라야 하는 것은 아니다.
② 금융투자업자는 지문에서 주어진 경우와 함께 '투자자의 귀책사유 또는 금융투자업자에게 책임이 없는 불가피한 사유로 추가예탁한 이전에 투자자에게 위탁증거금 또는 결제대금의 추가예탁요구를 하지 못한 경우'에는 예외적으로 투자자에 대한 최고 또는 투자자의 승인 없이 투자자의 파생상품, 그 밖의 투자자 예탁재산의 전부 또는 일부를 임의로 처분하여 위탁증거금 또는 결제대금에 충당할 수 있다.
③ 본사 또는 인근지점에 상근하는 파생상품 영업관리자가 해당 지점의 파생상품 영업을 효과적으로 감독할 수 있는 경우에는 둘 이상의 지점에서 1인의 파생상품 영업관리자를 지정할 수 있다.

067

다음 중 법령에 의거 금융투자업자가 내부통제기준을 설정함에 있어 반드시 포함되어야 할 사항이 <u>아닌</u> 것은?

① 고유재산과 투자자재산의 운용, 업무수행과정에서 발생하는 위험의 관리지침에 관한사항
② 이해상충의 파악 · 평가와 관리에 관한 사항
③ 자율규제위원회운영 및 제재에 관한 사항
④ 업무의 분장과 조직구조에 관한 사항

자율규제위원회 운영 및 제재에 관한 규정은 한국금융투자협회의 업무 규정에 속한다.

068

다음 중 매매주문 처리에 관한 내부통제기준 설정 시 준수사항으로서 포함할 사항에 속하지 <u>않는</u> 것은?

① 임직원이 착오로 투자자의 주문이 주문내용과 달리 체결되었을 경우, 해당 임직원은 지체 없이 투자자에게 사과와 재발방지 서약을 해야 한다.
② 전산 · 통신설비의 장애로 인해 투자자의 매매주문이 처리되지 않는 사태를 방지하도록 이에 대한 합리적인 대책을 수립해야 한다.
③ 투자자로부터 주문을 받을 시 투자자가 주문에 대한 처리상황, 체결내용을 알 수 있도록 해야 한다.
④ 임직원의 주문착오 방지체계 등 투자자의 매매주문을 공정하고 신속 · 정확하게 처리할 수 있는 체계를 갖추어야 한다.

임직원이 착오로 투자자의 주문이 주문내용과 달리 체결되었거나 체결 가능한 주문이 체결되지 못한 경우에는 당해 내용 및 처리대책을 지체 없이 투자자에게 통지하고 그 증빙을 3년 이상 보관 · 유지할 것이 내부통제기준에 포함되어야 한다.

더 알아보기 매매주문 처리에 관한 내부통제기준 설정 시 전자통신의 방법으로 투자자에게 주문을 받을 경우 준수사항
- 주문접수 시 즉시 주문자의 정당한 권한 여부를 확인할 것
- 투자자가 주문에 대한 처리상황, 체결내용을 알 수 있도록 할 것
- 투자자 금융거래내역 등이 제3자에게 유출되지 않도록 할 것

069

다음 중 겸영금융투자업자의 범위에 속하지 <u>않는</u> 것은?

① 신용협동조합 ② 예금보험공사
③ 중소기업은행 ④ 한국주택금융공사

문제해설

금융투자업 인가에 있어 지배구조 관련 내용이 적용되지 않는 겸영금융투자업자의 범위는 법령과 규정에서 정하고 있다.

070

다음 중 금융투자업자의 자산건전성을 분류한 5단계에 속하지 <u>않는</u> 것은?

① 정상 ② 고정
③ 위험 ④ 추정손실

문제해설

금융투자업자는 매분기마다 자산 및 부채에 대한 건전성을 "정상", "요주의", "고정", "회수의문", "추정손실"의 5단계로 분류하여야 한다.

071

다음 중 금융투자업자의 자산건전성 분류와 충당금 적립에 관한 사항으로 가장 거리가 <u>먼</u> 것은?

① 채권중개전문회사 및 전자증권중개회사는 자산건전성 분류와 그에 따른 충당금 적립의 의무가 없다.
② "회수의문"으로 분류된 자산의 100분의 75 이상을 대손충당금으로 적립해야 하지만, 부동산신탁업자의 경우에는 100분의 50 이상만 적립하면 된다.
③ "정상"으로 분류된 모든 자산은 100분의 0.5 이상의 대손충당금을 적립해야 한다.
④ 금융투자업자는 매분기 말 현재 "고정" 이하로 분류된 채권에 대하여 적정한 회수예상가액을 산정해야 한다.

문제해설

정형화된 거래로 발생하는 미수금과 "정상"으로 분류된 대출채권 중 콜론 및 환매조건부매수에 대하여는 대손충당금을 적립하지 않을 수 있다.

072

다음 중 영업용순자본(NCR) 규제에 대한 내용으로 거리가 먼 것은?

① 금융투자업자는 위험손실을 감안한 현금화가능자산의 규모가 상환의무가 있는 부채의 규모보다 항상 크도록 유지해야 한다.

② 종전 BIS 비율규제가 적용되던 부동산신탁회사에 대해서도 NCR 규제가 적용되는 등 모든 금융투자업자에 대해 적용된다.

③ 영업용순자본은 기준일 현재 금융투자업자 자산의 즉시 현금화가능 여부 등을 기준으로 평가한 자산의 순가치이다.

④ 금융당국의 주요 감독수단, 금융투자회사의 체계적인 위험관리 촉진, 개별 자산운용에 대한 전문화·차별화 가능으로 자율성 제고의 역할을 수행한다.

 **더 알아보기** 영업용순자본
- 기준일 현재 금융투자업자 자산의 즉시 현금화가능 여부 등을 기준으로 평가한 자산의 순가치
- 영업용순자본 = 순재산액 − 차감항목 + 가산항목

073

다음 중 영업용순자본의 산정 시 고려해야 할 사항으로 거리가 먼 것은?

① 재무상태표상 부채로 계상되었으나 실질적인 채무이행의무가 없거나 미래손실에 대비하여 내부에 유보시킨 항목, 현물상환이 가능한 항목, 실질적으로 자본의 보완적 기능을 하는 항목 등이 가산항목에 속한다.

② 즉시 유동화가 가능한 자산 또는 유동화를 위해 담보로 제공한 자산은 차감항목에 속한다.

③ 순재산액은 재무상태표상 자산총액에서 부채총액을 차감한 금액으로 종속회사와 연결되지 않은 금융투자업자 고유의 재무상태표를 대상으로 한다.

④ 영업용순자본은 파산 시 채무변제가 충분한지, 부채상환에 대비하여 유동성이 충분한지 여부를 측정할 수 있다.

074

다음 중 총위험액을 산정하는 데 있어 고려해야 할 사항으로 거리가 먼 것은?

① 선물회사는 개별적으로 위험액 산정 시 상계를 인정하지 않고 위험액 간에 위험상쇄액을 산정하여 총위험액에서 차감한다.

② 금융투자업자는 위험관리수준 평가결과에 따라 금융감독원장이 정하는 조정값을 반영하여 운영위험액을 가산 또는 감액한다.

③ 파생상품은 기초자산 포지션으로 전환하여 시장위험액을 산정한다.

④ 동일인 또는 동일기업집단을 대상으로 한 금리위험액 산정대상 및 신용위험액 산정대상 포지션의 합계액이 영업용순자본의 20%를 초과하는 경우에는 신용집중위험액으로 산정하여 신용위험액에 가산한다.

 더알아보기 총위험액의 산정
- 총위험액 = 시장위험액 + 신용위험액 + 운영위험액
- 금융투자업자가 시장상황 악화 등으로 회사가 입을 수 있는 손실규모를 위험발생 요인별로 3가지 위험액으로 구분

075

다음 ( ) 안에 들어갈 적절한 단어가 순서대로 되어 있는 것은?

> (㉠)에 따른 시장위험액은 직전 영업일의 (㉡)과 직전 60영업일간의 (㉡)의 평균값 × (3 + a)의 금액 중 큰 금액으로 한다.

① 관리모형, 발생 가능한 손실액
② 관리모형, 최대손실예상액
③ 내부모형, 발생 가능한 손실액
④ 내부모형, 최대손실예상액

 더알아보기 최대손실예상액(VaR)
일정한 보유기간에 일정한 신뢰구간 범위 내에서 시장가격이 불리한 방향으로 움직일 경우 보유포지션에서 발생할 수 있는 최대손실금액

4과목 파생상품법규

076

다음 중 금융화사에 대한 경영실태평가에 관한 사항으로 거리가 먼 것은?

① 금융감독원장은 금융투자업자에 대한 경영실태평가 결과를 감독 및 검사업무에 반영하여서는 안 된다.

② 자본적정성, 수익성, 위험관리, 내부통제의 부분으로 평가한다.

③ 금융회사에 대해 다양한 평가부분을 종합적이고 통일적인 방식에 따라 5단계로 평가하여 금융회사의 경영상태를 체계적이고 객관적으로 확인한다.

④ 감독당국이 사전적으로 바람직한 경영지표를 제시하고 건전경영을 유도, 사후적으로는 감독상의 보상과 제재를 통해 책임경영을 도모하려는 취지로 도입되었다.

문제해설

금융감들원장은 금융투지업자에 대한 경영실태평가 결과를 감독 및 검사업무에 반영할 수 있다.

077

다음 중 금융투자업자에 대한 경영건전성 감독과 관련한 설명으로 옳은 것은?

① 영업용순자본 산정 시 차감항목에 대하여도 원칙적으로 위험액을 산정해야 한다.

② 시장위험과 신용위험을 동시에 내포하는 자산에 대하여는 시장위험액과 신용위험 액 중 큰 금액을 적용한다.

③ 발행한 어음·수표의 부도 또는 은행과의 거래가 정지 또는 금지되었을 경우에는 경영개선협약을 체결해야 한다.

④ 재무건전성비율이 일정수준에 미달하거나 미달할 우려가 있는 경우, 즉시 그 내용을 보고하여 감독당국이 즉각적인 조치를 취할 수 있도록 하는 조기 경보제도를 두고 있다.

문제해설

① 영업용순자본 산정 시 차감항목에 대하여는 원칙적으로 위험액을 산정하지 않는다.

② 시장위험과 신용위험을 동시에 내포하는 자산에 대하여는 시장위험액과 신용위험액을 모두 산정해야 한다.

③ 발행한 어음·수표의 부도 또는 은행과의 거래가 정지 또는 금지되었을 경우에는 긴급조치가 발동된다.

078

다음 중 금융투자업자의 영업용순자본비율이 100% 미만일 때 내려지는 조치는?

① 경영개선요구　　　　② 경영개선권고
③ 경영개선명령　　　　④ 경영개선제안

금융투자업규정은 영업용순자본비율을 기준으로 비율단계별 적기시정조치를 두고 있다. 낮은 단계부터 영업용순자본비율 150% 미만은 경영개선권고, 120% 미만은 경영개선요구, 100% 미만은 경영개선명령의 3단계로 구분된다.

079

다음 중 금융투자업자에 대한 긴급조치내용에 속하지 <u>않는</u> 것은?

① 인력 및 조직운용의 개선
② 증권 및 파생상품의 매매제한
③ 투자자예탁금 등의 일부 또는 전부의 반환명령 또는 지급정지
④ 투자자예탁금 등의 수탁금지 또는 다른 금융투자업자로의 이전

②, ③, ④와 채무변제행위의 금지, 경영개선명령에 따른 조치가 긴급조치내용에 속한다. 인력 및 조직운용의 개선은 경영개선권고에 대한 조치내용에 속한다.

080

다음 중 금융투자업자의 회계처리에 관한 사항으로 거리가 <u>먼</u> 것은?

① 투자매매업·투자중개업·투자자문업·투자일임업의 회계기간은 4월 1일부터 다음 해 3월 31일까지이다.
② 재무상태표·손익계산서 표준양식, 계정과목별 처리내용, 외국환 계정 계리기준은 금융감독원장이 정하고 필요시에는 재무제표의 계정과목을 신설·개정할 수 있다.
③ 재무제표 양식은 보고식으로 하고 분기별 가결산을 실시해야 한다.
④ 투자중개업자는 투자자의 예탁재산과 자기재산을 구분계리해야 한다.

재무제표의 계정과목은 금융감독원장의 확인 없이 신설·개정이 불가하다.

081

다음 중 파생상품 거래현황 보고에 관련된 내용으로 가장 거리가 먼 것은?

① 금 대상 장내파생상품거래의 대량보유 보고기준은 10건이며 변동 보고기준은 2건이다.

② 투자매매업자 또는 투자중개업자는 "월별" 장외파생상품 매매, 중개·주선 또는 대리의 거래내역을 다음 달 10일까지 금융감독원장에게 보고한다.

③ 대량보유 시 해당 장내파생상품거래의 유형을 기초자산별로 구분하고, 종목을 결제월별로 구분하여 보고한다.

④ 종목별 미결제약정을 기준으로 동일 품목의 장내파생상품을 일정 수량 이상 보유하게 된 경우 10일 이내에 그 보유상황을 금융감독원에 보고해야 한다.

문제해설

종목별 미결제약정을 기준으로 동일의 장내파생상품을 일성 수량 이상 보유하게 되거나, 그 보유수량이 일정 수량 이상 변동된 경우 5일 이내에 그 보유상황 또는 변동내용을 금융위원회와 거래소에 보고해야 한다.

> **더알아보기** 장내파생상품의 대량보유 보고기준
> - **금 대상** : 거래단위가 1,000g일 경우 30건, 100g인 경우 300건(변동 보고기준 거래단위가 1,000g일 경우 6건, 100g인 경우 60건)
> - **돈육 대상** : 300건(변동 보고기준 60건)
>
> 대량보유상황 보고의무가 발생되는 경우
> - **신규보고** : 새로 5% 이상을 보유하게 되는 경우
> - **변동보고** : 5% 이상 보유자가 보유비율의 1% 이상이 변동되는 경우
> - **변경보고** : 신규보고 및 변동보고자의 보유목적의 변경, 보유형태의 변경, 그 밖의 주요계약 내용 변경 등

082

금융투자업자가 외감법에 따라 회계감사를 받은 후 금융감독원장의 요청에 따라 제출해야 할 결산서류에 속하지 않는 것은?

① 외국환업무현황보고서

② 수정재무제표에 따라 작성한 영업용순자본비율보고서 및 자산부채비율보고서

③ 재무제표 및 부속명세서

④ 감사보고서

문제해설

금융투자업자가 외감법에 따라 회계감사를 받은 후 금융감독원장의 요청에 따라 제출해야 할 결산서류는 감사보고서, 재무제표 및 부속명세서, 수정재무제표에 따라 작성한 영업용순자본비율보고서 및 자산부채비율보고서, 해외점포의 감사보고서, 재무제표 및 부속명세서가 있다.

083

다음 중 투자매매업 · 투자중개업의 공시사항에 해당하지 <u>않는</u> 것은?

① 증권시장, 파생상품시장 등의 결제를 하지 않은 경우
② 적기시정조치를 받은 경우
③ 대주주 또는 그의 특수관계인의 소유주식 1% 이상 변동된 경우
④ 거액의 부실채권, 손실 또는 금융사고 등이 발생한 경우

 투자매매업 · 투자중개업의 경우 공시사항
• 거액의 부실채권, 손실 또는 금융사고 등이 발생한 경우
• 적기시정조치를 받은 경우
• 주요사항 보고대상에 해당하는 경우
• 경영과 관련하여 해당 법인이나 그 임직원이 형사처벌을 받은 경우
• 증권시장, 파생상품시장 등의 결제를 하지 않은 경우

대주주 또는 그의 특수관계인의 소유주식이 1% 이상 변동되었을 경우는 7일 이내 금융감독원장에게 보고해야할 사항이다.

084

다음 중 금융투자업자의 대주주와의 거래제한에 관한 사항으로 거리가 먼 것은?

① 자본시장법은 예외적인 경우를 제외하고는 대주주(특수관계인 포함)에 대한 신용공여를 금지하고 있다.
② 금융투자업자가 예외적으로 허용된 대주주와의 거래를 하고자 하는 경우, 예외적인 경우를 제외하고는 사전에 이사 전원의 찬성에 의한 이사회 결의를 거쳐야 한다.
③ 담보권의 실행 등 권리행사의 경우에는 대주주 발행증권의 소유제한을 적용받지 않는다.
④ 예외적으로 허용된 주식 · 채권 · 약속어음의 소유나 신용공여의 경우 공시의무는 없으며, 금융위원회에 분기별로 보고하면 된다.

예외적으로 허용된 주식 · 채권 · 약속어음의 소유나 신용공여의 경우 금융위원회에 분기별로 보고하고 인터넷 홈페이지 등에 공시해야 한다.

4과목

파생상품투자

085

다음 중 금융투자업자가 제3자에게 업무를 위탁하는 경우 위탁계약 기재사항에 포함되지 <u>않는</u> 것은?

① 위탁하는 업무의 처리에 대한 기록유지에 관한 사항
② 수탁자의 부도 등 우발상황에 대한 대책에 관한 사항
③ 수탁자의 행위제한에 관한 사항
④ 위탁하는 업무의 범위

 위탁계약 기재사항
 • 위탁보수 등에 관한 사항
 • 위탁하는 업무의 범위
 • 수탁자의 행위제한에 관한 사항
 • 업무위탁계약의 해지에 관한 사항
 • 위탁하는 업무의 처리에 대한 기록유지에 관한 사항

수탁자의 부도 등 우발상황에 대한 대책에 관한 사항은 업무위탁 운영 기준에 포함할 사항에 속한다.

086

이해상충 발생 가능성이 큰 부서 사이에 교류가 금지되는 금융투자상품의 매매정보 등에서 예외적으로 교류가 허용되는 기준으로 적합하지 <u>않은</u> 것은?

① 해당 임직원이 제공받은 정보를 업무 외의 목적으로 이용할 수 있는 업무를 담당하지 않을 것
② 해당 업무를 관장하는 임원 및 준법감시인에게 보고할 것
③ 정보를 제공하는 임직원이 해당 정보를 제공할 상당한 이유가 있을 것
④ 제공하는 정보가 업무상 필요한 최소한의 범위로 한정될 것

예외적인 정보교류 허용(wall crossing) 기준에 해당하기 위해서는 해당 업무를 관장하는 임원 및 준법감시인(준법감시인이 없는 경우에는 감사 등 이에 준하는 자를 말함)의 사전승인을 받아야 한다.

087

다음 중 사외 정보교류 차단장치와 관련한 사항으로 거리가 먼 것은?

① 원칙적으로 금융투자업자는 그 계열회사 등에 임직원을 겸직하게 하거나 파견근무하게 하는 행위가 금지되어 있다.

② 금융투자업자는 이해상충의 발생 가능성 때문에 그 계열회사 등에 정보 등을 제공하는 행위가 금지되어 있으나 예외적으로 시행령에서 인정되는 경우가 있다.

③ 장내파생상품 매매주문업무를 계열회사에 위탁하는 경우 일정한 요건을 포함하는 계열회사의 이해상충방지 체계에 대하여 예외적으로 그 매매주문 업무에 필요한 장내파생상품의 종류·가격 등의 정보를 그 계열회사에 제공한 후 금융감독원장에게 보고한다.

④ 투자매매업자가 투자자가 예탁한 증권의 총액 및 증권의 종류별 총액에 관한 정보를 그 계열회사에 제공할 수 있다.

문제해설

계열회사에 단순 매매주문업무 위탁 시 계열회사의 이해상충방지체계에 대하여 사전에 금융감독원장의 확인을 받아야 한다.

088

다음 중 '의사에 반하는 재권유 금지 원칙'에 대한 설명으로 가장 거리가 먼 것은?

① 투자자의 재산을 수탁하지 않는 투자자문계약의 체결을 권유하는 경우에는 '의사에 반하는 재권유 금지 원칙'이 적용되지 않는다.

② 예외적으로 투자성 있는 보험계약의 권유는 허용한다.

③ 거부취지의 의사표시 후 1개월이 지난 후에 재권유는 허용된다.

④ 금전신탁계약의 체결 권유와 부동산신탁계약의 체결권유는 '의사에 반하는 재권유 금지 원칙'의 적용에 있어 다른 종류의 투자권유로 본다.

문제해설

투자자문계약의 체결을 권유하는 경우에도 '의사에 반하는 재권유 금지 원칙'이 적용된다. 다만, 증권에 대한 투자자문계약, 장내파생상품에 대한 투자자문계약 및 장외파생품에 대한 투자자문계약의 체결 권유는 '의사에 반하는 재권유 금지 원칙'의 적용에 있어 각각 다른 종류의 투자권유로 본다.

089

다음 중 금융투자업자의 투자광고 규제에 관한 내용으로 가장 거리가 먼 것은?

① 금융투자상품의 비교광고를 하는 경우 명확한 근거 없이 다른 금융투자상품이 열등하거나 불리한 것으로 표시하지 않아야 한다.
② 금융투자업자로부터 충분한 설명을 듣고서 투자할 것을 권고하는 내용이 포함되어야 한다.
③ 수익률이나 운용실적이 좋은 기간의 수익률이나 운용실적만을 선택하여 표시할 수 있다.
④ 투자광고 시 금융투자업자의 명칭과 금융투자상품의 내용이 포함되어야 한다.

문제해설

수익률이나 운용실적을 표시하는 경우에는 수익률이나 운용실적이 좋은 기간의 수익률이나 운용실적만을 표시하지 않아야 한다.

090

다음 중 금융투자업자가 기록·유지하여야 할 각종 거래 자료의 최소보존기간이 가장 짧은 것은?

① 내부통제기준, 위험관리 등 내부통제 관련 자료
② 재무에 관한 서류 및 그 작성의 기초가 되는 서류
③ 주문기록, 매매명세 등 투자자의 금융투자상품 거래 관련 자료
④ 업무위탁 및 부수업무 관련 자료

문제해설

업무위탁 및 부수업무 등의 영업 관련 자료는 3년 이상 거래 자료를 기록·유지하여야 한다.

더 알아보기 자료의 최소보존기간
- 내부통제기준, 위험관리 등 내부통제 관련 자료 : 5년
- 재무제표에 관한 서류 및 그 작성의 기초가 되는 서류 : 10년
- 주문기록, 매매명세 등 투자자의 금융투자상품의 거래 관련 자료 : 10년
- 투자광고, 투자권유 및 투자계약 관련 자료 : 10년

091

예외적으로 금융투자회사의 임직원이 둘 이상의 회사 또는 둘 이상의 계좌를 통하여 매매할 수 있는 경우가 <u>아닌</u> 것은?

① 대물변제의 수령 등으로 취득한 금융투자상품을 매도하는 경우
② 우리사주조합원으로서 취득한 금융투자상품을 매도하는 경우
③ 상속, 증여 · 유증, 담보권의 행사로 취득한 금융투자상품을 매도하는 경우
④ 금융투자업자의 임직원이 되기 전에 취득한 금융투자상품을 매도하는 경우

문제해설

금융투자회사의 임직원의 1사 1계좌를 통한 금융투자상품 매매의무의 예외로서 둘 이상의 회사 또는 둘 이상의 계좌를 통하여 매매할 수 있는 경우는 상속, 증여 · 유증, 담보권의 행사, 대물변제의 수령 등으로 취득한 금융투자상품을 매도하는 경우와 금융투자업자의 임직원이 되기 전에 취득한 금융투자상품을 매도하는 경우이다.

092

투자매매업자 · 투자중개업자의 불건전 영업행위 유형에 대한 설명으로 거리가 <u>먼</u> 것은?

① 단기금융집합투자기구의 집합투자증권, 국채증권, 지방채증권, 특수채증권 등 위험이 높지 않은 증권만을 거래하는 투자자에 대한 투자권유행위는 허용된다.
② 정보의 제공이 당해 매매주문의 원활한 체결을 위한 것이라는 요건이 충족되면 투자자 주문정보의 제3자 제공행위는 허용된다.
③ 투자자의 거래가 탈세의 수단으로 하는 행위라는 사실을 알면서도 이를 지원하거나 알선하는 행위가 금지된다.
④ 다른 투자매매업자 또는 투자중개업자에 대하여 금융투자상품의 매매호가, 매매가격, 매매조건 또는 수수료 등의 변경을 요구하거나 직접 또는 간접으로 이를 강요하는 행위가 금지된다.

문제해설

투자자 주문정보 제3자 제공이 허용되는 것은 다음의 요건을 모두 충족하여야 한다.

- 정보의 제공이 당해 매매주문의 원활한 체결을 위한 것일 것
- 정보를 제공받는 자가 예상되는 가격변동을 이용한 매매를 하지 않거나 주문정보를 다른 제3자에게 전달하지 않을 것이라고 믿을 수 있는 합리적 근거가 있을 것
- 매매주문을 위탁한 투자자에 관한 일체의 정보제공이 없을 것

093

다음 중 특정거래가 빈번한 거래인지 또는 과도한 거래인지 판단하는 기준에 해당하지 <u>않는</u> 사항은?

① 일반투자자의 재산상태 및 투자목적에 적합한지 여부
② 일반투자자가 부담하는 수수료의 총액
③ 일반투자자가 요구하는 투자수익률 달성 여부
④ 일반투자자의 투자지식이나 경험에 비추어 당해 거래에 수반되는 위험을 잘 이해하고 있는지 여부

문제해설

일반투자를 대상으로 빈번한 또는 과도한 금융투자상품의 매매거래를 권유하는 행위가 금지되는데 그 판단기준은 일반투자자가 부담하는 수수료의 총액, 일반투자자의 재산상태 및 투자목적에 적합한지 여부, 일반투자의 투자지식이나 경험에 비추어 당해 거래에 수반되는 위험을 잘 이해하고 있는지 여부, 개별 매매거래 시 권유내용의 타당성 여부이다.

094

다음 중 두자매매업자·투자중개업지의 불건전 영업행위 유형 중 예외로 인정되는 사항은?

① 금융투자상품의 투자중개업자가 투자자의 주문을 다른 금융투자상품의 투자중개업자에게 중개함에 있어 중개수수료 이외의 투자자의 재산을 수탁받는 행위
② 일중매매거래 및 시스템매매 프로그램의 투자실적에 관하여 허위의 표시를 하거나 과장 등으로 오해를 유발하는 표시를 하는 행위
③ 사전에 준법감시인에게 보고한 후 투자매매업자 또는 투자중개업자의 위법행위로 인하여 손해를 배상하는 행위
④ 조사분석자료를 일반인에게 공표하기 전에 조사분석자료를 제3자에게 먼저 제공한 경우 당해 조사분석자료의 일반인에게 공표할 때에는 이를 제3자에게 먼저 제공하였다는 사실과 최초의 제공시점을 함께 공표하지 않는 행위

문제해설

손실보전 행위는 금지되지만, 사전에 준법감시인에게 보고한 경우는 예외로 한다.
① 수수료·성과보수 관련 금지행위에 해당한다.
② 일중매매거래 및 시스템매매 관련행위 금지에 해당한다.
④ 조사분석자료의 작성 및 공표 관련행위 금지에 해당한다.

095

다음 중 투자자의 매매주문의 접수 · 집행 등과 관련한 행위금지에서 투자자가 진정한 매매거래 의사가 있었는지 여부를 판단하는 사항에 해당되지 <u>않는</u> 것은?

① 매매주문 당시의 일봉차트 추세선
② 당해 매매주문의 대상이 되는 증권시장 등에 상장된 금융투자상품의 수량 및 평균거래량
③ 증권시장에 상장된 주권 발행기업의 지분분포
④ 당해 투자자의 예탁재산규모 및 거래행태

투자자의 매매주문의 접수 · 집행 등과 관련한 행위금지에서 투자자가 진정한 매매거래 의사가 있었는지 여부를 판단하기 위해서는 다음의 사항을 감안해야 한다.

- 당해 매매주문의 대상이 되는 증권시장 등에 상장된 금융투자상품의 수량 및 평균거래량
- 증권시장에 상장된 주권 발행기업의 지분분포
- 당해 투자자의 예탁재산 규모 및 거래행태
- 매매주문 당시의 호가상황

096

다음 중 예치금융투자업자가 예치기관에 예치 또는 신탁하여야 하는 의무예치액을 산정함에 있어 기준이 되는 투자자예탁금의 범위에 포함되지 <u>않는</u> 것은?

① 장내파생상품거래예수금
② 집합투자증권투자자예수금
③ 청약자예수금
④ 조건부예수금

더알아보기 투자자예탁금의 예치기한
- 의무예치액을 영업일 단위로 산정하여 다음 영업일까지 예치기관에 예치 또는 신탁하여야 한다.
- 금융감독원장은 예치기관에 예치 또는 신탁한 투자자예탁금을 인출함으로써 의무예치액에 미달된 예치금융투자업자에게는 인출일로부터 5영업일 이내에 의무예치액의 부족분을 예치기관에 예치하게 할 수 있다.

예치금융투자업자가 예치기관에 예치 또는 신탁하여야 하는 "의무예치액"을 산정함에 있어 기준이 되는 투자자예탁금은 위탁자예수금, 장내파생상품거래예수금, 집합투자증권투자자예수금, 조건부예수금이 있다.

4과목

파생상품법규

097

다음 중 매매거래 내역 등의 통지에 관한 사항으로 가장 거리가 먼 것은?

① 투자자가 통지를 받기를 원하지 않는 경우 지점, 그 밖의 영업소에 비치하거나 인터넷 홈페이지에 접속하여 수시로 조회가 가능하게 하는 경우에는 통지한 것으로 의제한다.

② 월중 거래가 있던 계좌는 월간 매매내역·손익내역, 월말잔액·잔량현황, 월말 현재 파생상품의 미결제약정현황·예탁재산잔고·위탁증거금 필요액 현황 등을 다음 달 20일까지 통지해야 한다.

③ 반기 동안 매매, 그 밖의 거래가 없는 계좌의 반기말 현재 예탁재산 평가액이 10만 원을 초과하지 않는 경우에 그 계좌에 대하여 투자자 요구 시 즉시 통지할 수 있도록 지점, 그 밖의 영업소에 반기말 잔액·잔량현황을 비치한 경우에는 통지한 것으로 의제한다.

④ 반기 동안 거래가 없는 계좌는 반기말 잔액·잔량현황을 그 반기 종료 후 20일까지 통지한다.

문제해설

반기 동안 매매, 그 밖의 거래가 없는 계좌의 반기말 현재 예탁재산 평가액이 100만 원(다만, 최근 잔고 통보 후 1년간 매매, 그 밖의 거래가 없는 계좌의 경우에는 10만 원)을 초과하지 않는 경우에 그 계좌에 대하여 투자차가 요구할 경우 즉시 통지할 수 있도록 지점, 그 밖의 영업소에 반기말 잔액·잔량현황을 비치한 경우에는 통지한 것으로 의제한다.

098

다음 중 투자일임업자가 투자일임계약을 체결한 일반투자자에게 일임재산의 운용현황 및 이해상충이 발생할 우려가 있는 고유재산과의 거래실적 등에 관한 결과를 보고하는 서류는?

① 투자일임보고서
② 일임재산 운용현황 보고서
③ 거래실적보고서
④ 투자일임계약서

문제해설

투자일임보고서는 투자일임업자가 투자일임계약을 체결한 일반투자자에게 일임재산의 운용현황 및 이해상충이 발생할 우려가 있는 고유재산과의 거래실적 등에 관한 결과를 3개월마다 1회 이상 보고하는 서류이다.

099

환매조건부매매와 관련한 설명으로 다음 중 거리가 먼 것은?

① 금융위원회가 정하여 고시하는 매매가격으로 매매해야 한다.
② 환매조건부매도와 환매조건부매수를 말한다.
③ 기관 간 환매조건부매매를 한 경우에는 그 대상증권과 대금을 동시에 결제해야 한다.
④ 환매도 및 환매수하는 날은 환매조건부매매를 하는 대상 간에 협의로 결정한다.

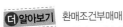 **환매조건부매매**
• **환매조건부매도** : 증권을 일정기간 후에 환매수할 것을 조건으로 매도
• **환매조건부매수** : 증권을 일정기간 후에 환매도할 것을 조건으로 매도

환매조건부매수를 한 증권을 환매조건부매도하려는 경우에는 해당 환매조건부매도의 환매수하는 날은 환매조건부매수의 환매도를 하는 날 이전으로 하여야 한다.

100

투자매매업자 또는 투자중개업자의 증권의 대차거래와 관련한 설명으로 거리가 먼 것은?

① 증권의 대차거래 또는 그 중개 및 주선이나 대리업무를 하는 경우에는 금융위가 정하여 고시하는 방법에 따른 담보를 차입자에게 받아야 한다.
② 대차거래 시 해당내역은 협회를 통하여 거래 다음 날에 공시한다.
③ 대차거래 형식의 중개의 방법으로 대차거래의 중개를 할 수 있다.
④ 필요하다고 인정하는 대차거래의 중개의 경우에는 담보를 받지 않을 수 있다.

해설
증권의 대차거래 내역은 협회를 통하여 당일 공시해야 한다.

101

다음 중 장외파생상품의 매매와 관련한 설명으로 가장 거리가 먼 것은?

① 장외파생상품 투자매매업·투자중개업을 영위하는 금융투자업자는 장외파생상품의 매매거래시마다 해당 업무를 관장하는 파생상품업무책임자의 승인을 반드시 받아야 한다.

② 장외파생상품의 매매에 따른 총위험액이 일정 한도를 초과하면 안된다.

③ 투자매매업자 또는 투자중개업자는 장외파생상품을 대상으로 하여 투자매매업 또는 투자중개업을 하는 경우 위험액 한도기준요건, 영업용순자본요건 등을 충족해야 한다.

④ 겸영금융투자업자인 투자매매업자 또는 투자중개업자가 적기시정조치의 기준을 하회하는 경우에도 미종결거래의 정리나 위험회피에 관련된 업무는 수행할 수 있다.

문제해설

파생상품업무책임자의 승인을 받은 기본계약서에 근거하여 체결한 장외파생상품 매매인 경우에는 거래 당사자 간에 미리 합의된 계약조건에 따라 장외파생상품을 매매하는 경우는 승인이 필요 없다.

102

장외파생상품 투자매매업자 또는 투자중개업자가 인가신청 시 위험관리기준에 관한 사항으로 (　　) 안에 들어갈 단어와 수치를 바르게 나열한 것은?

> • 종합평가결과가 (　　) 이상일 것
> • 위험관리조직 및 인력, 위험측정 및 관리실무, 위험관리 및 내부통제전산시스템의 평가항목의 평가점수가 각각 (　　)점 이하일 것

① 보통, 3.4　　　　② 보통, 2.5
③ 양호, 2.4　　　　④ 우수, 1.4

문제해설

장외파생상품 투자매매업자 또는 투자중개업자가 인가신청 시 사업계획요건의 한 내용으로서 위험관리기준을 모두 충족해야 한다.

103

불공정거래의 조사와 관련한 설명으로 가장 거리가 먼 것은?

① 동일 위법행위에 대하여 과징금을 부과하는 경우에도 고발 등의 조치를 면제할 수는 없다.

② 조사의 방법으로 금융투자업자, 금융투자업 관계기관 또는 거래소에 대한 자료제출을 요구할 수 있다.

③ 정당한 사유 없이 출석요구에 2회 이상 불응하는 위법행위 혐의자에 대하여는 수사기관통보 이상으로 조치를 할 수 있다.

④ 당해 위법행위에 대한 충분한 증거가 확보되어 있고 다른 위법행위의 혐의가 발견되지 않는 경우에는 조사를 실시하지 않을 수 있다.

문제해설

과징금를 부과하는 경우에는 동일 위법행위에 대한 과태료 및 고발 등의 조치를 면제할 수 있다.

104

다음 중 조사결과 보고 및 처리안을 심의하기 위한 자문기구로서 증권선물위원회에 속하는 것은?

① 공정거래위원회

② 감리위원회

③ 불공정거래조사 · 심리기관협의회

④ 자본시장조사심의위원회

더 알아보기 증권선물위원회의 소관사무
- 자본시장의 불공정거래 조사
- 기업회계의 기준 및 회계관리에 관한 업무
- 금융위 소관사무 중 자본시장의 관리 · 감독 및 감시 등과 관련된 주요사항 사전심의
- 자본시장의 관리 · 감독 및 감시를 위하여 금융위로부터 위임받은 업무 등

문제해설

자본시장조사심의위원회는 조사결과 보고 및 처리안을 심의하기 위한 자문가구로서 증권선물위원회에 속해 있으며 조사한 결과에 대한 처리사항, 이의신청사항 및 직권재심사항을 심의한다.

105

불공정거래의 조치절차 중에 하나로 관계자를 고발 또는 수사기관에 통보조치를 하는 경우에 생략이 가능한 절차는?

① 사전통지
② 이의신청 및 결정
③ 조치고지
④ 의견제출

조치를 하는 경우에는 당사자 등에게 그 근거와 이유를 제시하여야 하며, 행정심판을 제기할 수 있는지 여부, 그 밖에 불복을 할 수 있는지 여부 등 필요한 사항을 알려주어야 한다. 다만, 관계자를 고발 또는 수사기관에 통보조치를 하는 경우에는 생략이 가능하다.

106

다음 투자매매업자 및 투자중개업자의 영업행위규칙에 관한 설명 중 옳은 것은?

① 투자매매업자 또는 투자중개업자는 투자자로부터 금융투자상품의 매매에 관한 주문을 받는 경우에는 사전 또는 사후에 그 투자자에게 자기가 투자매매업자인지 투자중개업자인지를 밝혀야 한다.
② 투자매매업자 또는 투자중개업자는 금융투자상품에 관한 같은 매매에 있어 자신이 본인이 됨과 동시에 상대방의 투자중개업자가 되어서는 안 된다.
③ 거래소집중의무는 투자매매업자와 관련된 의무이다.
④ 투자매매업자는 투자자로부터 그 투자매매 업자가 발행한 자기주식으로서 증권시장의 매매 수량단위 미만의 주식에 대하여 매도주문을 받은 경우에는 이를 증권시장 내에서 취득할 수 있다.

① 사전에 밝혀야 한다.
③ 거래소집중의무는 투자중개업자와 관련된 의무이다(투자중개업자는 투자자로부터 증권시장 또는 파생상품시장에서의 매매의 위탁을 받은 경우에는 반드시 증권시장 또는 파생상품시장을 통하여 매매가 이루어지도록 하여야 함).
④ 투자매매업자는 투자자로부터 그 투자매매업자가 발행한 자기주식으로서 증권시장의 매매 수량단위 미만의 주식에 대하여 매도주문을 받은 경우에는 이를 증권시장 밖에서 취득할 수 있다.

107

다음은 금융투자업자의 공통 영업행위규칙에 관한 설명이다. 가장 거리가 먼 내용은?

① 금융투자업자는 이해상충이 발생할 가능성이 있다고 인정되는 경우에는 이해상충이 발생할 가능성을 내부통제기준이 정하는 방법 및 절차에 따라 투자자 보호에 문제가 없는 수준으로 낮춘 후 매매, 그 밖의 거래를 하여야 한다.

② 금융투자업자는 그 이해상충이 발생할 가능성을 낮추는 것이 곤란하다고 판단되는 경우에는 매매, 그 밖의 거래를 해서는 안 된다.

③ 이해상충발생 가능성이 있는 경우 임원 및 직원을 겸직하게 하는 행위나 사무공간 또는 전산설비를 공동으로 이용하는 행위를 해서는 안 된다.

④ 집합투자업자는 그 상호 중에 "신탁"이라는 문자 또는 이와 같은 의미를 가지는 외국어 문자를 사용할 수 없다.

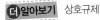 상호규제

금융투자업자가 아닌 자가 금융투자업자로 오인될 수 있는 문자를 상호에 사용하는 것을 금지하며, 해당 문자와 비슷한 의미를 가지는 외국어 문자 및 한글표기도 사용금지 된다.

대상	사용금지 문자
금융투자업자가 아닌 자	금융투자
증권 대상 투자매매업자 및 투자중개업자가 아닌 자	증권
파생상품 대상 투자매매업자 및 투자중개업자가 아닌 자	파생, 선물
집합투자업자가 아닌 자	집합투자, 투자신탁, 자산운용
투자자문업자가 아닌 자	투자자문(부동산투자회법에 따른 부동산 투자자문화사는 사용 가능)
투자일임업자가 아닌 자	투자일임
신탁업자가 아닌 자	신탁

법 제38조 제7항 : 신탁업자가 아닌 자는 그 상호 중에 "신탁"이라는 문자 또는 이와 같은 의미를 가지는 외국어 문자로서 대통령령으로 정하는 문자를 사용하여서는 아니 된다. 다만, 집합투자업자 또는 제7조 제5항에 따른 업을 영위하는 자는 그 상호 중에 "신탁"이라는 문자 또는 이와 같은 의미를 가지는 외국어 문자로서 대통령령으로 정하는 문자를 사용할 수 있다.

4과목

파생상품법규

108

장외거래규제에 대한 설명으로 가장 거리가 먼 것은?

① 장외거래규제는 장외파생상품에 대한 규제이다.
② 장외파생상품의 매매 및 그 중개·주선 또는 대리의 상대방이 일반투자자인 경우에는 그 일반투자자가 위험회피 목적의 거래를 하는 경우에 한해 매매나 중개를 할 수 있다.
③ 영업용순자본이 총위험액의 2배에 미달하는 경우에는 그 미달상태가 해소될 때까지 새로운 장외파생상품의 매매를 중지하고, 미종결거래의 정리나 위험회피에 관련된 업무만을 수행해야 한다.
④ 장외파생상품의 매매를 할 때마다 금융위원회의 승인을 받아야 한다.

문제해설

장외파생상품의 매매를 할 때마다 파생상품업무책임자의 승인을 받아야 한다.

109

내부자거래규제와 관련된 설명으로 거리가 먼 것은?

① 주권상장법인의 임직원 또는 주요주주가 특정증권 등을 6개월 내에 단기 매매하여 이득이 발생하는 경우 그 법인은 그 임직원 또는 주요주주에게 단기매매차익을 법인에게 반환할 것을 청구할 수 있다.
② 단기매매차익반환 대상인 임원에는 이사, 감사, 업무집행지시자 등이 있다.
③ 주요주주는 매도·매수한 시기 중 어느 한 시기에만 주요주주이면 된다.
④ 직원은 미공개중요정보를 알 수 있는 자를 말한다.

문제해설

주요주주는 매도·매수한 시기 중 어느 한 시기에 주요주주 아닌 경우는 제외된다.

 더알아보기 내부자의 단기매매차익 반환대상자
• 주권상장법인의 주요주주
• 임원(업무집행지시자 포함)
• 직원(미공개중요정보를 알 수 있는 자로 인정한 자)

110

적기시정조치의 내용으로 가장 거리가 먼 것은?

① 경영개선권고는 영업용순자본비율이 150% 미만인 경우에 내려지며, 경비절감, 인력 및 조직운용의 개선, 특별대손충당금 설정 등의 경영개선조치가 필요하다.

② 경영개선요구는 영업용순자본비율이 120% 미만인 경우에 내려지며, 점포폐쇄, 조직의 축소, 영업의 일부정지 등이 필요하다.

③ 경영개선명령은 영업용순자본비율이 100% 미만인 경우에 행해지며, 자회사의 정리, 영업전부 또는 일부의 양도, 임원의 직무집행정지, 주식의 소각 등이 필요하다.

④ 금융투자업자는 순자본비율이 100%에 미달하게 되는 경우 지체 없이 금융감독원장에게 보고해야 한다.

문제해설

자회사의 정리는 경영개선요구에서 필요한 조치이다.

111

불공정거래의 조사와 관련된 사항으로 거리가 먼 것은?

① 조치권자는 원칙적으로 금융위원회이다.

② 수사당국이 수사 중인 사안으로 즉시 통보가 필요한 사항은 증권선물위원장 단독으로 조사가 가능하다.

③ 고발 등의 조치 시 동일 위법행위에 대한 과징금 및 과태료 부과 면제가 가능하다.

④ 종전에 따라 조치를 받은 사실이 있다는 사유만으로 조치를 가중할 수 없다.

문제해설

④는 조치가중사유에 해당한다. 그 외에도 정당한 사유 없이 2회 이상 불응하는 위법행위 혐의자에 대하여는 수사기관통보 이상으로 조치가 가능하다.

2장 한국금융투자협회규정

001

다음 중 일반투자자에 대한 투자권유에 대한 사항으로 가장 옳은 것은?

① 투자자정보를 제공하지 않은 일반투자자에게는 금융투자상품의 매매나 거래를 권유해서는 안 된다.

② 투자권유 시 설명서는 고객의 거부의사와 관계없이 반드시 교부하여야 한다.

③ 금융투자회사는 협회가 정한 "투자설명서" 예시를 참고하여 고객정보 파악 양식으로 사용할 수 있다.

④ 금융투자회사는 일반투자자에 대한 투자권유를 하기 전에 투자목적 등 고객정보를 직접 대면하여 파악하여야 한다.

문제해설

② 고객이 서명 또는 기명날인으로 거부하는 경우 설명서를 교부하지 않을 수 있다

③ 고객의 정보파악 양식으로 사용할 수 있는 것은 "일반투자자 정보확인서"이다.

④ 녹취나 전자우편 등의 방법도 가능하다.

002

다음 중 조사분석자료에 대한 설명으로 옳은 것은?

① 금융투자분석사는 자신의 금융투자상품 매매내역을 분기별로 회사에 보고하면 된다.

② 금융투자회사는 자신이 발행한 주식을 기초자산으로 하는 주식워런트증권에 대해서는 조사분석자료를 공표할 수 없다.

③ 소속회사가 발행주식총수의 100분의 5 이상의 주식 등을 보유하고 있는 법인에 대해서는 조사분석자료 공표 시 그 이해관계를 고지하여야 한다.

④ 소속회사에서 조사분석자료를 공표하는 경우 금융투자분석사는 자신이 분석을 담당하는 업종이 아니더라도 공표일부터 7일간은 해당 종목을 매매할 수 없다.

문제해설

① 매월 보고하여야 한다.

③ 자신이 발행주식총수의 100분의 1 이상의 주식 등을 보유하고 있는 법인은 회사와의 이해관계를 조사분석자료에 명시하여야 한다. 100분의 5 이상의 주식 등을 보유 또는 소유하고 있는 법인은 조사분석자표를 공표할 수 없다.

④ 자신이 담당하는 업종이 아닐 경우에는 매매는 할 수 있으나 공표일로부터 7일간 같은 방향으로 매매하여야 한다.

003

다음 중 파생상품 및 파생결합증권의 투자권유 시 고려해야 할 사항으로 거리가 먼 것은?

① 금융투자업자는 파생상품 등의 투자권유 시, 투자목적·경험 등을 고려하여 일반투자자 등급별로 차등화된 투자권유준칙을 마련해야 한다.

② 주권상장법인은 일반투자자로 분류해달라는 의사를 서면으로 금융투자회사에 통지하지 않는 한 전문투자자로 간주되기 때문에 금융투자회사와 위험회피 목적 이외의 장외파생상품거래를 함에 있어 아무런 제약이 없다.

③ 공모로 발행된 파생결합증권을 일반투자자에게 청약을 권유할 경우 핵심설명서를 교부하여야 한다.

④ 원금이 보장되지 않는 파생결합증권은 만기 전(또는 최종환매청구일 전)에 원금손실요건이 발생하면 해당 사실을 고객에게 알려야 한다.

004

다음의 투자설명서와 핵심설명서에 대한 사항으로 옳은 것은?

① 일반투자자를 대상으로 투자권유를 하는 경우에는 투자설명서를 교부한 후, 고객이 이해할 수 있도록 설명하고 고객이 이해하였음을 서명 등의 방법으로 확인받아야 한다.

② 핵심설명서에 설명한 임직원 실명만 기입하여 교부하면 설명의무를 다한 것으로 본다.

③ 금융투자회사는 협회의 투자설명서 표준양식을 준수하여 사용해야 한다.

④ 모든 파생결합증권의 투자권유시와 신용융자거래에 대하여도 핵심설명서를 투자자에게 추가로 교부해야 한다.

005

파생결합증권(ELS 및 DLS)의 경우 일반투자자에게 만기 전(또는 최종 환매청구일 전)에 손실요건이 발생한 경우 지체 없이 알려야할 사항에 해당하지 <u>않는</u> 것은?

① 원금손실조건에 해당되었다는 사실

② 환매청구방법, 환매청구기한 및 환매수수료 등

③ 조기상환조건 및 조기상환 시 예상수익률

④ 이자율, 환율, 신용위험지표, 실물자산 등 기초자산의 내재가치와 변동성

문제해설

일반투자자에게 만기 전(또는 최종 환매청구일 전)에 손실요건이 발생한 경우 원금손실조건에 해당되었다는 사실, 조기상환조건 및 조기상환 시 예상수익율, 환매청구방법, 환매청구기한 및 환매수수료 등의 사항을 지체 없이 알려서 중도 환매의 기회를 주기 위함이다.

006

다음이 설명하는 금융투자상품의 매매방법은?

> 투자자 자신의 판단을 배제하고 사전에 내장된 일련의 조건에 의하여 금융투자상품 매매종목, 매매시점 또는 매매호가에 대한 의사결정 정보를 제공하거나 이에 의하여 자동매매주문을 내는 전산 소프트웨어에 의하여 금융투자상품을 매매하는 투자방법

① 홈트레이딩 시스템거래   ② 과당매매

③ 시스템매매   ④ 일중매매거래

문제해설

시스템매매에 대한 설명이디. 일반투자자가 시스템매매 프로그램에 의한 매매거래틀 신청하는 경우 유의사항을 고지해야 하며, 회사가 정한 시스템매매 위험고지서를 교부하고 충분히 설명한 후 서명 또는 기명날인을 받아야 한다.

007

고객의 연령, 투자가능기간, 투자경험, 금융투자상품에 대한 지식수준, 수입현황, 위험선호도 등에 관한 정보를 투자권유를 하기 전에 일반투자자에게 파악·제공해야 하는 것은?

① 일반고객 투자목적기재서   ② 투자설명서

③ 핵심설명서   ④ 투자정보 확인서

문제해설

금융투자회사 자율적으로 투자정보확인서를 제정하여 사용할 수 있고, 확인한 투자자정보의 내용은 해당 일반투자자에게 지체 없이 제공하여야 하며, 10년 이상 보관하여야 한다.

008

다음 중 "파생상품 등"에 포함되지 않는 금융투자상품은?

① 파생결합증권   ② 집합투자증권

③ 파생상품 집합투자증권   ④ 파생상품

"파생상품 등"은 파생상품, 파생결합증권, 파생상품 집합투자증권, 파생결합증권을 편입하는 파생상품 집합투자증권을 말한다.

009

"파생상품 집합투자증권"은 파생상품 위험평가액이 몇 % 이상인 집합투자증권과 파생 결합증권이 편입된 집합투자증권인가?

① 10%   ② 15%

③ 20%   ④ 25%

"파생상품 집합투자증권"은 파생상품의 매매에 따른 위험평가액이 집합투자기구자산총액의 10% 이상인 집합투자증권과 파생결합증권이 편입된 집합투자기구의 집합투자증권이다.

010

다음 중 증권 (펀드 및 파생상품 등은 제외)의 거래, 투자자문계약·투자일임계약 또는 신탁계약의 체결을 권유할 수 있는 투자권유대행인은?

① 펀드투자권유대행인   ② 파생상품투자권유자문인력

③ 투자자산운용사   ④ 증권투자권유대행인

더 알아보기 투자권유대행인의 구분
- 펀드투자권유대행인 : 펀드의 매매를 권유하거나 투자자문계약, 투자일임계약 또는 신탁계약의 체결을 권유하는 자
- 증권투자권유대행인 : 증권 및 MMF의 집합투자증권의 매매를 권유하거나 투자자문계약, 투자일임계약 또는 신탁계약의 체결을 권유하는 자

증권투자권유대행인에 대한 설명이다. 투자권유대행인은 금융투자회사의 임직원이 아닌 자로서 금융투자회사의 계약에 의하여 투자권유업무를 위탁받은 개인을 말하는데, 법에서는 파생상품 등에 대해서는 투자권유를 위탁할 수 없도록 하고 있다.

011

다음 중 전문투자자에 대한 설명으로 가장 거리가 먼 것은?

① 금융투자상품 잔고가 50억 원 이상인 법인은 협회에 전문투자자로서의 지정을 신청할 수 있다.

② 일반투자자가 위험회피목적 이외의 장외파생상품 거래를 하기 위해서는 전문투자자가 되어야 가능하다.

③ 국가, 한국산업은행, 보험회사 등은 일반투자자로 전환될 수 없다.

④ 전문투자자로 한번 지정이 되면 2년간 모든 금융투자회사에서 전문투자자로서 대우를 받을 수 있다.

금융투자상품 잔고가 100억 원 이상인 법인은 협회에 전문투자자로서의 지정을 신청할 수 있다.

 일반투자자에서 전환된 전문투자자
- 금융투자상품 잔고가 100억 원 이상인 일반투자자로서 협회에서 전문투자자로서 지정이 된 법인 또는 단체
- 금융투자상품 잔고가 50억 원 이상이고 금융투자업자에 계좌를 개설한 날부터 1년이 지난 일반투자자로서 협회에서 전문투자자로 지정이 된 개인

012

다음 중 조사분석자료에 대한 사항으로 가장 거리가 먼 것은?

① 금융투자회사는 내부기준에 따른 승인절차 없이는 제3자에게 조사분석자료를 제공할 수 없다.

② 대표주관업무를 수행한 회사는 해당 법인에 대하여 최초 거래일로부터 1년간 2회 이상의 조사분석자료를 무료로 공표해야 한다.

③ 금융투자회사는 자신이 발행한 금융투자상품에 대해서는 조사분석자료를 공표해서는 안 된다.

④ 금융투자회사는 증권시장에 주권을 최초로 상장하기 위하여 대표주관업무를 수행한 경우 예외 없이 조사분석자료를 공표해야 한다.

조사분석자료 공표 제한사유에 해당하거나 불가피한 경우에는 해당 사유에 해당하는 기간 동안은 조사분석자료를 공표하지 않아도 된다.

013

다음 ( ) 안에 들어갈 적절한 수치가 순서대로 짝지어진 것은?

> 금융투자분석사는 소속 금융투자회사에서 조사분석자료를 공표한 금융투자상품을 매매하는 경우에는 공표 후 (㉠)시간이 경과하여야 하며, 해당 금융투자상품의 공표일로부터 (㉡)일 동안은 공표한 투자의견과 같은 방향으로 매매하여야 한다.

	㉠	㉡
①	24	10
②	24	7
③	36	5
④	36	12

문제해설

협회규정에는 금융투자분석사 24시간 매매거래 제한의무는 금융투자분석사로만 한정되어 있지만 회사의 내부기준으로는 금융투자분석사 이외에도 리서치담당부서 내 근무직원에 대하여도 동일한 기준을 적용하여야 바람직할 것이다.

014

다음의 금융투자분석사의 매매거래 제한에 관한 사항으로 거리가 먼 것은?

① 금융투자분석사가 되기 이전에 취득한 금융투자상품은 처분할 수 있다.
② 금융투자분석사는 이해상충 문제로 인해 금융투자상품 매매거래내역을 분기 별로 보고하여야 한다.
③ 자본시장법 제71조에서는 실제 자료를 작성한 금융투자분석사에 대한 매매 제한규정은 없다.
④ 협회 규정에서는 이해상충 문제에 대한 개인의 매매거래 제한 및 이해관계 고지의무를 두고 있다.

문제해설

일반적인 금융투자회사 임직원은 금융투자상품 매매거래내역을 분기별로 회사에 보고하면 되지만, 금융투자분석사는 매월 보고하도록 하고 있다.

더알아보기 금융투자분석사가 예외적으로 주식 등을 매매할 수 있는 경우
- 금융투자분석사가 되기 이전에 취득한 금융투자상품을 처분하는 경우
- 주식매수선택권의 행사로 주식을 취득하거나 취득한 주식을 처분하는 경우
- 상속, 증여·유증, 담보권의 행사, 그 밖에 대물변제의 수령 등으로 취득한 금융투자상품을 처분하는 경우
- 우리사주조합원의 자격으로 우리사주조합을 통하여 주식을 취득하거나 취득한 주식을 처분하는 경우
- 위 경우에 따라 취득한 금융투자상품에 대한 권리행사로 금융투자상품을 취득하거나 취득한 금융투자상품을 처분하는 경우

정답 011 ① | 012 ④ | 013 ② | 014 ②

015

다음 중 금융투자회사의 투자광고에 대한 설명으로 가장 거리가 먼 것은?

① 단순한 이미지 광고나 지점광고 등 일부의 경우 협회 심사절차를 거치지 않고 준법감시인의 사전승인만 받으면 투자광고가 가능하다.
② 금융투자회사의 경영실태평가결과와 영업용순자본비율 등에 대해 다른 금융투자회사와 비교하여 광고할 수 없다.
③ MMF에 대한 운용실적을 광고에 사용할 경우 최근 1개월 이상의 실현수익률을 사용한다면 TV, 라디오 등의 방송매체를 이용할 수 있다.
④ 약식광고의 경우에는 형식·매체의 특성상 많은 내용을 담기 어렵기 때문에 투자광고 시 의무적으로 포함하여야 할 내용의 적용이 면제된다.

문제해설

MMF는 TV, 라디오 등의 방송매체를 통하여 수익률 광고를 할 수 없다.

016

다음 중 금융투자상품의 투자광고 시 의무적으로 표시하여야할 사항으로 거리가 먼 것은?

① 해당 상품의 투자에 따른 위험
② 수수료에 관한 사항
③ 통계수치를 인용한 경우 해당 자료의 출처
④ 환매신청 후 환매금액의 수령이 가능한 구체적인 시기

문제해설

환매신청 후 환매금액의 수령이 가능한 구체적인 시기는 펀드 투자광고시 의무표시 사항에 해당한다.

 알아보기 투자광고 시 일반적 표시사항
- 금융투자업자의 명칭
- 금융투자상품의 내용
- 투자에 따른 위험
- 수수료에 관한 사항
- 회사로부터 설명을 듣고서 투자할 것을 권고하는 내용
- 통계수치나 도표 등을 인용하는 경우 해당 자료의 출처
- 최소비용을 표기하는 경우 그 최대비용과 최대수익을 표기하는 경우 그 최소수익
- 과거의 재무상태 또는 영업실적을 표기하는 경우 투자광고 시점 및 미래에는 이와 다를 수 있다는 내용 등

017

다음 중 홈쇼핑을 통하여 투자광고를 하는 경우 준수하여야 할 사항으로 거리가 <u>먼</u> 것은?

① 위험고지사항을 총 광고시간의 3분의 1 이상의 시간 동안 안내자막 또는 안내음성을 통해 고지할 것
② 운용실적이나 수익률 등에 관한 사항은 포함하지 말 것
③ 금융투자상품에 관한 설명은 해당 금융투자상품 전문 쇼핑호스트가 직접할 것
④ 녹화방송의 형태로 제작 · 집행할 것

문제해설

금융투자상품 및 금융투자업에 관한 설명은 해당 금융투자상품 또는 금융투자업과 관련된 자격을 보유하고 있는 해당 금융투자회사의 임직원이 직접하여야 한다.

018

다음 중 자신이 운용하거나 판매하는 집합투자기구와 다른 금융투자회사가 운용하거나 판매하는 집합투자기구 또는 집합투자기구의 유형별 운용실적을 비교하는 투자광고에 있어서 준수하여야 할 사항으로 적절하지 <u>않은</u> 것은?

① 운용실적 순위는 기준일부터 소급하여 최근 2년간의 수익률을 올림차순으로 산정하여 나온 순위를 인용할 것
② 동일한 집합투자기구평가회사(펀드평가회사)의 평가자료를 사용할 것
③ 비교대상이 동일한 유형의 집합투자기구일 것
④ 운용실적 비교대상기간을 기준일부터 소급하여 연단위로 2기간 이상으로 표시할 것

운용실적 순위는 기준일부터 소급하여 최근 1년간의 수익률을 내림차순(상위 50% 이내에 한함)으로 산정하여 나온 순위를 인용하여야 한다.

019

협회의 투자광고 심의에 관한 내용으로 가장 거리가 먼 것은?

① 집합투자기구에 관한 투자광고물 중 전단지를 제외한 지점 또는 영업소가 자체 제작하여 행하는 투자광고는 준법감시인의 사전승인만으로 투자광고가 가능하다.

② 재심사는 감사위원회에서 심사하며, 그 심사결과에 대해서는 다시 재심사를 청구할 수 있다.

③ 투자광고를 하고자 하는 경우 준법감시인의 사전승인을 거친 후 협회에 심사를 청구하여야 한다.

④ 협회의 투자광고 심사결과에 이의가 있는 경우 심사결과 통보서를 받은 날부터 7영업일 이내에 협회에 재심사를 청구할 수 있다.

문제해설

재심사는 자율규제위원회에서 심사하도록 되어 있으며, 자율규제위원회의 심사결과에 대하여는 다시 재심사를 청구할 수 없다.

020

다음의 금융투자회사와 그 임직원이 업무와 관련하여 투자자 또는 거래상대방에게 재산상 이익의 제공과 수령에 관련된 내용 중 옳지 않은 것은?

① 거래상대방에게 재산상 이익을 제공하거나 제공받고자 하는 경우 부득이한 사유로 사전보고가 곤란한 경우에는 사후에 보고할 수 있다.

② 선물·옵션매매를 위한 계좌개설을 권유하면서 그 금액이 10만 원 이하이면 백화점 상품권을 제공할 수 있다.

③ 애·경사 등과 관련한 20만 원 이하의 경조비 및 조화·화환은 재산상 이익의 제공으로 보지 않는다.

④ 경제적 가치 3만 원 이하의 경품류 또는 식사의 경우에는 재산상 이익의 제공으로 보지 않을 수 있다.

문제해설

백화점 상품권은 금전등가물이므로 계좌개설과 관련하여 제공할 수 없다.

더 알아보기 재산상 이익의 제공한도
- 1회당 한도 : 최대 20만 원
- 연간(또는 동일 회계연도) 한도 : 100만 원

021

금융투자회사 및 그 임직원의 부당한 재산상 이익의 제공 및 수령 금지에 해당하지 않는 사항은?

① 거래상대방에게 금전, 공연관람권, 도서구입비 등을 제공하는 경우
② 재산상 이익의 제공 또는 수령이 비정상적인 조건의 금융투자상품 매매거래, 투자자문계약 등의 방법으로 이루어지는 경우
③ 경제적 가치의 크기가 일반인이 통상적으로 이해하는 수준을 초과하는 경우
④ 재산상 이익의 내용이 사회적 상규에 반하거나 거래상대방의 공정한 업무수행을 저해하는 경우

문제해설

사용범위가 도서 또는 음반구입 등 문화활동으로 한정된 상품권을 제공하는 경우에는 제외된다.

022

다음 중 금융투자회사의 직원채용과 복무기준에 관한 내용으로 가장 거리가 먼 것은?

① 직원채용 및 복무기준은 모든 금융투자회사의 직원에 대하여 적용한다.
② 다른 금융투자회사와의 근로계약관계가 종료되지 않은 자는 채용해서는 안 된다.
③ 금융투자회사의 임직원이 고의 또는 과실로 업무상 장애 또는 분쟁을 야기한 경우에는 제재의 대상이 된다.
④ 금융투자회사는 직원채용 시 금융투자전문인력과 자격시험에 관한 규정에 따른 금융투자전문인력 자격시험응시 제한기간 또는 금융투자전문인력 등록거부기간 경과 여부를 채용결정 전에 협회에 조회하여야 한다.

문제해설

직원채용 및 복무기준은 겸영금융투자회사를 제외한 금융투자사회의 직원에 대하여 적용된다.

023

다음 중 징계내역 보고 및 열람에 관한 사항으로 거리가 먼 것은?

① 투자자가 자신의 계좌 또는 자산을 관리하는 직원의 징계내역 열람을 서면으로 신청하는 경우, 회사는 지체 없이 해당 직원의 동의서를 첨부하여 협회에 징계내역 열람신청을 하여야 한다.

② 겸영금융투자회사, 일반사무관리회사, 집합투자기구평가회사 및 채권평가회사도 금융투자전문인력 인 임직원에 대하여 징계처분을 부과하는 경우 그 징계처분 내역을 협회에 보고하여야 한다.

③ 협회는 징계내역 열람신청 시 해당 직원의 책임의 종류가 지시자, 행위자, 공모자, 적극 가담자, 단순 가담자인 징계에 대하여 해당 금융투자회사에게 통보한다.

④ 금융투자회사는 투자자가 신규로 계좌를 개설할 경우 "징계내역 열람제도 이용안내"를 교부한다.

문제해설

해당 직원의 책임의 종류가 단순 가담자인 경우에는 징계내역이 통보되지 않는다.

024

다음 중 금융투자회사의 투자자 계좌관리 및 예탁금이용료 등에 관한 사항으로 거리가 먼 것은?

① 금융투자회사는 투자자예탁금이용료 지급기준을 변경하고자 하는 경우 투자자에게 사전에 서면으로 통지하거나 인터넷 홈페이지 등에 공시하여야 한다.

② 장내파생상품거래예수금 중 현금위탁증거금은 고객예탁금이용료 지급에서 제외가 가능하다.

③ 계좌폐쇄일 이후 6개월 경과 시 해당 계좌번호를 새로운 투자자에게 부여할 수 있다.

④ 한번 통합계좌로 분류된 계좌는 투자자의 요청이 있더라도 통합계좌에서 해제되지 않는다.

문제해설

고객의 요청이 있을 경우 본인확인 및 통합계좌 해제절차를 거친 후 처리한다.

025

다음 중 투자광고의 유효기간에 대한 설명으로 거리가 먼 것은?

① 인터넷 배너, 라디오 등의 방송을 이용한 광고나 옥외광고물은 심사필
의 표시를 생략할 수 있다.

② 투자광고에 포함된 운용실적 또는 수익률이 동일한 기간으로 산출한
것과 차이가 나는 경우에는 해당 변동이 발생한 날의 다음 날부터 투
자광고를 사용해서는 안 된다.

③ 집합투자기구의 등급 또는 순위가 달라진 경우에는 투자광고를 사용
해서는 안 된다.

④ 협회로부터 적격통보를 받고 유효기간이 경과하지 않은 투자광고에
대하여는 유효기간 만료일 5영업일 전까지 유효기간 연장신청을 하면
광고의 재사용이 가능하다.

 투자광고의 유효기간
- 운용실적, 수수료, 수익률 등 변동 가능한 계량적 수치가 포함되어 있는
투자광고의 경우 : 기준일로부터 3개월
- 그 밖의 투자광고의 경우 : 1년

026

신상품 보호와 관련한 설명으로 거리가 먼 것은?

① 국내외에서 이미 공지되었거나 판매된 적이 없는 금융투자상품이 대
상이 된다.

② 심의신청 후 효력이 있는 날로부터 15영업일 이내에 심의위원회를 소
집한다.

③ 심의위원회의 배타적 사용권 부여결정에 이의가 있는 금융투자회사는
협회의 통지일로부터 6영업일 이내에 이의신청이 가능하다.

④ 심의위원회의 배타적 사용권에 대해 이의신청이 있는 경우 협회의 통
지일로부터 10영업일 이내에 심의한다.

027

다음 자율규제기관에 대한 설명에서 (   ) 안에 들어갈 내용으로 바른 것은?

> 자본시장에 있어서 대표적인 자율규제기관으로 (㉠)는 금융투자회사의 업무 및 영업행위에 대한 자율규제, (㉡)는 시장운영 및 시장감시 부문에 대한 자율규제업무를 수행한다.

	㉠	㉡
①	한국거래소	한국금융투자협회
②	증권선물협회	한국거래소
③	한국금융투자협회	한국거래소
④	한국거래소	증권선물협회

자본시장에 있어서 대표적 자율규제기관으로 한국금융투자협회와 한국거래소가 있으며 금융투자회사 및 시장운영과 시장감시의 각 부문에 대한 자율규제업무를 수행하고 있다.

028

다음 중 금융투자전문인력에 대한 설명으로 가장 거리가 먼 것은?

① 금융투자회사로부터 징계퇴직 처분을 받은 자는 처분일로부터 5년이 경과하면 다른 금융투자회사에 채용이 가능하다.
② 금융투자회사는 투자자 계좌의 잔액이 0이 된 날로부터 6개월이 경과한 경우에는 해당 계좌를 폐쇄할 수 있다.
③ 금융투자회사는 투자자의 현금 및 금융투자상품 등 예탁자산의 평가액이 10만 원 이하, 최근 6개월간 매매거래 및 입출고 등이 발생하지 않은 계좌는 다른 계좌와 통합하여 관리할 수 있다.
④ 증권투자권유대행인 시험에 합격한 후 등록교육을 이수하면 일반투자자를 대상으로 하여 파생결합증권에 대한 투자권유 또는 투자상담을 할 수 있다.

투자권유대행인은 파생상품 등에 대해서는 투자권유를 할 수 없다. 파생결합증권에 대한 투자권유나 상담을 위해서는 파생상품투자권유자문인력 자격을 갖추어야 한다.

029

다음의 금융기관 또는 임직원에 대한 제재대상에 해당하지 <u>않는</u> 것은?

① 횡령, 배임, 절도, 업무와 관련한 금품수수 등 범죄행위를 한 경우

② 금융시장의 급변으로 업무상 장애가 발생하여 손실을 발생한 경우

③ 금융관련 법규를 위반하거나 그 이행을 태만히 한 경우

④ 금융사고 등으로 금융기관의 공신력을 훼손하거나 사회적 물의를 일으킨 경우

 문제해설

고의 또는 과실로 업무상 장애 또는 분쟁을 야기한 경우 또는 금융기관의 건전한 경영 또는 영업을 저해하는 행위를 함으로써 경영악화를 초래하거나 당해 금융기관 또는 금융거래자의 이익을 해한 경우가 제재의 대상이 된다.

030

다음 중 금융투자회사의 약관에 대한 설명으로 가장 거리가 <u>먼</u> 것은?

① 금융투자회사는 협회가 정한 표준약관이 있는 경우에는 이를 우선적으로 사용해야 한다.

② 금융투자협회는 약관을 심사하여 접수일로부터 10영업일 이내에 해당 금융투자회사에 통보한다.

③ 약관내용 중 고객의 권리 또는 의무와 관련이 없는 사항을 변경하는 경우에는 협회에 보고할 필요가 없다.

④ 금융투자회사의 업무와 관련한 표준약관은 금융투자협회가 정한다.

 문제해설

약관내용 중 고객의 권리 또는 의무와 관련이 없는 사항을 변경하는 경우는 사후보고 사항으로 변경한 후 7일 이내에 협회에 보고하여야 한다.

> **더 알아보기** 협회 보고사항에 해당되는 경우
> 금융투자회사는 약관의 제정 및 변경이 다음 중 어느 하나에 해당하는 경우 약관을 제정 또는 변경한 후 7일 이내에 협회에 보고하여야 한다.
> • 약관내용 중 고객의 권리 또는 의무와 관련이 없는 사항을 변경하는 경우
> • 협회가 제정한 표준약관을 그대로 사용하는 경우
> • 제정 또는 변경하고자 하는 약관의 내용이 다른 금융투자회사가 이미 협회에 신고한 약관의 내용과 같은 경우
> • 전문투자자만을 대상으로 하는 약관을 제정 또는 변경하는 경우

031

다음 중 협회의 표준약관 그대로 사용하여야 하는 약관은?

① 파생상품계좌설정약관
② 외국 집합투자증권 매매거래에 관한 표준약관
③ 외화증권매매거래계좌설정약관
④ 해외파생상품거래계좌설정약관

문제해설

모든 표준약관을 다 수정하여 사용할 수 있지는 않고 "외국 집합투자증권 매매거래에 관한 표준약관"은 표준약관 그대로 사용하여야 한다.

032

다음 중 분쟁조정에 대한 내용으로 거리가 먼 것은?

① 분쟁조정의 신청을 하고자 하는 자는 대리인을 선임할 수 있고, 다수인이 공동으로 조정신청을 하는 경우 대표자를 선임힐 수 있다.
② 다수인이 공동으로 조정신청을 하는 대표자는 조정의 신청, 자료제출, 출석, 조정신청의 취하 등 조정에 관한 일체의 행위를 할 수 있다.
③ 분쟁조정위원회는 신청사건이 회부된 날로부터 30일 이내에 이를 심의하여 조정결정하여야 한다.
④ 분쟁조정위원회는 분쟁조정위원회 위원장 1인을 포함하여 15인 이내의 위원으로 구성된다.

문제해설

다수인이 공동으로 조정신청을 하는 대표자는 조정의 신청, 자료제출, 출석 등 소송에 관한 일체의 행위를 할 수 있으나, 조정신청의 취하, 피신청인과의 합의 또는 조정결정서의 수락·거부는 조정신청인 전원의 동의를 얻은 사실을 서면으로 증명하여야 할 수 있다.

033

다음의 분쟁조정위원회의 분쟁조정 절차 중 기준일로부터 30일 이내에 해야 하는 것이 아닌 것은?

① 재조정의 신청
② 조정결정
③ 조정의 성립
④ 위원회 회부

문제해설

조정은 당사자가 조정결정수락서에 기명날인한 후 이를 조정결정의 통지를 받은 날로부터 20일 이내에 협회에 제출함으로써 성립한다.

> **더 알아보기** 분쟁조정의 절차
> 위원회 회부 → 사실조사 → 조정결정 → 조정결정통지 → 조정의 성립 또는 재조정의 신청

034

다음 중 자율규제위원회에 관련된 내용으로 거리가 먼 것은?

① 회원에 대한 제재로 회원자격의 정지와 더불어 제재금을 부과할 수 있다.
② 회원의 자율규제와 관련된 업무규정의 제정 · 변경 및 폐지에 관한 사항을 결의할 수 있다.
③ 회원의 임원에 대해서는 해임, 6개월 이내의 업무집행정지, 경고, 견책, 주의의 제재를 할 수 있다.
④ 자율규제위원 6인 중 금융전문가를 3인 두어야 한다.

> **더 알아보기** 제재의 종류
> • 임원 : 해임, 6개월 이내의 업무집행정지, 경고 또는 주의
> • 직원 : 징계면직, 정직, 감봉, 견책, 주의

문제해설

회원의 임원에 대해서는 해임, 6개월 이내의 업무집행정지, 경고, 주의의 제재를 할 수 있다.

035

계좌관리에 관한 사항으로 옳은 것은?

① 예탁자산 평가액이 10만 원 이하이고 최근 6개월간 입출금 등 미발생 계좌는 다른 계좌와 구분하여 통합계좌로 별도 관리할 수 있다.
② 투자자가 계좌를 폐쇄할 것을 요청하는 경우에 한해서 폐쇄가 가능하다.
③ 통합계좌로 분류된 계좌의 투자자가 입출금 또는 매매거래의 재개를 요청할 경우 본인확인 후 바로 처리해 주어야 한다.
④ 계좌폐쇄된 계좌번호를 새로운 투자자에게 부여할 수 없다.

문제해설

② 투자자의 요청 외에 계좌잔액이 0인 경우에도 가능하다.
③ 본인확인 및 통합계좌 해제절차를 거친 뒤 처리해야 한다.
④ 계좌폐쇄일부터 6개월 경과 시 새로운 투자자에게 부여가 가능하다.

036

금융투자협회의 규정에 관한 설명으로 가장 거리가 먼 것은?

① 금융투자회사의 명의로 공표되는 것으로 특정 금융투자상품의 가치에 대한 주장이나 예측을 담고 있는 자료를 조사분석 자료라고 한다.
② 투자광고를 하기 위해서는 이사회의 사전결의를 거쳐야 한다.
③ 재산상 이익의 제공한도는 1회당 최대 20만원이다.
④ 금융투자회사는 현금 및 금융투자상품 등 예탁자산의 평가액이 10만 원 이하이고 최근 6개월간 투자자의 매매거래 및 입출금 · 입출고 등이 발생하지 않은 계좌는 다른 계좌와 구분하여 통합계좌로 별도 관리해야 한다.

문제해설

투자광고를 하기 위해서는 준법감시인의 사전승인을 거쳐야 한다.

3장 한국거래소규정

001

다음 중 한국거래소에 대한 설명으로 가장 거리가 먼 것은?

① 한국거래소는 자본시장 및 금융투자업에 관한 법률에서 정하고 있는 장내파생상품을 취급할 수 있는 국내 유일의 파생상품거래소이다.

② 한국거래소의 회원은 참가할 수 있는 시장의 종류에 따라 증권회원과 파생상품 회원으로 구분된다.

③ 2014년 12월 현재 거래소 파생상품시장에서는 CID금리선물, 코스닥 50선물 · 옵션, 3년국채선물옵션 등을 포함한 15개 상품이 거래되고 있다.

④ 한국 거래소는 유가증권시장본부, 코스닥시장본부, 파생상품시장본부의 3개 시장본부와 경영지원본부, 시장감시위원회로 구성되어 있다.

문제해설

일부 거래가 부진한 CD금리선물, 코스닥50선물 · 옵션, 3국채선물옵션 등이 상장폐지되어 2014년 12월 현재 거래소 파생상품시장에서는 17개 상품이 거래되고 있다.

002

다음 중 한국거래소 규정 및 시스템에 대한 사항으로 거리가 먼 것은?

① 매매체결시스템은 전달받은 주문의 적정성 여부를 판단한 후에 주문 유형별 체결원칙에 따라 처리된다.

② 한국거래소 파생상품시장은 전산시스템에 의해 매매체결, 결제가 이루어지고 있는 전산거래소이다.

③ 거래소의 파생상품시장과 관련한 규정은 거래소 정관, 선물시장업무규정, 선물시장수탁계약준칙, 회원관리규정, 시장감시규정 및 분쟁조정규정이 있다.

④ 거래소 정관의 변경은 금융위원회의 승인사항이다.

문제해설

거래소의 파생상품시장과 관련한 규정은 거래소 정관, 파생상품시장 업무규정, 회원관리규정, 시장감시규정 및 분쟁조정규정이 있다.

003

다음 중 참가할 수 있는 시장과 매매거래 가능한 금융투자상품의 범위에 따른 거래소의 회원에 속하지 <u>않는</u> 것은?

① 파생상품회원

② 주권기초파생상품전문회원

③ 지분증권전문회원

④ 채권전문거래회원

거래소의 회원은 참가할 수 있는 시장과 매매거래 가능한 금융투자상품의 범위에 따라 증권회원, 파생상품회원, 주권기초파생상품전문회원의 5가지 종류로 구분된다.

004

다음 중 주권기초파생상품전문회원이 거래할 수 <u>없는</u> 상품은 무엇인가?

① 스타지수선물

② 코스피200옵션

③ 5년국채선물

④ 섹터지수선물

주권기초파생상품전문회원은 주식관련 파생상품만을 거래할 수 있다. 코스피200선물, 코스피200옵션, 스타지수선물, 개별주식선물, 개별주식옵션 섹터지수선물, 코스피200변동성지수선물 등 7개 상품만 취급할 수 있다.

 거래소 회원의 구분

시장 구분	회원 구분	영업범위
증권시장	증권회원	증권 전체(주권, 채권, 수익증권 등)
	지분증권전문회원	지분증권(주권, 신주인수권 등)
	채무증권전문회원	채무증권(국채, 지방채, 특수채, 사채권 등)
	파생상품회원	파생상품(선물·옵션) 전체
파생상품시장	주권기초파생상품전문회원	주권을 기초로 한 파생상품

005

다음 중 한국거래소의 회원가입 시 결제회원만이 거래소에 납부(예탁)하는 자금은 무엇인가?

① 거래증거금

② 가입비

③ 회원보증금

④ 손해배상공동기금

한국거래소의 회원가입 시 이사회에서 결정한 가입비와 회원보증금을 납부하여야 하며, 결제회원의 경우에는 손해배상공동기금을 추가적으로 적립해야 한다.

006

다음 중 한국거래소 회원의 가입요건으로 거리가 먼 것은?

① 결제회원과 매매전문회원의 재무요건은 자기자본이 100억 원 이상이 어야 한다.

② 거래소 회원으로 가입하였다가 임의로 회원탈퇴한 자는 탈퇴일로부터 3년이 경과한 후에 거래소 회원으로 가입할 수 있다.

③ 회원으로서의 업무를 수행함에 있어 필요한 전문성과 건전성을 갖춘 인력을 충분히 보유해야 한다.

④ 전산설비 등의 시설이 업무를 원활하게 수행하는 데 적합하여야 한다.

문제해설

KRX 회원가입 시 재무요건은 결제 회원의 경우 자기자본이 100억 원 이상인데 반해 매매전문회원은 자 기자본요건의 적용을 받지 않는다.

 KRX 회원가입 시 재무요건

구분	결제회원	매매전문회원
자기자본	100억 원 이상	없음
영업용 순자본비율	100% 이상	100% 이상

007

다음 중 거래소의 위험관리수단에 대한 설명으로 거리가 먼 것은?

① 결제회원별로 최소 10억 원 이상 일평균 거래증거금의 비율에 따라 총 2,000억 원의 공동기금을 거래소에 적립한다.

② 거래소는 하루치 가격변동에 따른 손실을 추정하여 증거금을 징수한다.

③ 선물거래는 선도거래와 달리 정산가격을 기준으로 선물가격의 변동에 따른 손익을 매일 평가하여 수수함으로써 채무불이행위험의 크기를 1 일치로 제한한다.

④ 고객예탁금(현금)은 한국증권금융에, 고객예탁유가증권(대용증권)은 한국예탁결제원에 각각 분리 예탁한다.

문제해설

대부분의 외국거래소는 하루치 가 격변동에 따른 손실을 추정하여 증 거금을 징수하고 있으나, 거래소는 이틀치 가격변동에 따른 손실을 추 정하여 증거금을 징수하고 있다.

008

다음 (   ) 안에 들어갈 적절한 수치가 순서대로 나열된 것은?

> 회원은 회원가입요건과 재무요건을 유지하여야 하는데, 결제회원의 경우 자기자본 100억 이상과 영업용순자본비율 (㉠)% 이상, 매매전문회원의 경우 영업용순자본비율 (㉡)% 이상이 되도록 유지하여야 한다.

	㉠	㉡
①	150	100
②	180	150
③	120	100
④	180	120

문제해설

거래소 회원의 재무요건은 결제회원의 경우 금융투자업규정에 의해 영업용순자본비율이 180% 이상이고 자기자본 100억 원 이상을 보유하여야 하며, 매매전문회원은 영업용순자본 비율이 150% 이상이어야 한다(단, 2016년부터는 결제회원 및 매매전문회원의 영업용순자본비율이 100% 이상으로 변경될 예정임).

009

다음 거래소의 파생상품시장에서 거래되고 있는 선물스프레드 종목 중 종목 수가 가장 많은 것은?

① 스타지수선물   ② 미국달러선물

③ 3년국채선물   ④ 금선물

 거래소에서 거래되고 있는 선물스프레드의 종목
- 3년국채선물, 5년국채선물, 10년국채선물 : 1종목
- 스타지수선물 : 3종목
- 코스피200선물, 주식선물, 섹터지수선물, 금선물, 미니금선물 : 6종목
- 미국달러선물, 엔선물, 유로선물 : 7종목
- 돈육선물, 코스피200변동성지수선물 : 5종목

문제해설

거래소의 파생상품시장에서 거래되고 있는 선물스프레드 종목 중에서는 미국달러선물이 7종목으로 가장 많다.

4과목

파생상품법규

010

거래소의 파생상품시장에서 거래되고 있는 종목 중 2024년 6월을 기준으로 종목 표시가 <u>잘못된</u> 것은?

① 10년국채 SP 2406-2412
② 코스피200 SP 2406-2409
③ 돈육 SP 2406-2412
④ 코스피200 F 202406

문제해설

돈육선물의 결제월이 매월이기 때문에 돈육스프레드의 종목표시는 다음과 같다.
돈육 SP 2406-2407
돈육 SP 2406-2408
돈육 SP 2406-2409
돈육 SP 2406-2410
돈육 SP 2406-2411

011

다음 중 한국거래소에 상장된 파생상품거래에 대한 내용으로 가장 거리가 먼 것은?

① 코스피200옵션, 엔선물과 5년국채선물 중 최종거래일의 거래시간은 코스피200옵션이 가장 길다.
② 코스피200선물과 스타지수선물의 경우 가격이 지수(소수점 둘째자리까지)로 표시된다.
③ 코스피200옵션, 주식옵션과 미국달러옵션의 권리행사는 모두 최종거래일 08:45~15:20에만 신청 가능하다.
④ 주식상품의 최종거래일은 결제월 두 번째 목요일이며 당일이 휴장일인 경우 순차적으로 앞당긴다.

문제해설

권리행사는 최종거래일에만 가능하며 코스피200옵션과 주식옵션은 08:45~15:20, 미국달러옵션은 11:30~16:15에 권리행사를 신청할 수 있다.

012

다음 중 한국거래소에 상장된 파생상품거래에 대한 설명으로 옳은 것은?

① 스타지수선물, 금선물과 미국달러선물 중 상장 결제월종목수는 스타지수선물이 가장 많다.

② 코스피200옵션, 엔선물과 5년국채선물 중 최종거래일의 거래시간은 코스피200옵션이 가장 길다.

③ 코스피200선물과 5년국채선물 중 호가가격단위당 금액은 3년국채선물이 더 크다.

④ 미국달러선물, 엔선물, 유로선물, 미국달러옵션은 최종거래일에 실물인수도되는 상품들이 다.

최종거래일의 거래시간은 코스피 200옵션이 08:45~15:20, 엔선물과 5년국채선물이 9:00~11:30으로 코스피200옵션이 가장 길다.
① 결제월종목수는 스타지수선물 4종목, 금선물 7종목, 미국달러선물 8종목으로 미국달러선물이 가장 많다.
③ 호가가격단위당 금액은 코스피200선물이 12,500원, 5년국채선물이 1만 원으로 코스피200선물이 금액이 더 크다.
④ 미국달러옵션은 현금결제되는 상품이다.

013

다음 중 주식옵션에 관한 사항으로 가장 거리가 먼 것은?

① 결제월종목 신규상장 시에 행사가격은 ATM 1개, ITM 4개, OTM 4개씩 총 9개의 행사가격이 설정된다.

② 삼성전자, KB금융지주, 포스코, 한국전력공사, 현대자동차 등의 보통주 10종목이 주식옵션의 거래대상이다.

③ 권리행사유형은 유럽식을 따르고 있다.

④ 코스피200선물의 필요적 거래중단사유 발생으로 코스피200옵션이 거래중단되는 때에 주식옵션의 거래도 중단되며, 코스피200선물시장의 거래재개시에 즉시 거래를 재개한다.

코스피200옵션은 거래가 중단되더라도 주식옵션의 거래는 중단되지 않는다.

4과목

파생상품법규

014

3년국채선물에 관한 세부사항으로 가장 거리가 먼 것은?

① 최종거래 도래종목의 거래시간은 9시부터 11시 30분까지이다.
② 최종결제기준채권의 결제수익률은 최종거래일에 한국투자금융협회가 공시하는 11시의 수익률과 11시 30분에 공시된 수익률을 평균한 수익률이다.
③ 가격은 액면가 100원당 원화로 표시된다.
④ 거래대상은 만기 3년, 표면금리 5%의 6개월 단위 이자지급방식의 액면가 1억 원의 국고채권표준물이다.

문제해설

결제수익률은 한국투자금융협회가 10시, 10시 30분, 11시에 공시하는 수익률 중 가장 높은 것과 가장 낮은 것을 제외한 수익률과 11시 30분에 공시된 수익률을 평균한 수익률로 한다.

015

다음 중 한국거래소에 상장된 파생상품거래에 대한 세부사항으로 거리가 먼 것은?

① 미국달러선물의 호가가격단위는 0.1원이며, 종가 단일가호가접수시간에는 실시간 예상체결가격이 공표된다.
② 미국달러옵션은 거래개시일에 결제월별 각 ITM 3개, ATM 1개, OTM 3개 총 7개의 행사가격이 설정되어 있다.
③ 3년국채선물, 5년국채선물, 10년국채선물은 최종거래일이 결제월의 세 번째 화요일이며, 최종거래일의 다음 거래일이 최종결제일이 된다.
④ 3년국채선물의 거래시간은 9:00~15:45이며, 결제월종목수는 3, 6, 9, 12월 중 6개월 이내의 2개 결제월이 상장된다.

문제해설

미국달러선물의 종가 단일가호가접수시간에는 예상체결가격이 공표되지 않고 매수·매도별 총호가수량이 공표된다.

016

다음 중 파생상품시장에서 상장 거래되고 있는 일반상품에 대한 사항으로 거리가 먼 것은?

① 금선물은 1g당 원화로 돈육선물은 1kg당 원화로 가격이 표시된다.
② 금선물과 돈육선물의 최종결제방법은 인수도결제를 택하고 있다.
③ 금선물의 미결제약정 보유한도는 순미결제약정수량 기준으로 300계약이다.
④ 일반상품시장은 금융상품이 아닌 농축산물, 금속류 등의 일반상품을 기초자산으로 하는 선물상품으로 금선물과 미니금선물, 돈육선물이 거래되고 있다.

 미결제약정 보유한도
- **돈육선물** : 순미결제약정수량 3,000계약(최근월종목의 경우 최종거래일이 속한 월의 두 번째 목요일부터 최종거래일까지는 900계약)
- **금선물** : 순미결제약정수량 300계약
- **미니금선물** : 순미결제약정수량 3,000계약

- 금선물의 최종결제방법은 인수도결제로 최종결제수량에 대해 금괴와 최종결제대금을 수수한다(미니금선물은 현금결제).
- 돈육선물의 최종결제방법은 현금결제이며 당일의 정산가격과 최종결제가격의 차에 거래승수와 최종결제수량을 곱하여 산출되는 최종결제차금을 수수한다.

017

장내파생상품거래 중 최종거래일의 거래시간 종료 전 10분간 종가 결정을 위한 단일가격 경쟁거래를 위한 호가접수시간이 있는 거래는?

① 3년국채선물
② 코스피200옵션
③ 스타지수선물
④ 미국달러선물

통화상품(미국달러선물, 미국달러옵션, 엔선물, 유로선물)과 금선물은 최종거래일 장종료 전 10분간 종가 결정을 위한 단일가주문 접수시간을 두고 있으며, 이 둘을 제외한 최종거래일에 종가 단일가거래를 실시하지 않는다.

018

다음 중 거래소파생상품시스템에 호가입력 시 호가입력사항에 해당하지 않는 것은?

① 호가의 구분
② 위탁자명
③ 호가의 조건
④ 매수와 매도의 구분

위탁자명은 호가입력사항이 아니며, 위탁자명 대신에 계좌번호가 입력되어야 한다.

019

다음 중 선물스프레드거래에 대한 사항으로 가장 거리가 먼 것은?

① 선물스프레드거래는 기초자산이 동일한 선물거래에 대해서만 구성되며, 기초자산이 다른 경우에는 구성되지 않는다.
② 선물스프레드거래의 가격은 원월종목의 가격에서 근월종목의 가격을 뺀 가격으로 한다.
③ 금리상품의 경우 매수 선물스프레드거래는 원월물종목을 매수하고 근월물종목을 매도하는 스프레드 거래이다.
④ 선물스프레드거래는 지정가호가만 입력 가능하며 일부충족조건의 호가조건을 이용할 수 있다.

금리상품을 제외한 여타 선물상품의 경우 매수 선물스프레드거래는 원월물을 매수하고 근월물을 매도하는 거래이나, 금리상품의 경우 매수 선물스프레드거래는 근월물을 매수하고 원월물을 매도하는 거래이다.

020

코스피200선물거래에 대해 거래소에 접수된 호가의 상황이 다음과 같다. 최유리지정가호가로 15계약 매도주문이 제출되었을 경우 체결가격과 체결수량은 각각 얼마인가?

매도의 최유리지정가호가는 매수의 가장 높은 매수호가의 가격으로 호가가격을 지정하는 지정가와 동일하므로, 178.65P에 15계약의 매도호가를 제출한 것과 동일하여 178.65P에 8계약이 체결되고 나머지 7계약은 호가장에 대기한다.

매수	가격	매도
	178.85P	25
	178.80P	20
	178.75P	12
	178.70P	
8	178.65P	
10	178.60P	

① 178.75P 12계약
② 178.75P 12계약, 178.80P 3계약
③ 178.65P 8계약
④ 178.65P 8계약, 178.60P 7계약

021

다음 중 호가에 관한 사항으로 가장 거리가 먼 것은?

① 종가 단일가호가접수시간에는 시장가호가와 조건부지정가호가 간의 정정이 가능하다.

② 최유리 지정가호가는 호가한 수량의 전부 또는 일부를 변경할 수 있다.

③ 전량충족조건은 호가가 입력되는 즉시 호가수량의 전부가 체결되지 않으면 호가 전량을 취소하는 호가조건이다.

④ 지정가, 시장가, 조건부지정가, 최유리지정가로 구분된다.

 거래유형별 사용가능한 호가의 유형

호가의 유형	접속거래	시가 단일가	종가 단일가
시장가호가	○	○	○
지정가호가	○	○	○
조건부지정가호가	○	○	×
최유리지정가호가	○	×	×
선물스프레드호가	○	×	×

종가 단일가호가접수시간에는 시장가호가와 조건부지정가호가 간의 정정은 할 수 없다.

022

다음의 호가의 종류에 관한 설명 중 가장 거리가 먼 것은?

① 지정가호가는 종목, 수량, 가격을 지정하는 호가로서 가장 일반적이고 가장 많이 사용하는 호가이다.

② 일부충족조건과 전량충족조건은 지정가호가에만 사용할 수 있다.

③ 조건부지정가호가는 시장에 도달된 때에는 지정가호가로 거래되지만 종가 단일가거래 전까지 체결되지 않은 경우에는 종가 단일가거래 시 시장가호가로 전환되는 호가이다.

④ 시장가호가는 호가한 수량이 신속하게 체결되는 장점이 있으나 종목의 유동성이 부족한 경우에는 예상보다 불리한 가격으로 체결될 수 있다.

일부충족조건과 전량충족조건은 접속거래 시 지정가호가, 시장가호가, 최유리지정가호가에 사용할 수 있다.

023

다음 중 호가의 가격제한에 대한 설명으로 가장 거리가 먼 것은?

① 엔선물 및 유로선물의 가격제한폭은 기준가격±기준가격×5.25% 이다.

② 5년국채선물의 가격제한폭은 기준가격 대비 상하±1.8%이다.

③ 금선물의 가격제한폭은 기준가격 대비 상하±9%이다.

④ 개별주식옵션의 가격제한폭은 기초자산의 15% 가격변동을 적용하여 산출한 이론가격 중 가장 높은 가격과 가장 낮은 가격으로 한다.

개별주식옵션의 가격제한폭은 기초자산 기준가격 대비 ±18%에 해당하는 옵션 이론가격이다.

024

인수도결제방식에 의해 최종결제되는 상품의 단일가거래에 관한 사항으로 거리가 먼 것은?

① 종가 단일가호가접수시간에는 예상체결가격이 공표되지 않고 매수·매도별 총호가 수량이 공표된다.

② 최종거래일에 도래한 종목의 종가 단일가호가 접수시간은 15:05~15:15이다.

③ 시가 단일가호가접수시간에는 예상체결가격이 실시간으로 공표된다.

④ 최종거래일에 도래한 종목의 경우 최종거래일에 단일가거래로 거래를 종료한다.

종가 단일가호가접수시간은 11:20~11:30이다.

더 알아보기 최종결제되는 상품의 최종거래일 도래종목
- **현금결제방식** : 접속거래로 거래종료
- **인수도결제방식** : 단일가거래로 거래종료

025

회원이 1회 호가할 수 있는 최대 호가수량은 주식선물과 통화선물의 경우에는 몇 계약인가?

① 1,000계약   ② 2,500계약
③ 3,000계약   ④ 5,000계약

문제해설

회원이 1회 호가할 수 있는 최대 호가수량(호가한도수량)은 선물거래(주식선물, 통화선물 제외)의 경우에는 1,000계약이고, 주식선물과 통화선물의 경우에는 5,000계약이다.

026

다음의 상품 중 협의대량거래를 할 수 <u>없는</u> 것은?

① 유로선물   ② 미국달러선물
③ 스타지수선물   ④ 3년국채선물

문제해설

협의대량거래는 3년국채선물, 통화선물(미국달러선물, 엔선물, 유로선물), 코스피200선물 · 옵션, 미니금선물, 주식선물 · 옵션만 가능하다.

027

다음 중 주가지수상품의 필요적 거래중단이 발동될 수 있는 시간은?

① 14시 55분   ② 10시 35분
③ 9시 3분   ④ 15시 5분

문제해설

필요적 거래중단은 개장 후 5분 동안과 장 종료 40분 이전인 14시 50분 이후로는 발동되지 않는다.

 더 알아보기 필요적 거래중단시간
• 협회중개시장의 매매거래가 중단되는 경우 : 20분
• 선물거래의 체결가격이 급변하는 경우 : 5분

 정답 023 ④ | 024 ② | 025 ④ | 026 ③ | 027 ②

028

다음 중 협의대량거래를 신청할 수 있는 경우에 해당하는 것은?

① 전량충족조건의 호가에 의한 신청
② 시장조성계좌를 통한 신청
③ 회원파생상품시스템으로 거래소파생상품시스템에 입력을 통한 신청
④ 조건부지정가호가에 의한 신청

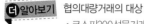 협의대량거래의 대상

- 코스피200선물거래
- 주식선물거래
- 3년국채선물거래
- 미니금선물거래
- 코스피200옵션거래
- 주식옵션거래
- 통화선물거래

시장조성계좌를 통한 신청, 일부충족조건 및 전량충족조건의 호가에 의한 신청, 시정가호가 이외의 호가에 의한 경우에는 협의대량거래를 신청할 수 없다.

029

다음의 코스피200선물의 거래중단에 대한 사항 중 거리가 먼 것은?

① 필요적 거래중단은 하루에 한 번만 발동된다. 다만, 선물가격급변의 사유로 인해 거래를 중단한 후 재개하여 거래하는 중에 다시 주식시장의 가격급변으로 주식시장의 거래중단시에는 다시 중단된다.
② 코스피지수가 직전 거래일의 종가보다 10% 이상 하락하여 1분간 지속되어 유가증권시장의 모든 종목이 거래가 종단되는 경우 20분간 거래가 중단된다.
③ 주식시장시스템에 10분 이상 장애가 발생하여 코스피200지수 구성종목 중 100종목 이상 매매거래를 할 수 없는 경우 코스피200선물의 거래를 중단한다.
④ 개장 5분 이후 전일 코스피200선물의 거래량이 가장 많은 종목의 약정가격이 기준가격보다 5% 이상 높은(낮은) 상태가 1분 이상 지속되고, 선물이론가격보다 5% 이상 높은(낮은) 상태가 1분 이상 지속하는 경우 10분간 거래가 중단된다.

기준가격보다 5% 이상 높으면(낮으면)서 선물이론가격보다 3% 이상 높은(낮은) 상태가 1분 이상 지속하는 경우에 5분간 거래가 중단된다.

030

다음 중 시장조성자에 대한 설명으로 가장 거리가 먼 것은?

① 시장조성자는 파생상품계좌를 이용하여 체결된 거래에 대해서는 50%의 거래증거금률을 적용한다.
② 시장조성상품에 대한 시장조성계약기간은 분기단위로 한다.
③ 신규 상장상품과 거래소가 지정한 유동성관리상품에 대하여 복수가격에 의한 개별경쟁거래시간 동안에만 시장조성이 적용된다.
④ 시장조성자는 투자매매업자이면서 거래소 파생상품회원 중 결제회원이어야 한다.

문제해설

시장조성자는 시장조성계좌를 이용하여야 하며, 해당 계좌에서 체결된 거래에 대해서는 거래증거금을 감면(거래증거금률의 80% 적용)한다.

031

다음 중 거래증거금에 대한 사항으로 가장 거리가 먼 것은?

① 거래소는 거래증거금으로 예탁된 현금 또는 외화를 거래소의 고유재산과 구분하여 결제회원별로 관리한다.
② 관리종목, 정리매매종목, 상장폐지신청에 따른 매매거래정지종목, 투자위험종목 등 환금이 제한되는 대용증권은 그 제한되는 기간 동안 대용증권의 효력을 인정하지 않을 수 있다.
③ 거래증거금으로 예탁할 수 있는 대용증권으로는 상장주식, 상장채권, 상장지수펀드(ETF), 채무증권과 유사한 수익증권과 모든 주가연계증권(ELS)이다.
④ 거래증거금은 현금으로 전액 예탁하여야 하나, 외화 또는 대용증권으로 전액 예탁할 수 있다.

문제해설

주가연계증권(ELS) 중, 유가증권시장에 상장된 주가연계증권만 대용증권으로 예탁이 가능하다.

032

다음의 파생상품시장의 상품의 기초자산 중 가격상관율(offset ratio)이 가장 낮은 기초자산군은?

① 미국달러, 엔, 유로

② 3년국고채권표준물, 5년국고채권표준물, 10년국고채권표준물

③ 코스피200, 스타지수

④ 기아자동차(주), 현대자동차(주)

문제해설

통화상품을 기초자산으로 하는 주가지수상품군은 가격상관율이 45%이다.

더 알아보기 파생상품시장 기초자산군의 가격상관율

상품군	기초자산군	가격상관율
주가지수상품군	코스피200, 스타지수	50%
통화상품군	미국달러, 엔, 유로	45%
국채상품군	3년국고채권표준물, 5년국고채권표준물, 10년국고채권표준물	50%
자동차제조업군	기아자동차(주), 현대자동차(주)	70%

033

금일 유로선물의 기초자산기준가격이 1,750원인 경우 유로선물의 거래증거금 산정을 위한 가장 낮은 증거금구간수치와 가장 높은 증거금구간수치는(단, 거래증거금률은 4%로 가정한다)?

① 1,697.5~1,802.5

② 1,680~1,820

③ 1,671.25~1,828.75

④ 1,680.0~1,820.0

문제해설

유로선물의 거래증거금률은 4%이므로 증거금구간은 기초자산기준가격 4%이다.

1,750 × 4% = 70

• 가장 낮은 구간수치 :
  1,750 − 70 = 1,680

• 가장 높은 구간수치 :
  1,750 + 70 = 1,820

034

다음의 상황에서 코스피200선물의 순위험거래증거금액을 산출하면?

- 코스피200 F 202409 매수 미결제약정 10계약
- 코스피200 F 202412 매도 미결제약정 2계약
- 당일의 코스피200 현물지수 200(거래증거금률 10%)

※ 거래증거금일반계좌로 다른 미결제약정수량이나 증거금 감면 대상의 차익·헤지거래수량 없음

문제해설

㉠ 옵션가격거래증거금액 :
옵션거래가 없으므로 0원

㉡ 가격변동거래증거금액 :
20p(200×200×10%)×500,000원×8계약 = 80,000,000원

㉢ 선물스프레드거래증거금액 :
1,000,000원×2계약 = 2,000,000원

㉣ 최소순위험거래증거금액 :
50,000원×12계약 = 600,000원

㉤ 순위험거래증거금액 :
Max(㉠ 0원+㉡ 80,000,000원+㉢ 2,000,000원+㉣ 600,000원)

	옵션가격 거래증거금액	가격변동 거래증거금액	선물스프레드 거래증거금액	최소순위험 거래증거금액	순위험 거래증거금액
①	0	120,000,000원	12,000,000원	400,000원	132,000,000원
②	0	120,000,000원	3,000,000원	600,000원	132,000,000원
③	0	80,000,000원	8,000,000원	400,000원	88,000,000원
④	0	80,000,000원	2,000,000원	600,000원	82,000,000원

035

한국거래소의 파생상품담당자에 대한 사항으로 가장 거리가 먼 것은?

① 파생상품담당자는 모두 회원파생상품시스템 또는 회원파생상품단말기의 설치장소에 상주하여야 한다.

② 파생상품담당자가 거래와 관련하여 법령 또는 거래소의 규정을 위반한 때에 거래소는 그 담당자의 등록을 취소할 수 있다.

③ 파생상품담당자의 등록이 취소된 날부터 1년이 경과한 경우에는 파생상품담당자로 등록할 수 있다.

④ 파생상품담당자 2인 중 1인을 파생상품책임자로 등록한다.

문제해설

파생상품책임자만 회원선물·옵션단말기의 설치장소에 상주하면 된다.

036

다음 중 거래소와 회원 간의 결제방법에 관한 내용으로 거리가 먼 것은?

① 돈육선물의 최종결제는 최종거래일 다음 거래일에 공표되는 돈육대표
가격으로 현금결제방식에 의한다.

② 주식선물의 최종결제방법은 실물인수도에 의한 결제이며, 최종결제대
금의 결제시한은 최종거래일로부터 3일째 날의 15시이다.

③ 정산차금, 최종결제차금, 옵션대금, 권리행사차금의 결제시한은 다음
거래일 16시이다.

④ 인수도결제 시 최종결제가격은 선물시장의 가격으로 하며, 최종거래
일의 선물거래는 현물시장의 거래와 동일하게 되어 시장에서 자율적
으로 현물과 선물가격 간의 수렴이 이루어진다.

주식선물의 최종결제방법은 현금결
제이며, 최종결제차금은 다음 거래
일 16시에 거래소와 회원 간에 수수
한다.

037

다음 중 선물거래의 일일정산에 있어 전일의 정산가격과 당일의 정산가
격의 차에 전일의 미결제약정수량과 거래승수를 곱하여 산출하는 것은?

① 최종결제차금   ② 권리행사차금
③ 당일차금   ④ 갱신차금

선물거래의 일일정산에 따른 차금
은 당일차금과 갱신차금으로 구성
된다.

 알아보기 일일정산에 따른 자금의 구성
- **당일차금** : 당일의 약정가격과 당일의 정산가격의 차에 당일 약정수량과
거래승수를 곱하여 산출
- **갱신차금** : 전일의 정산가격과 당일의 정산가격의 차에 전일의 미결제약
정수량과 거래승수를 곱하여 산출

038

다음 중 최종결제 또는 권리행사결제방식이 동일한 품목끼리 찍지어지지 않은 것은?

① 스타지수선물과 돈육선물
② 유럽연합유로선물과 미국달러옵션
③ 5년국채선물과 금선물
④ 코스피200선물과 스타지수선물

- 현금결제 : 코스피200선물, 스타지수선물, 주식선물, 주식옵션, 3년국채선물, 5년국채선물, 10년국채선물, 돈육선물, 미니금선물
- 인수도결제 : 미국달러선물, 일본엔선물, 유럽연합유로선물, 미국달러옵션, 금선물

039

오늘은 코스피200옵션의 최종거래일이다. 당일 코스피200 최종지수가 177.15P일 때, 다음 중 권리행사신고가 의제되는 종목은?

① 콜옵션 행사가격 177.55P
② 콜옵션 행사가격 177.30P
③ 풋옵션 행사가격 177.00P
④ 풋옵션 행사가격 177.30P

콜옵션의 권리행사신고의제(자동권리행사) 기준은 최종 코스피200지수 − 행사가격 ≥ 0.01.
풋옵션의 권리행사신고의제(자동권리행사) 기준은 행사가격 − 최종 코스피200지수 ≥ 0.01이므로,
④번의 옵션종목에 대해서만 자동권리행사가 수행된다.

040

다음 중 거래소 회원이 위탁자와 파생상품계좌설정계약을 체결하기 전에 반드시 위탁자에게 교부하고 그 내용을 충분히 설명하여야 하며 위탁자의 서명 또는 기명날인된 교부확인서를 징구해야 하는 것은?

① 파생상품거래위험고지서
② 파생상품거래설명서
③ 파생상품계좌설정계약서
④ 파생상품거래약관

거래소 회원은 위탁자와 파생상품계좌설정계약을 체결하기 전에 "파생상품거래위험고지서"를 반드시 교부하고 그 내용을 충분히 설명하여야 하며 위탁자의 서명 또는 기명날인이 된 교부확인서를 징구해야 한다.

041

다음 중 거래소와 결제회원 간 현금 또는 기초자산을 수수하는 결제시한이 다른 것은?

① 미국달러옵션
② 미국달러선물
③ 금선물
④ 10년국채선물

문제해설

인수도결제방식에 의해 최종결제되는 상품 중 미국달러선물, 미국달러옵션, 엔선물, 유로선물, 금선물의 최종결제대금, 권리행사결제대금 최종결제일 또는 권리행사결제일의 12시이고, 10년국채선물은 현금결제방식으로 최종결제일의 16시이다.

042

다음 중 기본예탁금을 예탁하지 않아도 되는 투자자는?

① 사전위탁증거금계좌의 일반투자자
② 사후위탁증거금일반계좌의 적격기관투자자
③ 사전위탁증거금계좌의 건전투자자
④ 사전위탁증거금계좌의 관리대상투자자

문제해설

기본예탁금을 예탁하지 않고 파생상품거래가 가능한 계좌는 사후위탁증거금계좌(일반계좌, 할인계좌)를 개설한 적격기관투자자뿐이다.

043

다음 중 사후위탁증거금에 대한 내용으로 가장 거리가 먼 것은?

① 사전위탁증거금과 달리 주문분에 대한 증거금이 없다.
② 미결제약정분에 장종료 후 수수일 전 순손실금액만 고려하므로 거래증거금과 유사하다.
③ 위탁자 중 일반투자자에 한하여 사후위탁증거금이 적용된다.
④ 사후위탁증거금은 당일기준순위험위탁증거금액 이상으로 한다.

문제해설

사후위탁증거금은 기관투자자 중에서 회원이 재무건전성, 신용상태, 미결제약정의 보유상황 및 시장상황 등에 비추어 결제이행능력이 충분하다고 인정하는 위탁자(적격기관투자자)에 한하여 거래가 체결된 후 다음 거래일의 10시 이내에서 개시위탁증거금 수준으로 예탁하도록 하는 증거금이다.

044

다음 중 사후위탁증거금할인계좌의 경우 할인율이 적용되지 <u>않는</u> 증거금은?

① 인수도유지위탁증거금액　　② 순위험위탁증거금

③ 옵션가격위탁증거금　　④ 가격변동위탁증거금

문제해설

사후위탁증거금할인계좌의 현금위탁증거금액은 사후위탁증거금일반계좌의 현금증거금액과 동일한 방법으로 산출하되, 순위험위탁증거금액 산출 시, 옵션가격위탁증거금액, 가격변동위탁증거금액과 선물스프레드위탁증거금액 계산 시 80%의 할인율을 적용하여 산출한다.

045

다음 (　　) 안에 들어갈 알맞은 시간으로 짝지어진 것은?

> 회원과 위탁자 간의 차감결제현금 및 차감결제 기초자산의 수수시한은 수수일의 (㉠)시까지로 하 고 거래소와 결제회원 간의 수수시한은 (㉡)시까지로 한다.

	㉠	㉡
①	14시	16시
②	15시	12시
③	12시	16시
④	12시	15시

문제해설

회원과 위탁자 간의 차감결제현금 및 차감결제기초자산의 수수시한은 수수일의 12시까지로 한다. 다만, 10년국채선물의 경우에는 최종결제일의 16시까지로 한다.

046

다음의 파생상품 중 유동성관리기준수량이 가장 적은 것은?

① 통화 선물　　② 금리 옵션

③ 주가지수 선물　　④ 개별주식 옵션

문제해설

유동성관리기준수량 미만의 거래량을 지닌 상품에 대해 유동성관리상품으로 지정한다.
- 주가지수 선물 · 옵션 : 300계약
- 개별주식 선물 · 옵션 : 기초주권별 50계약
- 금리 선물 · 옵션 : 200계약
- 통화 선물 · 옵션 : 100계약
- 일반상품 선물 · 옵션 : 50계약

정답 041 ④ ｜ 042 ② ｜ 043 ③ ｜ 044 ① ｜ 045 ③ ｜ 046 ④

047

다음의 주문 중 사전위탁증거금을 적용받는 위탁자가 위탁증거금 전액을 대용증권으로 예탁할 수 있는 것은(단, 보유 미결제약정 없음)?

① POSCO 옵션 매도 3계약(시장가)
② 스타지수선물 매수 2계약(시장가)
③ 코스피200옵션 매수 5계약(지정가 2.70P)
④ 코스피200선물 매수 1계약(지정가 177.30P)

문제해설

신규 주문 시 선물거래의 경우 위탁증거금의 1/3은 현금증거금이 적용되며, 코스피200옵션과 주식옵션의 매수주문의 경우 프리미엄 전액이 현금증거금 대상이며, 옵션 매도는 현금증거금의 적용을 받지 않는다.

048

모든 사전위탁증거금계좌와 사후위탁증거금계좌 중 당일거래가 없거나 반대거래만 성립된 계좌에 대해서 산출하여 위탁증거금의 추가납부 여부를 확인하는 경우에 사용되는 증거금은?

① 최종결제가격확정전위탁증거금액
② 옵션가격위탁증거금액
③ 상품군별순위험유지위탁증거금액
④ 당일기준순위험유지현금위탁 증거금액

문제해설

회원은 거래가 종료한 후에 위탁자의 에탁총엑이 유지워딕흥기금액보다 적거나 예탁현금이 유지현금위탁증거금액보다 적은 경우에는 적은 금액 이상의 금액을 부족액이 발생한 날의 다음 거래일 12시까지 추가로 예탁받아야 한다.

049

다음 중 파생상품회원이 스타지수선물거래에 대해 보유할 수 있는 미결제약정 보유한도수량은 어느 것인가?

① 순미결제약정 7,500계약   ② 순미결제약정 5,000계약
③ 총미결제약정 5,000계약   ④ 총미결제약정 7,500계약

문제해설

스타지수선물거래에 대한 미결제약정 보유한도수량은 순미결제약정수량 기준으로 5,000계약이다.

050

삼성전자의 상장 보통주식 총수가 147,299,337주이다. 삼성전자 선물의 미결제약정 보유제한수량은 얼마인가?

① 73,000계약

② 58,000계약

③ 44,000계약

④ 29,000계약

 상품별 미결제약정보유한도

- **코스피200선물 · 옵션거래** : 순미결제약정수량을 기준으로 10,000계약 이내
- **스타지수선물거래** : 순미결제약정수량을 기준으로 5,000계약(회원, 투자자 구분과 관계없이 동일)
- **돈육선물거래** : 순미결제약정수량을 기준으로 3,000계약
- **금선물거래** : 순미결제약정수량을 기준으로 300계약(미니금선물은 3,000계약)

주식선물거래의 경우 순미결제약정 수량을 기준으로 기초주권의 상장 보통주식 총수의 0.3%에 해당하는 값을 거래승수(10)로 나눈 결과값에 의해(1,000계약 미만 절사) 거래소가 공표하는 수량이므로,

$$\frac{147,299,337 \times 0.3\%}{10} = 44,189$$ 에서

1,000계약 미만 절사하면 44,000계약이다.

051

다음의 거래증거금 항목 중 돈육선물과 미니금선물에만 적용되는 증거금액은?

① 최종결제가격확정전거래증거금액

② 가격변동거래증거금액

③ 인수도거래증거금액

④ 선물스프레드거래증거금액

최종결제가격확정전거래증거금액은 돈육선물과 미니금선물에만 적용되는 것으로, 돈육선물의 최종결제가격이 최종거래일의 다음 거래일에 발표됨에 따라 최종거래일로부터 최종거래일 익일까지의 가격변동에 대한 위험을 커버하기 위한 증거금이다.

052

다음 중 스타지수선물에 대한 설명으로 거리가 <u>먼</u> 것은?

① 거래시간은 9:00~15:35이다.

② 거래단위는 '스타지수 × 거래승수(1만 원)'이다.

③ 거래대상은 코스닥시장의 스타지수이다.

④ 최종결제일은 결제월의 두 번째 목요일이다.

최종거래일은 결제월의 두 번째 목요일이며, 최종결제일은 최종거래일의 다음 거래일이다.

4과목
파생상품법규

TRANSPORT

Eurotun

By Astrid Wendlandt

Eurotunnel warned
yesterday it would not make
enough cash this year to pay
all the interest due on its
£6.3bn ($10.6bn) debt moun
tain.

The operator of the 50
Channel link between France
d northern France
d many holiday
tay at home
and for
uld re

gish
Rich

TRANSPO

P &

inv

£

실전모의고사

실전모의고사

1과목 파생상품 I (25문제, 001~025번)

001 다음 중 선물과 선도의 차이점에 대한 설명으로 가장 거리가 먼 것은?

① 선물거래는 전자거래시스템 또는 공개호가방식이고, 선도거래는 거래당사자 간의 계약이다.

② 선물거래는 청산소에서 거래이행을 보증하나 선도거래는 계약불이행위험이 존재한다.

③ 선물거래는 결제일이 정해져 있으나 선도거래는 거래당사자 간 협의에 의해 결정된다.

④ 선물거래는 증거금을 적립하나 선도거래는 증거금이 없다.

002 주식포트폴리오의 가치가 100억 원이고, 선물가격이 200.0pt, 거래단위승수가 50만 원이라면 주식포트폴리오의 위험을 헤지하기 위한 선물계약수는(단, 헤지비율은 0.7667이다)?

① 38계약 매도   ② 38계약 매수

③ 77계약 매도   ④ 77계약 매수

003 다음의 조건에서 보유비용모형에 의한 무위험이자율은?

• 선물수가지수 : 205P	• 배당수익률 : 5%
• 현물주가지수 : 200P	• 만기까지의 잔존기간 : 6개월

① 약 5%   ② 약 7.5%

③ 약 10%   ④ 약 12.5%

004 주식관련 선물의 가격결정 및 거래유형에 대한 설명으로 가장 거리가 <u>먼</u> 것은?

① 현물매수가 필요할 때 자금이 부족하여 적은 증거금으로 선물을 미리 매수하는 것이 매수헤지이다.

② 주가지수선물을 이용하여 현물포트폴리오의 포지션을 변화시키지 않고도 비체계적 위험을 변화시킬 수 있는 것이 포트폴리오 헤지이다.

③ 주가지수선물을 매도하면 주식을 매도하여 이를 무위험자산에 투자하는 것과 동일한 효과가 있다.

④ 베이시스는 만기일이 가까워짐에 따라 보유비용의 감소로 점차 0으로 수렴한다.

005 T-Bond선물의 전환계수에 대한 설명으로 거리가 <u>먼</u> 것은?

① 이표율이 6%보다 클 경우 전환계수는 1보다 크다.

② 이표율이 6%보다 적을 경우 전환계수는 1보다 작다.

③ 이표율이 6%보다 적을 경우 만기가 길수록 전환계수는 작아진다.

④ 이표율이 6%보다 클 경우 만기가 길수록 전환계수는 작아진다.

006 다음 중 헤지거래에 대한 설명으로 거리가 <u>먼</u> 것은?

① 스트립헤지는 해당기간 동안의 수익률을 고정시킬 수 있다.

② 스트립헤지는 향후 수익률 변동 시 변동폭만큼 일정 부분 확정금리가 변동한다.

③ 스택헤지는 선물 만기 시마다 해당기간 경과분을 제외한 나머지를 다음 최근월물로 이월하는 방식이다.

④ 헤지기간 동안 수익률곡선의 모양이 변하지 않는다면 금리수준의 변화에도 불구하고 스트립헤지 효과와 스택헤지 효과는 비슷하게 나타난다.

007 50억 원의 채권을 보유하고 있는 투자자가 금리하락을 대비하여 듀레이션을 3.0으로 조정하고자 한다. 현재의 듀레이션은 2.50이다. 필요한 선물계약수는?

> 국채선물 3년물의 듀레이션은 3.5년으로 가정하고, 선물가격은 125.0이다.

① 5.7계약 매수　　　　　　　　　　② 5.7계약 매도
③ 11.25계약 매수　　　　　　　　　④ 11.25계약 매도

008 다음 중 원-달러 차액결제선물환(NDF) 거래에 대한 설명으로 가장 거리가 먼 것은?

① 차액은 미 달러로 결제하기 때문에 결제 시 원화가 불필요하다.
② 홍콩, 뉴욕 등에서 주로 활성화 된 원-달러 시장으로 투기세력 참여가 있는 시장이다.
③ 만기 시 결제되는 환율을 지정환율이라고 하며 만기일 당일 고시된다.
④ 지정환율이 계약 시 선물환율보다 낮을 경우 매수자는 손실을 본다.

009 다음의 경우 3개월 만기 선물환율을 구하면?

> • 현물환율 : 1USD = 950원　　• 한국의 이자율 : 6%　　• 미국의 이자율 : 4%

① 945.30원　　　　　　　　　　　② 950.20원
③ 954.70원　　　　　　　　　　　④ 968.20원

010 다음 중 금리선물을 이용하여 매수헤지를 해야 하는 경우는?

① 변동금리채권을 보유하고 있는 투자자
② 고정금리채권을 보유하고 있는 투자자
③ 변동금리부로 자금을 차입한 경우
④ 향후 채권발행 계획이 있는 기관

011 A기업이 금선물가격의 하락을 방어하기 위해 매도헤지를 한 상황에서 베이시스가 변화한 다음 중 손실을 볼 경우는?

① $5 \rightarrow 9$
② $(-)5 \rightarrow (-)2$
③ $(-)2 \rightarrow 1$
④ $(-)3 \rightarrow (-)4$

012 다음 순매수가격에 대한 설명 중 내용이 <u>다른</u> 하나는?

① $S_2 - (F_2 - F_1)$
② $F_1 + b_2$
③ $S_1 + \varDelta b$
④ $S_1 - [(S_1 - S_2) + (F_1 - F_2)]$

013 옵션거래의 특징에 대한 설명 중 가장 거리가 <u>먼</u> 것은?

① 옵션매수자의 손실위험이 제한적이다.
② 주식거래보다 일반적으로 큰 이익기회를 제공한다.
③ 옵션거래는 비대칭적인 손익구조를 갖는다.
④ 옵션거래자는 권리와 의무를 동시에 포함하게 된다.

014 다음 중 Put-Call Parity에 대한 설명으로 가장 거리가 <u>먼</u> 것은?

① 등가격옵션일 경우 콜옵션 가격이 풋옵션 가격보다 크다.

② Put-Call Parity가 성립하지 않으면 차익거래가 발생한다.

③ 콜옵션의 가치에는 배당금이 (+)효과를 가진다.

④ Put-Call Parity의 공식은 $\left(P + S = C + \dfrac{X}{1+r}\right)$로 표시된다.

015 옵션을 이용한 차익거래에서 다음의 컨버전을 취할 때 수익은 얼마인가?

• 콜옵션 가격 : 6	• 풋옵션 가격 : 2
• 기초자산가격 : 102	• 행사가격 : 100

① 1   ② 2

③ 3   ④ 4

016 다음 중 옵션의 민감도에 대한 설명으로 거리가 <u>먼</u> 것은?

① 델타는 옵션가격과 기초자산가격 간의 관계를 곡선의 기울기로 나타난다.

② 감마는 외가격이나 내가격으로 갈수록 크기가 작아진다.

③ 로는 콜옵션 매수포지션에서 (+) 값을 가진다.

④ 베가는 등가격옵션에서 가장 낮은 수치를 가진다.

017 다음 중 금리옵션의 볼록성에 대한 설명으로 가장 거리가 먼 것은?

① 콜옵션의 감마는 양(+)값을 가지므로 콜옵션의 매수는 채권포트폴리오의 볼록성을 증가시킨다.

② 채권을 보유하고 콜옵션을 매도하면 볼록성이 감소한다.

③ 풋옵션의 매수는 콜옵션의 매수와 달리 채권포트폴리오의 볼록성을 감소시킨다.

④ 포트폴리오의 볼록성의 증가는 금리변동성이 증가할수록 기대수익률을 높이는 효과가 있다.

018 장외금리옵션의 설명으로 가장 거리가 먼 것은?

① 금리칼라 매수는 금리캡 매수 + 금리플로어 매도이다.

② 금리칼라 매도는 금리캡 매도 + 금리플로어 매수이다.

③ 금리캡 매수 + 금리플로어 매도는 고수변지(고정금리 수취, 변동금리 지급) 금리스왑과 같다.

④ 금리칼라 매수와 매도 시 가격은 금리캡 매수와 금리플로어 매수 시 가격보다 작다.

019 다음 중 원화의 가치상승이 예상될 때 취하는 헤지전략으로 거리가 먼 것은?

① 원화의 차입을 줄인다.

② 원화에 대한 풋옵션을 매수한다.

③ 달러에 대한 채무를 연기한다.

④ 원화에 대한 선물환을 매수한다.

020 표준적 옵션은 만기일 당일의 기초자산의 가격과 미리 정해진 행사가격을 기준으로 현금흐름이 발생한다. 그에 비해 이 옵션은 일정기간 동안의 기초자산의 평균가격이 만기일의 기초자산의 가격을 대신하거나 또는 행사가격을 대신하게 된다. 이 옵션은 무엇인가?

① 중첩옵션   ② 장벽옵션
③ 콴토옵션   ④ 아시안옵션

021 풋옵션 매수를 통한 매도헤지에서 풋옵션을 행사하지 않고 매도한 경우 순매도가격을 구하는 공식은?

① 순매도가격 = 현물매도가격 + 풋옵션 매도가격 - 풋옵션 매수가격
② 순매도가격 = 현물매도가격 - 풋옵션 매도가격 - 풋옵션 매수가격
③ 순매도가격 = 현물매도가격 - 풋옵션 매수가격
④ 순매도가격 = 현물매도가격 - 풋옵션 매도가격

022 선물을 매도하고 합성선물을 매수하는 포지션을 가지는 금리옵션 차익거래의 유형은?

① Credit Box   ② Debit Box
③ Conversion   ④ Reversal

023 다음 중 상품관련옵션의 가격결정에 사용되는 Black 모형에 사용되는 필수적인 정보가 <u>아닌</u> 것은?

① 시장금리수준(r)
② 기초자산인 선물계약의 가격변동성(σ)
③ 보유비용(C)
④ 기초자산인 선물계약의 가격(F)과 행사가격(S)과의 관계

024 D기업은 미국의 H은행에게 향후 6개월 후 100만 달러의 원리금을 지급해야 한다. S기업이 원–달러 통화옵션을 통한 환위험 헤징전략은?

① 달러 풋옵션 100계약을 매도한다.
② 달러 콜옵션 100계약을 매도한다.
③ 달러 풋옵션 100계약을 매수한다.
④ 달러 콜옵션 100계약을 매수한다.

025 옵션의 가치에 관한 설명으로 거리가 먼 것은?

① 내재가치와 시간가치는 반비례한다.
② 만기가 가까워져 올수록 옵션의 시간가치는 크다.
③ 시간가치는 in the money에서 최소이다.
④ 내재가치가 없으면 시간가치도 없다.

2과목 파생상품II(25문제, 026~050번)

026 다음 중 스왑의 가격산정(pricing)을 위한 절차로 맞는 것은?

> ㉠ 각 현금흐름 발생일의 할인계수 산정
> ㉡ 순할인채 수익률과 할인계수 산출
> ㉢ 각 현금흐름의 현재가치 산정
> ㉣ 현금흐름의 순 현재가치 산정
> ㉤ 수취하는 현금흐름과 지급하는 현금흐름 파악

① ㉢ → ㉡ → ㉣ → ㉠ → ㉤
② ㉡ → ㉤ → ㉠ → ㉢ → ㉣
③ ㉣ → ㉡ → ㉠ → ㉤ → ㉢
④ ㉡ → ㉣ → ㉢ → ㉠ → ㉤

027 다음 중 스왑스프레드(swap spread)에 대한 설명으로 거리가 먼 것은?

① 유로시장에 대한 신용위험이 증가할수록 확대된다.
② 금리상승 예상 시 금리고정화 수요가 증가하여 스왑스프레드가 확대된다.
③ 스프레드의 포지션은 major스왑은행의 포지션 상태에 영향을 받는다.
④ 스왑 bid rate와 off rate의 차이를 말한다.

028 이자율스왑과 채권의 시장리스크에 관한 사항으로 거리가 먼 것은?

① 고정금리 채권과 시장금리는 역의 관계에 있다.
② 변동금리 채권은 시장금리 변화에 따른 채권가치의 변화가 거의 없다.
③ 고정금리를 지급하는 이자율스왑은 시장금리가 상승하면 손실이 발생하고, 시장금리가 하락하면 이익이 발생한다.
④ 고정금리 수취 이자율스왑과 채권투자(long 포지션)는 금리리스크 면에서 동일하다.

029 스왑금리가 다음과 같이 고시되었다. 이에 대한 사항으로 적절하지 않은 설명은?

기간	swap spread(act/365 s.a.)	USD/AMM act/360
2년	T+35–32	1.99–1.96

① 스왑 offer rate가 잔존만기 2년짜리 미 재무부 채권수익률에 0.35%를 더한 것이다.
② 0.32%는 스왑 bid spread라고 한다.
③ AMM은 1년을 360일로 하고 실제 경과일수를 감안하여 이자금액을 계산한다.
④ AMM 방식 1.99%를 act/365방식으로 환산하면 2.01%이다.

030 Y사는 이자율 12.425%의 고정금리채 발행과 Libor+1.5%의 변동금리로 조달하는 두 가지 방안을 가지고 있다. 이에 스왑딜러가 T-note(당시 9.25%) + 80bps(0.8%)의 고정금리를 수취하고 Libor를 지불하겠다는 스왑을 제시하여, 후자를 택하고 동시에 스왑을 체결하였다. Y사는 고정금리로 자금을 차입할 때보다 금리비용을 얼마나 절감했는가?

① 2.375% 절감   ② 1.675% 절감

③ 0.875% 절감   ④ 0.975% 절감

031 달러 고정금리 수취스왑(receiver)거래를 한 은행이 이 스왑포지션의 리스크를 관리하기 위한 헤지수단으로 적절한 방안은?

① 미 국채선물을 매도한다.
② 고정금리채권을 발행한다.
③ 유로달러선물 스트립을 매도한다.
④ 유로달러선물 스트립을 매수한다.

032 다음과 같이 통화스왑 금리가 고시되었을 때 베이시스 통화스왑 offer와 베이시스 통화스왑 bid 금리는?

기간	JPY/S.A act/365	USD/JPY s.a., act/365	USD/JPY Basis
	이자율스왑	통화스왑	
3년	0.27–0.24	0.22–0.18	(?)

① 0.05/0.06   ② −0.05/−0.06

③ −0.02/−0.09   ④ 0.02/0.09

033 통화스왑을 이용한 장기선물환 헤지방법에 대한 설명으로 거리가 먼 것은?

① 통화스왑의 쿠폰교환은 달러 이자율스왑을 통해 리스크를 헤지할 수 있다.

② 통화스왑의 초기원금 교환은 현물환 거래와 상쇄된다.

③ 통화스왑의 만기원금 교환은 장기선물환 거래의 헤지수단으로 활용할 수 있다.

④ 장기선물환 매수(달러 매수)의 헤지는 현물환 매도(달러 매도) + 원화 고정금리 pay 통화스왑 + 달러 receive 이자율스왑으로 요약된다.

034 신용파생상품에 대한 설명으로 거리가 먼 것은?

① 신용 보장매수자는 일정한 프리미엄을 지급하면 준거자산의 부도위험으로부터 벗어날 수 있다.

② 채권이나 대출 등 신용위험이 내재된 부채에서 신용위험만을 분리하여 거래당사자 간에 이전하는 금융계약을 말한다.

③ 신용파생상품 중 가장 대표적이고 거래가 많은 상품은 총수익률스왑(TRS)이다.

④ 신용구조화상품과 같이 복잡한 구조에서 정보의 비대칭현상이 발생할 수 있으며, 전문투자자들에 의해 가격과 위험분산이 왜곡될 가능성이 있다.

035 경로의존형 옵션에 대한 설명으로 다음 중 거리가 먼 것은?

① 평균옵션은 일반적인 옵션과 달리 일정기간 동안의 기초자산가격의 평균이 옵션의 수익구조를 결정하는 특징을 가진다.

② 기초자산가격이 촉발가격을 건드리면 옵션이 소멸되는 옵션을 녹인옵션, 기초자산가격이 촉발가격을 건드리면 옵션이 발효되는 옵션을 녹아웃옵션이라고 한다.

③ 래더옵션은 미리 정해둔 가격을 기준으로 해서 옵션의 가치가 결정된다.

④ 샤우트옵션은 새로운 행사가격이 형성되면 초기의 행사가격과 이 가격 간의 차이에서 발생한 내재가치가 있을 경우 그 차액의 지급을 보증한다.

036 장외파생상품의 기능에 대한 설명으로 가장 거리가 먼 것은?

① 채권발행형태로 이루어져 자금조달수단으로 활용될 수 있다.

② 장외파생상품을 이용하여 고객의 욕구에 맞는 맞춤형 상품을 제공할 수 있다.

③ 리스크관리수단으로 이용될 수는 있지만 투자수단으로서는 적절하지 못하다.

④ 장외파생상품을 통해 이용자들은 포트폴리오의 리스크를 효율적으로 관리하고 안정적인 수익을 확보할 수 있다.

037 기초 파생상품을 합성한 구조화상품에 관한 내용으로 가장 거리가 먼 것은?

① 선도스왑 거래와 스왑션 거래는 확정적인 계약이므로 계약 시 프리미엄이 발생한다.

② 선도스왑은 현금흐름의 발생구조가 현시점부터 발효되는 것이 아니라 일정기간이 지난 미래의 시점부터 시작한다.

③ 선도와 옵션의 결합은 옵션의 내용에 따라 참여선도, 범위선도, 파기선도 등으로 불린다.

④ 동일한 대상에 대한 옵션 중 콜과 풋을 적절한 비율로 합성하면 기초적인 옵션거래에서 얻을 수 없는 다양한 형태의 손익구조를 만들 수 있다.

038 다음의 구조화상품 중 기초자산이 다른 것은?

① Inverse FRN　　　　　　② Callable Note

③ Quanto Note　　　　　　④ Equity Linked Note

039 이자율연계 구조화채권의 발행이 금리시장에 미치는 영향으로 거리가 먼 것은?

① inverse FRN은 금리시장에 미치는 영향이 callable note보다 작다.

② CD range accrual note 발행은 receive 스왑 수요로 나타나고 전체적으로 스왑금리의 하락을 이끌었다.

③ callable note 발행 시 스왑뱅크는 스왑시장에서 receive 원화 이자율스왑 거래를 일차적으로 하게 된다.

④ dual index FRN의 발행이 많아져 국내 스왑시장의 음(−)의 스왑스프레드가 지속되게 된 주요한 원인이 되었다.

040 파생결합증권에 대한 설명으로 가장 거리가 먼 것은?

① 파생결합증권은 타인의 노력과 무관하게 외생적 지표에 의해 수익이 결정되는 증권이다.

② ETN은 기초지수 변동과 수익률이 연동되며 주식처럼 거래소에서 상장되어 거래된다.

③ 투자자 보호를 위해 파생결합증권 기초자산의 범위를 좁혀 기초자산의 종류를 한정적으로 열거하고 있다.

④ 경제적 현상 및 탄소배출권과 같은 환경적 위험 등도 기초자산으로 편입되어 있다.

041 파생결합증권의 발행과 관련한 설명으로 가장 거리가 먼 것은?

① 거래소에 상장되는 파생결합증권은 상장예비심사를 받아야 한다.

② 자본시장법상의 증권이므로 영업행위를 하기 위해서는 금융투자업의 해당 인가를 받아야 한다.

③ 파생결합증권의 증권신고서는 수리된 날로부터 15일 경과 후 효력이 발생한다.

④ 일괄신고서는 파생결합증권의 발행편의를 위해 증권의 발행인이 증권발행내용에 관한 사항을 증권의 발행 후에 금융투자협회에 신고하는 것을 말한다.

042 다음 중 장외파생상품에 대한 설명으로 거리가 먼 것은?

① 만기 이전에 손익의 정산이나 가치평가가 필요 없다.

② 보증해 주는 기관이 없어 거래당사자 간의 신용도에 의존한다.

③ 당사자 간의 필요에 따라 언제든지 계약내용을 변경할 수 있다.

④ 장소의 제약이 없고 거래에 관한 강제적인 규정이 없다.

043 ELW에 대한 설명 중 거리가 먼 것을 모두 고른 것은?

┌───┐
│ ㉠ 현금결제방식의 ELW는 자동적으로 권리가 행사된다.
│ ㉡ 만기시점에 거래소가 결제이행을 보증한다.
│ ㉢ 일반투자자도 ELW 발행이 가능하다.
└───┘

① ㉠   ② ㉡, ㉢

③ ㉢   ④ ㉠, ㉡, ㉢

044 ETN의 특징으로 가장 거리가 먼 것은?

① 공모펀드에 비해 발행이 신속하게 이루어진다.

② 발행사의 영업용순자본비율은 200% 이상이어야 한다.

③ 기초지수와의 추적오차를 최소화할 수 있다.

④ 신규상장하는 ETN의 발행총액은 최소 50억 원 이상이어야 한다.

045 어떤 채권의 이표가 다음과 같이 지급된다고 할 때 이에 대한 설명으로 거리가 먼 것은?

> - 2021년 말까지는 6.0% 고정금리 지급
> - 2021년 말부터 2024년까지는 12.0%−CD 지급

① 2024년까지 금리가 줄곧 하락할 경우 투자자는 일정한 이익을 보게 된다.
② inverse FRN의 변형된 형태로 레버리지형 옵션에 해당한다.
③ "12.0%−CD"를 인버스플로터라고 하며 12%를 행사가격으로 하는 금리에 대한 풋옵션 구조이다.
④ 앞부분은 정상적인 고정금리채권과 동일한데, 뒷부분은 CD금리 상승 시 손해를 보고 하락 시 이익을 보는 구조이다.

046 X주식의 개별 VaR가 5.45억 원, Y주식의 개별 VaR가 2.65억 원이고 두 주식 수익률 간의 상관계수가 0.5일 때, 포트폴리오와 VaR와 X주식과 Y주식의 한계 VaR는?

① 포트폴리오 VaR=7.15억 원, X주식의 한계 VaR=1.7억 원, Y주식의 한계 VaR=4.5억 원
② 포트폴리오 VaR=7.15억 원, X주식의 한계 VaR=4.5억 원, Y주식의 한계 VaR=1.7억 원
③ 포트폴리오 VaR=6.63억 원, X주식의 한계 VaR=3.98억 원, Y주식의 한계 VaR=1.18억 원
④ 포트폴리오 VaR=6.63억 원, X주식의 한계 VaR=1.18억 원, Y주식의 한계 VaR=3.98억 원

047 CDS index가 일반 금융지수와 다른 점으로 볼 수 없는 것은?

① index가 특정한 만기를 가진다.

② CDS index를 기초로 힌 파생상품거래가 가능하다.

③ 특정기업의 CDS 거래가 유동성이 부족하거나, 신용사건이 발생한다면 index에서 제외된다.

④ index에 포함되는 개별 CDS 종목이 CDS 시장의 변화를 적절히 반영하여 주기적으로 바뀐다.

048 만기 이전에 한번이라도 상단의 trigger를 터치하게 되면, 콜옵션은 소멸되는 반면 디지털배리어옵션에서 일정한 금액을 수취하게 되는 up-and-out K/O option과 디지털배리어옵션의 합성으로 구성된 주식연계 구조화상품은?

① bull spread형 ELD

② knock-out rebate ELD

③ knock-out rebate 콜옵션

④ digital 콜옵션형 ELD

049 다음 중 주식연계 구조화상품에 대한 설명으로 거리가 먼 것은?

① ELS는 원금의 일정부분으로 warrant(옵션)를 매수하므로 원금보장이 원칙적으로 불가능하다.

② 실무적으로는 파고에서 운용하는 파생상품 자산에 증권회사에서 발행한 ELS를 편입하기도 한다.

③ 자본시장법이 발효되면서 금융회사에 대한 파생상품의 취급제한이 대부분 해제되어 다양한 형태의 구조화상품의 출시가 가능하게 되었다.

④ 국내에서 판매된 주가지수연계펀드(ELF), 주가지수연계채권(ELN), 주가지수연계예금(ELD)은 판매기관만 다를 뿐 내용상으로는 유사한 상품이다.

050 장외파생상품의 위험관리와 관련한 내용으로 거리가 먼 것은?

① 조직화된 거래소 파생상품에 비하여 표준화되어 있지 않고 거래가 공개적으로 이루어지지 않아 위험성이 높다.

② VaR는 금융회사의 위험을 측정하기 위하여 활용되는 위험지표로서 상계효과를 감안한 위험측정이 가능하다.

③ VaR는 하나의 수치로 위험 정도를 표현하기 때문에 VaR보다 더 큰 손실이 발생하였을 때의 손실규모에 대해서도 충분한 정보를 제공한다.

④ 장외파생상품은 신용위험을 이전하거나 재분배하는 역할을 한다.

3과목 리스크관리 및 직무윤리(25문제, 051-075번)

051 단순이동평균법에서의 가중치를 자수적으로 감소시켜 변동상을 구하는 위험의 측정방법은?

① 단순이동평균법　　　　　　　　② VaR
③ 분산과 상관계수　　　　　　　　④ EWMA

052 다음의 (　　) 안에 들어갈 내용으로 옳은 것은?

> 운영리스크 요구자본 계산 시 기초지표법을 적용하면 소요자기사본은 과거 3년 동안의 총이익의 평균에 (　　)를 곱한 값으로 계산된다.

① 12%　　　　　　　　　　　　　② 15%
③ 20%　　　　　　　　　　　　　④ 30%

053 Q자동차 주식에 5억 원을 투자한 경우 일별 변동성이 1%이고 99%의 신뢰수준으로 10일 간의 VaR를 구하면?

① 36,814,000원   ② 38,629,000원

③ 46,070,000원   ④ 47,086,000원

054 J증권 주식의 개별 VaR는 30이고, M백화점 주식의 개별 VaR는 50일 경우 상관계수가 0.15 이면 J포지션의 공헌 VaR는 얼마인가?

① 19.3   ② 18.1

③ 17.6   ④ 16.8

055 주요 변수들의 극단적인 변화가 포트폴리오에 미치는 영향을 시뮬레이션하는 기법인 위기상황 분석의 과정에 해당되지 <u>않는</u> 것은?

① 포지션 가치의 재평가   ② 결과요약

③ 시나리오 생성   ④ 확률과정

056 강세가 예상되는 통화로 표시된 자산은 늘리고 부채는 축소하는 한편, 반대로 약세가 예상되는 통화로 표시된 자산은 줄이고 부채는 증대시키는 환위험관리기법은?

① 매칭   ② 자산부채종합관리전략

③ 상계   ④ 리딩

057 자산별 신용위험 노출금액에 관한 설명으로 거리가 먼 것은?

① 스왑과 선도계약의 현재노출과 잠재노출은 가치에 영향을 미치는 위험요인의 움직임에 따라 0부터 대단히 큰 값까지 가질 수 있다.

② 채권의 신용위험을 측정할 때 노출금액이 일정하다고 가정해도 큰 무리가 없다.

③ 옵션 매도포지션의 경우 현재노출과 잠재노출이 0보다 큰 값을 가진다.

④ 보증의 경우 액면금액을 현재노출로 간주한다.

058 A포트폴리오의 VaR가 1일 동안 신뢰수준 95%에서 10억 원인 경우를 해석한 것으로 옳은 것은?

① 1일 동안 10억 원 이상의 손실을 보게 될 확률이 5%이다.

② 1일 동안 10억 원 이상의 손실을 보게 될 확률이 95%이다.

③ 1일 동안 10억 원 이하의 손실을 보게 될 확률이 5%이다.

④ 1일 동안 발생 가능한 최소한의 손실 금액이 10억 원이다.

059 다음 중 파생상품거래의 중단에 관한 사항으로 거리가 먼 것은?

① CB발동 후 재개 시에는 거래소가 그때마다 정하는 시간 동안 주문을 접수한 후 단일가거래로 거래를 재개한다.

② CB와 Side Car는 14시 50분 이후에는 발동할 수 없다.

③ 주식시장CB가 발동되면 모든 종목의 주식선물, 주식선물스프레드거래와 주식옵션거래가 중단된다.

④ 선물스프레드 구성종목 중 한 종목 이상의 거래가 중단되면 선물스프레드거래가 임의적으로 중단된다.

060 다음 중 미결제약정분에 대한 포트폴리오 순위험증거금과 장종료 후 수수시한전순손실금액을 고려한 증거금은?

① 사전위탁증거금   ② 사후위탁증거금

③ 유지위탁증거금   ④ 추가증거금

061 최종결제방법이 인수도결제로 최종결제일(T+2)에 하여야 하는 절차로 볼 수 <u>없는</u> 것은?

① 통화선물 · 옵션의 경우 12시 이전까지 매도미결제를 보유한 위탁자는 해당 인수도물품인 통화를 회원에게 납부한다.

② 10년국채선물의 경우 회원과 위탁자는 최종결제에 따른 국채와 최종결제대금을 인수도 결제시한까지 수수한다.

③ 인수도 내역을 위탁자에게 통지한다.

④ 금선물의 경우 12시까지 순매수미결제약정을 보유한 위탁자는 인수도금액을 회원에게 지급한다.

062 다음 중 협의대량거래와 관련한 설명으로 가장 거리가 <u>먼</u> 것은?

① 1회 주문 시 최대 수량은 3,000계약이다.

② 10년국채선물은 협의 대량거래가 불가능하다.

③ 협의가 완료된 시간부터 10분 이내에 거래소에 신청하여야 한다.

④ 협의대량거래 신청시간은 정규거래시간 및 단일가호가시간을 포함한다.

063 고객에게 이익을 발생시키지 않으면서 금융투자업자의 이익만을 발생시키는 금융투자업자의 불건전 영업행위는?

① 일임매매   ② 임의매매
③ 선행매매   ④ 과당매매

064 다음 중 대용가격의 사정비율이 가장 높은 것은?

① H은행후순위채권   ② 특수채
③ 전환사채   ④ ETF

065 다음 중 투자상담업무를 담당하고 있는 자가 고객에게 투자권유를 하는 때에 직무윤리기준을 위반하지 <u>않은</u> 경우는?

① 고객을 강하게 설득하기 위해 필요하다면 투자성과가 어느 정도 보장된다는 취지로 설명하였다.
② 중요한 사실이 아니라면 그것을 설명함으로써 고객의 투자판단에 혼선을 줄 수 있으므로 설명을 생략했다.
③ 주가는 미래의 가치를 반영하는 것이므로 고객에게 투자정보를 제시할 때에 미래의 전망을 위주로 하여 설명하였다.
④ 정밀한 조사 및 분석과정을 거치지는 않았지만 자신의 주관적인 예감에 확실히 수익성이 있다고 생각되는 투자상품을 권하였다.

066 고객의 지시에 따를 의무에 대한 설명으로 가장 거리가 먼 것은?

① 고객의 지시와 다르게 업무를 수행하려면 고객에게 사전 동의를 받아야 한다.

② 고객의 판단이 고객의 이익에 도움이 되지 않는다고 판단할 경우에는 일단 그 고객에게 사정을 설명해야 한다.

③ 임의매매행위는 민사상 손해배상책임의 사유는 될 수 있으나 형사처벌 사유는 될 수 없다.

④ 고객의 판단이 고객의 이익에 도움이 되지 않음에도 불구하고 고객이 자신의 의견을 고집하면 고객의 의사에 따라야 한다.

067 다음 거래행위 중 고객과 투자상담사 사이에 이해상충이 가장 발생할 가능성이 많은 것은?

① 스캘핑
② 과당매매
③ 시세조종
④ 선행매매

068 금융투자업의 경우 신임관계에 기초하여 거래가 이루어지는 만큼 고객의 이익을 최우선으로 실현하는 일이 중요하다. 판매직원과 고객의 이해관계가 충돌할 경우 우선순위에 대한 내용으로 가장 거리가 먼 것은?

① 회사의 이익은 임직원의 이익에 우선한다.

② 모든 고객의 이익은 상호 동등하게 취급한다.

③ 고객의 이익은 곧 판매자의 이익이므로 서로에게 유용한 상품을 권하는 것이 바람직하다.

④ 어떠한 경우에도 고객의 이익은 회사와 회사의 주주 및 임직원의 이익에 우선한다.

069 자본시장법상 조사분석업무와 관련한 불건전 영업행위 에 있어서 예외적으로 허용되는 것이 아닌 것은?

① 특정 금융투자상품의 가치에 대한 주장이나 예측을 담고 있는 조사분석자료를 투자자에게 공표함에 있어서 그 자료의 내용이 사실상 확정된 때부터 공표 후 24시간이 경과하기 전까지 그 자료의 대상이 된 금융투자상품을 자기의 계산으로 매매하는 경우

② 조사분석자료의 공표로 인한 매매유발이나 가격변동을 의도적으로 이용하였다고 볼 수 없는 경우

③ 해당 조사분석자료가 이미 공표한 조사분석자료와 비교하여 새로운 내용을 담고 있지 아니한 경우

④ 조사분석자료의 내용이 직접 또는 간접으로 특정 금융투자상품의 매매를 유도하는 것이 아닌 경우

070 내부통제기준에 대한 사항으로 가장 거리가 먼 것은?

① 준법감시인의 역할은 감시통제 기능과 회사비리의 사전방지 기능이다.

② 금융투자회사가 내부통제기준을 변경하려면 주주총회의 특별결의를 거쳐야 한다.

③ 금융투자회사의 고유재산 운용에 관한 업무에 종사하는 자는 준법감시인을 겸할 수 없다.

④ 내부통제 위반행위 발견 시 준법감시부서 직원 중 조사원을 임명하여 임무를 부여한다.

071 금융투자업 종사자는 조사분석자료를 공표하거나 특정인에게 제공하는 경우에는 심의절차를 거쳐야 한다. 확인할 사항으로 가장 거리가 먼 것은?

① 관계법규의 준수여부

② 정보의 비대칭에 있어서의 불공정성 여부

③ 투자성과의 보장 등 투자자의 오해를 유발할 수 있는 표현의 사용 여부

④ 금융투자분석사가 부당한 압력을 받지 않고 독립적 위치에서 공정하고 신의성실하게 작성하였는지의 여부

072 금융투자협회의 분쟁조정제도에 대한 설명으로 가장 거리가 <u>먼</u> 것은?

① 금융분쟁조정위원회의 금융감독원장은 분쟁조정의 신청을 받은 날부터 당사자 간 합의가 없으면 10일 이내에 조정위원회에 회부해야 한다.

② 소송수행으로 인한 추가 비용부담 없이 합리적으로 분쟁처리가 가능하다.

③ 필요한 경우 당사자 간 대면질의 방법 등 구체적인 사실관계를 확인하기 위한 조사도 이루어질 수 있다.

④ 수사기관이 수사 중이거나 법원에 제소된 경우에는 조정위원회 회부 전에 종결처리 된다.

073 금융거래의 비밀보장의무 위반에 대한 조치기준표이다. ㉠~㉢에 들어갈 조치로 옳은 것은?

책임 정도	행위자	추종자	감독자
고의	㉠	㉡	㉢
과실	견책 이하	주의	주의

	㉠	㉡	㉢
①	감봉 3개월 이상	견책 이하	견책 이하
②	정직 이상	감봉 이하	견책 이하
③	감봉 이하	견책 이하	주의
④	감봉 1개월	견책 이하	주의

074 다음 중 혐의거래보고와 고액현금거래보고에 관한 사항으로 거리가 먼 것은?

① 고액현금거래보고에서 외국통화는 제외된다.

② 혐의거래보고와 고액현금거래보고는 금융위원장에게 하여야 한다.

③ 혐의거래는 금융기관 종사자의 업무지식, 전문성, 경험 등을 바탕으로 의심되는 거래정황을 종합적으로 고려하여 판단하여야 한다.

④ 혐의거래는 지체 없이 보고하여야 하지만 고액현금거래는 금융거래 발생 후 30일 이내에 보고하면 된다.

075 금융분쟁조정위원회의 조정안을 당사자가 수락한 경우의 효력을 가장 적절하게 나타낸 것은?

① 사적 화해이므로 법률적 효력은 없다

② 행정상 화해이므로 사법적 효력은 없다.

③ 재판상 화해와 동일한 법적 효력이 있다.

④ 민사상 화해계약과 동일한 법적 효력이 있다.

4과목 파생상품법규(25문제, 076~100번)

076 자본시장법에서의 금융투자상품에 대한 설명으로 거리가 먼 것은?

① 금융투자상품은 경제적 실질에 따라 증권, 장내파생상품, 장외파생상품으로 재분류 된다.

② 추가지급의무가 있는 금융투자상품을 장외파생금융상품이라고 한다.

③ 파생결합증권과 파생상품은 금융투자상품, 통화, 일반상품, 신용위험 등을 기초자산으로하고 있다.

④ 해외파생상품시장은 파생상품시장과 유사한 시장으로서 해외에 있는 시장과 일정한 해외 파생상품거래가 이루어지는 시장이다.

077 다음 중 금융투자업의 진입규제에 대한 내용으로 가장 거리가 먼 것은?

① 투자매매업, 투자중개업, 집합투자업, 신탁업에 대해서는 인가제를 채택하고, 투자일임업, 투자자문업에 대해서는 등록제를 채택하고 있다.

② 장외파생상품 등 위험 금융투자상품을 대상으로 하는 인가에 대해서는 일반 금융투자상품에 비하여 진입요건이 강화되었다.

③ 전문투자자를 상대로 영업하는 경우 일반투자자를 상대로 영업하는 경우보다 강화된 진입요건이 적용된다.

④ 인가유지요건에 있어 대주주의 출자능력, 재무건전성 요건은 출자 이후인 점을 감안하여 적용을 배제하되, 사회적 신용요건은 진입요건보다 완화하여 적용한다.

078 금융투자업자의 공통 영업행위규칙에 대한 사항으로 가장 거리가 먼 것은?

① 정보교류 차단장치가 의무화 되는 업무를 수행하는 임직원 간에 해당 업무에 관한 회의를 하거나 통신을 한 경우에는 그 회의 또는 통신에 관한 기록을 유지하지 않아도 된다.

② 금융투자업자는 이해상충이 발생할 가능성을 내부통제기준이 정하는 방법 및 절차에 따라 투자자 보호에 문제가 없는 수준으로 낮춘 후 매매, 그 밖의 거래를 해야 한다.

③ 투자권유대행인은 투자권유를 위탁한 금융투자업자를 대리하여 계약을 체결할 권한이 없다는 사실을 나타내는 표지를 게시하거나 증표를 투자자에게 내보여야 한다.

④ 전산관리 · 운영업무는 위탁한자의 동의를 받아 제3자에게 재위탁이 가능하다.

079 내부자거래 등 불공정거래의 규제에 대한 다음의 설명으로 거리가 먼 것은?

① 직원의 경우 그 법인의 주요사항의 수립 · 변경 · 추진 · 공시 등의 업무에 종사하는 등 '미공개중요정보'를 알 수 있는 일정한 자에 대해서만 단기매매차익 반환의무가 있다.

② 자본시장법상 미공개중요정보 이용행위 금지 규제에서 '중요정보'란 '투자자의 투자판단에 중대한 영향을 미칠 수 있는 정보'를 말한다.

③ 주요주주, 허가 · 인가 등 권한을 가지는 자는 내부자에 해당된다.

④ 장내파생상품의 대량보유 및 그 변동보고서에는 해당 장내파생상품거래의 유형을 기초자산별로 구분하고, 종목은 결제월별로 구분하여 보고해야 한다.

080 다음의 자본시장과 금융투자업에 관한 법률에 따른 감독 및 처분과 관련한 사항으로 적절하지 않은 것은?

① 조사공무원은 압수 · 수색영장이 있으면 불공정거래의 규제를 위반한 행위를 조사하기 위하여 압수 또는 수색을 할 수 있다.

② 장내파생상품의 거래규모의 제한에 관한 사항이라도 위탁자에게는 조치를 명할 수 없으므로 금융투자업자에게 필요한 조치를 명한다.

③ 금융감독원장이 주요직무 종사자와 투자권유대행인의 영업행위에 관한 검사업무는 협회에 위탁할 수 있다.

④ 금융위원회는 파생상품시장에서의 매매에 관하여 계약을 위반하거나 결제를 이행하지 아니한 거래소의 회원인 투자매매 업자의 인가 또는 등록을 취소할 수 있다.

081 금융투자업자가 내부통제기준 설정 시 포함되어야 할 사항으로 가장 거리가 먼 것은?

① 각 지점별로 파생상품 영업관리자를 반드시 1인 이상 지정해야 한다는 사항이 포함되어야 한다.

② 파생상품거래를 위한 계좌개설 시 파생상품 영업관리자의 계좌개설에 관한 확인 및 투자자보호에 필요한 조치에 관한 사항이 포함되어야 한다.

③ 전산 · 통신설비의 장애로 인해 투자자의 매매주문이 처리되지 않는 사태를 방지하도록 이에 대한 합리적인 대책을 수립해야 한다.

④ 고유재산과 투자자재산의 운용, 업무수행과정에서 발생하는 위험의 관리지침에 관한 사항이 포함되어야 한다.

082 총위험액을 산정하는 데 있어 고려해야 할 사항으로 적절하지 <u>않은</u> 것은?

① 파생상품은 기초자산 포지션으로 전환하여 시장위험액을 산정한다.
② 선물, 선도, 스왑 등 파생상품은 시장위험액과 신용위험액을 동시에 산정한다.
③ 일정 요건을 갖추어 미리 금융감독원장의 인정을 받을 경우 내부모형에 따른 시장위험액으로 산정이 가능하다.
④ 운영위험액은 경상비용에 위험값을 적용하여 산출한다.

083 금융투자업자의 정보교류의 차단에 관한 내용으로 적절하지 <u>않은</u> 것은?

① 사내에서는 사무공간, 출입문 및 전산설비 공동 활용이 금지된다.
② 국채증권, 지방채증권 및 특수채증권의 매매는 정보교류 차단 대상인 고유재산 운용업무에서 제외된다.
③ 투자자가 예탁한 증권의 총액과 증권의 종류별 총액에 관한 소유현황정보의 교류는 금지된다.
④ 제공하는 정보가 업무상 필요한 최소한의 범위로 한정될 경우 예외적으로 정보교류가 허용된다.

084 장외파생상품의 투자매매업자 또는 투자중개업자가 인가신청 시 위험관리기준에 관한 내용으로 거리가 <u>먼</u> 것은?

① 종합평가점수 산정 시 대항목 중 위험관리 및 내부통제 관련 조직·인력 항목의 가중치가 가장 높다.
② 중항목은 1.0점~5.0점으로 점수에 따라 우수, 양호, 보통, 취약, 위험으로 나누어진다.
③ 위험관리기준의 충족은 진입뿐만 아니라 계속적인 업무수행과정에서 유지해야할 유지요건이기도 하다.
④ 위험관리기준은 종합평가결과가 "양호" 이상이고, 개별평가항목의 평가점수가 각각 2.4점 이하이어야 한다.

085 자본시장법은 일정한 계약에 대해 투자자가 계약 체결 후 7일 이내에 이를 해제할 수 있도록 하고 있다. 그 대상계약은 무엇인가?

① 투자일임계약
② 투자자문계약
③ 관리신탁계약
④ 투자성 없는 신탁계약

086 금융투자전문인력의 등록 및 관리에 관한 사항으로 거리가 먼 것은?

① 투자권유대행인은 금융투자회사의 임직원이 아닌 자로서 금융투자업자가 투자권유를 위탁하는 자를 말한다.
② 투자권유자문인력은 금융투자업자의 내부직원으로 투자권유자문인력을 말한다.
③ 투자권유대행인은 협회가 실시하는 보수교육을 2년마다 1회 이상 이수하여야 한다.
④ 투자권유자문인력은 금융회사직원이라면 별도의 업무범위에 따른 사후 교육이수만 받으면 된다.

087 조사분석자료 작성 및 공표에 관한 사항으로 거리가 먼 것은?

① 제3자가 작성한 조사분석자료를 공표하는 경우 해당 제3자의 성명을 조사분석자료에 기재하여야 한다.
② 조사분석자료의 작성을 담당하는 자에 대해서는 기업금융업무와 연동된 일정한 성과 보수가 지급된다.
③ 원칙적으로는 기업금융관련부서와의 의견교류를 제한하되 준법 감시 부서의 통제하에 예외적으로 허용하고 있다.
④ 금융투자분석사는 조사분석자료 공표 후 24시간이 경과한 후에 해당 금융투자상품을 매매할 수 있다.

088 다음 중 금융투자회사의 약관에 대한 내용으로 거리가 먼 것은?

① 협회가 제정한 표준약관을 그대로 사용하는 경우에는 사후에 보고하여도 된다.

② 협회는 약관을 심사하여 접수일로부터 10영업일 이내에 해당 금융투자회사에 통보한다.

③ 협회가 정한 14종의 표준약관은 금융투자회사가 본질을 해치지 않는 범위 내에서 수정하여 사용할 수 있다.

④ 금융투자회사는 수정하여 사용하고자 하는 약관을 시행예정일 10영업일 전까지 협회에 보고하여야 한다.

089 다음 중 금융투자상품 해당 여부를 판단하는 3가지 구분기준에 해당하지 <u>않는</u> 것을 고르면?

> ㉠ 투자목적이나 동기가 이익획득 또는 손실회피 목적일 것
> ㉡ 투자결과 원본손실가능성이 있을 것
> ㉢ 원화로 표시된 양도성예금증서일 것
> ㉣ 투자대상이 계약상의 권리일 것

① ㉠
② ㉢
③ ㉡, ㉢
④ ㉠, ㉡

090 다음 중 금융투자업자의 자산건전성 분류 단계 및 각 단계별 최소 충당금 적립비율이 <u>잘못</u> 연결된 것은(단, 부동산 프로젝트 파이낸싱 대출채권은 제외한다)?

① 정상 분류자산 – 0.5%
② 요주의 분류자산 – 2%
③ 고정 분류자산 – 30%
④ 회수의문 분류자산 – 75%

091 공개매수와 관련한 금융위원회규정으로 다음 중 옳은 것은?

① 공개매수자는 공개매수기간 종료 후 7일 이내에 공개매수통지서를 교부해야 한다.

② 공개매수자는 공개매수공고일 이후에는 공개매수를 철회할 수 없다.

③ 공개매수대상 주식 등의 매수 청약에 대한 승낙 또는 매도의 청약을 한 자는 공개매수 기간 중 응모한 건에 대해서는 취소가 불가하다.

④ 소각을 목적으로 하는 주식 등의 매수는 공개매수를 하지 않아도 된다.

092 금융투자업의 인가 및 등록에 관한 사항으로 가장 거리가 먼 것은?

① 장외파생상품을 대상으로 하는 인가에 대해서는 완화된 진입요건을 설정하였다.

② 일정한 자격을 가지고 있지 않은 자는 금융투자업을 영위할 수 없다.

③ 금융투자업 인가요건은 인가제가 등록제보다 엄격하게 설정되있다.

④ 동일한 금융기능에 대해서는 동일한 인가 및 등록요건이 적용되도록 금융기능별로 진입요건을 마련하였다.

093 투자자에게 투자권유 시 규제사항에 대한 설명으로 가장 거리가 먼 것은?

① 금융투자회사가 투자자에게 금융투자상품의 투자를 권유하는 경우에는 권유하는 상품의 내용과 위험 등에 대하여 투자자가 이해할 수 있도록 설명해야 한다.

② 금유투자회사는 투자권유를 하기 전에 투자자의 특성을 파악하고 서면으로 확인을 받아야 한다.

③ 요청하지 않은 투자권유는 고위험 금융투자상품인 장외파생상품에 대해서만 적용되고, 투자성 있는 보험계약이나 증권 등에 대해서는 적용하지 않는다.

④ 투자권유전문인력의 불완전한 판매로 인하여 고객에게 손해를 끼친 경우에는 해당 투자권유전문인력이 전적으로 손해배상책임 의무를 진다.

094 주식 등의 대량보유상황보고에 관한 내용으로 가장 거리가 먼 것은?

① 주권상장법인의 주식 등을 10% 이상 대량보유하게 된 자가 보고하는 것을 말한다.

② 최초 연명보고 이후 대량변동이 있는 때에는 연명보고를 한 대표자가 대량변동보고를 하여야 한다.

③ 보유주식 등의 발행인에 관한 사항 등을 기재한 보고서를 5일 이내에 금융위원회와 거래소에 제출하여야 한다.

④ 국가, 지방자치단체, 한국은행은 주식 등의 대량보유상황 및 변동보고의 시기, 보고내용 등에 관해 특례가 인정된다.

095 다음 중 경영실태평가에 따른 적기시정조치에 속하지 않는 것은?

① 경영개선요구   ② 경영개선조치

③ 경영개선명령   ④ 경영개선권고

096 겸영금융투자업자가 아닌 투자중개업자의 장외파생상품 매매기준에 관한 설명 중 가장 거리가 먼 것은?

① 장외파생상품을 매매할 때마다 상근임원의 승인을 받아야 한다.

② 영업용순자본이 총위험액의 2배에 미달하는 경우 장외파생상품의 매매를 중단하여야 한다.

③ 투자목적의 일반투자자와 장외파생상품을 매매할 수 있다.

④ 장외파생상품의 매매에 따른 위험액은 금융위원회가 정하는 한도를 초과하지 않아야 한다.

097   3년국채선물의 매매거래제도에 대한 설명으로 거리가 먼 것은?

① 거래대상은 만기 3년 표면금리 6%, 6개월 단위 이자지급방식의 국고채권이다.

② 거래단위는 액면가 1억 원이다.

③ 결제월은 3, 6, 9, 12월이고 상장결제월은 6개월 이내의 2개 결제월이다.

④ 가격표시방법은 액면가 100원당 원화표시로 백분율방식이다.

098   다음 중 호가의 제한에 대한 설명으로 거리가 먼 것은?

① 시장가호가는 원월종목도 가능하다.

② 단일가호가 접수시간에는 최유리지정가호가와 선물스프레드호가의 입력이 제한된다.

③ 종가 단일가호가 접수시간과 최종거래일이 도래한 종목(통화상품과 금선물 제외)에는 조건부지정가호가를 입력할 수 없다.

④ 시장조성계좌의 경우에는 지정가호가만 입력 가능하다.

099   KOSPI200선물거래 등의 거래증거금에 대한 설명으로 거리가 먼 것은?

① 거래증거금은 외화와 대용증권으로 전액 예탁할 수 있다.

② 거래증거금으로 예탁할 수 있는 대용증권은 상장주식, 상장채권, ETF, ELS 등이다.

③ 선물스프레드 거래증거금은 선물매도 미결제약정의 합계수량과 선물매수 미결제약정의 합계수량 중 적은 수량에 계약당 선물스프레드 증거금액을 곱하여 산출한다.

④ 선물거래 1계약당 최소 순위험거래증거금액은 1만 원이다.

100 위탁증거금에 대한 설명으로 가장 거리가 먼 것은?

① 현금위탁증거금을 제외한 위탁증거금은 현금에 갈음하여 대용증권 또는 외화로 예탁받을 수 있다.

② 회원은 위탁자로부터 예탁받은 현금, 대용증권 등을 해당 위탁자의 거래와 관련한 결제의 이행, 거래증거금 · 매매전문회원증거금으로 예탁할 수 있다.

③ 최소순위험위탁증거금액은 모든 사전위탁증거금계좌와 사후위탁증거금계좌 중 당일 거래가 없거나 반대거래만 성립된 계좌에 대하여 산출하여 위탁증거금의 추가납부 여부를 확인하는 경우에 사용된다.

④ 사후위탁증거금은 사전위탁증거금과 달리 주문분에 대한 증거금이 없다.

001 정답 ④

선도거래는 필요에 따라 증거금이 요구될 수 있다.

002 정답 ③

$$선물계약수 = \frac{헤지비율 \times 주식포트폴리의가치}{선물가격 \times 거래단위승수}$$

$$= \frac{0.7667 \times 10,000,000,000}{200 \times 500,000}$$

$$= 76.67$$

003 정답 ③

$$F = S + S(r - d) \times \frac{1}{365}$$

$$S = 200, \, d = 5\%, \, t = 6$$

004 정답 ②

포트폴리오 헤지는 비체계적 위험이 아니라 체계적 위험을 변화시킬 수 있다.

005 정답 ④

이표율이 6%보다 클 경우 만기가 길수록 전환계수는 커진다

006 정답 ②

스트립헤지는 전 기간에 걸쳐서 헤지가 되어 있어서 향후 수익률 변동과 관계없이 목표금리가 확정된다.

007 정답 ①

선물계약수 = (3.0 − 2.50) × 50억 원/(3.5 × 125,000,000)
    = (+)5.7계약

01	④	02	③	03	③	04	②	05	④
06	②	07	①	08	③	09	③	10	①
11	④	12	④	13	④	14	③	15	②
16	④	17	①	18	③	19	②	20	④
21	①	22	④	23	④	24	④	25	②
26	②	27	④	28	③	29	④	30	③
31	③	32	③	33	④	34	③	35	④
36	②	37	①	38	④	39	①	40	③
41	④	42	①	43	④	44	④	45	①
46	②	47	②	48	③	49	①	50	③
51	④	52	②	53	①	54	②	55	④
56	④	57	③	58	①	59	④	60	②
61	④	62	④	63	④	64	②	65	②
66	④	67	②	68	③	69	④	70	②
71	②	72	①	73	①	74	②	75	③
76	②	77	③	78	①	79	④	80	②
81	①	82	④	83	④	84	①	85	②
86	④	87	②	88	②	89	④	90	③
91	④	92	①	93	④	94	①	95	②
96	③	97	①	98	①	99	④	100	③

008 정답 ③

지정환율은 만기일 전일 오후 9시에 발표되는 환율이다.

009 정답 ③

$$F = S \times \frac{1 + r_d}{1 + r_t}$$

(F : 선물환율, S : 현물환율, rd : 자국이자율, rf : 외국이자율)

$$950 \times \left(1 + 0.06 \times \frac{3}{12}\right) \div \left(1 + 0.4 \times \frac{3}{12}\right) = 954.70$$

010 정답 ①

변동금리채권 보유자는 금리가 하락하면 이자가 감소하여 손실을 보게 되므로 금리하락 리스크를 헤지하기 위해 금리선물로 매수헤지를 해야 한다. ②~④의 경우는 금리상승 리스크에 노출되어 있으므로 매도헤지가 필요하다.

011 정답 ④

④는 베이시스가 약화된 경우로서 손실을 보게 된다.

012 정답 ④

$S_1 - [(S_1 - S_2) + (F_2 - F_1)]$이다. 현물과 선물의 거래는 반대 방향이기 때문이다.

013 정답 ④

선물포지션이 권리와 의무를 동시에 포함하는 데 비해 옵션거래에서는 권리와 의무가 분리된다. 옵션매수자는 권리만 있고, 옵션매도자는 의무만 갖게 된다.

014 정답 ③

콜옵션의 가치에는 배당금이 (−)효과를 가지고, 풋옵션의 가치에는 배당금이 (+)효과를 가진다.

015 정답 ②

컨버전의 수익은 (C−P)−(S−X)로 (6−2)−(102−100)=20이다.

016 정답 ④

등가격옵션의 베가가 가장 높게 형성되며 외가격과 내가격옵션의 베가는 낮은 수치를 갖는다.

017 정답 ③

콜옵션의 매수, 풋옵션의 매수 모두 채권포트폴리오의 볼록성을 증가시킨다.

018 정답 ③

금리캡 매수 + 금리플로어 매도는 고지변수(고정금리 지급, 변동금리 수취) 금리스왑과 같다

019 정답 ②

원화 풋옵션 매도 혹은 콜옵션 매수를 한다.

020 정답 ④

아시안옵션에 대한 설명이다. 일정기간 동안의 기초자산의 평균가격이 만기일의 기초자산의 가격을 대신하는 방식을 평균가격옵션이라 하고, 행사가격을 대신하는 방식을 평균행사가격옵션이라 한다.

021 정답 ①

풋옵션을 매도할 경우 순매도가격의 계산은,
순매도가격 = 현물매도가격 + 풋옵션 매도가격 − 풋옵션 매수가격

실전모의고사

022 정답 ④

선물이 고평가되어 있으므로 선물을 매도하고 상대적으로 저평가된 합성선물을 매수하는 Reversal 차익거래이다.

023 정답 ③

Black 모형에 사용되는 네 가지 필수적인 정보는 기초자산인 선물계약의 가격(F)과 행사가격(S)과의 관계, 옵션이 만기될 때까지 남은기간과 기초자산인 선물계약의 가격변동성(σ), 시장금리수준(r)이다.

024 정답 ④

D기업은 원−달러 환율 상승으로 갚아야할 원화금액이 늘어나 입을 손실을 헤징하기 위해 원−달러 콜옵션을 매수하는 전략을 구사해야 한다. 풋옵션을 매도하는 매도헤징은 매수헤징에 비해 위험이 크기 때문에 주로 콜옵션이나 풋옵션을 매수하는 헤징전략이 이용된다.

025 정답 ②

만기가 길수록 시간가치가 크며, 만기가 가까워질수록 시간가치가 급격히 감소하는 데 이를 시간소멸효과라고 한다.

026 정답 ②

스왑 가격산정(pricing)의 절차 : 순할인채 수익률과 할인계수 산출 → 수취하는 현금흐름과 지급하는 현금흐름 파악 → 각 현금흐름 발생일의 할인계수 산정 → 각 현금흐름의 현재가치 산정 → 현금흐름의 순 현재가치 산정

027 정답 ④

스왑 스프레드는 미 재무성 수익률과 스왑금리의 차이를 말한다.

028 정답 ③

시장금리 변화에 따른 채권과 이자율스왑의 손익의 변화는 다음과 같다.

	시장금리 상승	시장금리 하락
채권투자		+
채권발행	+	
고정금리 지급 이자율스왑	+	
고정금리 수취 이자율스왑		+

029 정답 ④

AMM방식 1.99%를 act/365방식으로 환산하면,

$1.99\% \times \dfrac{365}{360} = 2.02\%$이다.

030 정답 ③

Y사의 금리비용은 투자자에게 지불할 고정금리 스프레드 1.5%와 스왑딜러에게 지불할 고정금리 10.05% (9.25% + 0.8%)만 남으므로 전체 금리비용은 11.55%의 고정금리이다. 고정금리인 12.425%와 비교했을 때 0.875% 저렴한 비용만 지불하면 된다.

031 정답 ③

주로 짧은 만기의 이자율스왑 거래의 헤지수단으로 유로달러 선물을 이용한다. 고정금리를 수취하는 스왑(receiver)의 경우 유로달러 선물 스트립(strip) 매도를 통해 헤지할 수 있다. 반대로 고정금리를 지급하는 스왑(payer)의 경우 유로달러 선물 스트립 매수를 통해 헤지할 수 있다.

032 정답 ③

통화스왑 offer − 이자율스왑 bid = 베이시스 통화스왑 offer이고, 통화스왑 bid − 이자율스왑 offer = 베이시스 통화스왑 bid이므로,

베이시스 통화스왑 offer $= 0.22 - 0.24 = -0.02$
베이시스 통화스왑 bid $= 0.18 - 0.27 = -0.09$이다.

033 　　　　　　　　　　　　　　정답 ④

통화스왑을 이용한 장기선물환 거래의 헤지를 요약하면,
- 장기선물환 매수(달러 매수)의 헤지 ⇒ 현물환 매도(달러 매도) + 원화 고정금리 receive 통화스왑 + 달러 pay 이자율스왑
- 장기선물환 매도(달러 매도)의 헤지 ⇒ 현물환 매도(달러 매입) + 원화 고정금리 pay 통화스왑 + 달러 receive 이자율스왑

034 　　　　　　　　　　　　　　정답 ③

가장 대표적이고 거래가 많은 상품은 신용디폴트스왑(CDS)이다.

035 　　　　　　　　　　　　　　정답 ②

기초자산가격이 촉발가격을 건드리면 옵션이 소멸되는 옵션을 녹아웃옵션, 기초자산가격이 촉발가격을 건드리면 옵션이 발효되는 옵션을 녹인옵션이라고 한다.

036 　　　　　　　　　　　　　　정답 ②

장외파생상품은 그 자체로 하나의 투자상품 및 투자수단이 될 수 있다.

037 　　　　　　　　　　　　　　정답 ①

선도스왑 거래자는 미래의 특정일에 스왑계약을 체결할 권리와 의무가 있는 확정적 계약이나, 스왑션 보유자는 미래의 특정일에 스왑을 체결할 수 있는 권리가 가지고 있다. 따라서 선도스왑 거래에서는 프리미엄이 발생하지 않고 스왑션 거래에서는 프리미엄이 발생한다.

038 　　　　　　　　　　　　　　정답 ④

역변동금리채(Inverse FRN), Callable Note, Quanto Note는 이자율연계 구조화상품이고, 개별주식연계채권(Equity Linked Note)은 주식연계 구조화상품이다.

039 　　　　　　　　　　　　　　정답 ①

inverse FRN(역변동금리채)은 델타헤지에서 거의 2배가 레버리지된 상품으로 금리시장에 미치는 영향이 callable note보다 크다.

040 　　　　　　　　　　　　　　정답 ③

증권거래법상 파생결합증권은 기초자산의 범위를 확대하여 금융투자상품, 통화, 그 밖에 환경적 위험까지도 평가 가능한 것으로 매우 포괄적으로 정의하고 있다.

041 　　　　　　　　　　　　　　정답 ④

일괄신고서는 발행인이 당해 발행인의 실체와 증권발행 내용에 관한 사항과 일정기간 동안의 모집 및 매출예정 물량을 금융위원회에 일괄하여 사전에 신고하는 것을 말한다.

042 　　　　　　　　　　　　　　정답 ①

장외파생상품은 만기 이전에 손익이 정산되지는 않으나 기간 내 정기적으로 가치평가는 필요하며 금융기관은 평가액을 재무제표에 반영하여야 한다.

043 　　　　　　　　　　　　　　정답 ②

ⓒ 발행자의 자기신용으로 결제이행을 보증한다.
ⓒ 발행주체 자격이 부여된 금융투자회사만 가능하다.

044 정답 ④

충분한 유통수량 확보를 위해 신규상장하는 ETN은 발행총액이 최소 200억 원 이상이고, 발행증권수가 10만 증권 이상이어야 한다.

045 정답 ①

인버스플로터(inverse floater)는 수익구조가 기초자산 가격변화와 역으로 작용한다. 금리하락 시 금리를 더 지급하는 인버스플로터는 그 가치가 기하급수적으로 커지게 된다. 이 채권을 매수한 투자자는 2024년까지 금리가 줄곧 하락할 경우 큰 이익을 보게 된다.

046 정답 ②

우선 포트폴리오 VaR를 구하면,

$$VaR_p = \sqrt{5.45^2 + 2.65^2 + 2(0.5)(5.45)(2.65)} = 7.15억\ 원$$

X주식의 한계 VaR = 7.15 − 2.65 = 4.5억 원

Y주식의 한계 VaR = 7.15 − 5.45 = 1.7억 원

047 정답 ②

CDS index는 기타 금융지수와 같이 CDS index를 기초로 한 파생상품거래가 가능하다.

048 정답 ③

knock-out rebate 콜옵션은 장애옵션(barrier option)인 up-and-out K/O option과 디지털배리어옵션(digital barrier option)의 합성으로 구성된 것으로, 만기 이전에 한 번이라도 상단의 trigger를 터치하게 되면(up-and-out), 콜옵션은 소멸하게 된다. 반면 디지털배리어옵션에서 일정한 금액(rebate) 수취하게 된다.

049 정답 ①

프리미엄을 제외한 부분을 안전자산에 투자하므로 만기에 원금이 보장되도록 구조를 설계하였다.

050 정답 ③

VaR는 VaR보다 더 큰 손실이 발생하였을 때의 손실규모에 대해서는 정보를 주지 못한다.

051 정답 ④

EWMA(exponentially weighted moving average)은 지수가중이동평균법이라고 하며 단순이동평균법에서의 가중치를 지수적으로 감소시켜 변동성을 구하는 방법이다.

052 정답 ②

운영리스크에 대한 소요자기자본을 산출하는 방법에는 기초지표법, 운영표준법, 고급측정법 등이 있는데, 기초지표법에서 소용자기자본은 과거 3년 동안의 총이익의 평균에 15%를 곱한 값으로 산출된다.

053 정답 ①

먼저 일별 변동성을 가지고 10일 변동성을 구하면, 10일 변동성 = $1\% \times \sqrt{10} = 3.16\%$이다.

99% 신뢰수준은 2.33을 이용하므로,

VaR = $2.33 \times 5억\ 원 \times 0.0316 = 36,814,0000원$

054 정답 ②

포트폴리오의 VaR를 구하면

$$\sqrt{30^2 + 50^2 + 2 \times 0.15 \times 30 \times 50} = 62.0$$

공헌비율은 $\dfrac{30^2 + 0.15 \times 30 \times 50}{62^2} = 0.29266$

공헌 VaR $= 62 \times 0.29266 = 18.14492$

055 정답 ④

위기상황분석(Stress-testing)의 과정
- 1단계 : 시나리오 생성
- 2단계 : 포지션 가치의 재평가
- 3단계 : 결과요약

056 　　　　　정답 ②

환위험관리를 위한 자산부채종합관리(ALM : asset and liability management) 전략은 미래의 환율을 예상하여 보유하고 있는 외화표시자산과 부채의 포지션을 조정함으로써 환위험을 관리하는 방법이다.

057 　　　　　정답 ③

옵션 매도포지션의 경우 프리미엄을 이미 수령하였고 미래에 발생할 수 있는 것은 손실뿐이기 때문에 현재노출과 잠재노출이 전부 0이다.

058 　　　　　정답 ①

A포트폴리오의 VaR가 1일 동안 신뢰수준 95%에서 10억 원이면, 이 포트폴리오를 보유함으로써 향후 1일 동안 발생 가능한 최악의 손실액이 10억 원이라는 것을 의미하는 동시에 1일 동안 10억 원 이상의 손실을 보게 될 확률이 5%라는 것을 말해 준다.

059 　　　　　정답 ①

임의적 거래중단 후 재개 시 최초가격은 단일가격에 의한 개별경쟁거래로 거래를 재개한다.

060 　　　　　정답 ②

사후위탁증거금은 미결제약정에 대한 순위험증거금(당일 기준) + 수수시한 전 순손실금액(인수도결제금액 제외)만 고려하면 되므로 거래증거금과 유사하다.

061 　　　　　정답 ③

인수도 내역은 최종거래일인(T일)에 위탁자에게 통지하여야 한다.

062 　　　　　정답 ④

협의대량거래의 신청은 해당 종목의 거래시간 이내에서 세칙이 정하는 시간에 하여야 한다.

063 　　　　　정답 ④

과당매매(churning)는 금융투자업자가 수수료 수입을 올리기 위해서 고객의 투자목적, 재산상황 및 투자경험에 비추어 지나치게 빈번하게 거래하는 것을 의미한다. 이러한 과당매매는 고객에게 이익을 발생시키지 않으면서 금융투자업자의 이익만을 발생시킨다.

064 　　　　　정답 ②

대용가격의 사정비율
- 채권(국채, 지방채, 특수채) : 95%
- 주식관련 사채권을 제외한 일반적인 사채권 : 85%
- 주식관련 사채권, ELS, MBS : 80%
- 상장주권, DR : 70%
- 후순위채권은 사정배율의 90%만 인정

065 　　　　　정답 ②

투자권유는 객관적인 사실에 기초하여야 하며, 사실과 상담사의 의견을 명확히 구분해야 한다. 투자성과를 보장하는 듯한 표현은 금지된다.

066 　　　　　정답 ③

투자자로부터 예탁 받은 재산으로 금융투자상품의 매매를 한 자, 즉 임의매매에 대해서는 형사처벌이 가해질 수 있다.

067 　　　　　정답 ②

지문의 행위 모두가 고객의 이익을 위해 바람직하지 않은 불공정한 거래행위이며, 정도의 차이는 있으나 과당매매의 경우가 고객의 수수료 부담이 많이 발생하므로 이익상충의 발생이 가장 큰 행위이다.

068 정답 ③

수수료 수입이 더 높은 상품을 판매하기 위해 고객의 투자성향과 맞지 않는 상품을 권유하는 경우는 투자자에게 피해를 발생할 개연성이 높아진다. 금융투자상품 권유 및 판매자는 고객이 실현가능한 최대한의 이익을 취득할 수 있도록 업무를 수행하여야 한다.

069 정답 ①

조사분석자료를 공표함에 있어서 그 조사분석자료의 내용이 사실상 확정된 때부터 공표 후 24시간이 경과하기 전까지 그 조사분석자료의 대상이 된 금융투자상품을 자기의 계산으로 매매하는 행위는 원칙적으로금지된다.

070 정답 ②

금융투자회사가 내부통제 기준을 제정하거나 변경하려는 경우에는 이사회의 결의를 거쳐야 한다.

071 정답 ②

정보의 비대칭에 의한 불공정성 여부는 미공개 중요정보의 이용을 규제하는 이유에 해당한다.
①, ③, ④ 외에 분석의 기본이 되는 데이터의 정확성 및 가치평가에 도달하는 논리전개의 타당성 여부가 포함된다.

072 정답 ①

금융감독원장은 분쟁조정의 신청을 받은 날부터 당사자 간 합의가 없으면 30일 이내에 조정위원회에 회부해야 한다.

073 정답 ①

책임 정도	행위자	추종자	감독자
고의	감봉 3개월 이상	견책 이하	견책 이하
과실	견책 이하	주의	주의

074 정답 ②

금융투자업자는 혐의 거래보고와 고액현금거래보고를 금융위원회 소식기관인 금융정보분석원(FIU)에 하여야 한다.

075 정답 ③

당사자가 조정안을 수락할 경우 조정안은 재판상 화해와 동일한 효력을 가진다. 재판상 화해는 민법상 화해계약과 달리 확정판결과 같은 효력이 부여된다.

076 정답 ②

추가지급 의무 또는 원본초과손실이 있는 금융투자상품을 파생상품이라고 하며, 파생상품으로서 장내파생상품이 아닌 것은 장외파생상품이 된다.

077 정답 ③

전문투자자를 상대로 영업하는 경우 일반투자자를 상대로 영업하는 경우보다 완화된 요건(자기자본금의 1/2)이 적용된다.

078 정답 ①

정보교류 차단장치가 의무화 되는 업무를 수행하는 임직원 간에 해당 업무에 관한 회의를 하거나 통신을 한 경우에는 그 회의 또는 통신에 관한 기록을 유지하지 않거나, 매월 1회 이상 그 사항에 대하여 준법감시인의 확인을 받지 않는 행위는 금지된다.

079 정답 ③

상장법인의 내부자, 준내부자 및 정보수령자는 상장법인의 업무 등과 관련된 미공개중요정보를 특정증권 등의 매매, 그 밖의 거래에 이용하거나 타인에게 이용하게 하여서는 아니 된다. 주요주주, 허가ㆍ인가 등 권한을 가지는 자는 준내부자(quasi-insider)에 해당한다.

080 정답 ②

금융위원회는 장내파생상품의 거래규모의 제한에 관한 사항에 관하여는 위탁자에게도 필요한 조치를 명할 수 있다.

081 정답 ①

본사 또는 인근지점에 상근하는 파생상품 영업관리자가 해당 지점의 파생상품 영업을 효과적으로 감독할 수 있는 경우에는 둘 이상의 지점에서 1인의 파생상품 영업관리자를 지정할 수 있다.

082 정답 ④

운영위험액은 [기준일 전전월말 이전의 최근 3년간 영업별 영업이익의 연평균금액에 해당 위험값을 곱하여 산정한 금액을 합계한 금액(최근 3년간 영업이익이 음수(-)인 경우는 0으로 봄)]과 [금융투자업자가 영위하는 인가ㆍ등록업무단위에 따른 법정최소자기자본금액의 10%(영위하는 업무단위는 최근 1년간 실제 영위한 영업행위를 기준)]의 금액 중 큰 금액으로 한다.

083 정답 ③

정보교류 차단 대상인 업무부분(부서) 사이에는 원칙적으로 금융투자상품의 매매정보와 소유현황정보, 집합투자재산ㆍ투자일임재산ㆍ신탁재산의 구성내역과 운용정보, 기업금융업무를 하면서 알게 된 미공개중요정보의 제공이 금지되어 있으나 소유현황정보 중 투자자가 예탁한 증권의 총액과 증권의 종류별 총액에 관한 정보 등은 예외적으로 제공이 허용된다.

084 정답 ①

종합평가점수는 대항목의 평가점수를 아래의 가중치에 따라 가중평균하여 산출한다.
- 위험관리 및 내부통제관련 조직ㆍ인력 : 30%
- 위험관리 및 내부통제절차 : 40%
- 위험관리 및 내부통제관련 전산시스템 : 30%

085 정답 ②

금융투자업자와 투자자문계약을 체결한 투자자는 계약서류를 교부받은 날부터 7일 이내에 계약(해당 계약의 성질, 그 밖의 사정을 감안하여 대통령령으로 정하는 계약에 한한다)의 해제를 할 수 있다. 이 경우 금융투자업자는 계약해제기간에 상당하는 수수료 외에 손해배상금이나 위약금의 지급을 청구할 수 없으며, 미리 대가를 지급받은 때에는 투자자에게 반환하여야 한다.

086 정답 ④

관련 투자자 보호교육을 사전 이수하여 적격성 인증시험에 합격한 금융투자회사 종사자만 업무수행이 가능하다.

087 정답 ②

조사분석자료의 작성을 담당하는 자에 대해서는 일정한 기업금융업무와 연동된 성과보수를 지급할 수 없다.

088 정답 ③

모든 표준약관을 다 수정하여 사용할 수 있지는 않고 "외국 집합투자증권 매매거래에 관한 표준약관"은 표준약관을 그대로 사용하여야 한다.

089 정답 ②

원화표시 양도성예금증서(CD)는 투자성이 존재하지만 만기가 짧아 금리변동에 따른 가치변동이 크지 않고 사실상 예금에 준하여 취급되는 점 등을 고려하여 금융투자상품에서 배제하고 있다.

090 정답 ③

대손충당금 적립액이 고정 분류자산의 20%에 미달하는 경우 그 미달액을 대손준비금으로 적립하여야 한다.

091 정답 ④

① 공개매수자는 공개매수기간이 종료한 때에는 매수의 상황, 매수예정주식 등 기타 결제 등에 필요한 사항을 기재한 공개매수통지서를 응모자에게 지체 없이 송부하여야 한다.
② 예외적으로 공개매수자가 사망 또는 파산한 경우, 그 밖에 투자자 보호가 필요한 경우는 공개매수기간의 말일까지 철회할 수 있다.
③ 공개매수기간 중에는 언제든지 응모를 취소할 수 있다.

092 정답 ①

장외파생상품 등 위험금융투자상품을 대상으로 하는 인가와 일반투자자를 상대로 하는 금융투자업의 경우에는 강화된 진입요건을 설정하였다.

093 정답 ④

상품의 판매를 권유한 투자권유권유자문인력 외에 금융투자회사에게도 손해배상책임이 인정된다.

094 정답 ①

주권상장법인의 주식 등을 5% 이상 대량보유하게 된 자가 해당된다.

095 정답 ②

경영실태평가에 따른 적기시정조치
- 경영개선권고
- 경영개선요구
- 경영개선명령

096 정답 ③

겸영 금융투자업자가 아닌 투자중개업자는 위험회피 목적의 일반투자자와 장외파생상품을 매매할 수 있다.

097 정답 ①

3년국채선물의 거래대상은 표면금리 5%의 국내채권이다.

098 정답 ①

최근월물 종목 이외의 유동성 부진이 우려되는 원월종목에 대해서는 가격급등 시 불리한 가격으로 체결될 위험성이 있기 때문에 시장가호가, 최유리지정가호가, 조건부지정가호가의 입력이 제한된다.

099 정답 ④

상품별 계약당 최소순위험거래증거금액
- 통화선물거래, 돈육선물, 미니금선물거래 : 5만 원
- 스타지수선물거래 : 1만 원
- 주식옵션거래 : 1만 원
- 3년국채선물·금선물거래 : 5만 원

100 정답 ③

유지위탁증거금액에 대한 설명이다. 회원은 거래가 종료한 후에 위탁자의 예탁총액이 유지위탁증거금액보다 적거나 예탁현금이 유지현금위탁증거금액보다 적은 경우에는 적은 금액 이상의 금액을 부족액이 발생한 날의 다음 거래일 12시까지 추가로 예탁받아야 한다.